Cyflwynir y gyfrol hon...
Emyr Llywelyn
'cyfaill a lŷn' ac un o 'gyfeiliorn gad breuddwydwyr tlawd y byd'

Hefyd er cof ac mewn diolch:
Gwyneth Wiliam; Rhys ap Rhisiart; Neil ap Siencyn
Trefor a Gwyneth Morgan; Trefor ac Eileen Beasley
Rhiannon Silyn Roberts; Siôn Daniel; Owain Owain
Gwilym Tudur; Gareth Miles; Dai Bonar Thomas
Tedi Millward; John Davies

Ac i gyd-ymgyrchwyr eraill y cyfnod
sy'n dal ar dir y byw (Ebrill 2025):
Guto ap Gwent; Robat Gruffudd; Cynog Dafis
Rhiannon Parry; Anwen Wiliam; Hywel ap Dafydd

BRWYDR YR IAITH
1962-67

BRWYDR YR IAITH
1962-67

GERAINT JONES

Argraffiad cyntaf: 2025
© Hawlfraint Geraint Jones a'r Lolfa Cyf., 2025

Mae hawlfraint ar gynnwys y llyfr hwn ac mae'n anghyfreithlon
llungopïo neu atgynhyrchu unrhyw ran ohono trwy unrhyw
ddull ac at unrhyw bwrpas (ar wahân i adolygu) heb gytundeb
ysgrifenedig y cyhoeddwyr ymlaen llaw

Dymuna'r cyhoeddwyr gydnabod cymorth ariannol
Cyngor Llyfrau Cymru

Cynllun y clawr: Sion Ilar

Rhif Llyfr Rhyngwladol: 978 1 80099 700 4

Cyhoeddwyd, rhwymwyd ac argraffwyd yng Nghymru gan
Y Lolfa Cyf., Talybont, Ceredigion SY24 5HE
gwefan www.ylolfa.com
e-bost ylolfa@ylolfa.com
ffôn 01970 832 304

Cynnwys

Enwau – Ddoe a Heddiw

1962
Menna Dafydd
Cynog Davies
Hywel Davies
Megan Davies
Heini Griffiths
Robert Griffiths
Neil Jenkins
Aled Jones
Dafydd Iwan Jones
Dafydd Orwig Jones
Emyr Llewelyn Jones
Gwilym Tudor Jones
Llinos Jones
Owen Owen
Rhys Osborn Pritchard
Rhiannon Price
Rhiannon Silyn Roberts
Anwen Wiliam
Gwyneth Wiliam
Owen Williams

2025
Menna Cravos
Cynog Dafis
Hywel ap Dafydd
Megan Tudur
Heini Gruffudd
Robat Gruffudd
Neil ap Siencyn
Aled Gwyn
Dafydd Iwan
Dafydd Orwig
Emyr Llywelyn
Gwilym Tudur
Llinos Dafis
Owain Owain
Rhys ap Rhisiart
Rhiannon Parry
Rhiannon Jankowska
Anwen Breeze Jones
Gwyneth Hunkin
Owain Williams

Yr enwau mewn print trwm a ddefnyddir gan amlaf yn y gyfrol hon

Byrfoddau

Llyfrau

AEA   *Areithiau Eisteddfod Aberafan*, 1966, Cymdeithas yr Iaith Gymraeg

AELl   *Areithiau*, Emyr Llywelyn,1970, Y Lolfa

AO   *Ac Onide*, J.R. Jones, 1970, Llyfrau'r Dryw

BC   *Bywyd Cymro*, Gwynfor Evans, 1982, Gwasg Gwynedd

CM   *Cadwn y Mur*, Elwyn Edwards (Gol.), 1990, Barddas

DI   *Dafydd Iwan, Cyfres y Cewri 1*, Manon Rhys (Gol.), 1981, Gwasg Gwynedd

FHI   *Fy Hanes i, Yr Hunangofiant*, John Davies, 2014, Y Lolfa

G   *Gwaedd yng Nghymru*, J.R. Jones, 1970, Cyhoeddiadau Modern Cymreig

IG   *I'r Gad*, Arwel Vittle (Gol.), 2013, Y Lolfa

L   *Lolian*, Robat Gruffudd, 2016, Y Lolfa

MP   *Mab y Pregethwr*, Cynog Dafis, 2006, Y Lolfa

P   *Prydeindod*, J.R. Jones, 1966, Llyfrau'r Dryw

RhPB   *Rhag Pob Brad - Cofiant Gwynfor Evans*, Rhys Evans, 2005, Y Lolfa

SC   *Seiri Cenedl*, Gwynfor Evans,1986, Gomer

SCC   *Second Class Citizen*, Robyn Léwis, 1969, Gomer

TAD   *Tân a Daniwyd*, Aled Eurig (Gol.),1976, Cymdeithas yr Iaith Gymraeg

TDT   *The Dragon's Tongue*, Gerald Morgan, 1966, Triskel

TDdCh   *Trwy Ddulliau Chwyldro...* Dylan Phillips, 1998, Gomer

TLT   *The Welsh Language Today*, Meic Stephens (Gol.), 1979, Gomer

TRhG   *Taith Rhyw Gymro*, Tedi Millward, 2015, Gomer
TYI   *Tynged yr Iaith*, Saunders Lewis, 1962, BBC
TYI12 *Tynged yr Iaith*, Ned Thomas (Gol.), 5ed Argraffiad, 2012, Gomer
WTC   *Wyt Ti'n Cofio?* Gwilym Tudur, 1989, Y Lolfa
YB   *Y Brenhinbren*, Derec Llwyd Morgan, 2013, Gomer
YCH   *Y Chwyldro a'r Gymru Newydd*, Emyr Llywelyn, Gwasg John Penry, diddyddiad

Pamffledi, Cylchgronau, Cyfnodolion

B   *Barn*
C   *Y Cyfamodwr*
CEG   *Cymru Ein Gwlad*, Raymond Edwards (Gol.), Cynwyd, 1961-63
CHD   *Caernarfon & Denbigh Herald*
CN   *Cambrian News*
COU   *Courier*
CR   *Y Crochan*, Geraint Jones (Gol.), Aberystwyth, 1963-64
DG   *Y Ddraig Goch*
DS   *Darlith Saunders a'i Dylanwad*, Ieuan Wyn, 2023, Utgorn Cymru
EP   *Evening Post*
HC   *Yr Herald Cymraeg*
HOW   *Herald of Wales*
JRJ   *J.R. Jones a Brwydr yr Iaith*, Ieuan Wyn, 2024, Utgorn Cymru
LDP   *Liverpool Daily Post*
LL   *Llais y Lli*
ME   *Merthyr Express*
RH   *Rhyddid*
SWE   *South Wales Echo*
T   *Tafod y Ddraig*
WM   *Western Mail*
WN   *Welsh Nation*

YC   *Y Cymro*
YD   *Y Dyfodol*
YF   *Y Faner*
YG   *Y Genhinen*
YHP   *Ysgol Haf a Chynhadledd Plaid Cymru*, Plaid Cymru 1962

Cofnodion
CCB   Cofnodion Cyfarfod Blynyddol
CCC   Cofnodion Cyfarfod Cyffredinol
CPC   Cofnodion Pwyllgor Canolog

Prolog

GWLEIDYDDIAETH DDIGON ANGHYFFORDDUS oedd y wleidyddiaeth a geid o fewn cylchoedd cenedlaetholgar Cymru ddechrau'r mil naw chwe degau. Troiai'r cyfan, mewn rhyw ffordd, er gwell neu er gwaeth, o amgylch gwleidyddiaeth ddof Plaid Cymru dan arweiniad Gwynfor Evans. Ni cheid mudiadau gwladgarol, cenedlaetholgar eraill o unrhyw bwys, a hynny er gwaethaf gormes farwol ar yr iaith Gymraeg, ac yn arbennig, trychineb boddi Capel Celyn.

Roedd rhai ohonom eisoes wedi'n cysylltu'n hunain â grŵp annog o blith aelodau'r Blaid, dan faner *Cymru ein Gwlad*, grŵp a ffurfiwyd yn gynnar yn y chwedegau. Nid heb reswm, cyfeirid yn aml at y grŵp a'i gylchgrawn rebelaidd fel 'Cywion Saunders', neu 'Grŵp Garthewin'. Wedi'r cyfan, yng ngweithred fawr llosgi ysgol fomio Penyberth chwarter canrif ynghynt y câi'r bobl hyn eu hysbrydoliaeth. Ond parhau'n fulaidd-fyddar i unrhyw alwad am weithredu anghyfansoddiadol, yn arbennig ar fater boddi Tryweryn, yr oedd y Blaid a'i harweinyddiaeth. 'Gwên fêl yn gofyn fôt' oedd arwyddair y dydd. Do, fe fu gweithredu anghyfansoddiadol yn Nhryweryn cyn diwedd 1962, ac wedi hynny, gan aelodau o'r Blaid, ond nid yn enw'r Blaid. Cadwodd honno'i thrwyn yn lân, do, hyd heddiw. Buwch sanctaidd y blwch pleidleisio oedd y moddion i achub Cymru – ac efallai'r Gymraeg yn sgil hynny.

Hanner y gwir, os hynny, a gawn ni gan John Davies

yn ei gyfrol gawraidd, *Hanes Cymru,* am ddechreuadau Cymdeithas yr Iaith Gymraeg: 'Deilliodd y Gymdeithas o'r rhwystredigaeth a deimlai cenedlaetholwyr ifainc o ganlyniad i dwf araf ac ansicr Plaid Cymru; y catalydd, fodd bynnag, oedd y ddarlith radio a draddododd Saunders Lewis...' [John Davies, *Hanes Cymru*, t. 625] Nid 'twf araf ac ansicr' Plaid Cymru oedd y rhwystr, ond ei llwfrdra.

Rhwng Haf 1961 a Haf 1963, cyhoeddwyd pum rhifyn eithaf swmpus o gylchgrawn y grŵp, *Cymru ein Gwlad,* dan olygyddiaeth ddiflino Raymond H. Edwards, Cynwyd, gŵr o Went oedd yn athro mathemateg yn y Bala, a'i briod Kitty.

Gwelwyd gwrthryfela eitha mileinig o fewn y Blaid ei hun lle roedd carfan *Cymru ein Gwlad,* ac eraill yn wir, yn galw ar y Blaid i fod yn llawer mwy milwriaethus ac ymosodol, a hynny mewn cysylltiad â boddi Capel Celyn yn bennaf – 'Ein mater ni, ein cyfrifoldeb ni, ni'n unig, oedd Tryweryn.' [Saunders Lewis, TYI, t. 24] Y Blaid, wrth gwrs, oedd y 'ni' hollbwysig hwn.

Tynged yr Iaith, 1962

MAE'N FIL NAW chwe dau. Darlledwyd ar y radio, o
7.30 tan 8.15 p.m. ar nos Fawrth, 13 Chwefror, ddarlith
flynyddol Gŵyl Ddewi'r BBC yng Nghymru, darlith ryfeddol
a meistrolgar Saunders Lewis, *Tynged yr Iaith*, darlith a
ysgydwodd rai ohonan ni i'n sodlau. Yn ddiweddarach,
cyhoeddwyd y ddarlith gan y BBC ar ffurf pamffled werdd,
a'i gwerthu am 'swllt a chwech' (7½c) y copi.

Yn drist iawn, 'diflannodd' recordiad y BBC o'r ddarlith,
ie, y ddarlith bwysicaf erioed yn hanes yr iaith Gymraeg,
os nad yn holl hanes ein gwlad. Beth ddigwyddodd, chawn
ni byth wybod. Ni allwn ond dyfalu a mynegi amheuon
dwfn. Nid yw'n hawdd ymddiried yn y BBC, fel y profodd
blynyddoedd o ymgyrchu am sianel Gymraeg, ac o ymladd
yn erbyn camdriniaeth ddiddiwedd o'n hiaith gan ein hunig
donfedd radio Gymraeg. Bellach, mae recordiad o'r ddarlith
wedi ei ddiogelu ar gryno-ddisg, dim diolch i'r Gorfforaeth
Ddarlledu, ond yn hytrach i un cenedlaetholwr effro iawn.
Dafydd Alun Jones (1930-2020) oedd hwnnw, y seiciatrydd
adnabyddus, a recordiodd y ddarlith ar ei declyn recordio.
Diolch am gymwynas mor nodedig, ac i Gwmni Recordio
Sain yntau a'i rhoddodd ar gryno-ddisg dan glawr trawiadol
Jac Jones. [Dafydd Iwan, *Rhaid i Bopeth Newid*, t. 22]

Cofiaf noson y ddarlith yn dda. Myfyriwr digon anfoddog

yn y Gyfraith yn Aberystwyth oeddwn i ar y pryd, ac ar ganol fy ail flwyddyn o ddiflastod llwyr. Gyda Saunders Lewis eisoes yn gawr ac yn arwr yng ngolwg llawer ohonom, awchem yn eiddgar at wrando arno. Mewn fflat blêr ac ogleuog ar lawr ucha'r bwyty Tsieinïaidd dros y ffordd i'r *Pier Pavilion* y trigwn ar y pryd, gyda Huw Daniel (Y Barnwr Daniel wedi hynny). Clywais, a daliais, ar bob gair a lefarwyd, y cyfan mor wefreiddiol i lanc o genedlaetholwr penboeth pedair ar bymtheg oed. Ac roedd myfyriwr arall, tanbeidiach na mi, Emyr Llywelyn o dde Ceredigion, myfyriwr yn yr Adran Gymraeg, wedi dod draw i wrando.

Y Neges

Neges argyfwng oedd prif neges Saunders. Soniai'n ddwys am israddoldeb canrifoedd y Gymraeg ac am ei hargyfwng. Flwyddyn yn ddiweddarach, ychwanegodd y darlithydd hyn: 'Nid marwnad i'r iaith, ond galwad i gad, i frwydrau politicaidd o'i phlaid.' [B, Mawrth 1963] Cymerodd **rhai** ohonan ni ei neges o ddifrif.

Yn gyntaf, y brif neges: 'Dim llai na chwyldroad... Y mae traddodiad politicaidd y canrifoedd, y mae holl dueddiadau economaidd y dwthwn hwn, yn erbyn parhad y Gymraeg. Ni all dim newid hynny ond penderfyniad, ewyllys, brwydro, aberth, ymdrech.' [TYI, t. 26] Y mwyaf allweddol, mae'n debyg, o'r pum gair yna oedd 'aberth'. Hanner canrif yn ddiweddarach nododd un sylwebydd blaenllaw, Ned Thomas, fel hyn: 'Afraid dweud mai gweithred Penyberth oedd yn rhoi'r awdurdod moesol i awdur y ddarlith radio ofyn am aberth gan eraill.' [TYI12, 2012, t. 15]

Yna, rhydd Saunders Lewis hanes brwydr ddiangof Trefor ac Eileen Beasley, Llangennech, i gael papur y dreth yn Gymraeg, fel model o sut y dylid mynd ati. 'Y cwbwl a ddaliaf i yw mai dyna'r unig fater politicaidd y mae'n werth i Gymro ymboeni ag ef heddiw [sef achub y Gymraeg]... Nid dim llai na chwyldroad yw adfer yr iaith Gymraeg yng

Nghymru. Trwy ddulliau chwyldro yn unig y mae llwyddo. Efallai y dygai'r iaith hunan-lywodraeth yn ei sgil; 'wn i ddim. Mae'r iaith yn bwysicach na hunan-lywodraeth.' [TYI, tt. 29-30] Cymerodd rhai ohonan ni ei neges o ddifrif. Dyma Ned Thomas drachefn: 'Mudiad newydd a chenhedlaeth newydd ddewr a deallus a dderbyniodd yr her a osodwyd gan Saunders Lewis.' [TYI12, 2012, t. 8]

Yn ail, roedd y neges wedi ei hanelu at Blaid Cymru, ac nid at ffurfio mudiad newydd i frwydro dros y Gymraeg. Rai wythnosau wedi'r ddarlith, ychwanegodd Saunders Lewis ei 'bod yn boenus amlwg mai cenadwri uniongyrchol i Blaid Cymru oedd fy narlith... gallai canghennau Plaid Cymru yn yr ardaloedd Cymraeg roi cychwyn i'r chwyldro yr wythnos nesaf.' [YF, 22 Mawrth 1962] Yn ôl John Davies, 'ystyr strategaeth Mr. Lewis oedd troi'r Blaid yn y parthau Cymraeg yn fudiad iaith milwriaethus.' [TAD, t. 7] Ond, fel arall y trodd pethau.

Ymateb Plaid Cymru

Cafwyd yr ymateb swyddogol, am a wn i, gan Olygydd *Y Ddraig Goch*, ymateb sy'n dangos niwlogrwydd gwleidyddol y Blaid ar ei amlycaf. 'Ni ellir adfer yr iaith ond trwy adfer y genedl: nid yr iaith yn gyntaf, ond y genedl a'r iaith gyda'i gilydd.' [DG, Chwefror 1962] Fe ddwedwn i mai llugoer, os nad mursennaidd, fu ymateb y Blaid yn ganolog i'r ddarlith radio. Gwynfor Evans oedd ei Llywydd ers dwy flynedd ar bymtheg. Ddeuddydd yn unig wedi darlith fawr Saunders, cyhoeddodd Gwynfor y gyntaf o dair erthygl yn *Y Tyst*, papur wythnosol yr Annibynwyr, ar gyflwr yr iaith yn Sir Gaerfyrddin, gyda'r anogaeth ryfedd, os nad naïf, i'r capeli roi arweiniaid ar dynged yr iaith. Mor bell yr ymddangosai argymhelliad o'r fath oddi wrth unrhyw ysbryd chwyldro.

Yn fuan, cyhoeddodd Gwynfor Evans syniadaeth yr erthyglau hyn mewn pamffled, *Cyfle Olaf yr Iaith Gymraeg*. Ymosododd Saunders Lewis ar gynnwys y bamffled gan ddweud 'nad oedd gobaith i'r Gymraeg pe dilynid y llwybr parchus, capelyddol a gâi ei argymell gan Gwynfor'. [DG, Mehefin 1962]

Mewn llythyr chwyrn yn *Y Faner*, dan y pennawd *Tynged Darlith*, gwastrodwyd y Blaid ei hun gan Saunders. 'Mi dybiais i ei fod yn boenus o amlwg mai cenadwri uniongyrchol i Blaid Cymru oedd fy narlith... Y cwbl sydd rhaid wrtho yw ysbryd a chalon chwyldro. A oes yn aros rywbeth o ysbryd chwyldro ym Mhlaid Cymru? Os nad oes – diflanned.' [YF, 14 Mawrth 1962]

Codwyd gwrychyn Saunders gan lythyr 'o Swyddfa Plaid Cymru yn apelio am i'r Blaid orymdeithio o Aldermaston i Lundain', a bod hyn 'yn enghraifft deg o'r dirywiad affwysol – ie, affwysol – sy wedi digwydd... Y dewis y gelwir ar Blaid Cymru i'w wynebu yw hyn: ai adran Gymreig o'r heddychwyr sosialaidd Seisnig yw hi, ai yntau mudiad cenedlaethol Cymreig... Gall fod rhagor nag un ffurf ar frad.' [DG, Mehefin 1962]

Ni wnaeth yr ebychiadau hyn fawr o les i boblogrwydd Saunders Lewis ymysg arweinyddion Plaid Cymru.

Ni welai Llywydd y Blaid, Gwynfor Evans, fawr o arwyddocâd i'r ddarlith. Roedd o'r farn mai 'prysuro'r diwedd a wnâi dulliau chwyldroadol fel polisi yn ein sefyllfa anchwyldroadol ni, o leiaf pe'u mabwysiedid gan Blaid Cymru'. A phan sonia Gwynfor, ar ben-blwydd y ddarlith yn ddeg ar hugain oed, [*Wythnos i'w Chofio*, Radio BBC,18 Hydref 1992] am ffurfio Cymdeithas yr Iaith, honna mai plentyn y Blaid oedd y Gymdeithas oherwydd iddi gael ei geni yng Nghynhadledd y Blaid ym Mhontarddulais ym 1962. Nid dyna'r gwir o gwbl. Ffurfiwyd Cymdeithas yr Iaith – a hyn yw'r gwirionedd – nid fel 'plentyn y Blaid,' ond *oherwydd* y Blaid, yn ei syrthni a'i difrawder a'i methiant llwfr i geisio achub yr iaith, yn arbennig cymdeithas Gymraeg Capel Celyn.

Ie, y Blaid honno oedd eisoes yn ymwrthod â'r hyn roedd

Cymdeithas yr Iaith yn mynd i sefyll drosto, yn arbennig ar fater ei dulliau torcyfraith. Mae'n ffaith, ysywaeth, mai gwrthwynebiad pur ffyrnig gafodd y Gymdeithas o du'r Blaid yn swyddogol o'r cychwyn cyntaf. Mae'n wir mai aelodau ym Mhlaid Cymru oedd pob un ohonom a sefydlodd y Gymdeithas ym Mhontarddulais, ond aelodau anfoddog iawn oedd nifer yn ein plith. Er mai cefnogwyr y Blaid oedd crynswth aelodau cynnar y Gymdeithas, croeso digon oeraidd gafwyd i frwydr yr iaith ganddi mewn gwirionedd. Ar brydiau roedd yn bur wrthwynebus.

Aeth Gareth Miles, un o aelodau amlyca'r Gymdeithas o'r cychwyn, cyn belled â honni peth fel hyn. 'Roedd Gwynfor Evans wedi bod yn heddychwr gydol ei oes ac, i dd'eud y gwir, fe 'nath o bob peth a alla fo i atal twf Cymdeithas yr Iaith Gymraeg, ac i feio Cymdeithas yr Iaith Gymraeg oherwydd diffyg llwyddiant etholiadol Plaid Cymru.' [Gareth Miles, cyfweliad tua 2013 â Dwynwen Jones, YouTube]

Dweud go fawr. Rhyw 'gefnogaeth' lastwraidd a mympwyol fyddwn i'n bersonol yn galw cefnogaeth Gwynfor a'r Blaid yn ystod y blynyddoedd cynnar, beth bynnag am wedi hynny. Hyd braich a thra gochelgar, efallai, fyddai'r disgrifiad caredicaf. Ceir yr allwedd i feddwl Gwynfor a'r Blaid yn ei gyfrol, *Seiri Cenedl* (1986), a hynny mewn un gair arwyddocaol.

'Er na fynnem ollwng yr iaith o'i lle sylfaenol yn ein gwaith, mynnem fod yn blaid wleidyddol effeithiol; pe methem yn hynny, deuai diwedd yr iaith ynghynt. Gan hynny penderfynasom sefydlu cymdeithas a ganolbwyntiai ar frwydro dros yr iaith. Talodd y polisi hwn ar ei ganfed, ac yng Nghymdeithas yr Iaith amlygwyd yr arwriaeth a welai Saunders Lewis fel un o ffrwythau pwysicaf cenedlaetholdeb.' [Gwynfor Evans, SC, t. 314]

Y gair allweddol, wrth gwrs, yw 'penderfynasom'. Mae'n air lluosog all olygu Plaid Cymru, Gwynfor ac eraill, neu'r oll ohonynt. Rhaid gofyn felly ai cynllun, neu hyd yn oed gynllwyn, oedd sefydlu Cymdeithas yr Iaith ym Mhontarddulais gan Gwynfor, John Davies, Tedi Millward a Phlaid Cymru, i ladd bwriadau a gobeithion Saunders Lewis, a chadw trwyn Plaid Cymru'n lân fel plaid wleidyddol gyfansoddiadol barchus. Gall hyn yn hawdd fod yn wir, ac yn gyson â'i hagwedd warthus ar y pryd tuag at 'weithredu' yng Nghapel Celyn, trwy wrthod cynllun syml a di-drais Emrys Roberts fyddai'n golygu, mwy neu lai, anufudd-dod sifil cyffelyb i'r hyn a gafwyd yn Nhrawsfynydd ddechrau'r pumdegau – dan arweiniad neb llai na Gwynfor ei hun!

Mae'n deg ychwanegu mai'r hyn na sylweddolodd y mwyafrif o'r aelodau cynnar oedd fod dau arweinydd y mudiad newydd yn gwbl gaeth ym mhoced y Blaid, ac yn mynnu cadw'r Gymdeithas yn fudiad parchus a di-dorcyfraith yn unol â dyheadau Gwynfor a'i ffrindiau 'gwleidyddol'. Hynny fu asgwrn y gynnen o'r dechrau cyntaf, gydag ond rhyw ychydig ohonan ni'n sylweddoli beth oedd yn digwydd, ac yn cwyno'n gyson a di-baid o'i blegid. O ganlyniad fe'n cyfrifid yn niwsans llwyr o fewn y mudiad ei hun.

Mae geiriau Tedi Millward yn eiriau trist, os nad damniol. 'Roedd darlith Saunders yn fendigedig fel hwb i'r galon, ond fel llith wleidyddol, ymarferol, mae hi'n chwerthinllyd.' [Tedi Millward at John Davies, dim dyddiad] 'Hwb i'r galon'? Go brin. Cymhelliad i weithredu ac ymdrechu ac aberthu – dyna'r hyn ddylai fod yn 'fendigedig' yn y ddarlith. Hynny yw, i'r sawl oedd â chlustiau i wrando. Fu maen Sisiffos erioed, ysywaeth, yn hwb i'r galon, ond yn hytrach yn achos trawiad!

Mewn undeb y mae nerth, meddid

Cafwyd yr ymatebion disgwyliedig i brif argymhellion y ddarlith. Nodwn rai yn unig.

Daeth un math o ymateb yn boblogaidd oherwydd gallai fod yn ddihangfa gyfleus i lawer, sef symud y cyfrifoldeb a'r ddyletswydd o achub y Gymraeg i orffwys ar ysgwyddau pobl eraill. Deisyfu gweld y Blaid yn osgoi'r cyfrifoldeb oedd swm a sylwedd llythyr un 'Athro ifanc' yn *Y Faner*. [YF, 14 Mawrth 1962] 'Yr wyf wedi bod yn poeni un neu ddau o fudiadau i weld oes modd eu cael i fod yn gyfrifol am alw cyfarfod mawr ar faes Llanelli (Awst), megis yr Urdd, UCAC, Undeb Cymru Fydd, Undeb Rhieni, Urdd Siarad Cymraeg. Cael S.L. ei hun i annerch ar y ffordd ymlaen ac yna ddewis pwyllgor etc. Deallaf fod yr Eglwysi Rhyddion eisoes wedi symud ymlaen i ffurfio rhyw fath o bwyllgor yn codi oddi ar erthyglau Gwynfor Evans yn *Y Tyst*... ond rhaid wrth Fudiad Cenedlaethol grymus AC ARWEINIAD gan yr ysgrifennydd.'

Go brin fod cysgod chwyldro yn perthyn i unrhyw un o'r mudiadau a enwir, heb sôn am Blaid Cymru ei hun. Ymddangosodd y llythyr hwn yn yr un rhifyn o'r *Faner* â datganiad Saunders mai 'malltod yw'r mudiadau Cymreig a'u cynadleddau a'u penderfyniadau'.

Yn ôl ei Llywydd, y Parchedig Dr. R. Leonard Hugh, roedd Urdd Siarad Cymraeg bellach yn ddiwerth. Gallod ddweud mewn llythyr at John Davies rhyw flwyddyn yn ddiweddarach: 'Byddaf yn meddwl weithiau, er inni gasglu rhyw ddeng mil o aelodau [tybed?], fod y mudiad mor farw â hoelen, yn debyg mewn gwirionedd i bob mudiad Cymraeg arall. Ond yr ydym yn dal ati... os bernwch y gallwch uno'r ddau fudiad... byddwn i (a siarad yn bersonol) yn reit barod i gynorthwyo.' [Leonard Hugh at John Davies, 1963] Un o ddymuniadau John Davies, a fawr neb arall, oedd yr uniad hwn na welwyd ei wireddu.

Roedd argymell uno'r mudiadau dan y gred mai mewn undeb mae nerth, o'r un weledigaeth, mi dybiaf, ag un Syr David James, Pantyfedwen, yn cynnig rhodd o filiwn o bunnau i uno'r enwadau anghydffurfiol yn y chwedegau.

Cawn Dafydd Glyn Jones yntau ym misolyn Plaid Cymru, dros flwyddyn yn ddiweddarach, ac yn dilyn y 'cyfarfod achub yr iaith' hwnnw yn Eisteddfod Llandudno, yn cynnig gwaredigaeth trwy ddethol rhai mudiadau 'a ddaw mewn amser yn gnewyllyn yr ymgyrch; dyna, o leiaf, fyddai'r peth tecaf.' Ei awgrym o oedd Urdd Siarad Cymraeg, Undeb Cymru Fydd, a Phwyllgor Cyd-enwadol yr Iaith Gymraeg, tri mudiad digon cysglyd, ond gydag un arall, Cymdeithas yr Iaith Gymraeg oedd, er gwaethaf y brotest *one-off* ar Bont Trefechan ac ambell brotest torcyfraith gan unigolion anufudd, bron yr un mor barchus, os nad diffrwyth, ar y pryd. [DG, Hydref 1963]

R.E. Griffith O.B.E., Cyfarwyddwr Urdd Gobaith Cymru, oedd y cyntaf i ymateb i'r ddarlith ar ran y mudiad hwnnw, gan ddefnyddio llwyfan Undeb Cymru Fydd yn Ninbych i wneud hynny.

'Nid wyf yn meddwl bod gan neb hawl i ddarogan tranc yr iaith Gymraeg heb eu bod yn gyntaf wedi teimlo pyls y bobl ifainc yng Nghymru, a dyfod i wybod sut y maent yn byw ac yn gweithredu. Hwy biau'r dyfodol. Yn wir, hwy biau'r presennol.' [YF, 28 Mehefin 1962] Unig bobl ifainc Cymru oedd â'r 'pyls' priodol, siŵr o fod, oedd mynychwyr gwersylloedd Llangrannog a Glan-llyn, a Steddfod yr Urdd. Ie, hen ateb ystrydebol, bytholwyrdd a digyfnewid yr Urdd i argyfwng yr iaith. Pa argyfwng? gofynnid. Aeth rhagddo gyda'i ddatganiad ysgubol i lesmeirio'n wirion uwch ben anfarwoldeb tragwyddol yr iaith, trwy ddoethinebu'n broffwydol a gwyddonol 'nad oedd ond un peth a allai ladd y Gymraeg, a hwnnw oedd rhyfel niwclear. Fe leddid Saesneg hefyd... ac am unwaith fe fyddai'r Gymraeg a'r Saesneg mewn safle cyfartal.' Athrylith.

Un arall y disgwylid clywed oddi wrtho ar amgylchiad o'r fath oedd Alun Talfan Davies QC. Cymdeithas y Cymrodorion yn Llanelli roddodd lwyfan iddo i ddweud ei bwt ar y mater. Uno'r mudiadau oedd ei gri yntau hefyd. Ieuenctid goleuedig yr Urdd oedd yr unig rai oedd yn cyfrif i R.E. Griffith. Ym myd Alun Talfan, y Cymrodorion oedd yr unig Gymry o bwys. 'Y mae angen coalisiwn i ddwyn aelodau o bob plaid boliticaidd a chapel ac eglwys at ei gilydd... Gan y Cymrodorion yr oedd cyfle i ddwyn pobl gyfrifol Cymru ['cyfrifol' sylwer, nid myfyrwyr amrwd, swnllyd] ynghyd i hyrwyddo'r iaith Gymraeg, gan mai i'r Cymrodorion yr oedd bron pob V.I.P. yng Nghymru yn perthyn iddi.' A sut y byddai'r coalisiwn yn gweithredu d'wedwch? 'Byddai cael yr enwau yn y ddwy iaith ar siopau yng Nghymru yn beth gwych a dylid eu cael.' Gwych iawn, ond efallai braidd yn eithafol!

Mae'n amlwg fod Alun Talfan yn torri'i fol eisiau cymryd mantell Gwaredwr yr Iaith iddo'i hun. Cafwyd llythyr ganddo yn *Y Faner* yn awgrymu 'y dylid dwyn y Cymry Cymraeg a'r di-Gymraeg ynghyd o bob plaid, pob corff crefyddol, pob cymdeithas ddiwylliannol... [i] fod yn gytûn yn yr ymgyrch.' Mae'r cyfan yn troi oddi amgylch sefydliadau parchus iawn, sefydliadau na fyddai cysgod gweithredu anufudd-dod sifil yn cyffwrdd eu llwybrau. Hynny, wrth gwrs, yn gwbl groes i argymhellion *Tynged yr Iaith* a gobeithion llawer ohonom ninnau.

Sefydlodd Alun Talfan hefyd gystadleuaeth genedlaethol, gan gynnig tair gwobr i'w hennill. Cyfansoddi ysgrif fer heb fod dros 600 o eiriau oedd y dasg – *Plan pum mlynedd ar gyfer yr iaith Gymraeg*. Enillwyd y wobr gyntaf gan John Davies, Ysgrifennydd cyntaf Cymdeithas yr Iaith Gymraeg.

Ysbryd amgen

Ond – a diolch am hynny – roedd yna ysbryd arall, cwbl wahanol, yn cyniwair yng Nghymru 1962. Clywyd llais y durtur ym mrig y morwydd. Yn *Y Faner* ddiwedd Mehefin, 1962, cyhoeddwyd llythyr cyhyrog, mewn llais oedd â rhyw angerdd newydd a dieithr yn perthyn iddo, oddi wrth fyfyriwr yng Ngholeg Aberystwyth, Emyr Llywelyn, yn annog cefnogwyr y Gymraeg i 'fynnu siarad ac ysgrifennu Cymraeg cyn amled ag sydd bosibl gan ymwrthod yn llwyr â'r Saesneg... nid yw darbwyllo tyner a pherswâd yn mynd i achub yr iaith.' [YF,

23

28 Mehefin 1962] Dechreuwyd clywed synau chwyldroadol yng nghanol taeogrwydd llethol gwleidyddiaeth Gymreig, ac mewn llythyr pellach i'r *Faner*, mae Emyr yn ateb Wyre Thomas, oedd wedi'i gyhuddo o feddu ar syniadau oedd 'yn magu gelyniaeth yn lle darbwyllo tyner a pherswâd'.

Meddai Emyr: 'Gormod o ddarbwyllo tyner fu gennym ni yng Ngholeg Aberystwyth erioed. Yr oedd rhai o'r darbwyllwyr yma mor selog dros y Gymraeg fel y daethant yn y diwedd i ddefnyddio iaith y rhai y ceisient eu darbwyllo yn amlach na'r iaith y dadleuent drosti.'

Am resymau gwahanol, mae'n deg pwysleisio fod y rhan fwyaf o ddigon o'r rhai hynny ohonom oedd ynglŷn â Chymdeithas yr Iaith Gymraeg ar y cychwyn, o blaid ffurfio mudiad ar wahân i'r Blaid. Cywion Emrys ap Iwan a Saunders Lewis oedd nifer ohonom oedd yng nghyfarfod ffurfio'r Gymdeithas ym Mhontarddulais yn Awst 1962. Yn y bôn, doedd a wnelo teyrngarwch i'r Blaid un dim â'r peth. Teyrngarwch i'r Gymraeg, a chariad eirias tuag ati, oedd yr unig beth oedd yn cyfrif.

Amlygwyd yn fuan nad oedd gan aelodau'r Blaid fawr o ddiddordeb mewn cefnogi'r mudiad newydd hwn. O'r deugant a rhagor a fynychodd yr Ysgol Haf a'r Gynhadledd honno ym Mhontarddulais, ddechrau Awst 1962, rhyw bymtheg – ie, pymtheg yn unig – a drafferthodd ddod i'r ystafell ddosbarth honno lle sefydlwyd Cymdeithas yr Iaith Gymraeg. Dyna oedd hyd, lled a dyfnder y diddordeb, heb sôn am y gefnogaeth. Doedd fawr neb i'w weld yn poeni rhyw lawer am dynged yr iaith – hyd yn oed o fewn Plaid Cymru. Ni ddaeth ei harweinwyr yno chwaith.

Gareth Miles yn seiclo

Ond, diolch i'r drefn, cafwyd ambell enaid prin a deimlai i'r byw. Yng Ngholeg Aberystwyth ddechrau 1962 roedd yna stiwdant bach o Gymro a neidiodd ar gefn ei feic, rai dyddiau cyn i Saunders Lewis draddodi'i ddarlith radio, *Tynged yr*

Iaith, a rhai misoedd cyn sefydlu Cymdeithas yr Iaith yn Awst 1962.

Tua 10.30 pm ar 12 Ionawr, 1962, roedd Gareth Miles yn marchogaeth ei feic heibio Gwesty'r Belle Vue yn y dref. Ac fel y byddai'n arferol gynt, roedd yn rhoi pas i fyfyrwraig a eisteddai ar far y beic, hynny wrth gwrs yn anghyfreithlon. Ei gyd-deithydd y noson rewllyd honno oedd Joan Wyn Hughes o'r Felinheli, merch Richard Hughes, Co Bach anfarwol Noson Lawen y radio gynt.

Ar y groesfan sebra ger Neuadd y Brenin, ac o'r cysgodion hwyrol, neidiodd plismon, PC Roberts, â holl awdurdod y Ffôrs ar ei guchiog drem, gyda'i lamp yn fflachio'n gryf, gan stopio Gareth yn y fan a'r lle. Gofynnodd, yn siarp ac yn Saesneg gorau Cymro o Geredigion, a oedd y beiciwr yn ymwybodol ei fod yn torri'r lân gyfraith. Rhoddodd enw'r troseddwr yn ofalus yn ei lyfr bach pwysig, gydag un llygad ar erlyniad, a'r llall ar ddyrchafiad.

Ar 13 Chwefror, dros fis wedi'r drosedd hon, darlledwyd *Tynged yr Iaith* ar y radio. Cafodd Gareth syniad gwych. Pe byddai'n cael gwŷs am ei drosedd, oni ddylai wrthod y wŷs petai yn Saesneg? Gallasai ei frwydr fechan bersonol ef fod yn rhan o frwydr ehangach a llawer mwy arwyddocaol – efallai.

Ar risiau'r Llyfrgell Genedlaethol, digwyddodd daro ar John Davies, Bwlch-llan, myfyriwr ymchwil yng Ngholeg y Drindod, Caergrawnt, a oedd, fel Gareth yntau, wedi gwrando'n astud ar ddarlith ysgytwol Saunders Lewis. Cafwyd rhyw fath o gytundeb rhyngddynt i droi mater y wŷs yn ymgyrch gyhoeddus, a hyd yn oed yn un genedlaethol, petai modd yn y byd. [TAD, t. 5 / FHI, tt. 66-7]

A do'n wir, rhyw fis yn ddiweddarach, daeth gwŷs. Saesneg oedd ei hunig iaith. Fe'i dychwelwyd gan Gareth gan hawlio gwŷs Gymraeg.

Ymhen hir a hwyr cafodd wybod fod ynadon Aberystwyth wedi diystyru ei gais, ac wedi cynnal yr achos, yn gwbl ddiarwybod iddo, yn ei absenoldeb. Yn bwysicach na dim, roedd dirwy o £1 i'w thalu! O beidio â'i thalu, byddid yn atafaelu eiddo'r troseddwr euog. Anwybyddodd Gareth y cyfan ac ni chlywodd ymhellach tan tua'r Pasg.

Bryd hynny daeth plismon arall ato, y tro hwn gyda rhybudd oedd yn bygwth carchar arno. Ceisiodd ddarbwyllo Gareth i gallio a thalu, a chymerodd ddatganiad. Ni phlygodd y cyhuddedig, a daliodd ei dir yn gadarn.

Cafwyd heddwch tan yr wythfed o Fai. A hithau'n arllwys y glaw yn nhref ddiflas Aberystwyth, dychwelodd Gareth i'w lety lle roedd un PC Davies yn aros amdano gyda gwarant i'w arestio. Aed â'r troseddwr, a chyfrol o waith Morgan Llwyd dan ei gesail, i'r rheinws, lle bu'n rhaid iddo wagio'i bocedi-tin-trowsus o'r chwephunt arian rhyddion oedd ynddynt. Dyna pryd y sylweddolodd Gareth yn syth mai'r arian hyn fyddai diwedd ei brotest. Treuliodd noson yn y gell, a'i lusgo'n hwyr fore trannoeth ger bron y fainc yn Swyddfa'r Sir. Cymerodd pawen farus Y Gyfraith swm y ddirwy o'r chwephunt. 'Diolch yn fawr. Cewch fynd gartre nawr. Bant â chi.' Gwaetha'r modd, ni fu 'pres poced' yn wers i nifer o 'droseddwyr' iaith y dyfodol – yn cynnwys Gareth ei hun!

Edrydd Gareth yr hanes, yn hwyliog ddigon, yn rhifyn Awst 1962 o'r *Welsh Nation*, papur Saesneg misol Plaid Cymru. Ond mae'n ychwanegu un paragraff arall – pwysig – fu ag oblygiadau pellgyrhaeddol iawn iddo. Mae'n gwahodd y darllenwyr i ymuno mewn cyfarfod anffurfiol yn Ysgol Haf y Blaid ym Mhontarddulais y mis Awst hwnnw, i drafod gweithredu dros yr iaith. Hwn fyddai'r cyfarfod pan sefydlwyd Cymdeithas yr Iaith Gymraeg gan ddyrnaid o ymgyrchwyr. Ni fu ei brotest, wedi'r cyfan, yn ofer.

Ac onid oes rhyw awgrym bach cynnil yn y frawddeg olaf un? *'If you are eager to spend a night in the cell where Jock from Glasgow and Tony Curtis, Penparcau, once slept, we shall be very pleased to hear from you.'*

Geni Cymdeithas yr Iaith Gymraeg

ARFERIAD PLAID CYMRU gydol y blynyddoedd oedd cynnal ei chynhadledd flynyddol a'i hysgol haf yn ystod y dyddiau cyn yr Eisteddfod Genedlaethol, a hynny mewn ardal gyfagos. Cynhaliwyd Eisteddfod 1962 yn Llanelli, felly penderfynwyd ar Ysgol Eilradd Fodern Pontarddulais gerllaw fel man cynnal yr Ysgol Haf, a hynny o Awst 3-7.

Yn ogystal â'r gynhadledd ei hun, ceid amrywiaeth o gyfarfodydd, rhai gwych a rhai ddim cystal. Ym Mhontarddulais cafwyd cyfarfod gyda'r nos yng nghapel Y Gopa, a 'Darlith Arbennig' gan yr Athro J.R. Jones, Abertawe. Testun J.R. y noson honno oedd 'Cristnogaeth a Chenedlaetholdeb'. Cywilyddiaf wrth gyfaddef na fûm ar gyfyl y cyfarfod.

Cafwyd Swper Croeso, pum darlith, anerchiad Gwynfor Evans y Llywydd, Cylchoedd Trafod, Noson Lawen, Ymryson Areithio Ieuenctid y Blaid, Cyfarfod y Merched ac, wrth gwrs, pedwar eisteddiad o'r gynhadledd ei hun. Ym 1962 hefyd, fe ymddeolodd J.E. Jones o'i swydd fel 'prif swyddog i'r Blaid ers dros 30 mlynedd'. [YHP, 1962]

Yn ystod yr holl ddigwyddiadau hyn ym Mhontarddulais, galwyd cyfarfod ar y 4ydd o Awst gan John Davies a Gareth

27

Miles, yn un o ystafelloedd dosbarth yr ysgol. Daeth rhyw bymtheg ynghyd. Gadawodd rhai ohonynt cyn diwedd y cyfarfod, ac fe ffurfiwyd mudiad iaith newydd gan y deuddeg oedd ar ôl, sef Hywel ap Dafydd, Cynog Dafis, John Davies, Robat Gruffudd, Neil ap Siencyn, Geraint Jones, Handel Jones, Elizabeth Lloyd, Philip Lloyd, Gareth Miles, Tedi Millward a Rhiannon Silyn Roberts.

Synnwyd John Davies fod cynifer wedi dod i'r cyfarfod, yn enwedig rhai 'anghymedrol' (un o'i hoff eiriau ymosodol) fel Neil ap Siencyn a minnau yn fwyaf arbennig rwy'n amau – yn syrpréis iddo 'oherwydd bod Tedi a minnau'n cael ein hystyried fel pobl 'gymedrol'. Roedd digon o eithafwyr o'n cwmpas a byddai rhai o'r rheini'n dra beirniadol ohonom yn y misoedd dilynol.' [FHI, t. 68] Ychwanega, yn eironig ddigon, na 'ellir cael gwŷs heb droseddu, ac felly roedd elfen o dorcyfraith wedi'i hadeiladu i mewn i'n gweithgareddau o'r dechrau – yn ddamweiniol bron.' Doedd dim byd yn ddamweiniol yn y peth i lawer un arall oedd yno, oherwydd fod torcyfraith, ac anufudd-dod sifil, i fod yn rhan o *raison d'être* y mudiad o'r cychwyn, a hynny'n unol ag argymhellion diamwys *Tynged yr Iaith*, ac esiampl brwydr arloesol a dewr Trefor ac Eileen Beasley yn Llangennech. Yn wir, dywed John Davies mewn lle arall ei fod yn 'teimlo dyhead mawr i weld gwireddu'r hyn y credwn y galwai'r darlithydd amdano, sef mudiad newydd a fyddai'n cyfundrefnu gweithgareddau tebyg i safiad teulu Beasley, Llangennech.' [TAD, t. 6]

Mae disgrifiad Cynog Dafis o bwrpas sefydlu'r mudiad newydd yn nes at y gwirionedd am wleidyddiaeth y dydd. 'Achub yr iaith drwy drawsnewid ei statws mewn cymdeithas oedd y nod echblyg... [g]wneud yr iaith yn arf gwleidyddol a rhoi rheswm dros chwistrellu tipyn o arwriaeth i fudiad a oedd, yng ngolwg rhai o'r ieuenctid, yn prysur fynd yn rhy barchus... o'r hanner.' [MP, t. 110]

Mae'n amlwg nad oedd John Davies am weld y Blaid yn ymhél â'r frwydr iaith o gwbl. Ac roedd Tedi Millward, os rhywbeth, yn fwy pendant byth. Ddiwedd 1962, a Chymdeithas yr Iaith ond cwta tri mis oed, anfonodd John Davies lythyr at Gwynfor Evans yn sôn am ei gymhellion o a Millward yn sefydlu'r Gymdeithas. Mae'n llythyr dadlennol iawn.

> Penderfynodd Tedi Millward a minnau sylfaeni [sic] Cymdeithas er mwyn hyrwyddo'r gwaith oherwydd bod digon o waith yn barod gan swyddogion Plaid Cymru ac oherwydd ei bod hi'n bwysig peidio rhoi'r argraff mae'r [sic] iaith ydyw unig ddiddordeb [sic] Plaid Cymru. Deallaf nawr fod yna rai sy'n edrych ar y Gymdeithas fel modd i saethu pŷs at y Blaid ac maent yn edrych ar unrhyw beth a wnawn fel cam cyntaf yn y broses o droi'r Blaid o'r llwybr cyfansoddiadol. Nid dyna ein pwrpas o gwbl a gobeithio nad ydych wedi cael eich camarwain.

Aiff rhagddo i geisio dangos mor barchus oedd gweithgaredd y mudiad newydd hyd yn hyn, trwy sôn am ddwy ddeiseb oedd ganddo ynglŷn â chael Banc Barclays i gytuno i gyhoeddi sieciau Cymraeg, gyda bygythiad sobor o ddiniwed o newid banc petaent yn gwrthod.

> Mae'r nifer sy'n pryderi [sic] am safle'r Cymraeg [sic] mor fach ac mor ddirym mae'r [sic] unig arf sydd gennym yw ceisio cyfeirio ac uno ein gweithgareddau beunyddiol at bwrpas arbennig... anfonais i ddim o'r ddeiseb atoch chwi gan fy mod yn gwybod eich bod eisoes â gormod i'w wneud. [John Davies at Gwynfor Evans, ddiwedd 1962]

A rhyw grafu fel'na i lawes Gwynfor a'r Blaid y bu John tra bu'n Ysgrifennydd y Gymdeithas. O'r cychwyn cyntaf un, bu nifer ohonom yn argyhoeddedig mai ffurfio mudiad cyfansoddiadol a saff oedd bwriad John, Tedi, ac ambell un arall, yn groes i ddymuniad y mwyafrif.

Gwysion Cymraeg

Penderfynwyd eisoes, cyn ffurfio'r Gymdeithas yn swyddogol, ymgyrchu am wysion Cymraeg, ac i'r perwyl hwnnw daethpwyd â'r mater ger bron Cangen Aberystwyth o Blaid Cymru. Penderfynodd honno anfon cynnig i'w drafod yng Nghynhadledd Flynyddol y Blaid ddechrau Awst ym Mhontarddulais. Roedd Cangen y Coleg hefyd yn cefnogi'r cynnig arloesol hwn.

Hynny a fu, ac yn y Gynhadledd cyflwynwyd y cynnig gan Tedi Millward, darlithydd yn Adran y Gymraeg yng Ngholeg Aberystwyth, yn cael ei eilio gan John Davies. Yn rhyfeddod y rhyfeddodau, cymeradwyodd y Gynhadledd yn unfrydol y cynnig 'Saundersaidd' canlynol:

> Yn yr ardaloedd hynny lle mae'r Gymraeg yn brif iaith, y dylai Plaid Cymru, trwy ei changhennau, drefnu gweithio'n gydweithredol i orfodi pob cangen o'r Llywodraeth ac o'r Weinyddiad Gyhoeddus yn ganolog ac yn lleol i roi i'r iaith Gymraeg statws swyddogol gyflawn yn eu holl ohebiaethau a gweithrediadau.

Gan mai Tedi Millward a John Davies ddaeth â'r cynnig ger bron y Gynhadledd, mae'n rhaid gofyn y cwestiwn hwn. Os oedd y ddau ohonynt yn anghytuno â strategaeth Saunders Lewis ac yn erbyn i'r Blaid gymryd brwydr yr iaith i'w chôl, pam felly mai nhw, ar ran Cangen Aberystwyth o Blaid Cymru, ddaeth â'r cynnig ger bron Cynhadledd Pontarddulais i gael Plaid Cymru i fod yn gweithredu'r union beth hynny?

Un ffaith bwysig y dylid ei chofio yw agosatrwydd at, a chyfeillgarwch mawr John Davies â Phleidwyr amlwg fel Emrys Roberts a Phil Williams, a'u dylanwad diymwad hwy arno. Onid Emrys ddywedodd un tro? 'Nid bywyd cenedl yw ei hiaith hi.' [YF, 5 Medi 1963] Roeddan nhw a'u cymrodyr yn ne-ddwyrain Cymru yn sicr yn erbyn argymhelliad

Saunders Lewis, a pharodd hyn i John Davies gredu y byddai gweithredu yn y fath fodd 'yn golygu fod gan y Blaid yn y parthau Cymraeg swyddogaeth gwbl wahanol i'r hyn a oedd ganddi yng ngweddill Cymru, ac o'r herwydd wedi dwysáu'r hollt a oedd eisoes i'w ganfod rhwng y cefnogwyr newydd yn y de-ddwyrain a'r cefnogwyr mwy traddodiadol yn y gogledd a'r gorllewin.' [TAD, t. 8]

Un rheswm oedd hwnna. Rhoddodd John Davies reswm arall, un mwy hanfodol. 'Y rheswm pennaf... oedd fod gennym deyrngarwch dwfn i'r Blaid fel yr oedd hi, a chred yn ei swyddogaeth. Trwy gydol yr amser y bu Tedi Millward a minnau yn ymwneud â'r Gymdeithas yr oeddem hefyd yn aelodau gweithgar o'r Blaid. Roeddwn i yn ysgrifennydd Pwyllgor Rhanbarth Ceredigion ym 1963 ac etholwyd y ddau ohonom i'r Pwyllgor Gwaith cenedlaethol yn y flwyddyn honno. Bu Tedi ar flaen y gad yn ymladd etholiadau lleol yn enw'r Blaid... Ond hyd yn oed pe baem heb gredu mai anghywir oedd strategaeth Saunders Lewis, amhosibl oedd ei gweithredu.' [ibid. t. 9]. Yn hollol. A daeth y teyrngarwch unllygeidiog hwn yn faen melin am yddfau'r ddau ysgrifennydd cyntaf am yn agos i dair blynedd, ac yn graig rhwystr i dwf cynnar Cymdeithas yr Iaith, fel y gwelwyd yn eglur cyn hynny.

Nid yw John yn egluro'n foddhaol, o bell ffordd, pam y daethpwyd â'r cynnig ger bron y Gynhadledd. A oedd yna, tybed, awydd i'r Gymdeithas newydd fod â chysylltiad o ryw fath â Phlaid Cymru, neu hyd yn oed ymfodloni i fod dan ei phawen a'i rheolaeth? Ar y pryd, roedd ambell un ohonom yn grediniol o hynny. Ac onid dyhead cyhoeddus John Davies a Tedi Millward oedd cael rhodio 'yn llwybr cyfansoddiadol y Blaid'? [ibid. t. 11]

A oedd y cynigydd a'r eilydd yn wirioneddol o blaid eu cynnig eu hunain? Byddai'n anhygoel petai Plaid Cymru'n cytuno ag argymhellion darlith radio Saunders Lewis. Go brin y byddai'n gwneud hynny, fel y gwelwyd yn fuan. Mae'n

31

rhaid i mi, a'r rhan fwyaf o aelodau cyntaf Cymdeithas yr Iaith Gymraeg, mi dybiwn, gyfaddef mai dros ffurfio mudiad iaith ar wahân o Blaid Cymru y gogwyddem ni'n bendant, ond am ddau reswm cwbl wahanol i John Davies a Tedi Millward.

Yn y lle cyntaf, gellid synhwyro beth fyddai ymateb ymarferol y Blaid i argymhellion Saunders Lewis. Yn wir, tueddai'r Blaid i fod yn swrth a didaro, os nad amheus, ar fater y Gymraeg, ac roedd y rhan fwyaf o'i changhennau, p'un bynnag, yn llesg a di-ffrwt, os nad yn feirwon, yn arbennig felly yn yr ardaloedd Cymraeg. Mewn gwirionedd, ni allai'r Blaid weld yr iaith Gymraeg fel arf gwleidyddol gwerth ei ystyried. Roedd Saunders eisoes wedi datgan yn syml yn y Wasg mai 'oblegid yr iaith yr ydym yn genedl'. [B, Mawrth 1963] Ac oherwydd rhai pethau eraill a ddywedodd am y Blaid a'i harweinyddiaeth ar fater boddi Tryweryn, roedd yna ragfarn eitha mileinig i'w erbyn yn esielonau ucha'r mudiad.

Yn ail, roedd rhai ohonom yn daer am weld gweithredu milwriaethus, ymosodol a digyfaddawd dros y Gymraeg, gweithredu fyddai'n tanio dychymyg ein pobl, yn arbennig ein hieuenctid. Cymerasom at ein calonnau yr her fawr a roddodd Saunders Lewis yn ei ddarlith radio: 'Y mae traddodiad politicaidd y canrifoedd yn erbyn parhad y Gymraeg. Ni all dim newid hynny ond penderfyniad, ewyllys, brwydro, aberth, ymdrech... Eler ati o ddifri a heb anwadalu...' Ac mae'r union her yna mor berthnasol heddiw ag yr oedd hi bryd hynny.

Yn ei phapur Saesneg, rhydd y Blaid ei hun wedd ddigon eironig ar yr holl fanwfro od:

ACTION. Focus now shifted to the Welsh language and John Davies, E. Millward, Beryl Mitchell and Elystan Morgan all spoke in favour of Direct Action to compel recognition of the language in Welsh-speaking areas, an Aberystwyth motion was enthusiastically endorsed by the Conference. [WN, Medi 1962]

'Gwleidyddiaeth' i'r Blaid oedd y drefn seneddol Seisnig/ Brydeinig, a buwch sanctaidd y blwch pleidleisio oedd yr unig foddion a'i dygai i swagro'n goncweriol hyd goridorau cysegredig San Steffan. Hon oedd ei ffydd ddiffuant. I'r rhai hynny ohonom oedd wedi hen, hen ddiflasu ar wleidyddiaeth ddiffrwyth ac ofer y 'wên fêl yn gofyn fôt', roedd y bwriad i sefydlu mudiad iaith chwyldroadol a deinamig yn rhywbeth cyffrous a gwefreiddiol, yn rhywbeth a gipiai anadl aml i genedlaetholwr ifanc.

Dyma'r union adeg y bu nifer ohonom ni, aelodau'r Blaid yng Ngholeg Aberystwyth, yn profi'r diflastod o ganfasio trwm, a hynny yn yr is-etholiad seneddol (15 Mai 1962) ym Maldwyn. Cofiaf yn dda guro drysau ystâd o dai yn Llanidloes o'r enw *Garden Suburb*, a chael dim arlliw o groeso na gwrandawiad. Gwastraff amser yn wir. Cadarnhawyd y cyfan a deimlwyd pan enillodd Islwyn Ffowc Elis, ymgeisydd swil, addfwyn a lled anfoddog Plaid Cymru, ond 1,594 o bleidleisiau'n unig (6.2%). Er yr holl lafur a'r gwario, yr oedd y bleidlais yn drychinebus. Ym 1987 safodd Carl Clowes, am y trydydd tro, fel ymgeisydd y Blaid ym Maldwyn a chafodd 1,412 o bleidleisiau, llai nag a gafodd Islwyn Ffowc Ellis yno chwarter canrif ynghynt. Cafwyd peth cynnydd o'r diwedd yn 2024.

Agwedd Plaid Cymru

Beth, felly, oedd agwedd Gwynfor Evans ac eraill o arweinwyr y Blaid ar y pryd tuag at y symudiad newydd hwn? Cyfeiria John Davies at 'Gwynfor Evans â'i ymlyniad egwyddorol at y blwch pleidleisio'. [FHI, t. 67] Ac mae Tedi Millward yr un mor bendant â'i gyd-bleidiwr fod Gwynfor a'r arweinwyr yn dweud nad oedd y Blaid yn blaid chwyldroadol. Ymladd etholiadau seneddol oedd y prif nod. Ychwanega mai 'camgymeriad difrifol ar ran Saunders Lewis oedd cyfeirio ei ddarllediad at Blaid Cymru.' [TRhG, t. 66]

Honna Gwynfor ei hun rai pethau rhyfedd ac amheus.

Er enghraifft, priodola ganlyniad rhyfeddol i achos llys Gwynfor S. Evans, Y Betws, Sir Gaerfyrddin, a gynhaliwyd yn ôl ym 1958. Roedd G.S. Evans yn sefyll etholiad sirol yn enw Plaid Cymru 'ond nid oedd ganddo ffurflenni enwebu Saesneg swyddogol, dim ond rhai Cymraeg a luniasai'r Blaid'. [BC, t. 229] Llanwodd a chyflwynodd y rhai Cymraeg hyn, ond fe'u gwrthodwyd gan W.S. Thomas, Clerc Cyngor Sir Gaerfyrddin. Aeth y Blaid, dan arweiniad y bargyfreithiwr galluog, Dewi Watkin Powell, â'r mater ger bron y Barnwr Winn yn yr Uchel Lys yn Llundain, ac ennill yr achos – o blaid y Gymraeg. Bu hwn yn achos hanesyddol.

'Historic Victory' y geilw'r *Welsh Nation* y digwyddiad mewn ymffrost digon haeddiannol. *'Gwynfor [S.] Evans of Betws, Ammanford, is a name to be inscribed henceforth in the history of Wales… Thus our country, personified in this quiet farmer from Betws, and acting, as it always must, through PLAID CYMRU, has scored a signal political victory over the forces of SNOBBERY, IGNORANCE, BUREAUCRACY AND TREASON. The memorable dictum of Mr. Justice Winn: IT IS A BIT LATE IN THE DAY TO TREAT THE WELSH AS TRIBESMEN.'* [WN, Ionawr 1962]

Ysywaeth, collodd G.S. Evans yr etholiad. Dyma honiad Gwynfor: 'Canlyniad pwysicaf yr achos oedd sefydlu Pwyllgor Hughes Parry ym 1963 i ymchwilio i safle cyfreithiol yr iaith Gymraeg.' [BC, t. 229] Ni all hynny fod yn wir. Roedd pum mlynedd rhwng achos G.S. Evans a sefydlu Pwyllgor Hughes Parry. Yn nes o lawer at 1963 bu brwydr ysgytwol y Beasleys, protest Pont Trefechan, ac achosion unigol aelodau o Gymdeithas yr Iaith Gymraeg. Y rhain achosodd sefydlu Pwyllgor Hughes Parry. Hyn sydd gydnabyddedig bob amser.

Cyfeiria Gwynfor hefyd, wrth sôn am Gynhadledd y Blaid, 1962, at 'yr angen am fudiad iaith a ganolbwyntiai ar frwydro drosti', hyn oherwydd fod y Blaid 'wedi dioddef erioed oddi wrth y cyhuddiad gan rai mai mudiad iaith a diwylliant oedd hi... [bu'n] rhaid iddi ymwrthod â'r apêl a wnaeth Saunders Lewis ati yn ei ddarlith radio... [oherwydd] ni allai gyfuno brwydro'n effeithiol dros yr iaith â bod yn blaid boliticaidd.' [ibid. t. 231] Mae cystal â dweud nad yw'r iaith Gymraeg yn fater 'politicaidd', hynny'n pwysleisio naïfrwydd Plaid Cymru – a'i chyfeiliornad.

Gwir bwrpas y cyfarfod ym Mhontarddulais, yn ôl John Davies, 'oedd casglu enwau'r bobl a oedd yn barod i weithredu, ac ethol swyddogion i drefnu'r gweithgarwch... yr oeddem, wrth symud tuag at sefydlu mudiad iaith ar wahân, yn cefnu ar y strategaeth yr oedd Saunders Lewis yn ei chymell... a hefyd, yn wir, yn gwadu'r strategaeth honno.' [TAD, t. 7] Yr unig fwriad ar y pryd oedd ymgyrchu i gael gwysion yn Gymraeg, ac yn ôl John Davies hwn isod, ynghyd â'r deuddeg enw, yw'r unig gofnod dilys sydd ar gael o'r cyfarfod ar 4 Awst 1962:

Etholwyd E.G. Millward a John Davies yn ysgrifenyddion, a gofynnwyd iddynt ysgrifennu at ynadon Aberystwyth i bwyso arnynt i baratoi gwysiau yn Gymraeg; os gwrthodir y cais, gofynnir i'r ysgrifenyddion i baratoi gweithgarwch pellach. [ibid. t. 11]

Beth oedd y 'gweithgarwch pellach' hwn yng ngolwg y ddau swyddog tybed? Does wybod. Soniwyd am 'dorcyfraith' yn y cyfarfod, ond ni chafwyd rhyw lawer o drafodaeth ar y mater. Y cwbl a ddywed John Davies yw 'fod cryn lythyru o'n blaenau', er mai'r mandad roddwyd mewn gwirionedd oedd i anfon un llythyr at ynadon Aberystwyth yn gofyn iddynt 'baratoi gwysiau yn Gymraeg'. Cofiaf i Neil ap Siencyn ofyn beth fyddai'r 'gweithgarwch pellach' a chael ateb digon swta gan John Davies i'r perwyl y gellid penderfynu pan fyddai gofyn am wneud hynny. Aeth rhai ohonom o'r cyfarfod yn obeithiol a brwdfrydig, ond eto â chysgod o amheuaeth wrth ofni mai mudiad gohebol parchus, fel rhyw gyfuniad o Undeb Cymru Fydd ac Urdd Siarad Cymraeg, oedd yn yr arfaeth, ac nid mudiad ein breuddwydion, yn chwyldroadol, milwriaethus a phenderfynol.

Ar ben hyn oll, yn faich ar eu gwarrau, roedd yr ymgreinio slafaidd ger bron Plaid Cymru a'i harweinwyr. Daeth yn amlwg yn gynnar mai dyna oedd y tu ôl i holl fwriadau dau ysgrifennydd y mudiad newydd. Mewn gair, lles a pharchusrwydd y Blaid oedd yr unig beth, mewn gwirionedd, oedd yn cyfrif yn y pen draw, a'r arswyd o feddwl y byddai'n colli pleidleisiau.

Mae Davies a Millward yn dawedog iawn ynglŷn â chynnig 8 (cynnig Cangen Aberystwyth) i'r Gynhadledd, ac mae Gwynfor hyd yn oed yn honni mai'r Blaid sefydlodd Cymdeithas yr Iaith. Chwarter canrif yn ddiweddarach dywed John Davies fod Cynnig 8 'yn gwbl gyson â chenadwri Mr. Lewis'. [ibid. t. 6] Mae hynny'n ddigon gwir wrth gwrs. Tedi Millward siaradodd o blaid y cynnig, ac 'fe amlinellodd ef achos Gareth Miles gan bwysleisio gymaint yn fwy effeithiol y byddai safiad o'r fath pe bai nerth mudiad y tu ôl iddo'. [ibid. t. 7] Mae'n weddol amlwg fod John Davies am i ni gredu mai ei basio'n robotaidd ddifeddwl a wnaeth y Gynhadledd, ac aiff rhagddo'n ddifraw i ddiffinio'i gymhellion ef a Millward. 'Ond yr oeddem, wrth gyflwyno'r cynnig, a'r Gynhadledd wrth ei dderbyn, ddim yn golygu... troi'r Blaid yn y parthau Cymraeg yn fudiad iaith milwriaethus, cefnu ar ymladd 'etholiadau seneddol diamcan', ac ymrwymo holl adnoddau'r Blaid a holl ynni ei harweinwyr a'i haelodau i'r frwydr iaith, a'r frwydr iaith yn unig.'

Pwrpas galw'r cyfarfod ym Mhontarddulais, meddai, oedd cynnull y 'rhai oedd â diddordeb mewn gweithredu ar fater y wŷs,' a chasglu 'enwau'r bobl a oedd yn barod i weithredu, ac ethol swyddogion i drefnu'r gweithgarwch'.

Ond doedd hi ddim cweit mor syml â hynna i'r rhai mwy sgeptig ohonom, y lleiafrif hynny oedd yn reddfol yn drwgdybio'r Blaid, ac yn arbennig ei harweinyddion, mewn perthynas â gweithredu'n ddigyfaddawd dros yr iaith – hyn oherwydd profiad diflas Tryweryn yn bennaf.

Cyfeddyf John Davies mai perthynas Plaid Cymru â Chymdeithas yr Iaith Gymraeg oedd 'un o'r prif bynciau trafod ym mlynyddoedd cynnar y Gymdeithas'. Ychwanega '… yr oedd carfan helaeth o blith aelodau mwyaf selog y Gymdeithas yn awyddus i'w mudiad dorri'n gwbl rydd oddi wrth y Blaid a'i chondemnio'n hallt ar goedd'. [ibid. tt. 7,8] Nid mater o 'dorri'n gwbl rydd' oedd o, gan na fu'r Gymdeithas, yn y lle cyntaf, erioed – yn swyddogol felly – yn rhan o Blaid Cymru, er holl ddylanwad amlwg y Blaid ar ei dau ysgrifennydd cyntaf a rhai o'i haelodau, dylanwad fu'n gymaint o rwystr i dwf a gweithgaredd y tair blynedd cyntaf.

Cyfeddyf John Davies mai twyll, a dim byd llai na hynny, oedd cynnig Tedi Millward ac yntau yn y Gynhadledd – 'rhywbeth afreal, dichellgar bron', ac mai 'llwyfan i wyntyllu ein bwriad oedd hwn'. [ibid. t. 8]

'Sgwn i? Ym 1976, bedair blynedd ar ddeg yn ddiweddarach, ac yntau a Tedi Millward erbyn hynny wedi hen, hen gefnu ar y Gymdeithas ers blynyddoedd maith, cydnebydd fod gan y ddau ohonynt 'deyrngarwch dwfn i'r Blaid fel yr oedd hi, a chred yn ei swyddogaeth. Trwy gydol yr amser y bu Tedi Millward a minnau yn ymwneud â'r Gymdeithas, yr oeddem hefyd yn aelodau gweithgar o'r Blaid'. [ibid. t. 9]

Ymdrechodd John Davies yn lled galed i gael ymenyn ar ddwy ochr y frechdan. Ceisiodd wasanaethu dau arglwydd trwy, nid yn gymaint eistedd ar y gamfa, ond twyllo'r ddwy ochr yn ogystal. Lled awgryma hefyd y dylsai'r Gymdeithas fod wedi ei ffurfio fel Cymdeithas 'o fewn i'r mudiad cenedlaethol' (h.y. o fewn Plaid Cymru), yn un o nifer o fudiadau/cymdeithasau, 'pob un â'i swyddogaeth ei hun'. A'r swyddogaethau hynny'n rhai digon didramgwydd, fel na wnelsent unrhyw niwed i ddelwedd barchus a chynhwysol y Blaid. A'r Blaid, wrth gwrs, fyddai'n rheoli'r cyfan!

Ymhelaetha John Davies ar y pethau hyn yn ei hunangofiant, *Fy Hanes I*. Mae'n dechrau â'r gair bychan llwythog hwnnw – OND.

... ond nid oedd y naill na'r llall ohonom am weld Plaid Cymru yn cyfyngu'i hun i fod yn fudiad iaith milwriaethus a throi ei chefn ar yr hyn a alwodd Saunders Lewis yn 'etholiadau seneddol diamcan'. Yr oedd gan y ddau ohonom barch at Gwynfor Evans â'i ymlyniad egwyddorol at y blwch pleidleisio... Felly, roedd fy ngwahoddiad i'r rhai a oedd am weithredu ddod i un o ystafelloedd ysgol uwchradd ym Mhontarddulais yn galw 'ar ganghennau'r Blaid i drafod gweithgareddau pellach' yn dystiolaeth ein bod yn cefnu ar strategaeth Saunders Lewis ac yn anelu at sefydlu mudiad ar wahân i Blaid Cymru. [FHI, tt. 67-68]

O, mor aneglur a gwan yw ei ymdrechion cloff i gyfiawnhau ei safbwynt.

Bid a fo am hynny. Tedi a John, felly, benodwyd yn gyd-ysgrifennyddion. Nhw oedd yr unig swyddogion, ac yn eu dwylo nhw yr oedd rheolaeth lwyr y mudiad newydd-anedig – cloffrwym amlwg o'r cychwyn cyntaf un. Do, ffurfiwyd y mudiad dienw, a gofynnwyd i'r ysgrifenyddion bwyso ar ynadon Aberystwyth i ddarparu gwysion yn Gymraeg; pe gwrthodid y cais, gofynnwyd i'r ysgrifenyddion i gynllunio gweithgarwch pellach.

Fe'i gadawyd, am y tro, yn y fan yna. Ymfudodd pawb o'r Gynhadledd ym Mhontarddulais i'r Eisteddfod Genedlaethol yn Llanelli, cyn gwasgaru ohonynt i bedwar ban 'y winllan wen a roed i'n gofal ni' i fwynhau gweddill gwyliau'r haf – cranca, dal mecryll, a charnifalio gyda'r hen Seindorf annwyl yn f'achos i.

Y Ceffyl Gwyn
a'r Ceffyl Haearn

YN YSTOD PYTHEFNOS cynta tymor yr Hydref, 1962, yng Ngholeg Aberystwyth, sylweddolwyd na chafwyd na siw na miw oddi wrth y mudiad newydd dienw a sefydlwyd yr haf hwnnw ym Mhontarddulais. Dechreuodd rhai ohonom anesmwytho a dechrau holi. Yna, o'r diwedd, ganol mis Hydref, cafwyd cyfarfod o fath, braidd yn ddi-drefn a ffwrdd-â-hi, yn nhafarn y *Ceffyl Gwyn* yn Aberystwyth – rhyw ddyrnaid ohonom – yn y gobaith o allu trefnu rhyw fath o raglen gweithredu, a chael enw swyddogol i'r mudiad.

Wedi ei wahodd yno gan yr ysgrifenyddion roedd Graham Hughes o Adran y Gyfraith yn y coleg, gŵr hynod o alluog, yn ddiwtor i mi, ac yn awdurdod cydnabyddedig ar gyfreitheg. Yn ystod yr un wythnos, ar 18 Hydref 1962, traddodai Ddarlith y Llywydd Staff i gangen Plaid Cymru'r coleg, ac fe'i cyflwynwyd fel 'siaradwr craff a bachog, a'i resymeg yn ddisigl bob amser'. Yn ei ddarlith 'rhoes amlinelliad o fethiant y llywodraeth i roi sylw teg i Gymru – yn economaidd, yn gymdeithasol, ac yn wleidyddol'. Siaradodd yn loyw ynglŷn â'r Gymraeg.

Yn aelod blaenllaw o'r Blaid, roedd ganddo gryn ddylanwad ar y ddau ysgrifennydd. Ei safbwynt oedd argymell creu 'mudiad iaith ymosodol tu allan i Blaid Cymru' gan broffwydo y byddai mudiad o'r fath 'yn gwanhau Plaid Cymru dros dro, ond yn ei chryfhau yn y pen draw drwy ddeffro'r ymwybyddiaeth genedlaethol'. [LL, Gwanwyn 1962] Fodd bynnag, gwarchod Plaid Cymru oedd ei awydd yntau yn y bôn.

Gwahoddwyd Graham Hughes i'r cyfarfod i'n cynghori ar drefn gyfreithiol cyhoeddi gwysion. Cyfarfod dwyieithog, i ryw raddau, er mawr siom i rai ohonom, fu'r cyfarfod swyddogol cyntaf hwnnw, oherwydd roedd Graham Hughes yn ddi-Gymraeg. Gadawodd Aberystwyth yr haf dilynol i fod yn Athro'r Gyfraith ym Mhrifysgol Efrog Newydd.

Pwy arall oedd yno, nid oes cofnod ac ni fedraf innau yn fy myw gofio. Rhyw lond het ddaeth ynghyd, a chofiaf fy mod yn eistedd gydag Emyr Llew, a'r ddau ohonom yn ysu am weld y frwydr yn mynd rhagddi. Ofnem y gwaethaf, hyd yn oed yn y dyddiau cynnar hynny.

Yn ôl John Davies, 'penderfynwyd ar y papur swyddogol ac ar raglen o lythyru' [TAD, t. 12], y cyfan i'w gyflawni gan yr ysgrifenyddion gyda gweddill yr aelodau, yn cynnwys rhai oedd ar dân eisiau gweithredu, siŵr o fod, wedi eu tynghedu i ddioddef gaeafgwsg anweithredol *sine die*. Codwyd pawb ar Bwyllgor na fu iddo gyfarfod erioed, na chynt na chwedyn!

Enw'r Mudiad

Y mater nesaf oedd dewis enw i'r mudiad. Daeth y ddau ysgrifennydd i'r cyfarfod yn amlwg wedi penderfynu ymlaen llaw ar enw. Roedd Tedi, mewn llythyr at John rhyw bythefnos ynghynt, wedi datgan 'mai Cymdeithas yr Iaith Gymraeg fyddai'r enw mwyaf priodol gan y byddai'n creu dolen gyswllt rhyngom a'r glewion hynny a fu'n mynnu lle i'r Gymraeg yn y gyfundrefn addysg yn wyth-degau'r ganrif ddiwethaf.' [Tedi Millward at John Davies, 6 Hydref 1962: TAD, t. 12]

Aeth yn ddadlau chwyrn yno wedyn, gan fod Emyr a minnau'n anghydweld yn llwyr â'r fath enw diberfedd a mursennaidd. I ni, roedd yr enw 'Cymdeithas' yn swnio'n llawer rhy barchus, rhy glustogaidd, rhy feddal. 'Nid pawb a'i hoffai', cyfaddefodd John, 'a mynegodd nifer o'r aelodau cynnar awydd am enw mwy milwriaethus. Derbyniwyd yr enw...' [TAD, t. 12]

Roeddem mor gyfarwydd â'r 'Gymdeithas' Ddiwylliannol/ Lenyddol fyddai i'w chael bron ym mhob capel ymneilltuol trwy Gymru, cymdeithas oedd gyfandir i ffwrdd o'r mudiad chwyldroadol torcyfraith y breuddwydiem am ei gael, cymdeithas oedd yn fan cyflwyno a thrafod pethau hen fyd oedd i ni yn fyd heddychlon, ufudd a thaeog. Teimlasom hefyd fod peth mwdradd o ogla Plaid Cymru arno.

Gan ein bod ein dau, fel nifer o genedlaetholwyr y cyfnod, hen ac ifainc, wedi'n trwytho'n hunain yng ngweithiau Emrys ap Iwan, doedd i ni ond un enw fyddai'n addas i'r mudiad newydd – Y Cyfamodwyr (Cymreig). I'r dienwaededig ohonoch, dyma pwy oedd y rheini. Cymdeithas (ddychmygol) o bobl ifainc fyddai'n 'ymdynghedu i ddileu o'r dywysogaeth holl olion Seisnigaeth':

- yn nacáu siarad Saesneg ag un Sais a fyddai wedi byw dros ddwy flynedd yng Nghymru;
- yn nacáu siarad Saesneg mewn na Senedd na Chyngor na Brawdle nac Ymchwilfa nac mewn unrhyw swyddfa gyhoeddus;
- yn nacáu dweud eu neges yn Saesneg mewn na siop nac unlle arall;
- yn diystyru pob rhybudd cyfreithiol a gyhoeddid yn Saesneg;
- yn tynnu i lawr ac yn dinistrio pob ystyllen ag arni enw Seisnig ar hewl neu dre yng Nghymru;
- yn dileu pob enw Cymreig a fyddai wedi ei gamlythrennu yn y gorsafoedd.

[Emrys ap Iwan, C, t. 3; *Breuddwyd Pabydd wrth ei Ewyllys*, Rhan 2 tt. 22-23, Llyfrau'r Ford Gron; gweler hefyd olygiad Dalen Newydd, Bangor, 2011, t. 65]

Dyna ddisgrifiad ardderchog o'r math ar weithgaredd yr edrychem ymlaen at ei weld yng Nghymru daeog 1962. Oni fyddai'r datganiad mawreddog a digyfaddawd hwn (gyda chryn addasu a diweddaru, siŵr iawn) wedi bod yn faniffesto cychwynnol gwerth chweil i'r mudiad iaith 'chwyldroadol' newydd? 'Cymdeithas'? O diar. A doedden ni ddim ar ein pennau'n hunain chwaith ar fater yr enw melfedaidd. Bu Gwilym R. Jones, golygydd *Y Faner* yn taranu'n ei erbyn ac yn cyfeirio at 'awgrym o bwyllgora diymadferth'. [YF, 10 Chwefror 1963]

Felly, yn ôl hynny o gofnodion a gadwyd o'r cyfarfod, 'penderfynwyd ar y papur swyddogol ac ar raglen o lythyru â'r ynadon', a dyna'r cwbl. O diar arall. A do, cyfaddefodd John, 'bu'r ohebiaeth yn faith ac yn araf gyda'r llythyrau yn mynd yn ôl ac ymlaen... ac oedi drosodd a thro...' [TAD, t. 12] Fel anwadalu, nid fel oedi, y gwelai rhai ohonom yr arafwch affwysol hwn. Onid y dacteg synhwyrol a rhesymegol fyddai gwneud cais syml mewn ychydig eiriau am wysion Cymraeg, a phe'i gwrthodid, yna gweithredu heb unrhyw anwadalu? Siŵr iawn! A phe na baem yn dechrau gweithredu'n fuan, byddai'r Gymdeithas yn gwywo a diflannu, cyn iddi erioed egino, heb sôn am flodeuo.

Erbyn canol mis Tachwedd llwyddwyd i gael Dr. Huw T. Edwards yn Llywydd Anrhydeddus Cymdeithas yr Iaith, yr unig un a gytunodd o blith nifer o Gymry amlwg a gafodd wahoddiad. Cafwyd pumpunt o rodd ganddo, a'i enw parchus o fu ar bapur swyddogol y Gymdeithas am y blynyddoedd llonydd cyntaf. Gwrthododd Saunders Lewis y gwahoddiad.

Dau hogyn drwg

Oherwydd y syrthni a'r oedi, aeth Emyr a minnau ati, rhyw fis yn ddiweddarach, i gynllunio'r weithred dorcyfraith fwriadol gyntaf yn enw ac yn hanes Cymdeithas yr Iaith Gymraeg.

Ar nos Fawrth 27 Tachwedd, 1962, am chwech o'r

gloch, yn oerni a thrymder dyddiau duon bach y gaeaf yn Aberystwyth, aethom ein dau i seiclo – nid yn gyfreithlon ar gefn dau feic neu dandem, ond yn anghyfreithlon ar gefn un beic hogan. Does gen i'r un cof o ble cafodd Emyr y beic. Na fonta chwaith! A dyna i chi olygfa – fi'n eistedd ar y sedd â 'nghoesau'n hongian, a'm dwylo ar ysgwyddau y llywiwr, tra safai Emyr ar y pedalau, yn gafael yn dynn yng nghyrn y ceffyl haearn.

I ffwrdd â ni'n dalog drwy strydoedd y dref fel dau fytheiad heb fod yn rhyw siŵr iawn beth oedd ar ddigwydd. Chwilio am ein prae, sef plismon, roedden ni, yn ein hanturiaeth fawr i geisio gwŷs. Dim golwg o un yn unman, ar hyd y Prom, na hyd yn oed yng nghyffiniau Swyddfa'r Heddlu.

'Am y Stesion!' bloeddiais yng nghlust Emyr. A wir i chi, dyna lle'r oedd cwnstabl unig yn cerdded ar ganol y lôn yn Ffordd Alexandra. Gwirionodd Emyr o ganfod gŵr y botwm gloyw, a chollodd ei ben braidd. Dechreuodd seiclo amgylch ogylch y plismon, oedd erbyn hyn yn sefyll yn stond ac yn edrych arnom mewn penbleth ddofn. Gwaeddodd yn awdurdodol, fel y mae'n weddus i blismon tref ei wneud, ar i ni roi ffrwyn ar y ceffyl haearn. Buan y cafodd y creadur wybod nad oedd unrhyw fwriad gennym ufuddhau i'w orchymyn Saesneg, iaith plismyn dysgedig tref Aberystwyth. 'Stopiwch!' arthiodd PC78 Griffiths yn Gymraeg o'r diwedd, a gofyn i Emyr beth ar wyneb daear roeddan ni'n ei wneud yn ddau ar gefn un beic.

'Gallwn fynd yn gyflymach fel hyn.' 'R ôl araf-gofnodi enw Emyr a'i rybuddio'n awdurdodol a dwys ei fod yn troseddu, edrychodd yn eitha sarrug arnaf finnau, gan afael yn dynn â'i aswy law yn ei nôt-bwc bach pwysig, gyda'i bensal-blwm yn ei ddeau.

'Enw?'

'Thomas Parry,' meddwn, cyn cywiro fy hun yn wylaidd o ganlyniad i bwniad hegar penelin y Llew yn f'asennau. Fe'n bwciwyd yn y fan a'r lle, ddihirod anwar.

A dyna hi, dyna'r oll. Gweithred o dorcyfraith syml a hawdd, cwbl ddi-drais, heb regi na rhwygo, heb sgwennu'r un llythyr, hyn oll er mwyn cael gwŷs yn ein hiaith, ac er ceisio ennill statws swyddogol i'r iaith a garem cymaint.

I'r llys

A do'n wir, cawsom ein gwysio – yn uniaith Saesneg. Dychwelwyd y cyfryw gyda chais am wysion Cymraeg. Penderfynodd yr ynadon, yn ystyriol a graslon iawn, ein hepgor ill dau, trwy gynnal yr achos hebom, a'n dirwyo am ein hanfadwaith ysgeler. Cawsant wybod, trwy lythyr cwrtais ond cadarn, nad oedd gennym y bwriad lleia i dalu yr un ddimai goch y delyn o'r dirwyon o chweugain (50c) yr un.

Daeth y cyfan i fwcwl ganol Ionawr 1963, pan gipiwyd Emyr a minnau i'r ddalfa a'n taflu i gell ddigysur yn Swyddfa'r Heddlu. Fe'n llusgwyd ger bron y Fainc, yn ddau lanc gwladaidd a diniwed na fu erioed o flaen 'eu gwell' o'r blaen. Yno, gyda chlarc yr ynadon, Humphrey Roberts, yn cyfieithu, fe'n cyhuddwyd o beidio â thalu'r dirwyon. Gwaetha'r modd, pan restiwyd Emyr, roedd ganddo £24.15.0 yn ei boced, ac roedd yr ynadon eisoes wedi bachu'u degswllt ohono. *Fait accompli*. Arian oedd hwn (petaent ond yn gwybod!) i dalu am logi car ar gyfer taith *reconnoitre* i Dryweryn wrth baratoi ar gyfer y weithred fythgofiadwy honno ar Chwefror y 9fed.

Ond, roedd fy mhocedi i'n weigion. Fe'm cadwyd mewn cell oer am ddwyawr arall, cyn fy llusgo ger bron y fainc unwaith yn rhagor. Cofiaf bwyso drachefn a thrachefn am wŷs Gymraeg, gan bwysleisio'r rheidrwydd y byddai'n rhaid iddi fod yn ieithyddol gywir, ac wedi ei hargraffu'n yr un modd yn union â'r un Saesneg, ac nid ei theipio'n israddol ar ddalen o bapur sgwennu. [YF, 31 Ionawr 1963] Gwgodd yr ynadon arnaf ac yna fy rhyddhau gyda rhybudd terfynol y byddwn yn cael wythnos o garchar pe na thalaswn y ddirwy. Gwrthodais, a chefais bythefnos i ailfeddwl.

Nid ailfeddyliais, ni thelais, ac nid oes gennyf, hyd heddiw na Dydd y Farn, y bwriad lleiaf i dalu. A wyddoch chi be? Ni chlywais air ymhellach am yr achos, ac mae coffrau llys ynadon Aberystwyth, hyd y gwn i, yn dal yn brin o chweugain – a rhagor. Rhyfedd o fyd!

Yn y llys hefyd y diwrnod hwnnw roedd dau o ddarlithwyr y coleg, Tedi Millward a oedd wedi parcio ei gar heb olau ar y 5ed o Ragfyr 1962 yn ôl tystiolaeth PC Crowdie, a Siôn Daniel, am drosedd foduro gyffelyb. Yn ôl ei gyfaddefiad ei hun, bu i Millward wneud 'mistêc braidd' wrth bledio. 'Ni ddylwn fod wedi pledio o gwbl.' [Tedi Millward at John Davies, diddyddiad]

Cofiaf imi geisio dwyn perswâd arno i beidio â chydnabod awdurdod y llys heb yn gyntaf gael ei wysio yn Gymraeg, ond ni fynnai wrando. Roedd y ddau wedi troseddu yn gwbl anfwriadol, ond wedi gofyn am wysion Cymraeg, ac wedi cael eu gwrthod. Fe'u dirwywyd, a thalasant y dirwyon o ddegswllt yr un.

Anfonodd Tedi lythyr, nid fel cyd-ysgrifennydd y Gymdeithas, ond fel 'darlithydd', at Roderick Bowen, Aelod Seneddol Rhyddfrydol Ceredigion, yn gofyn ei farn ar fater y gwysion Cymraeg 'ac ar achos y myfyriwr o Goleg Aberystwyth, Geraint Jones, y bygythir ei garcharu… cyn talu dirwy o ddeg swllt.' Anwybyddwyd ei lythyr yn llwyr. [Tedi Millward at Roderick Bowen A.S., 25 Ionawr 1963]

Piwisrwydd

Rhyfedd a thrist yn wir oedd ymateb John Davies i achosion Emyr a minnau. Doedd dim cefnogaeth i'w gael o gwbl ganddo. Llenwid y llys gan fyfyrwyr cefnogol ac eraill, oll yn teimlo fod yr achos yn un pwysig, a bod y frwydr dros y Gymraeg bellach wedi cychwyn ar ei hymdaith weithredol o ddifrif. Am ryw reswm annealladwy roedd hi'n amlwg ei fod yn ddig gweld torcyfraith bwriadol yn digwydd yn Aberystwyth, a hynny'n enw Cymdeithas yr Iaith (yn llac felly), a bod llawer ohonom bellach wedi blino ar yr oedi parhaus i weithredu.

Rhoddwn wybod yn gyson i Tedi am bob datblygiad yn yr achos, ac roedd yntau wedyn, chwarae teg iddo, yn cyflwyno'r wybodaeth honno i'w gyd-ysgrifennydd yng Nghaerdydd. Ond ni hoffai John gampau torcyfraith Emyr a minnau o gwbl. Yn wir roedd yn gweld pobl fel ni yn rhyw fath o fygythiad i'r Gymdeithas newydd nad oedd ond deufis ers rhoi enw arni.

Mor gynnar ag 11 Rhagfyr, 1962 (diwrnod cofio Cilmeri, onidê), roedd gweithred feiciol gyfiawn a di-drais Emyr a minnau wedi codi ei wrychyn am ryw reswm nad yw'n hawdd ei ddeall. Anfonodd lythyr chwyrn o Gaerdydd at ei gyd-ysgrifennydd yn Aberystwyth.

'I'r jiawl a [sic] Twm [dyna oedd fy llysenw]. Pwy oedd gydag ef? [h.y. ar gefn y beic bythefnos ynghynt] Beth sydd wedi digwydd iddo?'

Mae'n amlwg bod gweithred Emyr a minnau wedi ei gythruddo, ac roedd y creadur o'r farn mai fy niarddel o'r Gymdeithas ifanc oedd yr unig ffordd i ddelio ag aderyn drycin mor ddiamynedd o wladgarol â mi.

Taranodd. 'Mae'n rhaid ei dwyli [sic] mas nawr am ddiffyg ymynedd [sic].' Yna, yn ddigri iawn, ymddengys ei fod wedi ymbwyllo peth i ystyried beth fyddai oblygiadau hynny.

'Mae'n bosib wrth gwrs bydd e'n ennill yn y mater, felly mae'n well peidio ei gyryddu [sic] yn rhy gynnar.' [John Davies at Tedi Millward, 11 Rhagfyr 1962]

A dyna, yn drist ddigon, fu agwedd John Bwlch-llan gydol ei gyfnod yn y Gymdeithas mwy neu lai, agwedd gŵr na ddylsai ar unrhyw gyfrif fod yn ysgrifennydd cenedlaethol mudiad iaith torcyfraith, milwriaethus. Dyna'r caswir mae arna i ofn. Byddai Undeb Cymru Fydd neu'r Urdd Siarad Cymraeg, neu Adran Ieuenctid Plaid Cymru efallai, wedi bod yn fwy cydnaws â'i agwedd a'i natur. Chwe niwrnod yn ddiweddarach mae'n dal i stiwio am y peth:

Deellais oddi wrth Twm (sy'n meddwl ein bod yn glaear iawn) eich bod heb gael atebion oddi wrth 'arweinyddion y genedl' eto ac felly yn methu mynd ymlaen i ysgrifennu at yr Ynadon. Mae'n well gohirio unrhyw weithgareddau tan y tymor nesaf nawr. [John Davies at Tedi Millward,17 Rhagfyr 1962]

Hwnna oedd y gair mawr – gohirio, gohirio, gohirio. Gobeithient y byddem ninnau wedi cwlio erbyn hynny – gobaith caneri! Waeth faint o lythyrau a anfonid hwnt ac yma gan John, er pwysiced y rheini, doedd dim sôn am y Gymdeithas mewn na phapur na newyddion na dim. Ymddangosai mor farw â hoel, ac yn suddo'n ddyfnach i felltith (eisoes yn ddiarhebol) y gors ohebol. Y 'gohebu' hwn fu'r maen melin am wddf y Gymdeithas am lawer gormod o amser yn y dyddiau cynnar.

Gwysion

Ar fore dydd Mawrth, 13 Ionawr 1963, daeth PC Eirwyn Griffith ar draws fy ngherbyd (cefais fenthyg car fy nhad am wythnos) oedd yn rhwystr ar y palmant yn Heol y Frenhines, Aberystwyth, gydag ond rhyw droedfedd o le i gerddwyr allu ei basio.

A do'n wir, cafwyd yr hen hen stori – gwŷs Saesneg, gwrthod y wŷs, gwrthod ymddangos yn y llys ar 23 Ionawr, fy nirwyo yn f'absenoldeb, gorchymyn i dalu'r ddirwy o ddwybunt, gwrthod talu, a rhoi pinsiad go helaeth o halen ar ddatganiad Cadeirydd y Fainc, un Mrs. Treharne, nad oedd yna unrhyw ragfarn anghymreig yn perthyn i barchus fainc ynadon Aberystwyth. Ychwanegodd hithau, yn fawrfrydig ddigon efallai, fod y llys 'wedi nodi dymuniad y diffynydd [i gael gwŷs Gymraeg] ac yr oeddynt yn awyddus y caiff ateb ffafriol i'w ddymuniad'. A thrachefn, mae fy nyled honedig o £2 i'r lân gyfraith yn dal ar lyfr cownt Humphrey Roberts, clarc ynadon y dref, yn 1 Alfred Place.

Yna, o'r diwedd, flwyddyn yn ddiweddarach, cefais wŷs Gymraeg oddi wrth ynadon Aberystwyth. Fel 'CYFEITHIAD'

[sic] y'i cyflwynwyd yn enw'r Erlynydd, S.G.S. Chapman, 'Steison [sic] yr Heddlu', ac enw (heb lofnod) yr ynad William Watkins oddi tani, a hynny am drosedd a gyflawnwyd gennyf ar 9 Chwefror 1964, sef parcio'r fen mini dros nos heb olau ar Ffordd y Môr. Diweddglo cymysg i ymgyrch flin a ddechreuodd ar gefn beic, ac a orffennodd gydag olwyn fflat.

Pont Trefechan

ROEDD CYMDEITHAS YR Iaith bellach yn chwe mis oed. Aeth yr ysgrifenyddion ati'n ddigon diwyd i drefnu pethau ar gyfer protest yr ail o Chwefror yn nhref Aberystwyth. Archebwyd o Wasg Lliw, Aberdâr, 200 o bosteri mawr 'Statws Swyddogol i'r Gymraeg', a 1,000 o rai llai, 'Defnyddiwch yr Iaith Gymraeg', ac fe'u derbyniwyd yn brydlon cyn y diwrnod mawr. Aeth John a Tedi ati ar unwaith i lunio ac anfon cylchlythyr at 'aelodau', caredigion yr iaith a myfyrwyr y colegau, yn estyn gwahoddiad iddynt i'r digwyddiad:

> 16 Ionawr 1963. Yr ydym yn meddwl ei bod hi'n hollbwysig i ni ddangos i'r awdurdodau bod yna gnewyllyn o bobl sy'n barod i sefyll yn gadarn ar yr egwyddor o statws swyddogol i'r iaith Gymraeg... Y mae pum person eisoes wedi gwrthod derbyn gwŷs Saesneg yn Aberystwyth. Ysgrifenasom lythyr at ynadon Aberystwyth yn gofyn iddynt gyhoeddi'r wŷs yn Gymraeg. Nid oes unrhyw arwydd eu bod yn bwriadu cydsynio â'n cais. Methodd y dulliau hyn. Nawr, does gyda ni ddim dewis ond mynd â'r maen i'r wal drwy ddulliau eraill.

Swniai hyn oll yn heriol, ond meddai John wrth Tedi... 'rwy'n cael gwŷs oddi wrth Ynadon Caerdydd am yrru car a dim ond un golau coch tu 'nôl. Teimlaf mai gwell fyddai derbyn gwŷs Saesneg o Gaerdydd, ac ysgrifennu llythyr Cymraeg i'r llys. Mae'n anodd 'sefyll yn gadarn' yng Nghaerdydd. Cyfaddawd yw hyn 'sgwn i?' [John Davies at Tedi Millward, 22 Ionawr 1963] Ie, braidd, John.

Plastro'r Swyddfa Bost

Gwahoddodd Tedi eraill, heblaw myfyrwyr, i'r brotest yn y Swyddfa Bost – pobl fel Dafydd Bowen, Lyn Owen Rees, Chris Rees, Ray Smith, Bobi Jones, Gerallt Jones, ac eraill – pobl Plaid Cymru mi debygwn. [Tedi Millward at John Davies, 14 Ionawr 1963] Ond ni welwyd yr un ohonynt yno.

Y brotest 'dorcyfraith' ddiniwed ar y Stryd Fawr oedd yr unig ddigwyddiad mewn golwg. Nid oedd Pont Trefechan yn y dychymyg pellaf hyd yn oed. Gwahoddwyd pawb i ddod i Aberystwyth ar yr ail o Chwefror 1963. Meddai'r cylchlythyr:

> Yno bwriedir i chwi fynd ati mewn ffordd gwbl gyfrifol i dorri'r gyfraith mewn ryw fodd diniwed er mwyn sicrhau y bydd yr ynadon yn anfon gwŷs atoch... <u>Mae'n rhaid i ni gael buddugoliaeth yn yr ymgyrch yma</u> [wedi ei danlinellu]... Ond erfyniwn arnoch i ymddwyn yn gyfrifol... Byddwn yn cwrdd yn yr *Home Café* (lan llofft) am ddau o'r gloch. John Davies, Ysgrifennydd, Cymdeithas yr Iaith Gymraeg.

Cafwyd addewid o Goleg Bangor y byddai criw oddi yno yn ymuno â'r brotest. Rhyfedd yw sylwi mor ochelgar, os nad petrus yn wir, oedd Robat Gruffudd, o bawb, yn ei atebiad: 'Ystafell 121, Neuadd Reichel, Bangor... y maent yn fodlon i weithredu, yn bendant felly, os cânt ragor o fanylion, ac os gwneir y cwbl yn hollol drefnus a gofalus a chyfrifol.' [Robat Gruffudd at JD]

Ganol Ionawr cafwyd sibrydion peryglus. Yng Nghaergrawnt clywodd John 'ryw si bod y Geltaidd [Cymdeithas Gymraeg Coleg Aberystwyth] yn bwriadu

mynd i Iwerddon ar ddechrau Chwefror'. Gofynna John i
Tedi 'ddarganfod pa benwythnos'. Os mai diwrnod y brotest
ydyw, 'a wnewch chi bwyso arnynt i newid eu cynlluniau?
Os na fedran nhw wneud hynny, a wnewch chi ofyn iddynt
dorri'r gyfraith cyn mynd – ar y dydd Gwener efallai (neu ar
y ffordd trwy dynnu'r rhaff cyswllt yn y trên).' [John Davies
at Tedi Millward, 18 Ionawr 1963] Braidd yn anghyfrifol
ddwedwn i.

Pan laniodd y diwrnod, daeth llond bws go dda o Fangor.
Yn wir, ar un o ddyddiau oera gaeaf 1963, daeth criw parchus
a chwilfrydig i Aberystwyth o bob cwr o Gymru, y mwyafrif
ohonynt yn fyfyrwyr ym Mangor ac Aberystwyth. Graham
Hughes oedd wedi awgrymu natur y brotest ddiniwed
dorcyfraith a arfaethwyd, er na welwyd mono ef ei hun yn y
brotest chwaith. Y cynllun oedd plastro muriau a ffenestri
Llythyrdy'r Dref, Neuadd y Dref a Swyddfa'r Heddlu, â'r
llu posteri a alwai am gyfiawnder i'r Gymraeg. 'Statws
Swyddogol' oedd arwyddair y dydd.

Yn dilyn cyfarfod cyfarwyddo yn llofft yr *Home Café*, aed
ati'n ddeheuig i weithredu'n dorfol a chyhoeddus â rhyw
afiaith newydd, a phawb, hyd y gwelid, mewn hwyliau da.
Bu rhai o'r protestwyr yn erfyn ar i'r heddlu eu harestio. Gall
un o fyfyrwyr Aberystwyth, Aled Gwyn, gofio'r weithred yn
llawn a difyr.

Gosodwyd nifer o bosteri ar wal ffrynt y Swyddfa Bost ac
oherwydd pensaernïaeth urddasol yr adeilad roedd hi'n dasg
eithaf rhwydd i fynd yn lled uchel i gyrraedd sawl silff garreg
a ffenestr helaeth. [IG, t. 14]

Ond ein hanwybyddu'n llwyr wnaeth y gleision –
gorchymyn oddi uchod, mae'n amlwg. Roeddwn i'n bersonol
wedi mynd i lawr at Neuadd y Dref a Swyddfa'r Heddlu,
gyda chriw llai, i osod posteri ar yr adeiladau hynny. O weld
y plismyn yn gyndyn o gymryd unrhyw sylw o'n torcyfraith,

ac yn gwrthod cymryd neb i'r ddalfa, gofynnais i un o'r ymgyrchwyr, Penri Jones os cofiaf, oni fyddai'n fuddiol i mi daflu carreg trwy ffenest y rheinws. Mewn byr eiriau, fe'm darbwyllodd i beidio gwneud rhywbeth mor ffôl. Ond wedi meddwl... Tybed, wedi'r cyfan, ai ffôl o beth fyddai gweithred o'r fath? Gludiais boster neu ddau ar ddrws Neuadd y Dref ar fy ffordd yn ôl at griw y Swyddfa Bost oedd bellach yn ailymgynnull, yn benisel braidd, uwch paned arall, i ori ar y ffaith drist mai methiant i gael eu henwau yn llyfr bach y plismon na'u harestio oedd diwedd y brotest. Teimlem yn gyff gwawd Cymru. Fu erioed y fath siom.

Yn fuan, roedd yr holl fyddin yn ei hôl yn llofft yr *Home Café* i gynnal *post mortem*. Bu'r cyrch ar adeiladau cyhoeddus y dref yn fflop, ac yn embaras braidd. Neb wedi ei restio. Be nesa? Cafwyd rŵan anghydweld pur sylfaenol a sylweddol – 'capel sblit, hen draddodiad Cymreig parchus' yw disgrifiad Tedi Millward o'r *impasse*. [TRhG, t. 69] Cafwyd yno ddadlau brwd, a digon blin ar brydiau, gyda'r ddau ysgrifennydd ac eraill yn gwneud eu gorau glas i geisio darbwyllo'r protestwyr siomedig i roi'r ffidil yn y to am rŵan, a mynd adra'n dawel, gan ein bod wedi gwneud ein protest. Roedd agwedd negyddol yr 'arweinwyr' yn mynd dan groen nifer ohonom, ac aeth yn ymdaro eitha poeth. Gwelwyd fod nifer o'r protestwyr am ufuddhau i'r alwad i roi'r gorau iddi; yn wir, canran fechan ohonom oedd am fentro ymhellach gyda gweithredu mwy herfeiddiol. Ond beth ellid ei wneud oedd y cwestiwn.

Fe'n rhybuddiwyd yn bur chwyrn gan John Davies i beidio â bod yn fyrbwyll a pheidio â gwneud 'dim byd gwirion'; bod yn blant da 'a mynd sia thre. Rhaid i chi fod yn garcus, neu yn y jáel fyddwch chi!' O ganol y berw protestiol, saethwyd clec farwol o wn parod Neil ap Siencyn, sicr ei annel: 'Gobeithio'n wir y byddwn ni – a thithe, Bwlch-llan, hefo ni!'

52

Am y bont!

O ganol y dryswch a'r drysni, cafwyd awgrym cyffrous gan un o fyfyrwyr tanbaid Aberystwyth, Gwilym Tudur, brodor o Chwilog yn Eifionydd. Y syniad a gyflwynodd oedd ein bod yn cau y ffordd rhwng Aberystwyth a de Ceredigion, y wythïen bwysig honno, trwy eistedd ar ganol y lôn ar Bont Trefechan, rhwystro'r traffig, codi gwrychyn yr heddlu a chael ein harestio – y cam ymarferol nesaf tuag at gael gwŷs i'w hymladd, a gyrru'r ymgyrch yn ei blaen. 'Gwallgofrwydd,' tuchanodd amryw. Mae'r *Cyfamodwr*, llyfryn bychan a gyhoeddwyd gan y Gymdeithas ym 1966, yn datgan yn eglur pwy oedd pen-bandit y grŵp *ad hoc* yma pan sonia amdanynt yn mynd '… o dan arweiniad Gwilym Tudur i Bont Trefechan ac eistedd yno i atal trafnidiaeth.' [C, t. 5] Un arall a oedd yno oedd Robat Gruffudd. Meddai, hanner canrif yn ddiweddarach: 'Aethon ni gyda Gwilym i lawr at y bont ac eistedd ar ei thraws…' [L, t. 17] Roedd hi'n weithred herfeiddiol dros ben yng Nghymru 1963, ac mewn gwirionedd fe synnwyd pawb ganddi. Yn ôl Robat roedd ei harwyddocâd yn sylweddol: 'Roedden ni'n iawn, felly, i fynd lawr am Bont Trefechan neu fyddai 'na ddim stori am bobl ifainc yn brwydro dros yr iaith, na dim sôn am Gymdeithas yr Iaith Gymraeg. ' [ibid.]

Gwilym ei hun sy'n datgan, hanner canrif yn ddiweddarach: 'Dangosodd y sylw ym mhob rhan o'r Wasg yn dilyn y brotest cymaint o sioc gafodd y Wasg o weld myfyrwyr Cymreig yn defnyddio tactegau o'r fath.' [YC, 24 Awst 2012] Yn wir, yr un Gwilym Tudur, y cyfaill annwyl, unplyg a di-dderbyn-wyneb, sgwennodd y disgrifiad mwyaf byw a lliwgar (a chywir hefyd) o'r digwyddiadau ar Bont Trefechan, dan y pennawd 'Y Gwaed yn Cynhesu':

> Mae'r frwydr dros statws swyddogol a defnydd o'r iaith Gymraeg yn dechrau poethi… cafwyd dechrau teilwng i'r ymdrech yn Aberystwyth; gwelwyd nad oes awydd nac amser i fod ar y gamfa mwyach…

Nid oedd un gohebydd yn ddigon gonest i gyfaddef mai ar yr heddlu a'r hogiau Nedw yr oedd y bai os achoswyd anhwylustod. Pwrpas y brotest oedd gosod yr heddlu a'r gyfraith mewn sefyllfa anodd. A'u dyletswydd anorfod, fel gweision y cyhoedd, oedd clirio'r dyrfa i'r rheinws, nid ceisio bod yn glyfar ac osgoi dangos lliw eu crwyn. Pa fath o Gymro yw'r gŵr a roes orchymyn i'r gyfraith gadw draw pan oedd pobl mewn perygl bywyd? Ac yn waeth fyth, sut y gellir cyfiawnhau annog modurwyr i fynd drwy neu dros ddinasyddion diniwed? 'Cerwch, 'mlaen â chi, arnyn nhw bydd y bai os cânt eu lladd,' meddai rhyw ŵr droeon... 'Drostyn nhw...'

Mae angen pwysleisio ffaith arall nas crybwyllwyd yn y papurau. Ymddygodd pob un o'r protestwyr yn hollol foneddigaidd tuag at y rhai a oedd yn ein difrïo a'n cam-drin.

'What's the matter with them, they've got their Eisteddfod haven't they?' meddai rhywun wrth inni roi posteri ar wal y Post. *'Welsh bastards'* drachefn gydag aceniad odidog y Cardi trefol.

Ond cadw'u pennau wnaeth pawb. Unwaith yn unig y defnyddiodd un ei ddwrn, a hynny oherwydd gweld cam-drin merch gerllaw. Bu cryn sôn am y dynion *'who waded in, fists flying'* ac ati, ac fel *'in 15 minutes it was all over'*. Nefoedd! Pe bai galw, buasai'r giwed fileinig yn yr afon yn ddidrafferth. Ymataliwyd, oherwydd nad anharddu wynebau oedd ein bwriad. Yr oedd ein hachos yn gyfiawn, ac egwyddor ddi-sigl yn gefn inni.

Ein dyletswydd yn awr yw dileu camsyniadau ohono tra'n hogi'r cleddyfau yr un pryd... 'Does dim troi'n ôl bellach, a'r gwaed yn cynhesu yng ngwythiennau ieuenctid Cymru.

Mewn gwirionedd, ar draws rhyw ddeg ar hugain ar y mwyaf o eneidiau fu'n cau'r bont y dwthwn hwnnw, er fod yn agos i gant yn honni'n ddiweddarach eu bod yno! Myfyrwyr yng Ngholeg Aberystwyth oedd yno'n bennaf, a dyrnaid go lew o fyfyrwyr Coleg y Gogledd ym Mangor, ynghyd ag unigolion o'r de-ddwyrain. Dywedid ar y pryd fod pryder ymysg myfyrwyr y Coleg Normal y byddent yn cael eu cosbi gan awdurdodau'r coleg am y fath droseddu a'u bod wedi cadw draw o'r bont. Hawdd cydymdeimlo â'u cyndynrwydd. Ni ddaeth y mwyafrif o'r arweinyddion na'r protestwyr gwreiddiol yno chwaith. Dim bai arnynt am hynny, wrth gwrs. Mae hawl gan bob un ohonom yn bersonol i 'weithredu' yn ôl ein cydwybod, ein hewyllys, a'n hamgylchiadau.

Ar y llaw arall, roedd myfyrwyr Aberystwyth wedi cael caniatâd swyddogol i fynychu'r brotest ar y Stryd Fawr, ond nid i dorri unrhyw gyfraith chwaith. [Dyfrig Thomas at John Davies, 30 Ionawr 1962]

Eto i gyd, mae gan John Davies gyfaddefiad digon od yn ei hunangofiant: 'Es i a Tedi i Swyddfa'r Heddlu i erfyn arnynt i arestio'r protestwyr – heb gydnabod, wrth gwrs, mai ni a'u trefnodd.' [FHI, t. 69] Saffa'i groen... ? Yn wir, nid oes ganddo fawr o olwg ar y dewrion aeth i gau'r bont – hwy oedd 'y protestwyr mwyaf penboeth'. [ibid. t. 70] Aiff cyn belled ag awgrymu mai gohebydd y *Daily Express* oedd wedi cymell y 'penboethion' hyn i chwilio am weithred fwy eithafol. Gŵyr y rhai ohonom oedd yno mai celwydd noeth yw hynny.

Rhiannon

Mae'r ugeiniau lawer o luniau a dynnwyd gan Geoff Charles i'r *Cymro* yn hynod o ddiddorol. Un o'r rhai mwyaf trawiadol ac a ddangoswyd amlaf, heb os, yw'r llun o'r ferch ddienw yn gorwedd yn 'anymwybodol' ar balmant y bont gryn ugain llath oddi wrth y brotest. [IG, t. 44] Mae'n werth sôn am y llun a'i wir hanes. Daeth rhai o beryglon brwydr Pont Trefechan i'r amlwg yn ystod y pnawn hwnnw, yn arbennig yn achos un o'r merched a eisteddodd ar y bont.

Rhiannon Silyn Roberts oedd ei henw, ysgrifenyddes ym Mhrifysgol Llundain ar y pryd, a gwraig oedd yn tynnu am ei hanner cant oed ac yn cadw'i hoed yn dda. Hi fu'n brysur yn teipio a dyblygu'r llythyron gwadd i'r brotest ger y Swyddfa Bost ar gais John Davies. [TAD, tt. 12-13] Roedd yna ryw ddirgeledd yn perthyn iddi. Ychydig a wyddem amdani, ond ei bod yn wirioneddol o ddifrif ynglŷn â'r frwydr dros y Gymraeg. A wir i chi, roedd hi'n ferch urddasol, yn 'smart ac enigmatig' [Angharad Tomos at Geraint Jones, 6 Mai 2023] a'i gwallt wedi'i lacro'n nyth trwm, a'i hwyneb yr un mor drwm dan golur.

Ganwyd Rhiannon ym 1915, yn chwaer i Glynn a Meilir, ac yn blentyn ieuengaf (o gryn dipyn) Silyn a Mary Roberts, Silyn y bardd y canodd Williams Parry mor drawiadol i'w angladd. Fe'i gelwid ganddynt yn Nanw.

Daeth llun Geoff Charles, ffotograffydd *Y Cymro*, yn un o luniau mwyaf poblogaidd y brotest ar y bont. Rhiannon sy'n gorwedd yn ymddangosiadol anymwybodol ger canllaw y bont, 'ar balmant oer y dref'. Y cwestiwn a ofynnid, wrth gwrs, oedd sut y cafodd ei hun i fod yn gorwedd rhyw 20 llath o'r brotest. Cofiaf fynd ati i weld a oedd hi'n fyw ai peidio, a phlygu dros ei chorff llonydd, a sibrwd yn ei chlust pwy oeddwn. Cefais ymateb yn syth a hwnnw'n un syfrdanol. Agorodd un llygad a sibrwd, wrth syllu arnaf, rhyw neges gyffelyb i hon. 'Rydw i'n iawn ac yn gwbl ddianaf. Cymryd arna rydw i 'mod i'n anymwybodol. Mi fydd o'n lun da all effeithio ar gyhoeddusrwydd y brotest ac yn hwb i'n propaganda. Mi smalia i ddadebru mhen rhyw ddau funud.' Caeodd ei llygaid drachefn, a hynny a fu.

Cadwodd Rhiannon a minnau'r gyfrinach fach hon dros y blynyddoedd. Eto i gyd, roedd rhai o'r protestwyr craffaf yn grediniol ar y pryd mai smalio bod yn anymwybodol oedd hi, ond cadwasant yn dawel ynglŷn â'r peth oherwydd ei fod yn bropaganda mor rhagorol. Merch ddewr oedd Rhiannon, merch annwyl ac ymroddedig.

Cafodd gohebydd carlamus yr *Herald of Wales* hefyd ryw fath o afael ar 'anffawd' Rhiannon, a'i elastigeiddio'n llwyr. Mae'n werth ei ddyfynnu: '*Another looked down at the icy waters of the river Rheidol 40ft. below and suggested: 'Throw them all in.' Instead the youths rushed into the students fists flying. In 15 minutes it was all over. Two girl students were unconscious. Other students, bruised and scratched, with their clothes torn, helped them back to the coaches.'* Dychymyg, ie, ond diwrnod rhyfeddol yn wir.

Adlodd Pont Trefechan

Ychydig iawn o ohebu i'r Wasg fu yna'n dilyn y brotest ar y bont. Doedd holl arwyddocâd y digwyddiad ddim wedi cael ei sylweddoli gan ein gelynion. Er enghraifft, dyma gafwyd oddi wrth *'Proud Welshman'* o Gaerfyrddin: *'[I am] quite sick at the way Aberystwyth University students tackle the problem of having the Welsh language used in legal court actions... I certainly would not clap my hands in joy at the way our learned students are behaving in their futile attempt to thrust the Welsh point of view down the throats of all and sundry.'* [WM, 7 Chwefror 1962] Cyfeiriai'r papur ei hun at y protestwyr fel *'law-baiters'*.

Gwrthododd Cyngor Dosbarth Gwledig *Teifiside* â chyfrannu tuag at Gronfa Apêl Adeiladau Coleg Aberystwyth, nid o gymhellion gwladgarol yn ymwneud ag unrhyw berygl oddi wrth fewnlifiad o fyfyrwyr o Loegr o ganlyniad i ehangu diangen, ond am fod y myfyrwyr Cymraeg presennol wedi cambihafio ar Bont Trefechan. Cynigiodd y Cynghorydd Morgan L. Jenkins, Brynhoffnant, nad oedd y Cyngor yn cyfrannu, a derbyniwyd hynny, do, yn unfrydol! [WM, 18 Chwefror 1963]

Daeth gwrthwynebiad annisgwyl i brotest Pont Trefechan yng ngolygyddol papur myfyrwyr Coleg Bangor, *Y Dyfodol*. Egyr truth y Golygydd, Dafydd Huw Williams, â datganiad herfeiddiol, pryfoclyd, os nad gwawdlyd. 'Fe ddaeth, fe aeth, llwyddiant Aberystwyth, llanast Aberystwyth. A gadael dwy garfan gecrus o'i ôl.' [YD, 27 Chwefror, 1963] Â rhagddo i ddatgan 'ein cred ddiffuant fod miri Aberystwyth wedi gwneud mwy o ddrwg nag o ddaioni i'r iaith Gymraeg. Yn blwmp ac yn blaen, ni allwn weld gwerth o gwbl i'r Gymraeg mewn plastro posteri ar furiau a ffenestri, heb sôn am y taro tinau i lawr ar bont i atal traffig.' Tynnodd, yn ddigon egr, flew go fawr o drwynau'r rhai hynny o blith myfyrwyr Bangor fu'n eistedd ar Bont Trefechan.

Ond collodd y Golygydd ei ben braidd, a dechrau ymosod ar un o staff ei bapur ei hun, Rhiannon Price (un darodd ei chlun yn eon ar darmac oer y Bont) am feiddio dweud ar y radio fod rhai o werinol brynwyr *Bronco* (papur rag Cymraeg Coleg Bangor) yn canmol y protest wrthi. Honnai'r Golygydd fod ymateb pobl yn wahanol, ac yn condemnio'r holl 'stynt... yn dangos yn blaen nad yw plastro posteri na herio olwynion ceir yn mynd i helpu dim ar y Gymraeg.'

Mae gwrthwynebiad *Y Dyfodol* i brotest Pont Trefechan yn bwysig oherwydd ei fod yn rhan o brotest gyffelyb a ddangoswyd ar y pryd gan lawer iawn o'n cyd-siaradwyr Cymraeg yn gyffredinol. Yn waeth na hynny, cafwyd gwrthwynebiad gan bobl 'wladgarol', gan 'genedlaetholwyr' honedig, ac yn arbennig llawer iawn o aelodau Plaid Cymru. Ar y pryd, roedd yn anodd deall hyn, ac yn anos ei dderbyn.

Fel y disgwylid, daeth yr ymateb a roddodd y Golygydd yn ei le, oddi wrth bedwar o brotestwyr Bangor oedd yn y brotest yn Aberystwyth. Yn y bôn, mae'r pedwar ohonynt yn condemnio'r ofn a'r diffyg angerdd dros yr iaith sydd yn ymhlyg yn agwedd wasaidd a digon dilornus yr ochr arall. Do, cafwyd ysgubo trwm yn llythyrau deifiol a rhesymegol Rhiannon Price, G. Aled Williams, Penri Jones a Robat Gruffudd. [pedwar llythyr, YD, 15 Mawrth 1963] Yng ngeiriau Robat: '... i ffwrdd â'r malu cachu adweithiol, ac unwch yn ffri yn yr ymgais fawr i adennill hunan-barch i'n cenedl.' Ac yng ngeiriau G. Aled Williams: '... Gweithied pawb yn ôl ei olau ei hun, a barned yn ôl y canlyniadau.'

Ymateb cadarnhaol oedd ymateb Rhiannon Silyn Roberts hithau, fel y gellid disgwyl. Tystiodd iddi weld rhywbeth cyffrous ar gerdded yn Aberystwyth – '... rhyw *avant garde*, peryglus, hwyrach yn eu hyfdra, a brwnt yn eu diffyg amynedd, ond creadigol fel y gwanwyn, a chwyldroadol fel corwynt'. [YF, 7 Chwefror 1963]

Un peth sy'n sicr. Fe ddefnyddiwyd protest Pont Trefechan gan Gymdeithas yr Iaith dros y blynyddoedd – a hynny'n hollol gywir – i fod yn garreg filltir arwyddocaol dros ben yn ei hanes. Yr hyn a wnaeth y brotest ym mywydau nifer o'r rhai oedd yno oedd dileu llawer o'r ofn a'r petruster hwnnw o'n brwydr dros ein hiaith, a rhoi hyder inni i ddod yn filwyr parotach a mwy eofn ar gyfer y brwydrau oedd i ddod. Rhoddodd rywfaint o ruddin yn ein gwaed. Gwn hyn o brofiad a chlywais aml i un a oedd yno yn dweud yr un peth. Cofia Gwilym Tudur fod 'pobl yn dweud cymaint o ofn oedd arnyn nhw, ond cyffro oeddwn i'n ei deimlo oherwydd yr adrenalin.' [YC, 24 Awst 2012] Fe'n rhyddhawyd, i ryw raddau, oddi wrth lyffethair a phwysau'r llaw farw oedd mor drwm ar ein gwarrau yn y blynyddoedd dreng hynny.

Nid yw John Davies yn sôn fawr ddim am 'ddigwyddiadau'r ail o Chwefror' a hynny am resymau amlwg. Y cwbl a ddywed yw eu bod 'yn ddigon hysbys'. [TAD, t. 14] Yn ei hunangofiant mae'n ddilornus braidd o'r cyfan:

Cafwyd aml i ddisgrifiad o brotest 2 Chwefror 1963, yn arbennig ar achlysur yr hanner can mlwyddiant yn 2013. Maent bron i gyd yn gamarweiniol. Plastro adeiladau gyda phosteri a drefnwyd gennyf i a Tedi – protest a drefnwyd yn ofalus iawn. Doedd gennym ddim bwriad o atal y traffig ar Bont Trefechan – protest ffwrdd â hi, braidd... [FHI, t. 69]

Iaith sur gŵr wedi'i siomi. Gallaf hyd heddiw glywed a theimlo'i daerineb pan oedd yn ymhŵedd arnom yn llofft yr *Home Cafe* 'i fynd sia thre'.

Ac meddai Tedi Millward yntau wrth edrych drach ei gefn ar ddigwyddiadau Pont Trefechan rhagor na hanner canrif yn ddiweddarach:

Methodd y weithred hon, nas trefnwyd ymlaen llaw, â deffro'r heddlu, ond yr oedd yn ffordd i greu myth arall ynglŷn â Chymdeithas yr Iaith Gymraeg, sef mai dyna'r cwbl a ddigwyddodd ar y diwrnod pwysig hwnnw a oedd yn foddion i sefydlu'r Gymdeithas. Yr oeddwn i'n anghytuno â'r fath weithred, a John Davies yr un fath.' [TRhG, t. 69]

Myth, wir! Ni welwyd John, Tedi, na nifer o aelodau amlwg eraill o'r Gymdeithas, ar gyfyl y bont.

Ni allaf yn fy myw beidio â theimlo fod yna ryw islais o anobaith ac euogrwydd yn treiddio trwy eiriau'r ddau ysgrifennydd cyntaf; hynny ynghyd â phryder y byddai gweithredu mwy milwriaethus yn adlewyrchu'n anffafriol ar Blaid Cymru, eu gwir gariad.

Yn wir, roedd meddyliau cyffelyb yn cronni o fewn arweinyddiaeth y Blaid hithau. Yn syth ar ôl drama Pont Trefechan derbyniodd Tedi lythyr oddi wrth Gwynfor Evans yn ymhyfrydu yn y ffaith fod 'cwmni o bobl ifanc yn gweld cymaint o werth yn yr iaith Gymraeg nes bod yn barod i ddioddef drosti'. [Gwynfor Evans at Tedi Millward, 5 Chwefror 1963, gweler RhPB, tt. 234-35]

Ond roedd mwy iddi na'r llawenydd digon arwynebol am ruddin y 'bobl ifanc'. Meddai Rhys Evans, cofiannydd Gwynfor, 'O hynny ymlaen, teimlai y byddai ei bodolaeth [h.y. Cymdeithas yr Iaith] yn gwneud pethau gymaint â hynny'n haws i Blaid Cymru gan ei gadael yn rhydd i ganolbwyntio ar wleidyddiaeth gyfansoddiadol, barchus.'

Daeth yr iaith Gymraeg fel mater politicaidd yn gadach coch i darw yn hanes Plaid Cymru, yn rhywbeth i'w gadw draw, y tu hwnt i lidiart y mynydd. Clywyd, fwy nag unwaith, a hynny hyd y dwthwn hwn, am y Blaid yn mynd ati'n fwriadol i alltudio'r iaith o'i phropaganda a'i chanfasio etholiadol. Deil felly, ysywaeth, fel y dengys pamffledi etholiadol cywilyddus ei hymgeiswyr yn y bröydd Cymraeg (Etholiad Seneddol, 4 Gorffennaf 2024).

Mae Robat Trefor, ym 1982, yn ddadlennol ac yn feirniadol

iawn. 'Clywais stori'n ddiweddar gan un a fu'n canfasio o ddrws i ddrws yn un o is-etholiadau y chwedegau yn y De... Dywedodd wrthyf iddo ef a'i gyd-weithwyr gael cyfarwyddyd pendant i osgoi pwnc yr iaith fel petae wenwyn. Ond ar bennau'r tai cafodd y codid pwnc yr iaith yn anad un, pan geid ar ddeall mai cenedlaetholwyr oeddynt. Ni chelai ystryw rhagddynt mai'r Gymraeg yw cenedlaetholdeb Cymru.' [*Yr Adferwr*, Mehefin 1982] Ni newidiodd y llewpard ei frychni – hyd heddiw.

Y Blaid, heb os, âi â bryd Tedi Millward. Cyfeddyf, yn dilyn protest Pont Trefechan, '[na] chymerais ran amlwg yng ngwaith y Gymdeithas wedi hynny er fy mod yn hynod falch fy mod yn un o'i sylfaenwyr'. [TRhG, t. 71] Cyn bo hir etholwyd ef yn gynghorydd parchus o Gyngor Ceredigion yn enw Plaid Cymru, yn cynrychioli Penparcau ac, yn lled eironig i rai, Trefechan.

Roedd Saunders Lewis, fodd bynnag, wrth ei fodd â'r bedydd tân ar Bont Trefechan. Anfonodd rodd ariannol i goffrau'r Gymdeithas – ei 'hatling at yr achos'.

Ddechrau mis Mai y flwyddyn honno, mewn llythyr at Kate Roberts, dywedodd mai 'gyda'r bechgyn sy'n torri'r gyfraith ac yn wynebu ar garchar y mae fy holl gydymdeimlad i, ac ynddynt hwy yn unig y mae gobaith.' [*Annwyl Kate, Annwyl Saunders*, Dafydd Ifans (gol.), Aberystwyth, 1992, t. 193]

Democratiaeth?

Un nodwedd bur amlwg i ni yng Ngholeg Aberystwyth oedd tawedogrwydd arweinyddiaeth Cymdeithas yr Iaith ar y pryd. Yn wir, roedd ei 'busnes' yn ymylu ar fod yn gyfrinachol. Byddai John yn fynych yn galw yr hyn a elwid gennym ni, yn sinigaidd ddigon, yn 'Bwyllgor Bach', tra chyfyngedig ran nifer, a hynny'n bennaf pan oeddem ni fyfyrwyr adref ar ein gwyliau, oedd, wrth gwrs, am hanner y flwyddyn. Roedd o mor falch o gael gwared ar rai ohonom, yn arbennig y rhai hynny a alwai'n groch-barhaus am weithredu mwy milwriaethus. Ysgrifenna at Tedi cyn dyfod Pasg 1963, pryd y byddai nifer dda ohonom yn mwynhau Gŵyl Ddrama Colegau Cymru yng Nghaerfyrddin: '... rwyf yn dod i gredu ei bod hi'n bryd i ni gael rhyw fath o Gynhadledd os nad pwyllgor... a oes modd cael cyfarfod o'r Achos – mor fychan a sy'n bosibl – cyn diwedd gwyliau'r Pasg yn Aberystwyth?' [John Davies at Tedi Millward, 8 Ebrill 1963]

Un peth sy'n sicr. Gwneid rhai o benderfyniadau swyddogol Cymdeithas yr Iaith Gymraeg rywle yn y dirgel. Doedd dim trefn swyddogol a democrataidd o fath yn y byd i'r Gymdeithas, ac oherwydd hyn roedd pethau'n dawel iawn, iawn. Roeddan ni'r aelodau cyffredin yn dal yn y tywyllwch, gyda rhwystredigaeth y rhai hynny ohonom oedd wirioneddol o ddifrif yn cynyddu fwyfwy. 'Doedd yna fawr ddim i'r rhengoedd i'w wneud.' [MP, t. 112]

Y gwir amdani, wrth gwrs, oedd nad oedd unrhyw fwriad gan y ddau ysgrifennydd i ddirprwyo unrhyw fath o hawl i undyn arall i benderfynu ar gynnwys 'rhaglen' Cymdeithas yr Iaith. Roeddent am gadw awenau'r mudiad yn llwyr yn eu dwylo'u hunain. Ni chredent y dylid cael swyddog arall o gwbl, na hyd yn oed bwyllgor. Pethau peryglus i Blaid Cymru fyddai'r rheiny. Rhywbryd yn hanner cyntaf 1963, cawn Tedi Millward, oedd wedi ei siomi yn addewidion Gareth Miles i gynorthwyo'r ddau ysgrifennydd gydag anfon llythyrau ac ati, yn anfon llythyr at John Davies sy'n cynnwys y paragraff annemocrataidd ac unbeniaethol a rhyfeddol hwn:

> Ie'n wir, syniad diawledig ar y naw yw pwyllgor. Ond dwedodd Gareth ei fod am ysgafnhau'r baich arnom. A dweud y gwir, mae meddwl am gael pwyllgor â Neil Jenkins, Twm, a chyfeillion tebyg arno, yn dipyn o hunllef. Pob parch iddynt, wrth gwrs. [Tedi Millward at John Davies, diddyddiad, (hanner cyntaf 1963)]

Y sawl a gaseid fwyaf oedd, nid gelynion y Gymraeg, ond y rhai oedd yn sgrechian am gael gwaith i'w wneud, a gweithredoedd i'w cyflawni! Rhyw ragrith bach oedd y geiriau 'Pob parch iddynt'. Tynhawyd cadwynau a chrafangau dur y Blaid amdanom, garedigion yr iaith, hyd ddydd brawd.

Tryweryn a'i Helyntion

YN HOLLOL DDIRYBUDD ac fel huddug i botes, torrwyd
ar gyhoeddusrwydd ac ymchwydd teimlad y Gymdeithas.
Yn gynnar fore Sul y degfed o Chwefror 1963, wythnos
yn unig ar ôl protest Aberystwyth, cafwyd digwyddiad a
syfrdanodd Gymru gyfan, a digwyddiad oedd a wnelo ag
un o aelodau mwyaf amlwg a blaengar y Gymdeithas. 'Aed
â'r gwynt o hwyliau'r ymgyrch am sbel wedi cynhyrfu'r
wlad gan y weithred fawr yn Nhryweryn ar Chwefror 10...'
[WTC, t. 21]

Arestiwyd Emyr Llywelyn, un o fyfyrwyr Aberystwyth ac
un o brotestwyr torcyfraith cyntaf Cymdeithas yr Iaith, ac
aeth holl sylw'r Wasg ar ei achosion llys ac, yn ddiweddarach,
ar achosion cyffelyb Owain Williams a John Albert Jones a'r
carcharu a'u dilynodd. Yn y llys yng Nghaerfyrddin ar 29
Mawrth 1963, dedfrydwyd Emyr i flwyddyn o garchar. Yr un
fu tynged Owain yn ddiweddarach, ond rhyddhawyd John
Albert yn amodol.

Cafodd y weithred hon, yn union fel y gweithredoedd
cyffelyb blaenorol yn Nhryweryn, gefnogaeth frwd y criw
cenedlaetholgar yng ngholeg Aberystwyth. Pan gyfarfu
cangen y coleg o'r Blaid am y tro cyntaf yn nhymor 1963-
64, a minnau'n Llywydd arni unwaith yn rhagor, penodwyd
Llywyddion Anrhydeddus i'r gangen – Emyr Llywelyn, Owain

Williams a John Albert Jones, 'er mwyn dangos a chyfleu ein hedmygedd a'n gwerthfawrogiad o'u parodrwydd i aberthu dros ein gwlad'. [LL, 28 Medi 1963] Ysywaeth, doedd hi ddim yn rhywbeth cyffredin na phoblogaidd gweld cangen o Blaid Cymru yn llongyfarch 'troseddwyr' yn gyhoeddus, a chawsom wybod hynny'n fuan!

Beth, tybed, oedd ymateb Cymdeithas yr Iaith i'r weithred herfeiddiol hon dros gymuned Gymraeg? Rhyw 'gefnogaeth' ochelgar rydd John Davies, yr Ysgrifennydd, i'r mater. Ymddengys mai'r posibilrwydd o gyhoeddusrwydd anffafriol i Blaid Cymru a'i poenai fwyaf, yn arbennig yn achos Emyr, oedd yn aelod blaenllaw a brwd o'r Gymdeithas.

Fel hyn yr edrydd John ei ymateb i'r helyntion. 'Mae'r Blaid yn cael tipyn o gyhoeddusrwydd ond dim ohono yn ffafriol, arnai ofn. Anfonais bunt at Gronfa Emyr Llew... Dw i ddim yn hapus iawn ynglŷn â'r mater. Mae defnyddio grym mewn ymgyrch wleidyddol yn beth peryglus iawn... Mae'r brwdfrydedd sydd wedi codi o achos yr ymgyrch yma yn un amheus iawn. Ond ta waeth am hynny nawr.' [John Davies at Tedi Millward, 17 Mawrth 1963]

Siôn Daniel

Gallaf gofio fel ddoe nad oedd John yn rhy blês ychwaith pan gymerodd un arall o aelodau amlwg y Gymdeithas ar y pryd, Siôn Daniel, y swydd o Drysorydd y Gronfa Amddiffyn (achosion Tryweryn), swydd hynod o gyhoeddus ar y pryd. Gwaredai John o weld yr hysbysebion yn gofyn am gyfraniadau – 'Cronfa Amddiffyn Emyr Llew Jones. Pob cyfraniad i John Daniel, Adran Athroniaeth, Coleg y Brifysgol, Aberystwyth'. [LL, 8 Mawrth 1963] Byddwn innau, cyd-letywr Siôn yn 63 Marine Terrace yn ei gynorthwyo yn y gwaith orau y gallwn.

Yn ei gofiant i Thomas Parry gofynna'r awdur, Derec Llwyd Morgan, beth oedd y tu ôl i'r 'rhybudd y dywed... iddo [Thomas Parry] 'i roi i John Daniel? Rhybudd ynghylch beth ydoedd?' [YB, t. 283] Dyma'r ateb, fel y cofiaf yn dda.

Anghymeradwyai Thomas Parry weithred Tryweryn yn llwyr, a phan welodd un o'i staff yn Drysorydd y Gronfa Amddiffyn aeth yn benwan. Ond yn waeth na hynny, gwelodd fod y Trysorydd yn defnyddio cyfeiriad Adran Athroniaeth ei Goleg ar gyfer derbyn cyfraniadau i'r ffasiwn gronfa. Ymboethodd y ffwrn yn seithgwaith gwaeth. Cysylltodd â Siôn Daniel yn syth a'i alw i gyfrif gan ei flagardio'n drwm. Nid yn gymaint enw a swydd y Trysorydd oedd y tramgwydd, ond ei gyfeiriad! Cofiaf yr hwyl gawsai Sionyn wrth ei ddynwared – yn fwg ac yn dân mewn sterics, a'i wefl ucha flewog yn crynu gan deimlad. Ar y llaw arall, dychmygem fod Athro'r Adran Athroniaeth, Richard Aaron, yn cael rhyw laff fechan breifat wrth feddwl am rwystredigaeth ddiwrthdro yr hen Domos druan. Ni phoenai ef, fawrfrydig ŵr, iot am 'drosedd' Sionyn yn ôl pob golwg. Wedi i'r storm ostegu erbyn canol haf, gwelwyd Trysorydd y Gronfa yn defnyddio cyfeiriad ei gartref ym Mhorthaethwy, ac yn dal i enwi R.O.F. Wynne, Garthewin fel Cadeirydd, gyda Saunders Lewis, Moses Gruffydd a Huw T. Edwards fel aelodau o'r Pwyllgor.

Pwysleisiaf hyn, yn union fel y pwysleisiais ym 1963. Roedd brwydr a phrotestiadau Tryweryn yn rhan annatod o frwydr Cymdeithas yr Iaith mewn gwirionedd, oherwydd fod dinas Seisnig Lerpwl ('Abertryweryn' fel y'i galwyd gan Owain Owain) wedi cyflawni'r fath anfadwaith barbaraidd trwy ddinistrio pentref ac ardal gwbl Gymraeg. Dyna, fe wyddem, oedd prif sail Emyr dros weithredu fel y gwnaeth. Nid dŵr na thir oedd craidd y brotest, ond yr iaith Gymraeg. Rhaid, ie rhaid, oedd i ninnau ei gefnogi doed a ddêl. Ac roedd ein hedmygedd o'r gweithredwyr **mor** fawr, gyda llawer iawn o gefnogaeth i'r weithred ymysg aelodau Plaid Cymru, waeth beth oedd gwendid affwysol ei pholisi swyddogol. Meddai Dr. Kate Roberts, un o aelodau hŷn y Blaid:

Nid yw'n wir mai ar ryw 'un neu ddau o bobl ifainc' y mae awydd gweithredu'n uniongyrchol. Petaech yn mynd o gwmpas y wlad fe welech fel y mae'r teimladau'n codi ymysg aelodau'r Blaid, o blaid dynion ifainc fel Emyr Llew Jones... Fe ysgydwyd y wlad gan losgi'r Ysgol Fomio... yn anffodus, ni fanteisiwyd ar y cyfle i ddeffro mwy ar ein cenedl... mae gan y dull anghyfansoddiadol fwy o siawns i ennill yn y pen draw. [DG, Ebrill 1963]

Disgyblaeth golegol

Roedd rhai ohonom eisoes wedi ennyn gwg ein Prifathro pan gafwyd llun ohonom yn y Wasg ddyddiol gyda Dave Pritchard a Dai Walters, y ddau o Went, yn eu cefnogi pan ddaethant ger bron llys ynadon y Bala ddiwedd 1962 am weithred o *sabotage* yn Nhryweryn. [WTC, t. 17] Ni'n disgyblwyd bryd hynny, er mynd yno heb ganiatâd awdurdodau'r coleg. Roedd achos Emyr yn wahanol. Dyma un oedd yn fyfyriwr yn ein coleg ni – a choleg Thomas Parry. Dyna pryd y 'bu pethau'n sobor o ddrwg rhwng rhai myfyrwyr Cymraeg a'r Coleg'. [YB, t. 280]

Pan ymddangosodd Emyr ger bron ynadon y Bala, llogwyd bws gennym ni'r myfyrwyr i fynd yno i'w gefnogi, a hynny heb ofyn caniatâd y coleg i wneud y fath beth ganol wythnos. I gyfeiliant corn band o Drefor, buom yno'n canu tu allan i'r llys am dros awr yng nghanol glaw enbyd yn disgwyl i'r drysau agor. Llanwyd y llys, ac roedd y cyfan drosodd mewn pum munud, ac Emyr yn cael ei ryddhau ar fechnïaeth, gyda Gwenallt a Bobi Jones yn fechnïyddion. [WM, 11 Mawrth 1963]

Pan arestiwyd Owain a John Albert yn ddiweddarach, gofynnwyd am ganiatâd y Coleg i fynychu'r gwrandawiad, ond, ac nid yn annisgwyl, fe'n gwrthodwyd. Penderfynodd rhai ohonom, heb feddwl ddwywaith, anwybyddu'r gwrthodiad, ac i lys Blaenau Ffestiniog yr aethom heb falio botwm corn, i'w cefnogi hwythau, gyda'n hwyliau'n llawn.

Hawdd oedd rhag-weld yr hyn oedd i ddilyn. Daeth mater yr anufudd-dod heriol a haerllug hwn ger bron Senedd y

Coleg gyda Thomas Parry'n anfon neges flin at Syr David Hughes Parry, Llywydd y Coleg, i hysbysu hwnnw fod y Senedd, yn ei doethineb, wedi penderfynu disgyblu'r troseddwyr trwy 'eu dirwyo chweugain yr un... penderfynwyd bod yr arweinydd, Gwilym Tudur Jones o Chwilog, i gael ei anfon adref am weddill y tymor. Yr oedd ef wedi torri'r rheol deirgwaith i gyd.' [YB, t. 282] Gwilym oedd wedi trefnu'r sgyrsion a hynny, cofiaf ef yn dweud yn herfeiddiol-chwareus wrthym, fel Llywydd Cymdeithas y Geltaidd yn Aberystwyth. Condemniwyd gweithred ffôl Senedd y Coleg gan y myfyrwyr fel 'camgymeriad trychinebus' gan dynnu sylw at 'yr anghymesuredd sydd rhwng y gosb a'r drosedd' gan nodi fod yna 'arlliw wrth-Gymreig ar ddyfarniad y Senedd'. [LL, 8 Mawrth 1963]

Bu hanes Gwilym a'i rysticeshion ar ddalen flaen *Y Cymro*, a llun llawen ohono yn ei wely'n dioddef dolur gwddw enbyd – yn ôl Derec Llwyd Morgan yn *Y Brenhinbren*, 'fel petai'n rhyw Ddewi Wyn o Eifion o'r ganrif gynt'. [YB, t. 283] Cymhariaeth wallus gan mai Siôn Wyn, nid Dewi Wyn, oedd y bardd gorweddiog hanesyddol!

Yn y cyfamser, penderfynodd y saith myfyriwr troseddol barhau â'u protest trwy wrthod talu'r dirwyon o chweugain (50c) – Megan Davies, Llinos Jones, Joy Harries, Gwilym Tudur, Dyfrig Thomas, Huw Daniel a Geraint Jones.

Dywedid bod Thomas Parry wedi hurtio'n lân o ganlyniad i'n styfnigrwydd. Fodd bynnag, trosglwyddo'r cyfrifoldeb i ddau arall i ddelio â'r mater wnaeth o, sef yr Is-Brifathro, Philip Reynolds, a'r Tiwtor Hŷn, J. Killa Williams, na ellid eu disgrifio, o'm profiad diflas i ohonynt, ond fel dau fwli hollol wrthun a gwrth-Gymreig.

Hanesydd gwleidyddol o Sais a ddaethai i Aberystwyth *via* Prifysgol Rhydychen a'r LSE oedd yr Athro Reynolds, pumed deilydd Cadair Woodrow Wilson yn Adran Gwleidyddiaeth Ryngwladol y Coleg.

A'r llall a'n hwynebai oedd y Tiwtor Hŷn, J. Killa Williams, darlithydd yn y Ffrangeg â'i enw bygythiol (cyfeiriwn ato'n aml, yn ei gefn, fel *Massa Killa*), oedd wedi gwasanaethu gyda'r *8th Punjab Regiment* yn India a Burma. Dyma ddisgrifiad ohono mewn portread gan David Anderson Evans: *'He has the appearance of a martinet* [rhywun sy'n hawlio ufudd-dod llwyr]. *Tall and military in his bearing, a face which in repose is stern, he has also a thick tangle of eyebrows... His general manner suggests an essentially English background...'* [CO, 9 Rhagfyr 1961]

Ie, dyma Brifysgol Cymru a dewis ddynion Dr. Thomas Parry i ddelio â gwladgarwyr Cymreig ei goleg. 'Dau academydd heb unrhyw fath o gydymdeimlad â gwlatgarwyr ifanc o Gymry na dealltwriaeth o'r egwyddor y tu ôl i'w safiad.' [YB, t. 283] Golchodd y Prifathro ei ddwylo rhag eu llychwino ymhellach gan ein hachos ffôl. Collasom ninnau bob cysgod o barch oedd gennym tuag ato yntau. Gwelodd yr estron farnwyr hyn yn dda godi dwrn go iawn, a chodi'n dirwyon i £5 yr un. [LDP, 17 Mai 1963]

Mae'r hanes hwn, ac aml un arall, yn dwyn i gof eiriau eironig Derwyn Jones, Bangor, ar benodiad Thomas Parry i'w swydd ym 1958: 'Diamau fod apwyntio Dr. Thomas Parry... [yn rhoi] sicrwydd bod o leiaf un Cymro di-dderbyn-wyneb yn gwarchod buddiannau'r genedl mewn safle o ddylanwad... un o'i nodweddion amlycaf yw ei farn gytbwys a theg.' [DG, Mai 1958] Rhydd i bawb ei farn!

Y Coleg ar y Bryn

YMDDENGYS BOD MYFYRWYR Coleg Bangor wedi dechrau brwydro dros yr iaith yn gynnar iawn ym mlynyddoedd y chwedegau, gryn ddwy flynedd cyn y proc mawr gafwyd gan Saunders Lewis yn Chwefror 1962.

Helynt Trefor ac Eileen Beasley oedd dechreuad pethau yn y Coleg ar y Bryn, a hynny, yn rhyfedd braidd, ar derfyn y frwydr ddewr ac arloesol honno i gael papur y dreth yn Gymraeg. Ym Mawrth 1960 anfonwyd deiseb, ar ffurf llythyr cryf, gan nifer dda o athrawon a darlithwyr y coleg, ynghyd â 120 o fyfyrwyr, at Gyngor Gwledig Llanelli. Meddent:

> Yr ydym ni... wedi gwylio gyda gofid y frwydr hir rhwng Mrs. Trefor Beasley a'ch cyngor chwi. Gofynnodd Mrs. Beasley am gael papur y dreth yn Gymraeg... Yr ydym yn apelio atoch chwi, Gyngor Gwledig Llanelli, i ail-ystyried eich agwedd ar fater na ddylai fod dadl yn ei gylch. [YF, 31 Mawrth 1960]

Wedi wyth mlynedd o aberthu, enillwyd y frwydr flin hon, a chafodd Trefor ac Eileen Beasley bapur y dreth yn Gymraeg ym 1960.

Y Nyth Annibynnol a'r Goeden Grin

Ddechrau 1962, fe ddechreuodd pethau ffrwtian o ddifrif ymysg cenedlaetholwyr Bangor fel yn Aberystwyth. Mae'n deg dweud mai'r sawl oedd yn gyfrifol am sheflio rhagor o lo dan y crochan oedd myfyriwr ifanc ar ganol ei flwyddyn gyntaf, Robat Gruffudd o Abertawe, a sgrifennodd ddwy erthygl yn *Y Dyfodol*, papur y myfyrwyr, dan y teitl 'Y Nyth Annibynnol a'r Goeden Grin', y gyntaf ohonynt yn ymddangos yn rhifyn 22 Chwefror 1962, lai na phythefnos ar ôl darlledu *Tynged yr Iaith*. Maent yn ysgrifau arloesol iawn, a chawsant effaith ar nifer o fyfyrwyr Bangor y cyfnod, gyda llawer yn anghydweld fel y gellid disgwyl.

Roedd fy chwaer, Gwenllïan, yn fyfyrwraig ym Mangor yn ystod y cyfnod hwn a byddai'n anfon *Y Dyfodol* ataf yn rheolaidd. Fe'm syfrdanwyd yn syth gan yr erthyglau hyn, a gallwn, O mor hawdd, f'uniaethu fy hun â'u cynnwys. Roeddan nhw mor newydd a ffresh, mor ddi-lol a diffuant. Adleisient gri calon llawer ohonom. Deil Dafydd Glyn Jones mai'r erthyglau hyn oedd 'gwir gychwyniad yr ymgyrchu ym Mangor... y Cymry Cymraeg – hwythau'n mynd yn lleiafrif yn yr union flynyddoedd hynny – doedd y criw bach yn y 'nyth', ddim wedi deall fod y goeden wedi crino oddi tanynt. Rwy'n amau bod rhesymeg yr ysgrifau hyn yn rhy galed i'r rhan fwyaf ohonom; ond fe agorwyd ein llygaid...' [B, Gorffennaf/Awst 2012]

Ychwanega Dafydd fod Robat 'wedi deall yn well neges ganolog Saunders Lewis, gwneud gweinyddiaeth yn amhosibl heb y Gymraeg'. Ac yna'r onestrwydd treiddgar, sy'n rhychwantu, nid yn unig rengoedd Coleg Bangor, ond y genedl gyfan, siŵr o fod. 'Ni ellir anwybyddu ychwaith y ffactor o gymhellion a gobeithion personol, ac efallai y byddai golwg ar yrfaoedd rhai o'r naill garfan a'r llall dros yr hanner canrif wedyn yn dweud rhywbeth am y pethau hynny.' [ibid.]

Yn y gyntaf o'r ddwy erthygl, dywed Robat fod 'nifer

ohonom ninnau'r newydd-ddyfodiaid yn anfodlon ar syniadau rhai o lywyr bywyd Cymraeg y Coleg'. Yng ngholofn olygyddol *Y Dyfodol* (Ionawr 23), manylwyd ar eu syniad canolog, mai 'trwy wahanu bywyd y Cymry a'r Saeson y meithrinir orau amcanion y ddwy garfan yn y coleg... Nac uner yr anuniadwy, ac aed pob un yn ôl ei alwad ei hun. Er cyfleustra, galwaf y polisi hwn, polisi'r Nyth Annibynnol...' Galwad i weithredu pendant sydd ganddo mewn golwg, a hynny ynglŷn â hawliau'r Cymry Cymraeg. [YD, 22 Chwefror 1963]

Ni ddylai'r cyflawni ddibynnu ar unrhyw fesur o hunanlywodraeth 'y gobeithir ei gael neu sy'n bod... y cydwybod yw prif ysgogiad y gweithredu hwn. Mae'n llawn mor bwysig i ni'r Cymry gael budd y funud hon, yn ogystal â mewn rhyw Gymru Fydd. Beth yw'r hawliau hyn?... Mae gan bob Cymro yr hawl elfennol i gael addysg mewn pob pwnc yn y Coleg trwy gyfrwng ei famiaith; mae ganddo'r hawl i ddilyn ei holl weithgareddau cymdeithasol yn iaith ei fam; ac i gael pob ffurflen swyddogol yn yr un iaith. Ond y ffaith fwyaf na fedrwn ei sylweddoli yw hyn; ym Mangor, mae gan y Cymro fwy o hawl i siarad Cymraeg na sydd gan y Sais i siarad Saesneg – AM MAI PRIFYSGOL CYMRU YDYW. Mynnwn ni, nid cydraddoldeb â'r Saeson, ond ble mae'n hawliau yn mynnu hynny, goruchafiaeth drostynt...'

Dyna beth oedd chwa, nage, corwynt o awel iach, yn newydd ac yn ddychryn i'r mwyafrif, ond eto'n crisialu teimladau llawer ohonom yn Aberystwyth hefyd bryd hynny, yn arbennig wedi'r ddarlith radio.

Y Ddeiseb

Yn ystod Tymor yr Hydref, 1962, yn dilyn darlith fawr Saunders Lewis, aethpwyd ati o ddifrif yng Ngholeg Bangor i hel enwau ar ddeiseb yn hawlio lle teilwng i'r iaith Gymraeg ym mywyd gweinyddol a swyddogol y coleg. Cafwyd dros 500 o enwau arni, yn fyfyrwyr a darlithwyr, ac fe'i cyflwynwyd ynghyd â memorandwm cryf i'r Prifathro:

> Dymunwn ni, yr isod, fyfyrwyr ac aelodau o'r staff yng Ngholeg y Brifysgol, Bangor, i chwi ddwyn y ddeiseb hon i sylw Senedd y Coleg. Ein cais yw am statws swyddogol lawn i'r iaith Gymraeg: hynny yw, mynnwn gael pob ffurflen, hysbysiad, arwydd a chylchlythyr swyddogol a gynhyrchir gan y gwahanol adrannau gweinyddol a'u penaethiaid yn ddwyieithog, sef yn Gymraeg ac yn Saesneg gyda'i gilydd, a chyda'r un amlygrwydd. [YF, 14 Chwefror 1963]

Meddai Dafydd Glyn Jones: 'Ddechrau 1963 gwrthodwyd y ddeiseb yn fflat gan Senedd y Coleg... datganodd y Prifathro mai 'annerbyniol mewn egwyddor' oedd bod myfyrwyr yn cyflwyno cais o'r fath. Yn gryf o'r un farn roedd Kenneth Lawrence, y Cofrestrydd, ac Arglwydd Kenyon, Llywydd Llys y Coleg... teg yw nodi eu bod yn cynrychioli barn mwyafrif mawr y staff academaidd.' [B, Gorffennaf/Awst 2012]

Y cam nesaf, wedi i Athrawon y Coleg (sef y Senedd) wrthod y ddeiseb, yn ddiau dan ddylanwad, os nad gorchymyn, Evans a Lawrence ynghyd â'r Athro Almaeneg 'oedd yn ddiarhebol o wrth-Gymreig', Keith Spalding (ceisiodd droi'n Sais trwy ddiarddel a diosg ei enw bedyddiol Ellmyneg, Karl Spaltz), oedd cyflwyno'r ddeiseb i Gyngor y Coleg, ac yna i'r Llys, y ddau gorff llywodraethol lleyg 'lle disgwylid mwy o gydymdeimlad'. [ibid.]

Fu rhai o'r protestwyr fawr o dro cyn dechrau galw yng ngholofnau'r *Dyfodol* am weithredu llawer mwy pendant er cael y maen i'r wal. Gallent synhwyro'r hyn oedd yn digwydd. 'Nid oes reswm sylfaenol dros beidio â dechrau defnyddio Dulliau Anghyfansoddiadol yn awr... y mae dyfodol Cymru yn beth rhy werthfawr i chwarae o gwmpas ag ef: na foed i'n lledneisrwydd ein rhwystro rhag dilyn y cwrs effeithiolaf er ei fwyn.' [YD, 27 Chwefror 1963] Arwyddwyd y llythyr gan Gareth Gregory, Angharad Rhys, Penri Jones, Robat Gruffudd a Raymond Jones.

At ddiwedd y flwyddyn, 'bu rali fawr yn y cwad allanol, a chryn blastro ar bosteri. Di-ddim fu ymateb y Cyngor a'r Llys...' [Dafydd Glyn Jones, B, Gorffennaf/Awst 2012] Fel 'Protest yn Llwyddiant' y disgrifir hi ar dudalen flaen *Y Dyfodol,* [YD, 12 Tachwedd 1963] a gwelwyd 'yn agos at 300 o fyfyrwyr, darlithwyr, nyrsus a Chymry eraill' yn protestio. 'Y distawrwydd trawiadol oedd y peth pwysig yn ei chylch, ynghyd â'r awyrgylch ddwys a difrifol.' Fe'i trefnwyd gan y Dr. Harri Pritchard Jones ac Owain Owain, a chawn fod y protestwyr, yn dilyn canu'r Anthem Genedlaethol, wedi gorymdeithio 'o amgylch y coleg gyda baneri effeithiol'.

Fodd bynnag, aeth un o'r staff, Emyr Gwynne Jones, Llyfrgellydd y Coleg, ati'n fuan wedi hyn, ar ei liwt ei hun yn ôl pob golwg, i Gymreigio gweinyddiaeth y llyfrgell. Fo oedd y cyntaf i ymateb yn gadarnhaol i gri'r ddeiseb, ac yn agos at fod yr unig un ar y pryd ym 1963. Pob clod iddo am fentro. Hyd y gwyddys, ni chafodd hyd yn oed gerydd.

Of Efrest ffêm

Sieryd Robat Gruffudd yn chwerw iawn am y Prifathro Charles Evans, a'i fod, ers pan gyflwynwyd y ddeiseb iddo yn Nhachwedd 1962, heb ddangos 'y gronyn lleiaf o gydymdeimlad at ein cais'. [DG, Ionawr 1964] Gwrthodwyd y ddeiseb 'ar ei phen' fis Mai 1963 a chyfeiria Robat at 'lygredd Charles Evans a'i griw... collasom bob ffydd yn ein Prifathro a'n Hathrawon ers tro byd... Y mae ysbryd newydd wedi codi ymhlith myfyrwyr y Coleg. Byddwn yn ennill y frwydr hon dros un o'n hawliau mwyaf elfennol, costied a gostio, mewn diarddeliadau o'r Coleg a gwrthod rhoi tystiolaethau inni wrth ymadael. Wedi ennill hon, awn ati i ennill lle i'r Gymraeg yn narlithiau'r Coleg.'

A oedd Robat Gruffudd, tybed, eisoes wedi penderfynu cynnal ei brotest fawr bersonol yng Ngorffennaf 1964?

Roedd gwrth-Gymreigrwydd Charles Evans, of Efrest ffêm, yn dân ar ei groen ac mae'n dyfynnu araith jingoistaidd y gŵr hwnnw i Gyngor a Llys y Coleg bnawn dydd Mercher y 30ain o Hydref 1963, ac yn gwaredu a chwerthin am yn ail:

> We are a university institution in the United Kingdom... We have a reputation outside our immediate environment for being too exclusively Welsh... and for being a college where a student who cannot speak Welsh must be out of things. These notions are quite at variance with the facts and, inasmuch as they give a picture of us as more illiberal in outlook and more limited in interests than we really are, they are most damaging to our reputation.
>
> I ask you... to oppose anything which would reinforce the mistaken view that we are backward and insular, and to do what you can to help us to be a university in the true sense and to make it known that we are so liberal, international, wedded to learning. [ibid.]

A wyddoch chi beth? Roedd gan y gwylaidd Charles Evans y fath feddwl o'i araith fel y mynnodd gael argraffu a dosbarthu'r sothach ar ffurf pamffled.

Protest Robat Gruffudd

A do, aeth Robat rhagddo i brotestio mewn ffordd unigryw a dewr iawn, ffordd a arswydodd Evans, Lawrence a Spalding yn ddiamau. Pan gerddodd ar lwyfan mawr Neuadd Pritchard Jones Coleg Bangor ar 20 Gorffennaf 1964 i dderbyn ei radd, gwnaeth ei safiad diangof. Gwrthododd â derbyn ei radd mewn protest yn erbyn gwrth-Gymreigrwydd awdurdodau'r coleg, yn arbennig mewn perthynas â'r ddeiseb iaith. Trodd i wynebu'r cannoedd a lenwai'r neuadd eang, a dweud wrthynt:

> Gwrthodaf dderbyn gradd Prifysgol Cymru am i'r Brifysgol wadu'r iaith Gymraeg – iaith y genedl y mae'n Brifysgol

75

iddi. Am ddwy flynedd bron, buom ni'r myfyrwyr yn gofyn am le teilwng i'r Gymraeg yn y Coleg. Gwrthododd yr Awdurdodau bob cais sylweddol. Fe â'r frwydr ymlaen. Ond dyma fy nghyfle olaf i. Gwrthodaf y radd hon, a gwnaf hynny tra pery'r Brifysgol mor elyniaethus i'r Gymraeg. [Atodiad Arbennig T, Gorffennaf 1964]

Yn rhan o'r cynllun hwn, roedd myfyrwyr eraill hefyd yn bwriadu gwrthod derbyn eu graddau ond tynasant yn ôl 'ar y funud ola, dan bwysau rhieni'. [L, t. 23] Heddiw, deil y protestiwr yn ansicr a oedd o wedi gwneud y peth call, 'ond aeth e'n iawn fel gweithred, diolch i Owain Owain a drefnodd y cyfan yn filitaraidd fanwl.' [ibid.]

Lai na blwyddyn ynghynt, roedd Robat a'i gyd-fyfyriwr, Penri Jones o Lanbedrog, wedi cynhyrchu taflen arbennig yn dwyn y teitl *Welsh Not ar y Bryn* ar gyfer ei dosbarthu yn Eisteddfod Llandudno, 1963. Rhannu'r gwir am sefyllfa'r Gymraeg yng Ngholeg Bangor oedd eu nod.

Nid yw'r Wasg wedi mentro cyhoeddi y ffeithiau hyllaf y tu ôl i helynt Deiseb yr Iaith Gymraeg yng Ngholeg Prifysgol Cymru, Bangor. Ond y mae Pwyllgor y Ddeiseb wedi penderfynu ei bod yn hen bryd datgelu'r gwir I GYD i werin Cymru. Felly, o'r diwedd, dyma i chwi y FFEITHIAU am y **'Welsh Not' ar y Bryn**.

Ac yno y bu'r ddau yn brysur yn ei hwrjio i'r eisteddfodwyr llon am bris o bum ceiniog yr un – er mai 'ceiniog o leiaf i Gronfa'r Ddeiseb' oedd y pris penodedig arni – er mwyn galluogi'r ddau i dalu bil Gwenlyn Evans, Caernarfon, am ei hargraffu.

Buddugoliaeth

Fis Chwefror, 1964, 'cyhoeddwyd dyfarniad y Cyngor ynglŷn â Deiseb yr Iaith, *"that as well as English, the Welsh language shall receive due recognition in the life and administration of the college,"* **yn Saesneg yn unig**. Camgymeriad trist. Pwy allai ein beio ni pe baem yn cymryd hyn i olygu nad oes gan brif-weinyddwyr y coleg hwn y mymryn lleiaf o gydymdeimlad â phenderfyniad y Cyngor?' [Golygyddol YD, 19 Chwefror 1964]

Ar ddudalennau'r *Ddraig Goch*, rhifyn Mawrth 1964, ceir y pennawd a'r paragraff canlynol:

BUDDUGOLIAETH MYFYRWYR BANGOR

Lledodd gwefr o lawenydd drwy gylchoedd Cymraeg y Coleg fore Mawrth yr unfed ar ddeg o Chwefror pan gyhoeddwyd fod llawer o argymhellion y ddeiseb wedi eu derbyn... ond rhaid i ni fod yn ochelgar... llawenhawn a diolchwn am ennill cymaint ag a wnaethon... diolch am ddycnwch awdurdodau lleol, clybiau diwylliannol, cyrff cyhoeddus ac unigolion yn anfon at awdurdodau'r Coleg i brotestio... am y sen ar yr iaith. [DG, Mawrth 1964]

Do, fe ganiatawyd rhywfaint o statws i'r iaith, ond fel y deallwn ym mhrotest fawr Robat Gruffudd chwe mis yn ddiweddarach, ni chadwyd at yr addewidion mewn nifer o feysydd ac achlysuron. Fe gymerodd rhyw ugain mlynedd arall mewn gwirionedd cyn y gellid dweud bod pethau'n weddol gyfartal yng Ngholeg y Brifysgol ym Mangor. Bu'n frwydr rwystredig, hir a phoenus. Pedair blynedd ar ôl cyflwyno'r ddeiseb cwynai Golygydd *Y Dyfodol*, Dafydd Elis Thomas, fod yr 'Unben Kenneth Lawrence yn dal i wrthod argraffu ffurflenni dwyieithog i ddibenion eraill y Coleg. Yr ydym yn iawn i wrthod eu llenwi. Yn wir (a defnyddio iaith Robert a Penri) byddem yn gachwyr pe llenwem hwy. Ydan ni'n fodlon ymladd?' [YD, Haf 1966]

Aeth Robat a Penri ati eu hunain i wrthryfela'n ddeheuig. Gwrthodasant â chofrestru fel myfyrwyr ar ffurflenni Saesneg, a hynny trwy ddileu'r Saesneg a sgwennu yn Gymraeg. Roedd hyn flwyddyn union ar ôl protest gyffelyb yng Ngholeg Aberystwyth. Fe'u galwyd ger bron Deon y

Gyfadran a 'cheisiodd hwnnw eu hannog i lanw'r ffurflenni a
nodi arnynt eu bod yn cofrestru dan brotest'. [YD, 11 Hydref
1963, t. 1]

Faint o ran gymerodd Cymdeithas yr Iaith ym mhrotest
hirhoedlog deiseb Bangor? Roedd rhai fel Owain Owain
yno'n rhywle'n sicr, a nifer o aelodau'r Gymdeithas,
boed fyfyrwyr neu ddarlithwyr. Yn ôl John Davies, bu'r
Gymdeithas 'yn barod iawn i helpu'r ymgyrch i gael statws
swyddogol i'r Gymraeg yng Ngholeg Bangor.' Aiff rhagddo,
heb fanylu, i ganmol 'ymroddgarwch diflino Mr. Owen
Owen', Ysgrifennydd Cangen Bangor. [DG, Ionawr 1964]

Yn wir, bu i'r deisebwyr brwd ym Mangor anfon cais
at John yn gofyn am gefnogaeth Cymdeithas yr Iaith i'w
hymdrechion. Cafodd John Davies ei hun mewn congl braidd
ac yn ansicr pa lwybr i'w droedio. Nid oedd yn ymddiried
rhyw lawer yn y myfyrwyr, nifer ohonynt yn rhy eithafol
yn ei olwg, yn arbennig ar ôl protest Pont Trefechan, ac ni
fyddai'n rhoi ystyriaeth i weithredu torfol na thorcyfraith, yn
saff i chi! Yn ôl ei arfer, rhaid oedd ymgynghori'n ddiymdroi
â Tedi Millward: 'Cefais lythyr o Fangor yn gofyn i ni cefnogi
eu deiseb yn y Coleg. Mae'n debygol bydd e'n fethiant...
Falle allen ni anfon cylchlythyr at bob un o aelodau Senedd
Bangor. Os fyddan nhw'n meddwl bod Cymdeithas yr Iaith
Gymraeg ar y *warpath* gan nhw ofan terfysg arall. Ond wy
ddim yn gwybod digon am wleidyddiaeth academaidd i
wybod os bydd dulliau fel hyn o ryw werth.' [John Davies at
Tedi Millward, 11 Chwefror 1963]

Mae'n gwbl amlwg fod John druan yn gwbl anghysurus
pan ystyriai 'gweithredu' o unrhyw fath yn erbyn
awdurdodau Prifysgol Cymru. Ni chafwyd na phwmp na
dim ganddo ar fater deiseb Aberystwyth. Go brin bod yna
unrhyw arwyddocâd i'r geiriau *'warpath'* ac 'ofan terfysg'. Er
eu defnyddio'n eitha bygythiol, doeddan nhw ddim mewn
gwirionedd yng ngeiriadur John. Yna, ar amrantiad, try llif
ei feddwl at rywbeth arall, fwy at ei ddant: 'Nawr bo ni wedi

ennill enwogrwydd [protest Pont Trefechan rai dyddiau ynghynt] beth am ddechrau ymgyrch arall? e.e. faint o siaradwyr Cymraeg sydd yn siopau Aberystwyth?' [ibid.] *Warpath*? Terfysg?

Y Coleg Normal

Ddeufis yn ddiweddarach, daeth newyddion da o Fangor ynglŷn â deiseb gyffelyb a gyflwynwyd gan fyfyrwyr y Coleg Normal a ofynnai 'am fwy o ddefnyddio'r iaith Gymraeg yng ngweithrediadau'r Coleg.' [DG, Ebrill 1963] Daeth yn amlwg ar unwaith fod yna wahaniaeth sylfaenol rhwng Prifathro a Senedd Coleg y Brifysgol ac awdurdodau'r Coleg Normal.

Hysbysodd y Prifathro Edward Rees bwyllgor deiseb y Normal fod 'Senedd y Coleg yn gwbl unfrydol wedi penderfynu gwneud popeth sy'n bosibl i dderbyn yr argymhellion a wnaed yn y ddeiseb. Fel y gwyddoch, y mae'r Coleg hwn eisoes yn selog yn ei Gymreigrwydd. Rhoddir bri ar efrydiau trwy gyfrwng y Gymraeg; y mae gennym gyfoeth o weithgareddau Cymreig nad oes ei well, ni a gredwn, mewn unrhyw sefydliad addysgol yng Nghymru gyfan.' [ibid.]

Ychwanega gohebydd *Y Ddraig Goch* y sylw perthnasol hwn: 'Tra mae Senedd y Brifysgol yn ymddangos yn llugoer a dihidio ynglŷn â phwysigrwydd y Gymraeg, dylai esiampl Senedd y Coleg Normal fod yn her i Brifysgol Bangor [sic] a cholegau eraill Cymru.'

Yn ystod y blynyddoedd hyn ceid nifer o weithwyr dygn dros y Gymraeg oedd ynglŷn â'r Coleg Normal, yn eu plith rhai fel Owain Owain, Dafydd Orwig, John Lasarus Williams, R. Cyril Hughes ac eraill, yn ogystal â nifer helaeth o fyfyrwyr cynnes eu gwladgarwch a'u cariad at yr iaith.

Cochise a Geronimo

Yn y Brifysgol ceid cryn anghytuno ynglŷn â dulliau brwydro dros yr iaith. Caed dwyblaid o ganlyniad i dri digwyddiad yn bennaf, sef y Ddeiseb, Protest Pont Trefechan a chyhoeddi erthygl Robat Gruffudd, 'Y Nyth Annibynnol a'r Goeden Grin'. Yr un hen ddadl oedd hi, yr un anghydweld, ag a geid yng Ngholeg Aberystwyth, ac ie, o fewn Plaid Cymru hefyd. Bu dadlau digon blin ar dudalennau'r *Dyfodol* ynglŷn â phrotest Pont Trefechan gyda'r triawd huawdl Rhiannon Price, Penri Jones a Robat Gruffudd yn amddiffyn y cyfan gyda rhyw hyder diamynedd, a diferyn o ras ymataliol, a hynny gyda rhesymeg gadarn. Bu'r tri, ac eraill o Fangor hefyd, ar y bont yn atal y traffig.

Y rhai mwyaf gwrthwynebus – yn llafar beth bynnag – oedd aelodau o Gangen y Coleg o Blaid Cymru. Anfonodd y Gangen lythyr, wedi ei lofnodi gan ddau o'r aelodau, i'r *Ddraig Goch*, papur swyddogol y Blaid oedd â chylchrediad trwy Gymru. Llythyr agored y'i gelwir gan ddau fyfyriwr 'at bawb sy'n caru Cymru... Yng Nghangen Colegau Bangor mae rhai ohonom yn anghytuno, mwy yn cytuno, â'r dull a fabwysiadwyd yn Aberystwyth i ddihuno'r Ynadon i roi gwysiau dwyieithog i droseddwyr, fel y bydd y Gymraeg yn cael yr un statws â'r Saesneg.' [DG, Mehefin 1963]

Llythyr oedd hwn o *deepee*'r llwyth a elwir gan Dafydd Glyn Jones yn Blaid Cochise – gohebiaeth garedig a didramgwydd oddi wrth blaid gwrtais, gyfansoddiadol, bwyllgoraidd, ddidorcyfraith, bwyllog, barchus, ennill fesul tipyn, '*clean shave* a dwy iaith' (un o hoff ymadroddion Eurwyn Pontsiân), a 'heb ofal ond bihafio'.

Disgrifia Dafydd yr agwedd hon fel hyn:

> Yr oedd carfan... a deimlai mai o dipyn i beth y dôi hi, peidio â gofyn gormod ar y dechrau, peidio â thramgwyddo, bod yn gwrtais, bod yn adeiladol, yn gyfansoddiadol, yn ddoeth, 'Gwên fêl yn gofyn fôt' tybed? Ond yn cael dim ond 'na' yn ddiolch, fel y deuthum innau i feddwl ar ôl rhai misoedd. Ofn 'gwneud mwy o ddrwg nag o les', ofn 'colli ewyllys da', lle nad oedd ewyllys da i'w golli. [B, Gorffennaf/Awst 2012]

Dyma'r agwedd a fu mor amlwg ym Mhlaid Cymru hyd heddiw, ac yng Nghymdeithas yr Iaith, ysywaeth, am ddwy neu dair blynedd ei babandod yn y chwedegau – y gors gyfansoddiadol, y gohirio parhaus, yr ymesgusodi petrusgar.

Arall oedd natur Plaid Geronimo, yn llai amyneddgar ac 'yn fwy parod i estyn am y brwsh past, ac yna'r brwsh paent, a llais y garfan honno oedd y daflen fachog *Welsh Not ar y Bryn* gyda'i gwrthddadl fwy gwleidyddol a'i chyhuddiadau penodol, wrth eu henwau, yn erbyn y Dynion Drwg Drama...' [ibid.]

Cyn y Pasg, 1963, daeth slogan baent i addurno grisiau Neuadd Pritchard Jones, gyda Williams, y Prif Borthor, trwm ei fedalau, yn tuchan mai'r 'Cymry fydd yn gorfod 'i llnau o!' [Dafydd Glyn Jones, sgwrs breifat â'r awdur, Chwefror 2024]

Ac wedi'r llnau, byddai Canaan yn dal i ymddangos fel rhywle oedd yn andros o bell dros y grisiau.

PENNOD 7

Y Coleg ger y Lli

GALLAF GOFIO'N GLIR y tyndra a geid yng Ngholeg Prifysgol Cymru, Aberystwyth, yn ystod blynyddoedd cynta'r chwedegau, nid yn unig rhwng y Cymry ac awdurdodau'r coleg, ond hefyd rhwng y myfyrwyr Cymraeg a'i gilydd. Y Gymraeg a'i dyfodol tywyll, a hynny'n unig mwy neu lai, oedd yn mynd â bryd rhai ohonom. Am hyn y dadleuem ac y soniem amdano uwch paned ym mwyty'r Undeb, neu uwch glasiad neu ddau yn y *Farmers* a'r *Angel*. Safle'r iaith a'i dyfodol oedd ar flaenau meddyliau nifer ohonom, a bron â bod yn unig sail hefyd i'n hymwneud â *Llais y Lli*, a ddaeth yn bapur Cymraeg annibynnol i'r myfyrwyr yn Nhachwedd 1962. Swniai'r criw bychan ohonom fel tôn gron i glustiau y rhan fwyaf o'r myfyrwyr Cymraeg, pa rai oedd yn y coleg i gael gradd (i'w dilyn gan yrfa ddiogel), ynghyd â dôs bleserus o 'ddiwylliant' parchus arferol y lle a'r cyfnod.

Treuliodd Dafydd Iwan flwyddyn (yn unig) yng Ngholeg Aberystwyth 1961-62, a dywed, yn llawn sicrwydd, mai 'y flwyddyn golegol honno... oedd Ysgol Feithrin y Gymdeithas'. [TAD, t. 47] Mae'n llygad ei le, ac roedd gwrthwynebiad a chasineb Cymreig a Chymraeg yn dechrau dangos eu dannedd fel y chwyddai'r ysbryd gwladgarol yn ein plith.

Dridiau cyn darlith Saunders Lewis cyhoeddwyd llythyr yn *Llais y Lli* (oedd, ar y pryd, yn un tudalen yn unig o fewn y papur Saesneg *Courier*) oddi wrth 'Myfyrwyr Cymedrol', a osodai'r traw ar gyfer y blynyddoedd oedd i ddod. 'Clywaf fod rhai o benboethion y Blaid wedi cwrdd yn ddiweddar i drafod y pwnc, *Gweithredu'n anghyfansoddiadol ai peidio*. Diddorol sylwi mai mewn tŷ tafarn y cynhaliwyd y cyfarfod hwn. Yn ddiau mae hyn yn egluro peth ar eu pen boethni... yr oedd deuddeg o leiaf o'r criw hwn yn barod i chwthu Tryweryn ys dwedon hw... Bychan yw nifer y penboethiaid hyn fe ddywedwch, ond rwy'n bendant y gallent wneud dirfawr niwed i'n cenedl ac i'r elfennau hynny sy'n gweithio'n ddyfal ac yn dawel ar ein lles. Does dim gormes yng Nghymru...' [Myfyrwyr Cymedrol, LL/CO, 10 Chwefror, 1962]

Cofrestru yn Gymraeg

Yn dilyn darlith Saunders Lewis ganol Chwefror 1962, dechreuodd pethau symud o ddifrif yn y Coleg ger y Lli. Pan agorodd ei ddrysau fis Hydref ar gyfer y flwyddyn academaidd newydd, 1962-63, cafwyd fod brwydr fechan gennym fel myfyrwyr. Hwn oedd un o'r gwrthdrawiadau cyntaf ag awdurdodau'r coleg dros yr iaith Gymraeg. Ddechrau'r tymor blaenorol (Haf 1962), roedd Prifathro'r coleg, Dr. Thomas Parry, wedi addo ar ei beth mawr y byddai awdurdodau'r coleg yn cydymffurfio â chais taer a rhesymol deiseb a gyflwynwyd yn enwau dros ddau gant o'r myfyrwyr yn hawlio y byddai'r Coleg yn darparu ffurflenni cofrestru Cymraeg ar gyfer Tymor yr Hydref 1962-63.

Bu'n sioc ac yn siom pan welwyd mai ffurflenni uniaith Saesneg, a hynny'n unig, a'n disgwyliai yn y Gofrestrfa. Rhoesom wybod yn syth i'r Cofrestrydd fod nifer ohonom yn gwrthod cofrestru mewn protest, a chariwyd y genadwri'n ddiymdroi i arffed y Prifathro ei hun. Rhuthrodd yntau i lawr y grisiau i'r Cwad wedi ffrwcsio'n lân ac yn wridog ei ymddiheuriad, gan geisio ein cael i gofrestru am y tro yn Saesneg gan ei fod, 'trwy amryfusedd', wedi 'anghofio' am yr addewid a roddodd dymor ynghynt. Mynnodd y rhan fwyaf ohonom nad felly roedd hi i fod, a chadwyd y streic yn fyw. Deallwyd y neges, ac o fewn dwyawr roeddem yn cofrestru yn Gymraeg, gyda'r Prifathro druan yn stryffaglio wrth geisio esbonio i ŵr y Wasg beth aeth o'i le. *'I had overlooked the matter until the students came to see me this morning.'* [WM, 3 Hydref 1962]

Flwyddyn yn ddiweddarach, fodd bynnag, mae *Llais y Lli* yn cwyno. 'Enillwyd brwydr y ffurflen gofrestru yn y Coleg, ond faint o'r rhai lofnododd y ddeiseb i'w chael wnaeth ei defnyddio wedyn? Dim digon o'r hanner. Ymboenwch ac ymdrafferthwch, os oes angen! Mae'n ddyletswydd arnoch... MYNNWCH FFURFLENNI CYMRAEG: maent yma ar eich cyfer.' [LL, 11 Rhagfyr 1963]

Sŵn ym mrig y morwydd

Bu cryn ystwyrian at ddiwedd 1962 ynglŷn â safle'r Gymraeg yn gyffredinol yn y coleg ac yn arbennig felly yng ngweinyddiaeth y lle. Fe'n rhybuddiwyd yn ddramatig ynglŷn â'r peryglon gan Emyr Llywelyn, yn yr ail rifyn o'r *Llais y Lli* annibynnol. 'Mor araf y gwelwn ni'r Cymry ein sefyllfa drychinebus! Mor araf yn gweld arwyddion drycin. Gwybyddwch fod y storm ar dorri; hi a ddaw fel magl ar ein gwarthaf, ac nid oes lloches. Mae pedwar coleg y Brifysgol wedi eu Seisnigeiddio'n ormodol erbyn hyn.' [LL, 17 Tachwedd 1962]

Oherwydd y gweithgareddau protest ieithyddol a ddigwyddai yn Aberystwyth (ymysg y myfyrwyr yn bennaf), tyfodd rhyw gred nas heriwyd erioed, hyd y gwn i, fod y coleg yn llawn o genedlaetholwyr tanbaid, a bod yr holl fyfyrwyr Cymraeg a geid yno'n gefnogol i'r holl brotestio. Yn wir, cyfeiriwyd at Brifysgol Cymru ei hun fel *'hotbed of nationalism'*. Fel arall yr oedd hi, ysywaeth. Fe ddwedwn i, fel un oedd fyfyriwr yn Aberystwyth o 1960 hyd 1964, nad oedd gan fwyafrif llethol y myfyrwyr Cymraeg ryw lawer o gydymdeimlad â gweithredoedd a daliadau pobl fel ni, heb sôn am roi cefnogaeth iddynt. Roedd y sôn di-daw a glywid am argyfwng yr iaith yn anathema llwyr iddynt, a defnyddient yr un hen wrthwynebiadau treuliedig â'r rhai hynny a gyflwynid gan elynion y Gymraeg trwy Gymru daeog benbaladr – hollti'r genedl, culni, *ghetto*, casineb, hiliaeth, ffasgaeth, *apartheid*, a hyd yn oed Hitleriaeth.

Yn *Llais y Lli* roeddwn innau wedi bod yn ei deud hi hefyd trwy gwyno'n gyntaf mai 70 yn unig o'r 500 o fyfyrwyr newydd 1962 a siaradai Gymraeg, a bod llawer iawn o'r Cymry yn berffaith fodlon ar y sefyllfa. Yna ymosod.

Beth yw'r ots gennych am y gorlif Saesneg sydd yn difa ein Prifysgol a'n cenedl, [ac] am y Cymry Cymraeg hynny sydd eisiau byw fel Cymry, yng Nghymru, ac mewn cymdeithas Gymraeg? Ymhen deng mlynedd bydd yn rhy hwyr. Os na wneir rhywbeth heddiw i amddiffyn Cymru a'r Gymraeg, yna nid oes ond arch y cachgi'n aros... Cenedl o gachgwn ydym ni. [LL, 17 Tachwedd 1962]

Ac wele rhyw dinc bach proffwydol o'r gwir angen:

Yr unig ateb ydyw codi Coleg Cymraeg, sef Coleg Prifysgol i fyfyrwyr Cymraeg. Bydd y gymdeithas yn gwbl Gymraeg, ac yn bennaf oll, bydd gan fyfyrwyr Cymraeg yr hawl i fyw fel Cymry a chael eu haddysg drwy gyfrwng y Gymraeg... nid yw hyn yn amhosibl. Pwy all fy meio am gasáu Prifysgol Cymru fel ag y mae? Pwy all fy meio am gasáu yr *English Murder Machine*?... a phwy all fy meio am weiddi am Goleg Cymraeg?... Ein Prifysgol ni ydyw... mae'r Gymraeg yn marw, ac os na wnawn ni, Gymry ieuainc Cymraeg, rywbeth yn bur fuan, rhywbeth chwyldroadol, nid oes ond tranc llwfr yn aros ein trysor gwerthfawrocaf. Cywilydd o beth ydyw clywed myfyrwyr Cymraeg yn siarad Saesneg â'i gilydd. [ibid.]

Ac fel y disgwylid, cafwyd ateb parod ac anhawddgar i'r fath gri. Llythyr pur faith oedd o, ac ystrydebol iawn, gan dair myfyrwraig, Ellen Ann Adams, Mari Lloyd Davies a Carys Jones, tair nas adwaen mohonynt na chynt na chwedyn, mewn capel na thafarn, mewn llys nac ar bont. Maent yn agor eu traethiad yn addawol dros ben.

'Yr iaith Gymraeg yw un o'r pethau pwysicaf yn ein bywyd ac yr ydym yn fodlon gwneud unrhyw beth [Y? unrhyw beth?] i'w chadw'n fyw, ond ni allwn weld sut y gellir cyflawni'r amcan hwn gyda syniadau mor gul â'i rai ef.' [LL, 1 Rhagfyr 1962]

Yna ânt ati i gystwyo Golygydd *Llais y Lli* yn ogystal â minnau. Ac fel y disgwylid, sonnir am 'ehangu gorwelion', am 'y fath rwyg rhyngddynt a gweddill y myfyrwyr', 'rhaid dysgu cyd-fyw', 'byw mewn cragen', *'language barrier'*, 'annog cyfeillgarwch a chydymdeimlad', sef aralleiriad o'r hen gelwydd hwnnw a elwir yn 'ewyllys da', ac 'ymddygiad hollol anghwrtais'. Llwyth o ystrydebau diflas, blinedig a llwyr dreuliedig.

Yn haf 1963 daeth yn amser i nifer dda o'r hen wynebau cyfarwydd-wlatgar adael y coleg, a theimlwyd eu colli'n fawr. Serch hynny, dal ati oedd arwyddair y dydd, ac yn rhifyn cynta'r tymor o *Lais y Lli*, rhoddwyd y croeso twymgalon a thadol disgwyliedig i'r to newydd o fyfyrwyr oedd i lenwi esgidiau'r rhai a adawsant.

'Gair o Rybudd', nid gair o groeso, oedd pennawd mwyn erthygl fer a ymddangosodd ar dudalen flaen *Llais y Lli*. 'Eich dyletswydd pennaf yn y Coleg hwn fydd brwydro hyd eithaf eich gallu yn erbyn y felltith yma [y Seisnigrwydd], ac nid gweithio fel blac [wps!] i gael gradd a swydd barchus a chilio i ryw gell dywell... Closiwn at ein gilydd, Gymry, i ffurfio un gymdeithas Gymraeg gref a dylanwadol; mynychwn gyfarfodydd y cymdeithasau Cymraeg a'r Blaid Genedlaethol; ffurfiwn Undeb i fyfyrwyr ein gwlad a gwadwn bopeth estron... Peidiwn ag addoli'r Llo Seisnig; mae popeth a wnawn yn Saesneg yn ein halogi. Cefnogwn y Ddeiseb i'r eithaf; gwrthodwn lenwi ffurflenni Saesneg a gwrthodwn gydnabod llythyrau Saesneg oddi wrth unrhyw awdurdod, boed y tu mewn neu'r tu allan i'r Coleg. Arddelwn ein hiaith, siaradwn Gymraeg drwy gydol y dydd, yn ddigon uchel i foddi sŵn aflafar y Saesneg; siaradwn hi gydag urddas a balchder. Mae'n **RHAID** ymgodymu â'r Seisnigeiddio haerllug yma a'i ddileu. Yn y pen draw, rhaid dileu yr iaith estron Seisnig o'n Prifysgol. *Delenda est…*' [Geraint Jones, LL, 28 Medi 1963] Amrwd, ie, ond digon cywir a diffuant.

Un peth amlwg oedd diffyg unrhyw gyfeiriad at Gymdeithas yr Iaith Gymraeg. Y gwir amdani, wrth gwrs, yw fod y Gymdeithas yn farw i bob pwrpas. Doedd fawr neb yn gwybod beth oedd yn digwydd. Y cyfnod hwn oedd yr hirlwm gohebol.

Cyhoeddwyd y llythyr hwn ar yr union ddiwrnod, 28 Medi 1963, yr aeth criw ohonom, heb ganiatâd y coleg, i Gapel Celyn i fod ymysg y tystion a ddaeth ynghyd i oedfa a gynhelid yno, dan arweiniad Syr David Hughes Parry, i ddatgorffori capel y Methodistiaid Calfinaidd yn y lle.

Ac roedd *Llais y Lli*, wrth gwrs, eisoes wedi clodfori'r weithred arwrol yn Nhryweryn: 'DYMUNA LLAIS Y LLI FYNEGI ein hedmygedd a'n gwerthfawrogiad o ddewrder a gwlatgarwch y tri a fu yng Nghwm Tryweryn. Cafodd un ohonynt bellach gefnogaeth ei wlad. Hyderwn yn awr y saif ein cenedl dros Owain Williams a John Albert Jones, fel y safasant hwy drosti hi.' [LL, 10 Mai 1963]

Y Ddeiseb

O'i chymharu â deiseb iaith Coleg Bangor, ychydig o sylw a gafodd Deiseb Coleg Aberystwyth. A ph'un bynnag, roedd Bangor wedi achub y blaen arnom ni flwyddyn ynghynt. Deiseb oedd hon yn hawlio gweinyddiaeth fewnol Gymraeg/ ddwyieithog, yn arbennig 'gohebiaethau rhwng swyddogion y Coleg a'r myfyrwyr, gohebiaethau rhwng y swyddogion ac aelodau'r staff, ffurflenni a chyhoeddiadau swyddogol y Coleg, a hysbysiadau, rhybuddion ac arwyddion...'

Fel ym Mangor, dyma ofyn am lawer rhy ychydig. Gofynnwch am frechdan yn unig, ac fe gewch friwsion, O ddiniweityn, briwsion oddi ar fwrdd Deifas. Mae'n amlwg bod y frwydr ym Mangor bryd hyn, Mai 1963, wedi cyrraedd *impasse* llwyr. Yng ngeiriau *Llais y Lli* – 'Tra bo Bangor yn tindroi, cyflwynir DEISEB ABERYSTWYTH. Diwedd Tymor y Pasg cafodd y ddeiseb... gefnogaeth barod Pwyllgor Gwaith a Chyngor Cyffredinol y Myfyrwyr.' [LL, 10 Mai 1963]

Sgrifennwyd yr Adroddiad yna ryw dri mis ar ôl Protest Pont Trefechan, ac erbyn hynny roedd Emyr wedi hen ymgynefino â bywyd carchar, a llawer ohonom yn ceisio adolygu ar gyfer ein harholiadau terfynol. Does gen i, rhaid cyfaddef, ddim cof o gwbl o fod yn ymwneud â'r ddeiseb. Cadarnheir hyn gan ochenaid ddofn Golygydd *Llais y Lli*: '... gwae ni! Hyd yn hyn... dihitio hollol fu'r myfyrwyr.'

Erbyn canol mis Tachwedd 1963, ceir holi dwys ynglŷn â hynt a helynt y ddeiseb a chawn wybod mai rhai o ddarlithwyr y coleg a'i cyflwynodd. Roedd Cyngor y Myfyrwyr, corff Seisnig a Saesneg, nad oedd a wnelo'n criw ni fawr ddim ag o, wedi penderfynu, er 17 Mawrth 1963, y dylai 'gefnogi nifer o ddarlithwyr yn eu cais am bolisi dwy-ieithog yng ngweinyddiad y Coleg'. [LL, 16 Tachwedd 1963]

A do, cafwyd yr un hen gŵyn unwaith yn rhagor – 'Oddi ar hynny, tawelwch llethol a gafwyd o gyfeiriad C.Y.M. ar y pwynt. C.Y.M. Gweithredwch!'

Trafodwyd y ddeiseb gan y grŵp a elwid y *Non-Professorials*, ac yno cafwyd ymdrechion difrifol i wrthod y ddeiseb a'i gofynion. Cynigiodd Dr. Fryde o'r Adran Hanes fod y grŵp yn gwrthod newid unrhyw beth ym mholisi gweinyddol y Coleg. *Welsh Not* a dim byd llai. *'Dr. Fryde and Mervyn Jones (Chemistry) are known to be doing their utmost to destroy the petition,'* meddai gohebydd *Courier*. [CO, 6 Rhagfyr 1963] Ond roedd lleisiau eraill, diolch byth, yn eu hymladd hwythau, yn arbennig Siôn Daniel (Athroniaeth), Hywel Moseley (Cyfraith), a J.R. Morrison (Addysg). Hefyd yn aelod o'r Grŵp roedd y gwrth-Gymreigydd J. Killa Williams, y Tiwtor Hŷn (Ffrangeg).

Aeth blwyddyn arall heibio, a phawb yn llusgo'u traed. Yng Ngholofn Efnisien yn *Llais y Lli* gofynnir: 'Beth sydd wedi digwydd i'r ddeiseb i gael Statws Swyddogol i'r iaith Gymraeg yn y coleg hwn?' [LL, 2 Rhagfyr 1964] Roedd awdurdodau'r coleg wedi gori ar y mater am ymhell dros flwyddyn. 'Ai disgwyl i ni'r Cymry anghofio a chlaearu maen nhw?' Y gwir amdani, yn ôl pob golwg, oedd mai claear iawn a digon di-hid fu pawb, mwy neu lai, ynglŷn â'r ddeiseb oherwydd dros ddwy flynedd yn ddiweddarach, yn Chwefror 1967, cafwyd cri pellach ym mhapur y myfyrwyr. 'WEDI BLINO AROS' i weld polisi dwyieithog gan y Coleg. [LL, 9 Chwefror 1967] Ateb y myfyrwyr oedd sefydlu cangen o Gymdeithas yr Iaith yn y coleg. Yn rhyfeddol rhywsut, hon, hyd y gwn i, oedd y gangen gyntaf un yn swyddogol yng Ngholeg Aberystwyth.

Mae'n amlwg fod peth gwrthdaro'n digwydd ynglŷn â'r ddeiseb gyda rhai gwrthwynebwyr iddi yn ysgyrnygu dannedd i'w herbyn. Ond er clod i'r Cymry, gwrthodasant ildio.

Hostel Gymraeg

Yn ystod y blynyddoedd 1963-67, mae'n werth nodi dau symudiad arall ymhlith cenedlaetholwyr Coleg Aberystwyth, un ohonynt yn arwyddocaol iawn.

Yn gyntaf, ac yn bwysicaf, anfonwyd cais ddechrau Rhagfyr 1965 at Brifathro'r Coleg, Dr. Thomas Parry, ar iddo gynnwys hostel Gymraeg yng nghynlluniau adeiladu'r coleg. Dywedir yn *Llais y Lli* mai 'digydymdeimlad oedd y Prifathro...' [LL, 12 Ionawr 1965] Dyma ddechrau'r ymgyrch ddaeth â Neuadd Gymraeg maes o law.

Nid pob myfyriwr Cymraeg oedd o blaid cael hostel

Gymraeg; nid pawb o'r cenedlaetholwyr chwaith. Yn Chwefror 1966 gwelwn Eurig W. Davies (Eurig Wyn yn ddiweddarach, brodor o Grymych fu'n Aelod Seneddol Ewropeaidd dros Blaid Cymru, 1999-2004) yn ail-godi'r ddadl 'trwy gynnig ychydig ddadleuon yn erbyn... Nid wyf yn credu mai doeth fydd i ni Gymry ysgaru ein hunain oddi wrth y Saeson.' [LL, 7 Chwefror 1966] Bron i ddwy flynedd yn ddiweddarach, gofynnir yn y Wasg ai 'cyfrwng i achub Cymreictod ynteu cam tuag at ddwysáu'r rhwyg' fyddai cael neuadd breswyl Gymraeg. [YC, 13 Hydref 1966]

Yng Ngholeg Aberystwyth, daeth Heini Gruffudd, brawd Robat Gruffudd, yn lladmerydd huawdl ac eofn o blaid sefydlu hostel Gymraeg yno. Roedd eisoes wedi condemnio'n llwyr 'agwedd yr awdurdodau presennol o Seisnigeiddio'r Brifysgol... Cymru yw'r unig wlad yn y byd sydd â hanner ei myfyrwyr yn estroniaid.' Ychwanegodd fod awdurdodau Coleg Aberystwyth 'yn bradychu delfryd eu tadau ac yn bradychu Cymru... Mae angen prifysgol arnom a fyddai'n gallu rhoi arweiniad ysbrydol i'n cenedl – a fyddai mewn gwirionedd yn sefydliad cenedlaethol, ac nid rhyw dwlc i roi cysgod tros dro i foch Seisnig sy'n difetha gemau'n cenedl.' Cam i'r cyfeiriad iawn fyddai hostel gwbl Gymraeg.

Llais arall cryf oedd un Peris Jones-Evans, Golygydd *Llais y Lli*, 1964-65. 'Y ffordd orau o amddiffyn yw ymosod... erbyn hyn mae'r amgylchiadau'n ein gorfodi i hawlio hostel uniaith Gymraeg. Dyma'r unig ffordd bellach i gadw cnewyllyn Cymreig mewn coleg sydd yn Seisnigeiddio mor gyflym... gan nad yw coleg cwbl-Gymraeg ond breuddwyd am y tro, gadewch i ni gymryd y cam cyntaf yma tuag ato YN AWR.'

Y Crochan yn berwi

Yn ail, cyhoeddwyd cylchgrawn cenedlatholgar newydd, *Y Crochan* (*neu'r Pair Dadeni*). Dau rifyn yn unig gyhoeddwyd a fi, am fy mhechodau, oedd ei sefydlydd a'i Olygydd. Yn ei lyfr

Trwy Ddulliau Chwyldro…? cyfeiria'r awdur, Dylan Pillips, at
Y Crochan fel 'cylchgrawn myfyrwyr Cymraeg Coleg Prifysgol
Gogledd Cymru, Bangor.' [TDdCh, t. 219] Mae hyn yn gwbl
anghywir! Doedd a wnelo'r cylchgrawn un dim â Bangor,
ac nid 'cylchgrawn myfyrwyr Cymraeg' unrhyw goleg oedd
o chwaith. Fi, a neb arall, a deipiodd, a ddyblygodd ac a
gyhoeddodd y cylchgrawn fel 'Cylchgrawn Cenedlaetholwyr
Coleg Aberystwyth'. Y Trefnydd Gwerthiant oedd Dyfrig
Thomas.

Dau rifyn yn unig a gyhoeddwyd, y naill yn hydref 1963,
a'r llall yng ngwanwyn 1964. Pan adewais i'r coleg yn haf
1964, diflannodd y cicaion Jona hwn o gylchgrawn. Roedd
ei ddiwyg yn echrydus, wedi ei deipio'n bur anghelfydd
ac aneglur â theipiadur Olivetti a gefais yn anrheg pen-
blwydd gan fy rhieni yn un ar hugain oed, gyda'i glawr y
mwyaf anneniadol a welwyd erioed. [Ceir llun o'r clawr yn
WTC, t. 19] Stwffiwyd dyfyniadau o waith Emrys ap Iwan a
Saunders Lewis i bob cornel wag ohono. Ei bris oedd chwe
cheiniog.

Pa mor flêr bynnag oedd ei wisg, roedd ei lais yn ddigon
pendant. Anfonwyd copi cyfarch at Brifathro'r coleg, ond ni
welodd hwnnw'n dda gydnabod ei dderbyn, heb sôn am ei
ganmol. Dyma baragraff agoriadol sensoraidd-groesawus y
rhifyn cyntaf:

> … nid ydym am wastraffu papur y cylchgrawn trwy adael
> i gwislingiaid a bradwyr y pleidiau Seisnig ateb unrhyw
> ymosodiad a wneir arnynt yn y rhifyn hwn a'r rhifynnau
> sydd i ddod. Nid dadl amser hamdden yw cenedlaetholdeb
> ond rhyfel; ein gelynion ydynt – dim byd llai. [CR, Rhif 1,
> Hydref 1963]

Yna ceir rhagor o siarad plaen mewn galar: 'Yr ydym wedi
colli criw arbennig eleni, ac rwy'n weddol saff wrth ddweud
nad yw y myfyrwyr newydd yn cau y bwlch a adawyd.' Dweud
go fawr, os gwir!

Aiff yr ysgrif olygyddol rhagddi i roi arweiniaid diflewyn-ar-dafod i genedlaetholwyr y dydd:

> Beth yw swydd cenedlaetholwr o Gymro heddiw? Ein tasg
> ni (yn hytrach na chanolbwyntio ar ennill senedd) ydyw
> rhoi y gwareiddiad a'r diwylliant Cymraeg ar ei draed
> unwaith yn rhagor – dadeni cenedl y Cymry... Carreg
> sylfaen ein gwareiddiad ydyw'r iaith Gymraeg. Dyma
> hanfod ein diwylliant. Nod y cenedlaetholwr ydyw y Gymru
> uniaith Gymraeg... Cymraeg, a Chymraeg yn unig fydd
> iaith Cymru... unig iaith swyddogol Cymru... unig gyfrwng
> addysg Cymru; Cymraeg yn yr ysgol gynradd, yr ysgol
> eilradd ac yn yr holl golegau; Cymraeg fydd iaith yr holl
> wasanaethau cyhoeddus megis yr heddlu... ac yn bennaf,
> wrth gwrs, Cymraeg fydd yr iaith lafar.

Yng Ngholeg Bangor caed Robat Gruffudd yn amenio'n braf, wrth ei fodd â'r *Crochan* ac yn telynegu ynglŷn â'r 'ysbryd cyffredinol y mynegir popeth ynddo... yn onest, ffres a phlaen, ac yn anad dim, yn **naturiol**. Yn y dyddiau niwrotig hyn ar ein cenedl, peth amheuthun yw dod ar draws pobl sydd yn gallu mynegi eu Cymreictod heb atal nac ofn.' [YD, 12 Tachwedd 1963] Â rhagddo i edliw i'w gyd-fyfyrwyr. 'Yn anffodus, y mae'r ysbryd hwn yn beth prin iawn yn ein Coleg ni,' a gwerthfawroga'r cyfeiriad at Charles Evans a'r Athro Spalding sydd â'u 'henwau erbyn hyn yn dom yn fy stumog'.

Chwe mis yn ddiweddarach, yn yr ail rifyn o'r *Crochan*, cafwyd rhagor o erthyglau cynhwysfawr fel a ganlyn: 'Y Wasg Gymraeg a Gwrthryfel y Pasg 1916' gan Tegwyn Jones; 'Un y Cant' gan Owain Owain; 'Taeogion', cerdd gan Rheinallt Llwyd; 'Llythyr Agored at Mr. Ray Smith, Trefnydd Rhanbarth y De o Blaid Cymru' gan Harri Pritchard-Jones (dywedodd Ray Smith nad oedd yr iaith Gymraeg yn gyfrifoldeb Plaid Cymru); 'Gweddnewid Obsesiwn' gan Siôn Daniel; ac i gloi, y Sylwadau Golygyddol ymosodol arferol yn cyhuddo'r

Blaid, 'gyda'i haerllugrwydd noeth, [o] anwybyddu brwydr yr iaith'. [CR, Rhif 2, Haf 1964]

Ffarweliwyd â'r *Crochan* gydag adolygiad eitha ffafriol ohono yn *Y Ddraig Goch* gan J.E. Meredith yn datgan fod y 'crocheniad yma o ysgrifau' yn werth chwe cheiniog. 'Diolch am frwdfrydedd crochenyddion y crochan.' [DG, Awst 1964]

'Digwyddodd, darfu, megis seren wib.'

Dal ati ym 1963

PWYSLEISIR YN AML bwysigrwydd mis Chwefror 1963 yn hanes yr iaith Gymraeg a chenedlaetholdeb Cymreig. Hwn oedd mis protest Pont Trefechan, a phrotest y tri gwron yn Nhryweryn. Ond ar y cyntaf o Fawrth, ar ddydd Gŵyl Ddewi 1963, cafwyd digwyddiad oedd yr un mor bwysig ac arwyddocaol a phellgyrhaeddol yn stori'r Gymraeg. Dyma pryd y sefydlwyd Cronfa Glyndŵr yr Ysgolion Cymraeg.

Dau o gefnogwyr mwyaf pybyr gweithgareddau Cymdeithas yr Iaith o'r dechrau oedd Trefor a Gwyneth Morgan, Ystradgynlais. Go brin y cafwyd yn unman, greda i, genedlaetholwyr mwy triw a diffuant na'r ddau yma, dau o blant Morgannwg.

Ganwyd a magwyd Trefor (1914-70) ar aelwyd Saesneg ei hiaith yn Nhonyrefail, a phan nad oedd ond pedair oed bu farw ei dad, Samuel, yn ystod pandemig y Ffliw Sbaenaidd. Er ennill lle yn yr Ysgol Ramadeg, aeth i weithio i'r pwll glo yn 14 oed. Dysgodd Gymraeg pan oedd yn hŷn, ac yn arbennig pan briododd, ym 1943, â Gwyneth Evans o Aberdâr. Ym 1941 fe'i carcharwyd, gyda Ted Merriman, am droi eu cefnau ar *God save the king* yn Aberystwyth.

Bu'n ymgeisydd seneddol droeon yn enw'r Blaid, gan ennill pleidlais anarferol o uchel yn is-etholiad Ogwr ym 1946, pan wrthododd ysgwyd llaw â'r ymgeisydd

Llafur. Cafodd bron i chwe mil o bleidleisiau (tua 30% o'r bleidlais).

Pan oeddwn yn athro ym Mhontypridd yn Hydref 1964, cefais y fraint o fod yn un o'i dîm etholiadol ym Mrycheiniog a Maesyfed. Trefor oedd ymgeisydd Plaid Cymru. Cofiaf, gyda rhyw wefr, am yr etholiad hwnnw, a ninnau'n dîm o ryw hanner dwsin yn unig. Y fath wefr! Trefor, Dai Bonar Thomas a minnau yn 'ymosod' ar Lanandras, tref fechan yn yr hen Sir Faesyfed ac ar y ffin â Lloegr, tref gwbl Saesneg ei hiaith. Cyrraedd y farchnad a Threfor yn fy ngorfodi i annerch ger y fynedfa – am ddim rhagor na phum munud – yn Gymraeg. Ambell un yn oedi ac edrych yn chwilfrydig arnaf cyn myned ymaith. Yna Trefor ei hun yn areithio, yn Saesneg, a hynny gyda rhyw egni a grym diwygiadol. O fewn dim roedd cynulleidfa o ffermwyr wedi crynhoi o'i amgylch i wrando. Hon oedd y drefn gennym yn ardaloedd y ffin.

Bu Trefor yn aelod o Bwyllgor Gwaith y Blaid am flynyddoedd, yn 'siaradwr grymus yn y Gynhadledd Flynyddol, yn ŵr annibynnol ei farn ac yn feirniad llym ar rai agweddau o bolisi'r Blaid'. [DG, Ebrill 1963] Yn yr ysgrif amdano yn y *Bywgraffiadur Cymreig*, dyfynnir o lith golygydd *Y Faner* am Trefor fel areithydd politicaidd. Ni allaf innau ond amenio pob gair o'i eiddo. 'Yr oedd yn un o'r siaradwyr cyhoeddus mwyaf effeithiol a feddai Plaid Cymru; traethai wirioneddau llosg yn huawdl ac argyhoeddiadol, a gallai ddadlau tros achos cenedlaetholdeb cystal ag undyn byw.'

Ac onid brodor o un arall o drefi'r ffin, Trefyclo (Tref y Clawdd), oedd tad Gwyneth ei briod, ac yn ddi-Gymraeg? Dyma wraig oedd yn hen gyfarwydd â sefyll dros y Gymraeg, a hynny flynyddoedd cyn *Tynged yr Iaith*. Pan oedd hi'n athrawes dros-dro yn Ysgol Ramadeg Ystalyfera, fe'i diswyddwyd yn ddirybudd am fynnu dysgu Hanes trwy gyfrwng y Gymraeg. Gwrthododd hefyd dalu am drwydded radio, a bu ger bron ynadon Aberdâr ddwywaith, lle mynnodd siarad Cymraeg a hawlio cael Beibl Cymraeg i dyngu llw arno. Hyn oll yn wyneb llawer o gasineb a gwawd, fel y gallech ddisgwyl.

Fe rown lawer heddiw am gael profi unwaith eto'r 'hen bwerau' a'r gyfaredd a berthynai i areithio tanbaid ac angerddol y ddau garedig a nodedig yma. Byddwn yn toddi fel cŵyr cannwyll wrth wrando arnynt. Daliaf i ddweud mai dyma'r coleg gwleidyddol gorau a gefais erioed.

A phan ddechreuodd brwydr yr iaith boethi o ddifrif, gan ferwi yn y llysoedd a'r carchardai, roeddent yno'n ddi-ffael, yn gefn mawr i'r criw ifanc amrwd a dibrofiad a diymgeledd. Ni allaf ond dweud y bydd enwau Trefor a Gwyneth yn perarogli trwy hanes y frwydr dros y Gymraeg a Chymru pan y'i hadroddir yn gywir a chyflawn ryw ddydd.

Rhodd anhygoel

Ar Ŵyl Ddewi 1963, cafodd plant a phobl Cymru, a'r iaith Gymraeg, rodd hynod o hael gan Gwyneth a Threfor Morgan. Dyma pryd y sefydlwyd Cronfa Glyndŵr yr Ysgolion Cymraeg ganddynt i fod yn gefn i dwf yr ysgolion Cymraeg oedd yn dechrau dangos cynnydd addawol a gobeithiol iawn bryd hynny, yn enwedig yn yr ardaloedd di-Gymraeg. Amcan Cronfa Glyndŵr oedd 'estyn cymorth ariannol i rieni ac ysgolion Cymraeg a sefydlid yn bennaf gan y rhieni eu hunain yr adeg honno; rhan o waith pwysicaf y gronfa oedd codi a chynnal ysgolion meithrin Cymraeg.' Roedd Gwyneth ei hun eisoes yn Ysgrifennydd *Mudiad yr Ysgolion Cymraeg* yn y de, ac yn pwysleisio'n ddi-baid mai ysgolion **Cymraeg** oedd yr angen, ac nid ysgolion dwyieithog.

Ac i sefydlu'r gronfa elusennol hon, rhoddodd Trefor a Gwyneth Morgan rodd anhygoel o £10,000. Ie, deng mil o bunnau. I'w osod yng nghyd-destun heddiw (2025) – ac mae hyn yn cipio anadl rhywun yn grwn – byddai'r swm yma o arian yn gyfwerth â rhagor na chwarter miliwn o bunnau – tua £270,000 yn ôl un ffynhonnell berthnasol – swm syfrdanol. 'Talu'n ôl peth o'n dyled i Gymru,' oedd eu dymuniad a'u bwriad. 'Rydym yn rhoi'r arian gan ein bod ni'n ymwybodol o bwysigrwydd amser yn argyfwng presennol yr iaith Gymraeg.'

Yna, yn ychwanegol, ym 1968, sefydlwyd ysgol gynradd ac uwchradd breswyl Gymraeg ganddynt yn Nhrelales, Pen-y-bont ar Ogwr, Ysgol Glyndŵr, gyda'i harwyddair trawiadol 'Gan brynu'r amser'. Yr athrawon oedd Gwyneth ei hun, Gerallt Lloyd Owen y bardd, Jac Harris, Elin Garlick, Rita Bohana a Falmai Pugh. Ond ni fu'r ysgol mor llwyddiannus ag y gobeithid, ac ar farwolaeth annhymig Trefor ym 1970, bu'n rhaid dod â'r fenter i ben. Ond deil Cronfa Glyndŵr i weithredu heddiw dan lywyddiaeth anrhydeddus Cennard Davies, a chadeiryddiaeth Helen Prosser, dau a roddodd wasanaeth gwiw i'r iaith Gymraeg yng nghymoedd y de.

Bu farw Trefor yn 55 oed yn Ionawr 1970, a Gwyneth hithau ym 1998. Coffa annwyl iawn amdanynt.

> Nid arian ond ei wario; – nid y llog
>   Ond y lles oedd ynddo;
>   Tros ryddid rhoes yr eiddo
>   A rhoi'n llwyr i'w ennill o.
>
> Fe'i gwawdiwyd ond fe gododd, – ei ddewrder
>   A ddwrdiwyd, ond rhoddodd;
>   Rhoi i wlad a'i herlidiodd,
>   Rhoi'n ddrud, rhoi'i fywyd a'i fodd.

[Gerallt Lloyd Owen, 'Trefor Morgan', *Cerddi'r Cywilydd*, Cyhoeddiadau Tir Iarll, 1972, t. 32]

Ymgyrchu

Trwy gydol 1963 roedd gan aelodau ffyddlon – ac amyneddgar – Cymdeithas yr Iaith eu hymgyrchoedd eu hunain, rhai cymharol fychain ac anghyhoedd, mewn gwahanol ardaloedd ledled Cymru. Rhestrir rhai ohonynt gan John Davies yn y llyfryn *Tân a Daniwyd*:

- Myfyrwyr Bangor ac Aberystwyth yn eu brwydrau iaith yn y colegau, dwy ymgyrch ag adwaith digon gwenwynig iddynt;
- Deiseb yn Ysgol Uwchradd Botwnnog, Llŷn, yn galw am ragor o Gymraeg yng ngweinyddiaeth y sir, yn arbennig ym myd addysg – cofrestri presenoldeb a chinio, sieciau cyflog, cylchlythyrau etc. [YC, 10 Ebrill 1963]
- Harri Pritchard Jones yn Ysbyty Môn ac Arfon (a chyda Deiseb Coleg Bangor);
- Philip ac Elizabeth Lloyd yn Sir y Fflint yn ennill papur y dreth dwyieithog;
- Peter Hughes Griffiths a biliau Cymraeg MANWEB yng Ngheredigion;
- Mike Tucker a'r dreth incwm yng Nghaerdydd;
- Dafydd Orwig gyda nifer o ymgyrchoedd personol;
- Howard Parry â Chymdeithas Hosteli Ieuenctid De Cymru; a
- John Davies ei hun â deiseb i gael sieciau Cymraeg.

Y cyfan yn ddigyswllt a di-drefn. Pawb drosto'i hun a Duw dros bawb ys dwedir.

'Yn wir,' meddai John, 'nid oedd gan y Gymdeithas yr adnoddau i drefnu ymgyrchoedd ar y pynciau hyn i gyd. Yn wir, nid oedd ganddi... unrhyw drefniadaeth o gwbl ac eithrio dau ysgrifennydd a stoc o bapur swyddogol; doedd dim aelodaeth ffurfiol, dim amcanion pendant a dim arian.' [TAD, t. 19] Ychwanegaf innau: nid oedd ganddi na Chadeirydd na Phwyllgor chwaith!

Nid oedd honiad John yn hollol wir. Er gwaethaf popeth negyddol, roedd gan y Gymdeithas 'amcanion pendant' a theilwng a chwbl amlwg, sef sicrhau statws swyddogol i'r iaith Gymraeg, ynghyd â'r anogaeth fawr ddiwyro oedd ymhlyg yn anogaeth fawr *Tynged yr Iaith* – 'penderfyniad, ewyllys, brwydro, aberth, ymdrech'. Ailadroddwyd hyn gan Saunders Lewis ym 1963: 'Nid marwnad i'r iaith, ond galwad i'r gad, i frwydrau politicaidd o'i phlaid.' ['Tynged Darlith', B, Mawrth 1963] Ie, o blaid yr iaith yn unig, ac nid pob math o hawliau eraill. Hyn, a hyn yn unig, oedd mandad a *raison d'etre* Cymdeithas yr Iaith Gymraeg o'r cychwyn cyntaf un. **Dyna** pam y'i ffurfiwyd gennym.

Aeth swyddogion y Gymdeithas, yn arbennig John Davies, ati'n ddigon deheuig yn haf 1963, i ohebu â nifer o awdurdodau lleol ynglŷn ag enwau lleoedd, a chyda'r Swyddfa Bost ynglŷn ag arwyddion a ffurflenni.

Ar gyfer Nadolig 1963 cafwyd cerdyn Nadolig Cymdeithas yr Iaith wedi ei lunio'n arbennig gan Victor Neep, arlunydd yn Arfon, ond yn wreiddiol yn Sais o Nottingham. Roedd yn gerdyn trawiadol am y rhesymau anghywir, sef nad oedd na cheg na thrwyn na llygaid ar wynebau'r baban na'r fam, ac roedd dwylo'r Forwyn Fair fel dwy shefl!

Ond yn hanes y Gymdeithas druan, unwaith yn rhagor, wele'r gors ohebol yn llechfeddiannu'r tir âr.

Cyfarfod Cyffredinol

Yna, o'r diwedd, wedi'r holl dyndra a'r oedi diddiwedd am bron i flwyddyn, a llawer o ymbil a phwyso a swnian parhaus o du'r aelodau, galwyd Cyfarfod Cyffredinol o 'holl garedigion yr achos' yng ngwesty'r Belle Vue, Aberystwyth, ar 18 Mai 1963. Daeth rhyw ugain ynghyd ac, yn ôl y cofnod, yn athrawon, darlithwyr a myfyrwyr bron i gyd. Galwodd rhai ohonom am ffurfio pwyllgor, ond am ryw reswm daliwyd i'n gwrthod.

Aethpwyd un cam ymlaen. Am y tro cyntaf erioed etholwyd Cadeirydd i'r Gymdeithas, John (Siôn) Illtud Daniel, a oedd, er Medi 1962, yn ddarlithydd athroniaeth cyfrwng-Cymraeg yng Ngholeg Aberystwyth, ac yn rhannu fflat â'i frawd iau, Huw, a minnau. Roedd y brodyr yn feibion i'r Athro J.E. Daniel, olynydd Saunders Lewis fel Llywydd Plaid Cymru o 1939 hyd 1943, a Cathrin Daniel oedd yn flaenllaw yn y grŵp *Cymru ein Gwlad* y blynyddoedd hynny. Trasiedi fawr fu colli J.E. Daniel, yn 59 mlwydd oed, trwy ddamwain car yn Helygain Sir y Fflint, ddeuddydd cyn y darllediad o *Tynged yr Iaith*.

Penderfynodd y Cyfarfod Cyffredinol hefyd fod John Davies i barhau fel Ysgrifennydd, a Tedi Millward rŵan yn dod yn Ysgrifennydd Ariannol. Pennwyd tâl aelodaeth blynyddol o hanner coron (12½c) ac erbyn Eisteddfod Llandudno 1963, roedd yna bron i 150 o aelodau. Yn ogystal, cafwyd y cerdyn aelodaeth cyntaf, cerdyn oedd yn las ar un ochr a gwyn ar y llall. Rhoddwyd dau amcan y Gymdeithas yn glir ar yr ochr las:

1. Sicrhau statws swyddogol i'r Gymraeg yn gydradd â'r Saesneg mewn gweinyddiaeth a llywodraeth.
2. Argymell statws swyddogol i'r Gymraeg yn gydradd â'r Saesneg ym myd masnach.

Nid oedd amcanion mor dila ac anghyflawn at ddant pawb ohonom, rhaid dweud, a doedd dim sôn o gwbl ar y cerdyn fod y Gymdeithas ifanc yn fodlon defnyddio dulliau torcyfraith pe bai angen. Byddai datgan hynny wedi cadarnhau holl dôn ac ethos cyfarfod sefydlu'r Gymdeithas ym Mhontarddulais, yn ogystal â digwyddiadau Aberystwyth wedi hynny, yn arbennig protest Pont Trefechan.

Ceid nifer ohonom yn y cyfarfod oedd yn wrthwynebus hefyd i frwydro dros ddwyieithrwydd, cadach coch i darw o'r cychwyn cyntaf un. Gallem ddyfynnu'n bur huawdl eiriau Saunders Lewis ac eraill yn erbyn yr egwyddor honno. Cofiaf ddefnyddio'n gyson eiriau pwysig yr Athro Griffith John Williams a lefarwyd yn ei ddarlith yng Nghynhadledd UCAC flwyddyn union ynghynt – 'Golyga dwyieithrwydd dranc yr iaith'. Rhesymeg ein dadl oedd na ddylid, ar unrhyw gyfrif, frwydro dros gael y Saesneg yn iaith swyddogol yng Nghymru. Roedd hynny'n gwbl ddiangen. Brwydro dros y Gymraeg, a'r Gymraeg yn unig, ddylai fod swyddogaeth Cymdeithas yr Iaith Gymraeg, yn union fel y'n hanogwyd gan Saunders Lewis yn ei ddarlith. Byddem ambell dro'n ffraeth (ac efallai'n sinigaidd) yn cyfeirio at y Gymdeithas fel 'Cymdeithas yr Iaith Gymraeg a'r Saesneg', gan godi ambell i ael, os nad gwrychyn.

Trafodwyd nifer dda o ymgyrchoedd posib, ond, yn unol ag arfer y Gymdeithas bryd hynny, ni weithredwyd arnynt. Yn y cyfarfod, yn ogystal â phenderfynu ar yr amcanion, rhoddwyd ar ddeall i'r byd y byddai'r Gymdeithas, lle methai dulliau cyfreithlon, yn troi at ddulliau anghyfreithlon. Hawdd oedd dwedyd 'dacw'r Wyddfa...'

Pwysleisiai John Davies, yn gywir ar un wedd, mai angen pennaf y Gymdeithas oedd creu rhwydwaith o gysylltwyr ym mhob ardal yng Nghymru fel y gellid galw ar gannoedd o bobl i brotestiadau cenedlaethol. Pa brotestiadau oedd gwestiwn arall ar y pryd. Myfyrwyr yn wir oedd trwch yr aelodaeth, a'r rheini'n byw oddi cartref am o leiaf hanner y flwyddyn. Oherwydd hynny'n bennaf, methiant fu sefydlu canghennau lleol yn unman bron yng Nghymru.

Cyn i'r Eisteddfod agor ei phyrth yn Llandudno ym 1963, cynhaliwyd ail gyfarfod cyffredinol y Gymdeithas, a hynny yng Ngwesty'r Castell ym Mangor ar 4 Awst. Dau ar hugain ohonom oedd yno.

Codais fater arwyddion ffyrdd Saesneg a chafwyd ymateb disgwyliedig y swyddogion. Teimlai John Davies mai annoeth fyddai symud ar y mater 'cyn sicrhau teimladau pobl yr ardal ac na ddylid gweithredu, er enghraifft yn Nhrefin, cyn bod trefniadaeth leol mewn bodolaeth i fraenaru'r tir'. [TAD, t. 26]

Esgusion

Y gwir amdani oedd mai esgus, yn amlach na pheidio, oedd y sôn di-baid am fraenaru'r tir a sefydlu canghennau ac ati dros beidio â gafael yng ngwar y frwydr a mynd ati i frwydro ac aberthu tros yr iaith. Rhyw fath o *apologia* cyfleus a dof dros laesu dwylo, dros ohirio protestiadau torfol ac ymgyrchoedd torcyfraith oedd y cwbl yn y bôn. Roedd ofn fel petai'n dechrau tynhau ei grafangau ar galon y Gymdeithas, ac o hyn ymlaen cafwyd esgus yn dilyn esgus dros barhau yn fudiad gohebol, cyfansoddiadol, eithaf parchus a derbyniol, a hynny, ysywaeth, yn ddiogel yng nghesail gobog Plaid Cymru.

Ond nid mor dderbyniol gan bawb chwaith. Roedd yna rai 'ffyliaid' yn ein plith yn erfyn yn daer am ysbryd llawer mwy anturus a milwriaethus, ac am gael bwrw ati i gael gwthio carreg drom Sisiffos tuag at gopa'r bryn o'r diwedd. Doedd ymbil taer o'r fath ddim yn taro'n boblogaidd, ac yn ei ôl i lawr y llechwedd y dychwelai'r maen bob gafael.

Yr haf hwnnw cafwyd y syniad, ar anogaeth y llenor Dr. Kate Roberts ac eraill, i uno'r holl fudiadau a safai dros y Gymraeg mewn unrhyw ffordd, mewn un ymdrech fawr unedig 'i achub yr iaith'. Un gobaith a goleddid oedd y byddai pobl ariannog yn dod yn rhan o'r cynllun. Trwy hynny, efallai, gellid cyflogi 'swyddog amser llawn i drefnu'n effeithiol yr holl ymgyrchoedd arfaethedig', [TAD, t. 25] beth bynnag fyddai'r rheini.

Uno?

Penderfynwyd cael cyfarfod yn Eisteddfod Llandudno dan yr enw 'Uno i Achub yr Iaith', a chytunodd Undeb Rhieni Ysgolion Cymraeg fynd ati i'w drefnu. Bu John Davies yn brysur yn sgwennu at yr holl gynrychiolwyr, er cael ei rybuddio droeon gan rai ohonom ei fod yn mentro ar siwrnai seithug. Awgrymodd John gynllun iddynt yn seiliedig ar *Glór na nGael*. Sefydliad Gwyddelig dyflwydd oed oedd hwnnw i hyrwyddo datblygu'r Wyddeleg o fewn y teulu, yn y gymuned ac mewn busnes.

Gwan iawn fu'r ymateb. Serch hynny, fe gynhaliwyd y cyfarfod ar faes yr Eisteddfod. Cofiaf bicio draw yno a chael y fraint o wrando ar anerchiadau gwresog, os nad tanbaid, rhai o wŷr mawr Cymru yn bloeddio'n ôl eu harfer Gŵyl Ddewïaidd, 'Oes y byd i'r iaith Gymraeg!' A do, ar fy ngwir, penderfynwyd sefydlu gweithgor dan nawdd Undeb

Cymru Fydd, a chafwyd pedwar cyfarfod o'r Cyngor Cyswllt bondigrybwyll rhwng Medi 1963 a Mawrth 1964. Yna gorffwysodd y cyfan mewn hedd.

Ac meddai John Davies druan ganol y saithdegau wrth edrych yn ôl ar bethau: 'Fe fu'r Gymdeithas yn barod i droedio llwybr y ffrynt unedig, ond methiant fu.' [TAD, t. 25] Y gwir amdani oedd fod yna fwy o wrthwynebiad i Gymdeithas yr Iaith o du llawer o fudiadau 'gwladgarol' nag a dybid, ac o du Plaid Cymru yn anad neb.

Owain Owain
a Thafod y Ddraig

YNG NGHYFNOD 'y gors ohebol', yr eithriad loyw oedd cangen Bangor, cangen un dyn mwy neu lai, sef yr arian byw galluog hwnnw o 4 Plas Llwyd yn y ddinas, Owen Owen, a newidiodd ei enw'n gyfreithiol swyddogol, gan gynnwys y teulu cyfan. Yn Ionawr 1965 cynhyrchodd gerdyn post yn cyhoeddi hynny, a'i argraffu'n broffesiynol i'w rannu ymhlith teulu, cyfeillion a chydnabod. Bellach, Owain Owain oedd enw'r gŵr. Daeth yn aelod o Gymdeithas yr Iaith Gymraeg tua gwanwyn 1963.

Doedd fawr neb o swyddogion Cymdeithas yr Iaith wedi clywed amdano cyn hynny. Anfonodd Gareth Miles bwt o lythyr at John Davies yn sôn am y 'bachgen' a'r 'gwron' rhyfeddol hwn.

> 6 Mehefin 1963. Ti wyddost, mae'n debyg, fod cangen un-dyn fywiog iawn wedi ei sefydlu ei hunan ym Mangor. Owen Owen yw enw'r gwron. Bachgen deallus iawn (darlithydd Physeg yn y Normal, rwy'n credu) ac yn iach yn y ffydd wrth-Anghydffurfiol. [Gareth Miles at John Davies, 6 Mehefin 1963]

Roeddwn i'n bersonol yn adnabod Owen (fel yr oedd bryd hynny) fel athro Cemeg disglair a diwyd yn Ysgol Ramadeg Pwllheli'r pumdegau, a hynny wrth ei lysenw 'Now Now' (yn ei gefn siŵr iawn). Ond rŵan daeth y berthynas athro-disgybl honno yn llawer mwy personol a mynwesol, yn ti a thithau, yn Twm a Now.

Cangen Bangor

Disgrifid Cangen Bangor, 1963-65, yn fynych fel 'cangen un dyn'. A dyna oedd hi mewn gwirionedd, er fod ganddi gyfansoddiad, swyddogion a phwyllgor bychan. Owain, wrth gwrs, oedd yr Ysgrifennydd, a chodwyd Dr. Eirwen Gwynn yn Gadeirydd yng nghyfarfod swyddogol cynta'r gangen yn Festri Penuel, Bangor, ar 10 Gorffennaf 1963. Tri aelod y pwyllgor oedd y Parchedig Ifor Williams, Arfon Evans a Maldwyn Lewis. O fewn wythnos roedd ganddi 38 o aelodau. [Owain Owain at John Davies, 18 Gorffennaf 1963]

Hon oedd yr unig gangen weithredol go iawn oedd gennym, ac o safbwynt gweithio cyfansoddiadol cyson a diflino, gellir yn hawdd awgrymu mai Owain **oedd** Cymdeithas yr Iaith am ran helaeth o'r cyfnod hwnnw. Roedd John Davies yn ysbeidiol brysur yn y maes gohebu, ac eraill yn ysbeidiol effro yn y maes torcyfraith. Ceid ambell damaid o gyhoeddusrwydd hwnt ac yma, ond ar y cyfan cyfnod tawel iawn fu'r blynyddoedd hyn yn hanes y Gymdeithas yn genedlaethol fel mudiad – fawr o gyffro, ychydig o'r aelodau'n wirioneddol o ddifrif, gafael pawennau Plaid Cymru yn llesteirio symud ar y ffordd iawn, digon o rwystredigaeth, a gohirio parhaus yr arweinyddiaeth dan gochl cyndynrwydd Hughes Parry a'i fêts i gyhoeddi'u hadroddiad hirddisgwyliedig.

Byddai Owain yn amrywio'i ffyrdd o golbio'r gwrth-Gymreig, erthygl fan hyn, gohebiaeth fan draw, deisebu, swnian, cwyno, canmol, cynorthwyo a dychanu. Gallai alw'i ddinas yn 'Banguh' a gwawdiai'r enw 'Dinas Dysg' yn aml yng nghyd-destun brwydr yr iaith.

Tafod y Ddraig

Roedd gen i ddyblygydd-gwastad hen ffasiwn adra yn Nhrefor, wedi ei gael gan Gwladys Jones ('Musus Jôs Bwtsiar'), ysgrifennydd eisteddfod y pentra, pan benderfynodd y pwyllgor ymgrandeiddio trwy ddefnyddio argraffwyr proffesiynol. Fe'i rhoddais yn rhodd i Owain, ac ar y peiriant cyntefig hwnnw y cynhyrchodd yntau bedwar rhifyn cyntaf *Tafod y Ddraig* o Hydref 1963. Cylchgrawn un tudalen ffwlsgap oedd y rhifyn cyntaf.

Pan aeth y pumed rhifyn at argraffydd go iawn, cynigiodd Owain yr hen ddyblygydd yn ôl i mi, ac fe'i derbyniais yn llawen. Flynyddoedd yn ddiweddarach, fe'i cyflwynais yn rhodd ar gyfer ocsiwn Cymdeithas yr Iaith yn un o'n Heisteddfodau Cenedlaethol. Fe'i gwerthwyd yno am bris derbyniol. Pwy a'i prynodd, a phle mae o rŵan, *ignoramus* wyf.

Erbyn rhifyn 16 (Ionawr 1965), roedd gan *Tafod y Ddraig* Fwrdd Golygyddol sef Rhiannon Price, Cynog Davies, Gareth Miles, Tedi Millward, Owain Owain a minnau. Yna, daeth Gareth Miles yn olygydd, ond gyda rhifyn 27 (Rhagfyr 1965) daeth y gyfres hon i ben, wedi dros ddwy flynedd o'i gyhoeddi'n fisol.

Gallai Owain Owain edrych drach ei gefn ar hanes *Tafod y Ddraig* i restru'n gryno bwysigrwydd y cylchgrawn trwy ddangos beth yw 'effeithiolrwydd gwaith caled, gwaith cyson – yn aml yn ddiramant, yn aml yn bedestraidd, serch hynny, yn amrywiol, yn aml yn ddiddorol, yn dod â mwynhad a boddhad yn ei sgîl; anaml yn gyffrous, byth yn ymfflamychol'. [TAD, t. 45] Ceir crynhoad eitha cywir o bwysigrwydd *Tafod y Ddraig* y cyfnod hwn yn hanes y Gymdeithas yn y llyfryn *Y Cyfamodwr* (1966):

> Tafod pigog, tanllyd fu *Tafod y Ddraig* o dan olygyddiaeth Owain Owain... yn foddion i ysbrydoli a chodi ysbryd pawb o'r aelodau gan gadw eu diddordeb mewn cyfnod pan nad oedd y Gymdeithas yn weithredol.

Rhydd awdur y llyfryn, Emyr Llywelyn, enghraifft o newyddiaduriaeth ddisglair Owain Owain:

> Nod Cymdeithas yr Iaith yw ennill statws swyddogol i'r iaith; un o'r amcanion uniongyrchol ac ymarferol yw ennill yr hawl i gael ffurflenni swyddogol yn Gymraeg **heb orfod gofyn amdanynt** dro ar ôl tro. Nid yw ffurflenni swyddogol Cymraeg sydd i'w cael **ar ôl gofyn amdanynt** yn rhoi statws swyddogol i'r iaith mewn gwirionedd: yn wir, maent yn sarhad pellach ar yr iaith.
>
> Ychydig o werth sydd mewn ffurflen Gymraeg neu siec Gymraeg neu wŷs Gymraeg ynddi ei hun. Mewn gwlad rydd, lle nad oes berygl i iaith nac i draddodiadau a diwylliant, dogfennau difywyd yn unig yw'r papurach hyn, ac nid oes a wnelont ag ysbryd ac einioes y genedl.
>
> Ond yng Nghymru, lle mae'r iaith mewn argyfwng, a lle mae popeth sydd o werth yn diflannu yn sgil diflaniad yr iaith, y mae'r papurach hyn – y ffurflenni, y sieciau, y gwysion, yr hysbysebion a'r hysbysebiadau – yn bwysig. Iaith y fath bapurach yw'r iaith y mae iddi safon ac urddas yng ngolwg y mwyafrif o'n pobl... [C, t. 6]

Daeth y rhifyn cyntaf o'r Wasg gyntefig, yn un ddalen ffwlsgap deipiedig a dyblygedig, yn Hydref 1963. Fe'i disgrifid fel 'Dalengyswllt Cangen Dinas Bangor o Gymdeithas yr Iaith Gymraeg'. Erbyn diwrnod y lansiad hanesyddol, roedd y Golygydd wedi bod wrthi fel lladd nadroedd yn casglu 'enwau rhieni ardal Bangor-Llandudno a oedd yn bleidiol i Addysg Uwchradd Gymraeg i'w plant, yn cynrychioli 250 o blant. Mae rhagor i ddod... dengys y rhifau fod gofyn am ddwy ysgol yn yr ardal.' [T, Rhif 1, Hydref 1963] Dyna i chi enghraifft ardderchog o weithio'n arloesol a diflino dros yr iaith.

A gallai fod yn ddeifiol a chlyfar. Daeth cystadlaethau dinod y cylchgrawn misol yn destun hwyl ac edmygedd.

'Y cyntaf i ddod o hyd i hanner cant o fyfyrwyr Cymraeg newydd Ar Y Bryn.

Gwobr: Swydd Cofrestrydd.' [ibid.]

'Darganfod labeli "Rhosyn Saron" a "Lili'r Dyffrynoedd" yn yr Ardd Feiblaidd, Eglwys Gadeiriol Bangor. Gwobr: Argraffiad dwyieithog (Saesneg/Lladin) o Rhodd Mam.' [T, Rhif 2, Tachwedd 1963]

'Ysgrifennu 'Bangor – the *Athens of the English Midlands*" mewn lliw bricsen goch. Gwobr: Y Prifathro Charles Evans.' [T, Rhifyn 3, Rhagfyr 1963]

Ac yna'i ddiarhebion ailbobedig.

'Diarhebion heddiw: A fo ben, bid gynffon; Gorau Addysg, ejiwceshion; Tri chynnig i Gymro – *Welsh 01, Welsh 02, Welsh 03;* Canmol dy fro a thrig ynddi o leiaf unwaith y flwyddyn.'

Papur y Dreth

Enghraifft wych o agwedd rhai cynghorwyr at yr iaith Gymraeg ym mlynyddoedd cynnar y chwedegau yw hanes y frwydr i gael papur y dreth dwyieithog ym Mangor ym 1963. Owain oedd y Dafydd, a Phwyllgor Cyllid y ddinas oedd y Goliath.

Trosglwyddwyd y mater i'r Cyngor llawn i benderfynu arno gydag argymhelliad cryf oddi wrth y Pwyllgor Cyllid 'nad oedd angen archebion treth yn Gymraeg' ar drigolion deallus pawb-yn-medru-saesneg Dinas Dysg.

Caed dau elyn ar waith. Un oedd y Wasg Saesneg fyddai'n adrodd hanes cyfarfodydd y Cyngor a'i bwyllgorau a hynny'n aml yn fwriadol wallus neu o leia'n esgeulus. Bu i'r *Daily Post* a'r *Western Mail* roi'r argraff nad oedd neb dyn wedi cwyno fod papur y dreth yn uniaith Saesneg. Fe'u cystwywyd yn hallt gan Owain.

Y gelyn arall, a'r pennaf o nifer, oedd y Cynghorydd Meurig Roberts, fu ddwywaith yn ymgeisydd seneddol y Torïaid yn Sir Fôn. A rŵan, fel aelod o Gyngor Dinas Bangor, cafodd gyfle pellach i fwrw'i lid a'i wenwyn ar genedlaetholdeb a chenedlaetholwyr trwy gyfrwng ei gasineb tuag at yr iaith Gymraeg. Owain Owain (a Changen Bangor o'r Gymdeithas) yw'r cocyn hitio cyntaf, a hynny, siŵr iawn, ym Manguh-Inglish gorau Meurig Roberts: *'Their time would be better spent if they made use of Welsh in its real realms.'* Hen ddadl y capel a'r eisteddfod, ac efallai'r aelwyd, oedd hon siŵr o fod. Rhaid i'r pethau sy'n wirioneddol gyfrif, y pethau pwysig, swyddogol, llywodraethol, fod mewn iaith go iawn. *'If I were to be given an illuminated address, I would like it in Welsh; but if I were to be given a stricture, I would prefer it to be in Hindustani.'* Unrhyw iaith ond y Gymraeg. Gŵr ag agwedd anghynnes yn wir.

Ond fel arall y gwelwyd pethau gan y Cyngor llawn. Diolch i Owain a'i ganfasio trylwyr ymysg cynghorwyr Bangor, bu i'r mwyafrif ohonynt ymateb yn waraidd. Meddai'r Cynghorydd Vivian Lewis: 'Mae'n rhaid i ni wneud i blant y ddinas sylweddoli fod arweinyddion y ddinas yn defnyddio'r Gymraeg.'

Ond 'arwr' y noson, fodd bynnag, oedd y Cynghorydd Burgess, Sais a briododd Gymraes ac a fagodd ei blant yn Gymry Cymraeg. Meddai: 'Dylai **pob** dogfen swyddogol o eiddo'r Cyngor fod yn ddwyieithog.'

Mae'n bur amlwg i mi mai Owain Owain ei hun sgwennodd yr adroddiad i'r Wasg o gyfarfod y Cyngor, er nad oes enw wrtho. Mae ei arddull yn disgleirio trwyddo, ac yn arbennig pan enwa'r rhai a bleidleisiodd yn erbyn cyhoeddi papur y dreth yn Gymraeg. Mewn ffordd gynnil, os cynnil hefyd, mae'n annog ei ddarllenwyr i beidio â chefnogi amrywiol fusnesau'r gwrthwynebwyr!

'Dyma'r deg a bleidleisiodd yn erbyn deisyfiad y mwyafrif: Whitworth, Hogan (siop ffrwythau), Caradog Jones (gwerthwr llefrith), O. Glyn Owen, Ioan Glynne (twrna), Meurig Roberts (Ymgeisydd y Torïaid ym Môn 1959), Iorwerth Hughes (siop fara), Eurwyn Owen (siop fferyllydd), ac Ithel Williams.'

Gwrthodwyd argymhelliad y Pwyllgor Cyllid o 14 pleidlais i 10. Felly, o 1 Ebrill 1966, byddai archebion treth dinas

Bangor i'w cyhoeddi'n ddwyieithog – ac efallai y byddai incwm ambell i fusnes yn y lle wedi'i haneru. [DG, Tachwedd 1963]

Beirniadol

Bu Owain hefyd yn feirniadol o Blaid Cymru ac, yn wir, o Gymdeithas yr Iaith ei hun. Ni phlesiai hynny ddau swyddog y Gymdeithas. Beth oedd ei gwynion, felly? Gwn fod Owain yn gryf iawn dros ymladd etholiadau lleol yn enw Cymdeithas yr Iaith Gymraeg ac roeddwn innau'n llwyr gytuno ag ef. Ceid yn y cynghorau y grym i reoli addysg, cynllunio, tai a llawer maes allweddol arall lle gellid gwarchod y Gymraeg, ei hyrwyddo a'i chryfhau. Doedd fawr neb yng Nghymdeithas yr Iaith yn cytuno, a phrofodd y blynyddoedd dilynol hynny. Bu'n un o gamgymeriadau mawr gwleidyddiaeth yng Nghymru, ac fe sylweddolir erbyn heddiw, gyda'r iaith yn dioddef canlyniadau'r holl drafferthion gyda chynllunio, tai ac addysg yn arbennig, mor allweddol, ar bob lefel, yw'r cynghorau. Yn y maes hwn, er ennill grym, nid yw Plaid Cymru'n gwneud yr hyn a ddylai, a hynny, mae'n beryg, oherwydd diffyg asgwrn cefn a bod ganddi ormod o ofn colli pleidleisiau, yn enwedig pleidleisiau'r Saeson (ac o ganlyniad i hynny, mewn llawer i achos, lwfansau eitha swmpus cynghorwyr y *bandwaggon*).

Trafod y brotest arfaethedig yn Nolgellau y mae Owain pan gyfeiria at fethiant y Gymdeithas i 'weithio'n ddiwyd dros gyfnod o amser i greu'r ddelwedd iawn yn gyntaf. Ac yn fwy na dim, i brofi'n dilysrwydd. Heb hyn, *stunt* fydd y cyfan... ar wahân i'r gohebu â Chaerdydd, ychydig iawn o fraenaru sydd wedi ei wneud... os oes aelodau yn dyheu am weithredu, yna bydded iddynt brofi eu hargyhoeddiad drwy ymroi i waith caled a diramant cyn y sioe.' [Owain Owain at John Davies, 3 Medi 1964]

Caf y teimlad na fu Owain erioed yn frwd o blaid protestio torfol a thorcyfraith, ac na fu'n ymwneud â'r ochr honno o bethau rhyw lawer. Yn sicr byddai'r sylwadau uchod o'i eiddo yn taro tant yn nhelyn John, Tedi ac eraill o arweinyddion y Gymdeithas.

Fel gwrthdaro eitha blin y gellid disgrifio ei feirniadaeth o Blaid Cymru. Ystyriai ymladd etholiadau seneddol yn ffolineb diystyr a gwastraff llwyr ar adnoddau prinion. Fodd bynnag, cyn etholiad cyffredinol Hydref 1964, ymddengys yn lled-gydymdeimladol tuag at y frwydr etholiadol Brydeinig ac yn cefnogi cais y Blaid ar i'r Gymdeithas ohirio protest Dolgellau.

> Ni ddylem ar drothwy etholiad cyffredinol wneud unrhyw beth sy'n mynd i leihau pleidlais y Blaid – byddai hyn yn ddrwg i *morale* y cenedlaetholwyr Cymreig – o ba bynnag liw – ac eithrio ychydig iawn o unigolion. Ac fe fyddai unrhyw ostyngiad o'r fath mewn *morale* yn mennu ar fudiad rhyddid Cymru. Mae'n bur debyg mai *Plaid Cymru* fydd y labl a roddir ar Brotest Dolgellau – gyda'r canlyniad y bydd i bleidlais P.C. leihau... maent wedi cythryblu ynglŷn â dyddiad y brotest... Oherwydd hyn, nid wy'n bwriadu mynd i Ddolgellau... mae'n rhaid i'r paratoadau ar gyfer gweithrediadau o'r fath fod yn llawer mwy trwyadl... os nad yw aelodau'r Gymdeithas yn barod i weithio... yna nid oes hawl ganddynt i fynnu *stunts*, ac ni ddaw unrhyw elw i Gymru o'r gweithrediadau byrbwyll. Mae'n hen bryd, mi gredaf, i'r Gymdeithas aeddfedu, ac i ddysgu gwir ystyr *aberth* – gwneud rhywbeth nad ydym yn cael mwynhad personol o'i wneud.

Ar fater gohirio protest Dolgellau, mae ôl llaw Dafydd Orwig yn drwm iawn ar lythyr Owain, y ddau'n gydweithwyr yn y Coleg Normal ym Mangor, a'r ddau yn flaenllaw yn ffurfio Undeb y Gymraeg Fyw rai misoedd yn ddiweddarach – mudiad newydd i weithio dros y Gymraeg 'trwy berswâd' yn unig, heb arddel unrhyw brotestio cyhoeddus na thorcyfraith. Mae teithi meddwl Owain yn bur amlwg fel y poethai protestiadau a thorcyfraith Cymdeithas yr Iaith.

Yn dilyn methiant etholiadol Plaid Cymru yn etholiad 1964, ac yn arbennig gwymp annisgwyl Elystan Morgan ym Meirionnydd, roedd rhai o hoelion wyth y Blaid, yn enwedig Gwynfor efallai, yn dechrau ysgyrnygu dannedd ar Gymdeithas yr Iaith, gan ei hystyried yn berygl i egwyddor y 'wên fêl yn gofyn fôt'. Bu rhyw fath o wrthdaro ym Mhwyllgor Gwaith y Blaid ac mae'n amlwg fod Owain wedi cael achlust o'r digwyddiad.

> Roedd adwaith y P.G. yn Aberystwyth... yn ôl y disgwyliad...
> mae siârs Gwynfor... yn dangos nad oes gobaith o'i achub
> ef yn bersonol... [mae'r] caniatâd moesol gennym i weithio
> dros Gymru ar wahân – ac os oes rhaid, yn groes – i ffug-
> genedlaetholwyr P.C. ... gwastraff fydd parhau i geisio
> gweithio o fewn Plaid Cymru. Gan hynny, rhaid i ni dorri
> pob cysylltiad â P.C. o hyn ymlaen. Credaf ein bod i gyd
> yn C.I.G. (oddigerth Millward) yn cydweld â hyn bellach...
> [Owain Owain at John Davies, 3 Ionawr 1965]

Doedd hyn oll ond pethau roedd rhai ohonom wedi eu pregethu ar hyd y bedlan, ac wedi hen flino ar geisio darbwyllo arweinyddiaeth y Gymdeithas swrth o seithugrwydd ymhél â Phlaid Cymru a chaethiwo'n hunain yn ei harffed.

Aiff Owain rhagddo i ddatgan bod angen cael

> ...mudiad gwleidyddol, cenedlaethol o genedlaetholwyr...
> Cymdeithas yr Iaith?... a'i weithrediadau yn fwy
> 'gwleidyddol' (ond anetholiadol, wrth gwrs); ac yn y fan
> hon yr anghytunaf yn llwyr â Gareth Miles a Sionyn
> Daniel (ac efallai chwithau [JD]). Maent yn credu y dylai
> C.I.G. fagu delwedd anwleidyddol, er iddi weithredu'n
> (llechwraidd) wleidyddol. Credaf fod hyn yn gyfeiliornus...
> rhaid yn gyntaf ddileu effaith propaganda P.C. sydd wedi
> gwneud 'gwleidyddol' yn gyfystyr ag 'etholiadol'... fe gred
> Gareth a Sionyn... fod gweithrediadau yn mynd i ennill
> teyrngarwch y cenedlaetholwyr hynny sydd ar hyn o bryd

wedi'u llyffetheirio gan bolisi P.C. Purion – ond pwy sydd
gennym i weithredu?... Gobeithiaf y bydd C.I.G., yn fuan
iawn, yn datgan yn gwbl agored mai mudiad gwleidyddol
o genedlaetholwyr ydyw – mudiad sy'n gwrthod gwastraffu
adnoddau cenedlaetholwyr drwy ymladd etholiadau
Seisnig... Duw a'n gwaredo rhag sefydlu mudiad arall eto
– gobeithiaf, gan hynny, y try C.I.G. yn agored wleidyddol,
yn fuan. [ibid.]

Gwylltiodd Tedi Millward ac aeth â'i gŵyn at John
Davies:

Fel y gwyddost, mae'r Gymdeithas wedi cymryd arni'i
hun siâp a ffurf hollol wahanol i'r hyn a feddyliwyd pan
sefydlwyd hi gennym. Y mae arnaf ofn yn awr y bydd Owen
yn gosod ei stamp arni a'i harwain i'r anialwch. Rwy'n ofni
hefyd fod lleiafrif gwrth-Blaid yn defnyddio'r Gymdeithas er
eu dibenion eu hun[ain]... yr ydym eisoes wedi ymbarchuso
i gryn raddau. Byddai cam fel yr awgrymir gan Owen yn
crebachu'r Gymdeithas â chyfrifoldeb ennill pleidlais, ac
ymladd yn wleidyddol ar sail un peth yn unig, yr iaith. Mewn
difrif! Byddem yn sbort i'n gwrthwynebwyr ac yn wrthodedig
gan 99% o'r etholwyr... [Tedi Millward at John Davies,
diddyddiad]

Undeb y Gymraeg Fyw

Owain oedd yn iawn wrth gwrs. Gwaetha'r modd, aeth y
baich o gynnal holl weithgaredd y gangen fywiog hon ym
Mangor yn drech nag ef, ac erbyn mis Medi 1965 daeth i ben
un o'r penodau mwyaf gweithgar ac addawol yn hanes cynnar
Cymdeithas yr Iaith. Ymddengys i Owain droi fwyfwy at
fudiad arall, Undeb y Gymraeg Fyw, mudiad iaith newydd a
ffurfiwyd ganddo ef a John Lasarus Williams yng Ngorffennaf
1965 ym Môn, mudiad oedd i 'geisio arwain pobl drwy
berswâd i ddefnyddio'r Gymraeg ym mhob cylch o fywyd'.
[YC, 15 Gorffennaf 1965]

Am ddau o'r gloch bnawn Sadwrn, 24 Gorffennaf 1965, lansiwyd Undeb y Gymraeg Fyw mewn 'Rali Fawr Awyr Agored' ym Mhenmynydd, Môn. Dewiswyd Penmynydd fel man lansio oherwydd y cysylltiad â'r Tuduriaid, llunwyr y Ddeddf Uno, 1536. Y ddau ddarlithydd yn y Coleg Normal ym Mangor, John Lasarus Williams ac Owain Owain, oedd tu ôl i'r fenter.

Dywedid ar y pryd i'r mudiad hwn godi 'fel canlyniad i frwydr y Gymraeg yn Nhanygrisiau [helynt Brewer-Spinks]... i geisio rhoi i'r Gymraeg ei lle mewn bywyd preifat a chyhoeddus.' [YC, 14 Gorffennaf 1965]

'Ni fwriedir i'r Undeb hwn ddisodli Cymdeithas yr Iaith, ond bydd y ddwy yn cydredeg ochr yn ochr. Bydd Undeb y Gymraeg Fyw yn ceisio arwain pobl drwy **berswâd**... tra bydd Cymdeithas yr Iaith Gymraeg yn aros fel mudiad mwy ymosodol.' [ibid.]

Aiff J.L. Williams ati i fanylu.

> Canolbwyntio ar wneud popeth yn Gymraeg. Pethau fel cyfeirio amlenni, prynu cylchgronau a phapurau Cymraeg, ysgrifennu sieciau yn Gymraeg, gohebu yn Gymraeg ag adrannau llywodraeth leol a chanolog, a dylanwadu ar bwyllgor[au] addysg i ddefnyddio'r Gymraeg fwyfwy fel cyfrwng dysgu yn yr ysgolion. Ni elwir arnom i fygwth a ffraeo, ond i ymddwyn gydag urddas mewn crwsâd drwy berswâd. Nid i bwyllgora ond i weithio, nid i ymfflamychu ond i fod yn gadarn, nid i oedi ond i fentro.

Erbyn mis Medi 1965, roedd John Lasarus Williams, Llanfair Pwllgwyngyll (1924-2004), wedi ei benodi'n Llywydd a Threfnydd, a Cyril Hughes yn Drysorydd. Gweddill y Pwyllgor oedd R.T.D. Williams, Porthaethwy, Dewi Jones, Benllech, Maldwyn Thomas, Caernarfon, Ifan Gruffydd, Llangristiolus, Myfyr Williams, Llangefni, Bethan Hardy, Bangor, a Helen Pretty, Llangefni.

Yn ôl Cyril Hughes cafodd yr Undeb 'dderbyniad ffafriol

iawn yn gyffredinol. Bu ambell un yn gas gan gyfeirio at 'fudiad arall eto'; teimlai dau neu dri arall fod yr Undeb yn tresmasu ar eu mudiad hwy, ond at ei gilydd yr oedd y polisi o berswâd, a'r ffaith fod yr Undeb yn ddi-blaid, yn apelio at bobl.' [YC, 23 Medi 1965]

Fel dihangfa ddidramgwydd rhag 'eithafiaeth' Cymdeithas yr Iaith y gwelai llawer ohonom y mudiad newydd. Cadarnhawyd hynny, i raddau, gan y Llywydd ei hun. 'Rhan hanfodol o arfogaeth Undeb y Gymraeg Fyw fydd cwrteisi. Ni chyflawna unrhyw weithgarwch a fydd yn ymylu ar dor-cyfraith. Ni ffafria ysgrifennu sloganau ar furiau na glynu darn o bapur yn unman heb ganiatâd.' [ibid.]

Cyfaill triw

Ar nodyn personol teimlaf yn freintiedig dros ben fod Owain wedi cyflwyno un o'i gyfrolau i mi fel ffrind iddo, ac fel ymgyrchydd iaith. Y llyfr ydi *Bara Brith*, cyfrol o amrywiol ysgrifau, a gyhoeddwyd ym 1971, gyda'r cyflwyniad caredig hwn: 'Cyflwynedig i GERAINT JONES (Trefor, Arfon) am wneud rhywbeth amgenach na sgrifennu.' Derbyniais yn ogystal ddarlun olew o'i waith yn dilyn fy ngharchariad cyntaf ym mis Ebrill 1966. Dwy rodd rwy'n eu trysori'n ddiffuant.

Mae'n werth nodi mai yn y llyfr hwn, *Bara Brith*, y cafwyd y geiriau hynny o waith Owain y'u dyfynnir mor aml. O, na sylweddola 'cenedlaetholwyr' ein dyddiau ni pa mor wir ydynt. 'Enillwn y Fro Gymraeg, ac fe enillir Cymru; ac oni enillir y Fro Gymraeg, nid Cymru a enillir.' [*Bara Brith*, Owain Owain, 1971, t. 119]

Owain Owain, gweithiwr brwd a galluog a chyfaill annwyl iawn, a fu farw'n llawer rhy gynnar ar 19 Rhagfyr 1993, yn 64 mlwydd oed. Diwrnod hynod o drist, diwrnod nad anghofiaf, oedd hwnnw pan eisteddwn yn benisel yng Nghapel Ebeneser y Wesleaid yng Nghaernarfon, yn diolch ac yn ffarwelio â gŵr mor annwyl, gweithgar, galluog a diffuant.

Pwyllgorau Aaron
a Hughes Parry

WYTHNOS CYN Y Steddfod, ar 30 Gorffennaf, 1963, cafwyd cyhoeddiad pwysig – fe dybid – gan Syr Keith Joseph, y Gweinidog dros Faterion Cymreig, fod Pwyllgor swyddogol i'w sefydlu 'i egluro statws cyfreithiol yr iaith Gymraeg, ac i ystyried a ddylid gwneud cyfnewidiadau yn y gyfraith'. Er gwadu'n groch ar y pryd – ac wedyn hefyd ran hynny – mai mewn rhyw fath o ymateb i weithgareddau torcyfraith cynharaf y Gymdeithas yn bennaf y sefydlwyd y Pwyllgor, roedd hi'n bur amlwg mai'r galwadau hynny am statws swyddogol yn hanes diweddar Cymru fu'r sbardun i'r llywodraeth weithredu.

Pwyllgor o dri gŵr doeth, pwysig a diogel oedd o, triwyr na fyddent ar unrhyw achlysur yn argymell dim byd chwyldroadol a ddeuai'n agos at, dyweder, argymhellion *Tynged yr Iaith* na rhai Cymdeithas yr Iaith flwydd oed. Un nod oedd yna i ni, sef satws swyddogol lawn, cyfartal â'r Saesneg, i'r iaith Gymraeg yng Nghymru. Nod eithaf penagored.

A'r tri gŵr doeth? Tri Chymro Cymraeg.

Cadeirydd y Pwyllgor, a'r gŵr y rhoddwyd ei enw fo arno, oedd Syr David Hughes Parry, QC, LLD, DCL, (1893-

1973), brodor o'r un plwyf â minnau, plwyf Llanaelhaearn, ac un o wŷr mwyaf blaenllaw y sefydliad yng Nghymru, Athro'r Gyfraith yn y *London School of Economics* hyd ei ymddeoliad ym 1959. Roedd yn briod er 1929 â Haf, unig ferch O.M. Edwards, ac erbyn 1963 yn byw yn y Neuadd Wen, Llanuwchllyn, cartref teulu ei wraig.

Ail aelod y Pwyllgor oedd yr Athro Glanmor Williams (1920-2005), brodor o Ddowlais, Morgannwg, oedd yn Athro Hanes yng Ngholeg y Brifysgol Abertawe o 1957-82. Fe'i hurddwyd yntau'n un o Farchogion yr Ymerodraeth maes o law (1995).

Y trydydd, ac yn ymddangosiadol ychydig yn fwy distadl, D.W. Jones-Williams, cyfreithiwr yn ffyrm Griffith Adams & Williams, Dolgellau, a Chlarc Cyngor Sir Feirionnydd.

Ymddangosai'r gwŷr trymion hyn yn bobl addas a thebol dros ben ar gyfer y gorchwyl hollbwysig oedd ganddynt, sef achosi'r trafferth lleiaf posibl i lywodraeth Loegr a'r awdurdodau yng Nghymru. Ar gyhoeddi'r enwau, cofiaf Harri Webb yn poeri ei ddyfarniad dirmygus gyda'r ddihareb Saesneg: *He who pays the piper calls the tune.* Rhyw deimlad cyffelyb oedd gan lawer ohonom a dweud y gwir.

Cynhaliwyd cyfarfod cynta'r Pwyllgor yn Aberystwyth ar 6 Medi 1963, gan roi'r argraff yn syth ei fod ar dân eisiau rhoi cychwyn teilwng i'r gwaith, a'u bod o ddifrif ac yn gytûn eu consýrn am ddyfodol y Gymraeg.

Pwyllgor Aaron

Ond roedd yna Adroddiad arall i'w ystyried yn y cyfamser, sef *Adroddiad Cyngor Ymgynghorol Cymru a Mynwy ar yr Iaith Gymraeg Heddiw*. Caed teimladau cryfion ddechrau'r chwedegau fod gwaith y Cyngor hwn yn cael ei anwybyddu'n llwyr gan y Llywodraeth, a hynny ers blynyddoedd. Dyna pam yr ymddiswyddodd y Cadeirydd, Dr. Huw T. Edwards, ym 1959. Erbyn 1960 roedd yr Athro Richard I. Aaron, o Adran Athroniaeth Coleg Aberystwyth, yn Gadeirydd.

Ymddangosodd yr Adroddiad ddiwedd 1963 gydag argymhellion cryfion o blaid rhoi statws swyddogol i'r iaith Gymraeg. Y gwir amdani yw fod yr Adroddiad hwn yn un o'r pethau gorau a gyhoeddwyd erioed ynglŷn â'r defnydd o'r Gymraeg, ac mae'n delio â holl ystod bywyd cyhoeddus a chymdeithasol Cymru y blynyddoedd hynny. Dyma'i gynllun:

1. Cyflwyniad
2. Llywodraeth a Gweinyddiad
3. Cymraeg yn y Gwaith
4. Hamdden
5. Crefydd
6. Addysg
7. Y Boblogaeth Gymraeg
8. Argymhellion.

Mae'n syfrdanol, ar un wedd, mor flaengar oedd Pwyllgor Aaron, yn enwedig o'i gymharu â Phwyllgor llithrig Hughes Parry. Cafwyd darlun gwerthfawr a phur gyflawn o safle'r iaith Gymraeg ym mhob un o'r prif feysydd. Roedd yr argymhellion hwythau yn faith ac yn fanwl, a'r prif un oedd y dylid rhoi statws swyddogol i'r Gymraeg, h.y. hawl cyfreithiol diamod i ddefnyddio'r Gymraeg yn holl lysoedd barn Cymru, mewn ymchwiliadau cyhoeddus a thribiwnlysoedd yng Nghymru, wrth ddelio â gwaith llywodraeth leol, hysbysebu, swyddogion gweinyddol, papurau enwebu etholiadol, gohebu â swyddfeydd llywodraeth leol a chanolog, a hawl i gyhoeddi papurau treth a dogfennau eraill llywodraeth leol.

Doedd hi'n fawr o syndod felly i'r llywodraeth wrthod yr argymhellion gan ffafrio'n hytrach ddisgwyl am Adroddiad Hughes Parry – rhyw bryd yn y dyfodol. Ar un wedd, plesiai hynny arweinyddion Cymdeithas yr Iaith, oherwydd cryfhaodd eu breichiau i gadw cadoediad ar bob ffurf o brotestio torfol a thorcyfraith, a hynny, fel y gwelwyd maes o law, am dros ddwy flynedd hir.

Hyn oedd ddamniol. Anwybyddodd Pwyllgor Hughes

Parry Adroddiad Aaron yn llwyr. Doedd ond rhaid edrych pwy oedd aelodau Pwyllgor Hughes Parry i sylweddoli mai llwch i lygaid fyddai'r cyfan o'u hargymhellion. Serch hynny, aeth swyddogion Cymdeithas yr Iaith ati'n hygoelus a deheuig, i gyflwyno sylwadau'r mudiad iddynt, petaent rywfaint haws. Hon fyddai cân olaf John Davies fel Ysgrifennydd. 'Fy nghyfraniad olaf i weithgarwch Cymdeithas yr Iaith oedd llunio, yn 1964, argymhellion y Gymdeithas i Bwyllgor Dafydd Hughes Parry.' [FHI, t. 77]

Rhaid cofio hyn. Nid oedd y sefydliad Cymreig yn hoffi rhai o elfennau mwyaf swnllyd y Gymdeithas, ac roedd cysgod Syr Ifan ab Owen Edwards, brawd yng nghyfraith Syr Dafydd yn bownd o fod yna yn y cefndir yn rhywle hefyd. A do, fe brofwyd fod egni a brwdfrydedd wsnos-gwas-newydd y Pwyllgor wedi ei or-bwysleisio'n gyhoeddus. Arafodd yr olwynion yn fuan iawn, a bu'r Pwyllgor trwm a diffaith hwn yn rhygnu 'mlaen trwy'i orchwylion am dros ddwy flynedd gron, dwy flynedd oedd yn rhwystredigaeth lwyr i lawer o aelodau Cymdeithas yr Iaith Gymraeg, ac yn achos camdreuliad a chwyno a chynhennu diddiwedd o fewn ei rhengoedd.

Roedd John Davies yn eitha naïf yn dweud ei fod 'yn hyderus... y byddai Pwyllgor Syr David Hughes Parry yn esgor yn fuan ar ddeddfwriaeth gadarn. Felly penderfynwyd peidio â threfnu protest ar raddfa genedlaethol tra eisteddai'r pwyllgor... yn hytrach, penderfynwyd parhau i lythyru... a pharhau i geisio sefydlu canghennau...' [TAD, t. 26] A pharhau yr un pryd mewn trymgwsg breuddwydiol, diffaith.

Clywch ddehongliad treiddgar Gwilym Tudur, pan geisia ddisgrifio seice'r Gymdeithas ar y pryd:

> Cytunwyd i dorri'r gyfraith wedi i ddulliau cyfreithlon fethu, ond nis gwireddwyd ar y pryd: darlithwyr neu athrawon oedd yn arwain, heb fod yn rhydd nac awyddus i boethi'r

ymgyrchoedd yn null Trefechan. Roedd rhai o fyfyrwyr
Aber[ystwyth] yn bur anfoddog... a gwelir taranu blin yn nau
rifyn *Y Crochan*, cylchgrawn y Blaid yn y coleg. Nid oedd y
mwyafrif yn poeni, serch hynny. Criw bychan o gyfeillion ym
Mhlaid Cymru oedd y Gymdeithas o hyd... [WTC, t. 21]

Dyna Gwilym, ŵr craff, yn taro'r hoelen ar ei phen
chwarter canrif yn ddiweddarach. A heb unrhyw amheuaeth,
dyna oedd y gwir.

Diddorol yw sylwi fod Tedi Millward, John Davies a
Chynog Davies yn aelodau o Bwyllgor Gwaith Plaid Cymru,
prif gorff llywodraethol y mudiad, trwy gydol 1964. [MP, t.
113] Rhaid pwysleisio, fodd bynnag, fod mwyafrif aelodau
gweithredol y Gymdeithas am weld cydio o ddifrif yng
nghyrn yr arad a phrysuro i rwygo'r tyndir.

Cân y gwaredigion, yn syml a phlaen, oedd hon: os na
allent, neu os nad oedd awydd arnynt weld y gymdeithas
yn gweithredu, yna eled i fudiad arall a gadael i eraill afael
yn awenau Cymdeithas yr Iaith a symud y frwydr yn ei
blaen mewn modd penderfynol a milwriaethus. Ond pan
gyhoeddwyd sefydlu Pwyllgor Hughes Parry, penderfynwyd,
nid yn unfrydol, mai gohirio, gohirio, gohirio, fyddai'r
arwyddair.

Roedd ysbryd y mudiad bellach yn isel gynddeiriog,
a gadawyd i'r swyddogion fynd rhagddynt i baratoi'u
hargymhellion i'r Pwyllgor hwnnw. Gydag Emyr yn y carchar,
a nifer o'r to hŷn o fyfyrwyr erbyn hyn yn gadael bywyd
coleg i ymuno â'r *diaspora* Cymreig, daeth yn fwyfwy anodd
i'r rhai 'gweithredol' alw pobl i'r gad a herio'r cadoediad
marwol hwn.

Adroddiad Hughes Parry

Yna cwblhaodd Pwyllgor Hughes Parry ei waith ganol
1965 a chyhoeddwyd ei Adroddiad yn Gymraeg a Saesneg
yn yr hydref. Ar 15 Rhagfyr 1965, cafwyd datganiad gan yr

Ysgrifennydd dros Gymru, James Griffiths, yn y Senedd, yn dweud fod y Llywodraeth yn barod i dderbyn yr egwyddor sylfaenol a gynigid a'i rhoi mewn grym. Dyma union eiriad gofalus yr Ysgrifennydd Gwladol: *'to do what they reasonably and practically can to implement the principle of equal validity.'* Daeth y ddeddf newydd i rym ar 27 Gorffennaf 1967, rhyw flwyddyn a hanner ar ôl datganiad James Griffiths. Newidiwyd cryn lawer o'r cynnwys gwreiddiol yn ystod y deunaw mis hynny, ond ceisia David Hughes Parry gyfiawnhau'r cyfan mewn byr eiriau:

Sicrhaodd pasio'r Ddeddf dri pheth, sef, yn gyntaf, symud y llyffetheiriau cyfreithiol... rhag defnyddio'r Gymraeg yng ngweinyddiaeth barn ac mewn gweinyddiaeth gyhoeddus; yn ail, rhwyddhau'r ffordd i weinyddiaethau'r Llywodraeth baratoi ffurflenni a dogfennau swyddogol yn Gymraeg; ac yn drydydd, galluogi yn anuniongyrchol awdurdodau lleol i ddefnyddio'r Gymraeg yn eu gwaith cyhoeddus fel y dymunent. Nid oedd dim yn yr Adroddiad ar yr Iaith yn awgrymu *gorfodi* undyn i ddefnyddio'r Gymraeg – ar lafar gwlad, ymochelwyd rhag gwthio'r iaith i lawr corn gwddw neb.

Mae'r paragraff yna'n dweud y cyfan!

Fodd bynnag, cafwyd datganiad gan un o'i swyddogion ar ran Cymdeithas yr Iaith yn croesawu'r Adroddiad 'fel cam tuag at roi statws swyddogol gyflawn i'r iaith Gymraeg.' [YC, 4 Tachwedd 1965] Byddai'r Gymdeithas yn awr yn sgwennu at Goronwy Roberts, y Gweinidog Gwladol, i holi'n benodol ynglŷn â'r adroddiad arbennig ar y Gymraeg yn y Swyddfa Bost, a addawyd ganddo flwyddyn ynghynt. Roedd wedi ein sicrhau bryd hynny yr ymddangosai'r adroddiad hwnnw yr un pryd ag Adroddiad Hughes Parry. Datganwyd y byddai'r Gymdeithas hefyd yn gofyn i'r Swyddfa Bost roi 'statws cydradd â'r Saesneg yn llythyrdai'r Goron yng Nghymru'. [ibid.] Ychwanegwyd: 'Oni fydd yr ymateb hwnnw'n ffafriol, bydd aelodau'r Gymdeithas yn ystyried defnyddio dulliau torcyfraith di-drais er mwyn ennill i'r Gymraeg statws swyddogol yn llythyrdai'r wlad.' Ymateb gochelgar, ac efallai braidd yn naïf.

Yn gyffredinol, yn ôl *Y Cymro*, teimlid bod yna 'groeso brwdfrydig at ei gilydd i'r argymhellion. Ystyrir y bydd yr Adroddiad ynddo'i hun yn sbardun i ddefnyddio mwy ar y Gymraeg. Ac os derbynnir yr argymhellion – hwnnw fydd y cam pwysicaf a welwyd ers cenedlaethau i godi statws yr iaith.' [YC, 28 Hydref 1965]

Fodd bynnag, roedd eraill o aelodau'r Gymdeithas yn credu nad oedd hwn yn adroddiad da o bell ffordd oherwydd, yn bennaf, y bydd y Cymro druan yn gorfod gofyn am ffurflenni Cymraeg, a chymryd eu bod ar gael. Owain Owain oedd un o'r rhai siomedig hynny oherwydd i Bwyllgor Hughes Parry wrthod yr egwyddor o ddwyieitheg.

> Mae'n dal i wneud y Cymro Cymraeg mewn bro Gymraeg yn israddol i Gymro di-Gymraeg mewn ardal Seisnig, gan fod yn rhaid i Gymro Cymraeg wneud cais arbennig am ffurflenni Cymraeg... hoffwn weld hefyd ddefnyddio'r Gymraeg fel y brif iaith swyddogol yn yr ardaloedd lle mae cyfartaledd uchel o Gymry Cymraeg. Yn Sir Fôn, er enghraifft, dylai pawb gael ffurflenni Cymraeg yn gyntaf, a bod pob Sais sydd yno yn gwneud cais am un Saesneg. [ibid.]

Fel y cofir, roedd y Cyngor i Gymru (yr Athro Aaron) wedi argymell statws swyddogol i'r Gymraeg. Y teimlad cyffredinol oedd fod y llywodraeth wedi, ac yn mynd i anwybyddu'r fath argymhelliad eithafol. Beth gafwyd felly? Mae dadansoddiad papur misol Plaid Cymru yn llawer nes ati ac yn fwy treiddgar na datganiadau Cymdeithas yr Iaith.

> ... Adroddiad yn cyfuno'r radd fwyaf posibl o godi ofn ar y Cymry di-Gymraeg, gyda'r radd leiaf posibl o godi statws y

Cymro Cymraeg... yr eironi mawr yw nad yw'r adroddiad yn argymell fawr ddim o hawliau newydd i'r Cymro cyffredin... egwyddor gwirfoddoldeb, nid egwyddor cydraddoldeb, yw sylfaen yr adroddiad mewn gwirionedd – yr hen banacea Ryddfrydol o gael dyrchafiadau mawr i lawer o Gymry da i'r holl swyddi bras a gadael iddynt hwy sicrhau chwarae teg i'r Gymraeg yn eu ffordd a'u hamser eu hunain. [DG, Rhagfyr 1965]

Daw Golygydd *Y Ddraig Goch* i'r casgliad – anorfod mae'n debyg – y dylid croesawu'r argymhellion 'fel cam sylweddol ymlaen'. Ychwanega rybudd amserol fod 'arwyddion eisoes fod gelynion yr iaith yn hel ati i wneud safiad dewr, yn y traddodiad imperialaidd gorau, yn erbyn argymhellion yr adroddiad... gan hynny nid oes gennym ond croesawu'r adroddiad.' [ibid.] Mewn gair, er mor annigonol, ei dderbyn yn dactegol er mwyn cael rhagor.

Ymateb lled ochelgar, efallai, ond digon craff, oedd ymateb myfyrwyr Aberystwyth i'r Adroddiad. Dyma eiriau Gwynn Jarvis, un o feterans Pont Trefechan ac un o Fwrdd Golygyddol *Llais y Lli* ar y pryd: 'Yn awr, fe all egwyddor dilysrwydd cyfartal fod yn hwb i'r Gymraeg; fe fydd yn gam ymlaen, ond fe all fod yn ddim mwy na mesur i gyfreithloni actau yr ychydig brwd a fu'n gweithredu'n anghyfreithlon cyn hyn.' [LL, 15 Tachwedd, 1965]

A do, fe ddangosodd 'gelynion yr iaith' hwythau'u hen ddannedd pan gyflwynwyd Adroddiad Hughes Parry ger bron yr Uwch Bwyllgor Cymreig ganol Rhagfyr 1965. Wrth agor y drafodaeth a thalu teyrnged i'r Pwyllgor am ei waith, dywedodd Peter Thomas (Ceidwadwr: Conwy) fod 'egwyddor dilysrwydd cyfartal yn un synhwyrol [oherwydd] nid oes dim chwyldroadol ynddi.' [YC, 16 Rhagfyr 1965] Treiddgar dros ben. Roedd ei gyd-Geidwadwr, Raymond Gower (Y Barri) yn cytuno'n llwyr ag ef, felly hefyd James Idwal Jones (Llafur: Wrecsam), Emlyn Hooson (Rhyddfrydwr: Maldwyn) a Geraint Morgan (Ceidwadwr: Dinbych).

Arall oedd sylwadau gwenwynig Iori Thomas, aelod sarffaidd Llafur y Rhondda. Roedd yntau am groesawu rhai pethau hefyd, sef gwrthodiad y Llywodraeth i gytuno â gosod y Gymraeg yn hanfodol i swyddi Penaethiaid adrannau'r Llywodraeth yng Nghymru, a thalu cyflog uwch i siaradwyr Cymraeg. Aeth ati'n syth wedyn i ymosod ar Bwyllgor Hughes Parry gan ei gyhuddo o fynd tu allan i'w gylch gorchwyl. A bu'n rhaid iddo gael gofyn pam nad oedd Cymro di-Gymraeg yn aelod o'r Pwyllgor. Credai 'fod angen gofal rhag i eithafwyr o genedlaetholwyr gymryd mantais o'r drefn newydd.'

I derfynu'r drafodaeth, tawelodd y Gweinidog Gwladol, Goronwy Roberts (Llafur: Caernarfon), y dyfroedd trwy ddatgan yn hyderus ddigon fod y mwyafrif helaeth o'r aelodau o'r un farn â'r mwyafrif helaeth o bobl Cymru, ac yn gefnogol i'r argymhellion. Digon gwir, beryg.

I gloi, rhaid gofyn beth a gollwyd. Roedd *Tafod y Ddraig* wedi datgan hyn o eiriau cyn cyhoeddi'r Adroddiad: 'Gair o rybudd: ni chaiff Cymru gyfle tebyg i'r adroddiad hwn am amser maith eto.' Pwyso ar y gwirionedd yna wna Gwilym Tudur am ei sylwadau pellgyrhaeddol:

> Ymddengys i'r mudiad anghofio hynny'n fuan, ac yn fy marn i fe gollwyd un cyfle'n llwyr. Oherwydd dangosai'r adroddiad yn glir fod yr adnoddau ieithyddol ar gael, y pryd hynny, i greu rhai cynghorau swyddogol Gymraeg – ac nid yng Ngwynedd yn unig – pe bai'r Cymry wedi mynnu... Trychineb fu i'r adroddiad beidio ag argymell hynny, na dim tebyg iddo, yn y Fro Gymraeg; ond yr un mor esgeulus, ni wnaeth y Gymdeithas na neb wasgu ar y cynghorau hyn, na gofalu y byddai'r ddeddf ddilynol yn eu cyfarwyddo ymhellach. O'r herwydd, Cyngor Llŷn yn unig a oedd wrthi, ar eu liwt eu hunain, yn gosod sail i Ddwyfor a Gwynedd wedyn. [WTC, t. 35]

Triwynebog

Ar glawr y cylchgrawn *Barn* fis Rhagfyr 1965, cafwyd llun hanner tudalen o wyneb Syr David Hughes Parry a'i wallt tonnog. Ar ei dalcen, mewn coch, trososodwyd logo'r Swyddfa Gymreig â'i gopa coronnog ynghyd â'r geiriau STATWS CYFREITHIOL YR IAITH GYMRAEG. Roedd y clawr hwn, yn ôl a ddywedwyd wrthyf yn ddiweddarach gan Alwyn D. Rees, Golygydd y cylchgrawn, wedi plesio'r Marchog yn arw.

Ddeunaw mis yn ddiweddarach, daethpwyd i drafod Deddf yr Iaith 1967 rhwng cloriau *Barn*, a phenderfynodd y Golygydd ddylunio clawr arall deniadol – gyda dau ychwanegiad. Bwriadai roi lluniau wynebau Cledwyn Hughes a minnau arno yn ogystal, i gynrychioli tair gwedd o'r 'frwydr' iaith. Geraint ar y chwith, gyda'r gair 'dwyieithrwydd' uwchben y llun, a'r gair 'Arwriaeth' oddi tano. Yn y canol, Syr David, gyda 'Dilysrwydd Cyfartal' uwchben, a 'Pwyll' islaw. Ar y dde Cledwyn, gyda 'Darpariaeth Bellach' uwch ei ben, a 'Politics' oddi tano.

Pan ffoniodd Alwyn D. Rees y Marchog i gael ei ganiatâd, gwyddai'n iawn na fyddai hwnnw'n fodlon cael ei lun wrth ochr un o 'eithafwyr' Cymdeithas yr Iaith, ac felly rhaid oedd celu'r bwriad oddi wrtho. Ond – gellwch fentro – gofynnwyd pwy oedd y ddau arall fyddent yn cadw cwmni iddo ar y clawr. Atebodd Alwyn – mor gyfrwys – 'Y Gwir Anrhydeddus Cledwyn Hughes, Aelod Seneddol Môn, fydd un, ond sa i'n siŵr pwy fydd y llall ar hyn o bryd. Gallaf eich sicrhau fodd bynnag y bydd y tri ohonoch yn raddedigion anrhydeddus Adran y Gyfraith, Coleg Aberystwyth. Dim ond y goreuon a anrhydeddir ar glawr *Barn*.' 'Popeth yn dda, felly,' atebodd y Marchog yn fodlon, ac fe daerai Alwyn ei fod yn ei glywed yn canu grwndi ar y ffôn. Dyna sut y daeth triawd mor anghymharus ynghyd ar glawr *Barn*, Gorffennaf 1967, a phan laniodd y cylchgrawn ar fwrdd Neuadd Wen, Llanuwchllyn, ni phlesiwyd y sawl a'i darllenodd. A chafodd Alwyn D. Rees wybod hynny'n syth.

Emyr a Chymraeg
i Oedolion

GWAWRIODD BLWYDDYN NEWYDD 1964, ac roedd Emyr
Llywelyn bellach o garchar er diwedd Tachwedd 1963, ac
wedi talu'n ddrud am ei safiad arwrol yn Nhryweryn. Roedd
o wedi ei lenwi â chenhadaeth dysgu Cymraeg i oedolion,
ac aeth ati'n ddiwyd, gyda'r Dr. Bobi Jones o Adran Addysg
y Coleg, i lunio cynllun manwl newydd. Roedd yn waith
arloesol a thrylwyr iawn.

I roi cychwyn gweithredol i'r cynllun hwn, ynghyd
ag amcanion eraill hefyd wrth gwrs, ffurfiwyd Cangen
Ceredigion o Gymdeithas yr Iaith Gymraeg, mewn cyfarfod
yn Aberystwyth. Daeth criw eithriadol o dda ynghyd (33) o'r
coleg ac o bob cwr o'r sir, a chodwyd pwyllgor a swyddogion.
Dyma ran o'r cofnodion:

> Cyfarfod sefydlu'r Gangen a gynhaliwyd yng Ngwesty'r Belle
> Vue, Aberystwyth, 18 Ionawr 1964 am 4 p.m.

> Cynnig (5): Ar gynnig Emyr Ll. Jones a Geraint Jones,
> penderfynwyd ymgymryd yn syth â chynllun dysgu Cymraeg
> i oedolion yn Sir Aberteifi a phenodi ysgrifennydd i fod
> yn gyfrifol am y trefniadau hyn. Penodwyd y swyddogion
> canlynol i'r gangen newydd hon:

126

Cadeirydd: Gerallt Morgan
Ysgrifennydd: Tegwyn Jones
Ysgrifennydd Dosbarthiadau Cymraeg: Emyr Ll. Jones
[Cofnodion Cangen Ceredigion, 18 Ionawr 1964]

Wythnos yn ddiweddarach, yng Nghyfarfod Cyffredinol Cymdeithas yr Iaith ar 25 Ionawr 1964 yng Ngwesty'r Belle Vue, Aberystwyth, trafodwyd cais Cangen Ceredigion am gefnogaeth ganolog y Gymdeithas i'w Chynllun Dysgu Cymraeg arloesol a phwysig.

Rhoddodd Emyr a minnau adroddiad o gyfarfod brwdfrydig Cangen Ceredigion wythnos ynghynt, ac yna'r cynnig swyddogol. Cymerasom yn ganiataol mai mater o ffurfioldeb yn unig fyddai ei dderbyn, a gweithredu arno, fel rhan bwysig o raglen Cymdeithas yr Iaith. Ond nid felly y bu. Bu'r ymateb yn fwy na siomedig, yn glaear, ac, yn wir, yn wrthwynebus, fel ei bod yn amlwg na fyddai ysbryd ac egni'r Gymdeithas, hynny oedd weddill, y tu ôl i'r peth.

Siaradodd Harri Pritchard-Jones yn erbyn gan honni nad oedd gan y Gymdeithas yr adnoddau i wireddu'r cynllun. Gwrthwynebai Tedi Millward oherwydd y byddai'r cynllun yn ehangu gweithgareddau'r Gymdeithas. Aeth rhagddo i ganmol cryfderau presennol y mudiad, a phawb (bron) yn edrych yn syfrdan arno! 'Pa gryfderau?' Cymdeithas eitha swrth oedd Cymdeithas yr Iaith erbyn dechrau 1964, wedi cyffio'n sefyll yn ei hunfan cyhyd (gydag ambell i eithriad).

Dyma'r cofnod perthnasol: 'Ar ôl trafodaeth, tynnwyd y cynnig yn ôl'. [CCC, 25 Ionawr 1964] Siomwyd Emyr, wedi'r holl lafur, yn aruthrol. Ymddiswyddodd yn y fan a'r lle.

Fodd bynnag, aethom ati i geisio gweld gwireddu'r cynllun y tu allan i rengoedd swyddogol dioglyd a difater y Gymdeithas. Dechreuasom gynllunio'n frwd yn enw Cangen Ceredigion. Ysgrifennais erthygl i bapur y myfyrwyr, *Llais y Lli*, dan y teitl 'Maes y Frwydr', oedd yn rhestru rhai pethau ymddangosiadol ddiniwed y gellid eu gwneud – *à la* argymhellion Owain Owain ym Mangor –

> rhannu llenyddiaeth, Cymreigeiddio'r siopau, swyddfeydd, gorsafoedd etc. Ond a ydyw pawb yn barod i dynnu'i bwysau yn y frwydr... Dim ond un allan o'r chwech a ofynnais iddynt... a drodd i fyny i rannu pamffledi o gwmpas y dref... ond rhwng popeth, er gwaethaf difaterwch o'r fath ar fater yr iaith, y mae argoelion y cawn hau had adfywiad cyn bo hir. Y peth pwysicaf o ddigon a benderfynwyd ddydd Sadwrn gan y Gangen [Ceredigion] oedd ei bod yn mynd i gefnogi, arwain a noddi ymgyrch i ddechrau cyfundrefn effeithiol o ysgolion nos dysgu Cymraeg i oedolion. Pasiwyd hyn yn unfrydol ar argymhelliad taer Emyr Llew Jones. Rwy'n hyderus y bydd cynllun o'r math yma yn llwyddiant – gyda chydweithrediad parod POB UN AELOD.
> [LL, 12 Chwefror 1964]

Caiff Emyr adrodd gweddill yr hanes, gan ddechrau gyda pheth o gynnwys llythyr o gyfarwyddiadau buddiol a dderbyniodd oddi wrth Dr. Bobi Jones oedd ar y pryd yn Quebec.

> ... Cyfarfyddwch, cynlluniwch fesul cam, cadwch gyfri o bopeth wnewch... ac wedi penderfynu ar ardal cleddwch hi dan ymgyrch – ffurflenni, llythyrau i'r Wasg, hel enwau o gwmpas y tai, hysbysebu – ac yna dathlwch yn ffurfiol sefydlu pob dosbarth; cadwch gyfri ohono; eich dosbarth chi fydd e. Un o'r pethau angenrheidiol maes o law fydd mapio'r cwbl fel na bydd dim un rhan o Gymru heb ddosbarth o'r math yma... [Bobi Jones at Emyr Llywelyn, 14 Chwefror 1964]

Ac meddai Emyr:

Yr hyn a wnaed yn y cyfamser gan Geraint Jones oedd ysgrifennu at yr holl Awdurdodau Addysg yng Nghymru yn eu holi ynglŷn â nifer y dosbarthiadau [oedd] yn bod eisoes, faint oedd eisiau i gychwyn dosbarth, faint oedden nhw'n ei dalu i'r athro, faint oedd [yna o] athrawon. Hefyd argraffwyd pamffled yn cynnwys erthygl a ysgrifennodd Bobi Jones i'r *Cymro* sef *Ni sy'n medru'r iaith a ni yn unig a fedr ei hachub*. Argraffwyd rhyw 1,500 o'r pamffledi yma... anfonwyd cylchlythyr at nifer o bobl, y bamffled yn esbonio'r mudiad a thaflen y Gyfadran Addysg yn dweud wrthyn nhw am y cwrs 'Cymraeg i Oedolion'.

Cafwyd naw o atebion cadarnhaol, ac un, sef y Tad Gregory Fitzgerald, Brodyr Gwynion, Llanbedr, a ddywedodd ei fod yn fodlon mynd ati i gasglu enwau ar gyfer ei ddosbarth ei hun. Oherwydd nifer o amgylchiadau, methwyd â chasglu enwau dysgwyr yn yr ardaloedd lle cafwyd athrawon yn barod i'r gwaith. Yr unig beth y medrwyd ei wneud oedd trefnu dosbarthiadau yng nghylch Aberystwyth... Cafwyd tri dosbarth – Llanbadarn (Y Tad John Fitzgerald), Comins Coch (John Garnon), a Phenparcau (Emyr Llywelyn), yn ogystal â'r dosbarth yn Llanbedr Pont Steffan dan ofal y Tad Gregory Fitzgerald.

Sefydlwyd dosbarth yn y coleg hefyd, a daeth 60 o fyfyrwyr i'r wers gyntaf. Rhannwyd y dosbarth hwn yn dri, ac fe gymerwyd y dosbarthiadau hyn gan Branwen Morgan, Mari Luned Davies a Gwynn Jarvis... roedd y tri yma'n gwneud y gwaith yn wirfoddol.

[Emyr Llywelyn, Dysgu Iaith i Oedolion,
Traethawd ymchwil ail radd B.A.]

Rhyw ddechreuadau bychain oedd y dosbarthiadau hyn gyda'r tri yn y coleg ar drugaredd symudiadau anorfod athrawon a disgyblion fel ei gilydd. Ond roedd rhyw fath o sylfaen wedi ei gosod er gwaethaf difrawder Cymdeithas yr Iaith yn ganolog.

Rhyw dair blynedd yn ddiweddarach, ac yntau bellach

wedi ei gyflogi'n Ysgrifennydd/Trefnydd Cenedlaethol Undeb Cymru Fydd, gafaelodd Gwilym Tudur yng nghynllun Bobi Jones, ac aeth ati'n ddiwyd i weld gwireddu rhan helaeth ohono. Bu cryn lwyddiant ar ei ymdrechion. Ym 1966 newidiodd Undeb Cymru Fydd ei gyfansoddiad a dod yn elusen addysgol. [TLT, Dafydd Glyn Jones, 'The Welsh Language Movement']

1964 – Abertawe a Gohirio Dolgellau

YM MHABELL Y Gymdeithas yn Eisteddfod Abertawe (1964), arddangoswyd arwyddion ffordd pentref Tre-fin yn Sir Benfro. Roedd Meic Stephens, Siôn Daniel a John Davies, wedi bod yn y pentref hwnnw liw nos yn tynnu'r tri arwydd *Trevine* i lawr – am resymau amlwg. Gosodwyd tri arwydd newydd – Tre-fin – yn eu lle. Daeth yr heddlu'n fuan i'w dwyn ymaith o'r babell eisteddfodol, ond ni chyhuddwyd neb oherwydd nad oedd y 'troseddwyr' yn fodlon arddel eu gweithred yn ôl polisi honedig y Gymdeithas. Hyd y gwn i, ni welwyd yr arwyddion byth wedyn.

Yn Eisteddfod Abertawe ar 5 Awst, 1964, cynhaliwyd Cyfarfod Blynyddol y Gymdeithas, cymdeithas a oedd bellach yn ddyflwydd oed, ond heb brin gwta brifio. Yno, yn ôl cofnod John Davies, 'fe gryfhawyd trefniadaeth ganolog y Gymdeithas yn ddirfawr drwy ethol Gareth Miles yn gyd-ysgrifennydd gyda mi, a Tedi Millward yn drysorydd'. [TAD, t. 32] 'Yn ddirfawr'? Gellid cytuno, efallai, petai Gareth Miles wedi cael yr ysgrifenyddiaeth ar ei ben ei hun, gan ei fod o yn un â thân yn ei fol ac yn awyddus i weld y Gymdeithas yn symud yn ei blaen. Ond gyda John Davies a Tedi Millward yn dal yn brif swyddogion y Gymdeithas, parheid i gropian yn yr un hen rych dan ddylanwad Plaid Cymru.

Yn wir, mae John Davies, rhyw ddeng mlynedd yn ddiweddarach, yn cyfaddef na fu fawr o siâp ar bethau yn y deuddeng mis rhwng Eisteddfodau Abertawe (1964) a'r Drenewydd (1965). Dywed fod y cyfnod arbennig hwn 'yn un tawel yn hanes y Gymdeithas, ond i Gareth a minnau bu'n gyfnod prysur iawn'. [ibid.] Prysur i'r ysgrifenyddion o bosib, ond i aelodau cyffredin y Gymdeithas yn gyfnod maith arall o ddylyfu gên, diflastod, rhwystredigaeth, anobaith, cnoi ewinedd, a gorfod cadw'r fflam ynghyn trwy ymgyrchoedd personol. *Facta non verba* oedd y gwir angen.

Fodd bynnag, fe ymddengys inni gymryd un cam arwyddocaol ymlaen yn Abertawe. Roedd y Gymdeithas eisoes 'ddechrau'r haf 1964... wedi dod i ben y daith gyda'n gohebiaeth efo'r Swyddfa Bost'. [TAD, t. 31] Digon yw digon meddid. Penderfynwyd felly cynnal protest yn erbyn awdurdod y Swyddfa Bost yn Nolgellau ar 12 Medi 1964. [CCB, 5 Awst 1964] Bu cymaint o ohirio bwriadol ar brotestiadau torfol fel bod llawer yn dal i ofyn 'Tybed?'

Lluniodd Cadeirydd y Gymdeithas, Siôn Daniel, gylchlythyr i'w anfon at yr holl aelodau, a'r aelodau'n unig, yn amlinellu ein bwriadau. Pwysleisiodd fod angen ymgyrch gyhoeddus yn erbyn awdurdodau'r Swyddfa Bost. Dyddiad y llythyr oedd 17 Awst 1964, ac fe'i anfonwyd gan y Cyd-Ysgrifennydd newydd (Gareth) ar ran y Cadeirydd.

> Dyma gynllun yr ymgyrch: canolbwyntio ar un lle, sef Llythyrdy DOLGELLAU; braenaru'r tir trwy werthu a dosbarthu llenyddiaeth y Gymdeithas yno o flaen llaw; cloi'r ymgyrch gyda phrotest gyhoeddus yn Nolgellau.
>
> PWYSIG: Os gŵyr yr awdurdodau o flaen llaw am ein protest yn Nolgellau, bydd ei threfnu yn llawer anos. Ni ddylech ei thrafod ond ag aelodau eraill o'r Gymdeithas.

Erbyn hyn, edrychai pethau'n fwy addawol, gan fod Cymdeithas yr Iaith Gymraeg bellach ar ei ffordd i roi cychwyn cadarn i gyfresi o brotestiadau cyhoeddus, a maes o law, torcyfraith. O du Plaid Cymru y daeth y pennog olaf i amharu ar gydbwysedd y pwn ar gefn yr hen gaseg, a hynny oddi wrth ddau o golofnau praffaf a mwyaf brwd y blaid honno. Adnabûm y ddau yn weddol dda.

Gohirio'r brotest fawr

Cenedlaetholwr da a diffuant oedd Ieuan L. Jenkins, Dolgellau, yn frodor o ardal Abertyleri, ac yn Swyddog Cyflogaeth Ieuenctid Meirion er 1949. [CDH, 25 Mawrth 1966] Fo hefyd oedd Cynrychiolydd (Asiant) Plaid Cymru yn Sir Feirionnydd.

Ysgrifennodd lythyr brys at Gymdeithas yr Iaith yn ein hatgoffa fod Etholiad Cyffredinol i'w gynnal ar 15 Hydref, 1964, a bod Elystan Morgan yn sefyll yn enw'r Blaid yn Sir Feirionnydd. Credai Ieuan Jenkins, fel llawer un, fod gan y Blaid obaith gwirioneddol o gipio'r sedd a bod yna 'gryn dipyn o barch a chefnogaeth yn y dref hon i'r Blaid. Byddai gweld nifer o bobol ieuainc, ar yr adeg arbennig hon, yn creu terfysg a chynnwrf yma, yn ddigon i'r Blaid golli pleidleisiau lawer, a pharch yn troi'n amarch...'. [Ieuan L. Jenkins at John Davies, 6 Medi 1964]

Ei safbwynt, wrth gwrs, oedd y byddai cynnal protest dorfol yn Nolgellau rhyw fis cyn yr etholiad yn creu gwrthwynebiad a gelyniaeth ymysg rhai pobl ac 'y bydd ei effaith ar bleidlais y Blaid yn y Sir hon yn drychinebus. Gofynnaf felly i chwi, a Mr Millward, os gellwch ei gysylltu, ddefnyddio pob dylanwad a feddwch i rwystro'r weithred hon.' Pwysleisiodd nad oedd ganddo ef 'na nifer eraill o aelodau'r Blaid, wrthwynebiad i weithred o'r fath, ond yn hytrach i amseriad y weithred. Sef o fewn ychydig wythnosau i'r etholiad.' [ibid.]

Beth sy'n arwyddocaol ynglŷn â llythyr Ieuan Jenkins yw

hyn. Er fod y cylchlythyr a welodd wedi ei anfon yn enw Gareth Miles (Cyd-Ysgrifennydd) a than gyfeiriad Siôn Daniel (Rhosmari, Porthaethwy), dewisodd Ieuan Jenkins, â chraffter amlwg, anfon ei neges at bobl y Blaid, John Davies a Tedi Millward, adar o'r unlliw ar y raddfa diogelwch mae'n debyg.

Felly, pa ryfedd i Dafydd Orwig yntau wneud yr un modd trwy anfon at John Davies yn hytrach nag at anfonwyr y llythyr. Aiff yntau'n syth at graidd y mater. 'Oes dim modd yn y byd ichi ohirio'r cyfan hyd ar ôl yr etholiad? Y Blaid yn mynd i gael y bai am unrhyw beth fel hyn. Ac os BYDD CWYMP YN Y BLEIDLAIS, mae *morale* pawb sy'n gweithio dros Gymru yn mynd i ddioddef...' [Dafydd Orwig at John Davies, 8 Medi 1964] Ac fel y gwelwyd mewn pennod flaenorol, anfonwyd cais cyffelyb gan Owain Owain hefyd.

Rwy'n siŵr na fu'n rhaid i John Davies, na Tedi Millward chwaith, oedi nac ystyried am un eiliad beth i'w wneud. Roedd y ffaith i'r llythyrau gael eu hanfon ato fo, ac nid at Gareth, yn ddigon ynddo'i hun. Er tegwch â gwŷr y Blaid, nid twyll, ond tacteg wleidyddol, oedd hynny.

Byr iawn yw cofnod John Davies o'r hyn a ddigwyddodd. 'Gohiriwyd y brotest yn Nolgellau o ganlyniad i ymbil taer ar ran swyddogion Plaid Cymru', a chyfeiria at Elystan Morgan fel 'yr ymgeisydd mwyaf addawol'. [TAD, t. 32] Pwy benderfynodd ar ran y Gymdeithas, allwn i ond dyfalu.

Cofiwch chi, roedd yna bethau digon annisgwyl yn digwydd yn rhengoedd Plaid Cymru'r dyddiau hynny, ac nid y lleiaf ohonynt oedd yng Nghynhadledd Abergwaun yn haf 1964 – 'sioc y degawd drwy i Chris Rees drechu etifedd tybiedig Gwynfor, Elystan Morgan, am yr is-lywyddiaeth'. [MP, t. 109]

A enillodd y Mab Darogan sedd Meirionnydd i'r Blaid? Dyma'r canlyniad:

T.W. Jones (Llafur)	8,420 (38.3%)
R.O. Jones (Rhyddfrydwr)	7,171 (32.6%)
D. Elystan Morgan (Plaid Cymru)	3,697 (16.8%)
A.E. Campbell Jones (Ceidwadwr)	2,658 (12.0%)

Yn ei hunangofiant dywed John Davies rywbeth sy'n awgrymu ei fod yn edifar ganddo am y gohirio parhaus a bod dylanwad Plaid Cymru'n drwm arno ef a Tedi Millward. Sonia am y peth yng nghyd-destun etholiad 1964.

'... roedd yr elfennau mwyaf sefydliadol oddi mewn i Blaid Cymru am i ni bwyllo. Efallai imi fod yn rhy barod i ddilyn eu cyfarwyddyd ond roedd gennyf bethau eraill i'w gwneud. Roedd fy ysgoloriaeth yn dod i ben...' [FHI, t. 71] A dyna'n wir oedd cwyn rhai ohonom, yn ddistaw bach felly, sef y dylai John ymddiswyddo os nad oedd yr amser a'r awydd angenrheidiol ganddo, a gadael i eraill geisio gwthio'r garreg i fyny'r llethr.

A bod yn hollol onest, byddai pawb ohonom yn y Gymdeithas wedi bod yn ddigon bodlon plygu i gais Ieuan Jenkins. Fe'i hystyrid yn gais teg, cwrtais a rhesymol. 'Gohirio'r cyfan hyd ar ôl yr etholiad' oedd geiriau Dafydd Orwig. Gallasem, wedi'r cyfan, gynnal protest Dolgellau wedi ond deufis o ohiriad. Ond fel y gwyddom, nid felly y bu.

Gohirio, gohirio

Roedd llythyrau'r ddau ŵr o Blaid Cymru yn fanna o'r nef i John ac ambell un arall o hierarchiaeth y Gymdeithas. Roedd John eisoes, rywbryd tua mis Mehefin 1964, wedi anfon llythyr at Siôn Daniel y Cadeirydd yn datgan na fyddai'n hapus yn protestio yn Nolgellau am na ddeuai'r brotest 'fel penllanw ymgyrch... os ydym i weithredu yn awr cyn yr Eisteddfod credaf y gallem edrych yn ffôl.' Fodd bynnag, yn groes i'w ddymuniad o, ar 6ed Awst 1964, penderfynwyd mynd rhagddi i brotestio. Yn dilyn hynny, ar 17 Awst, anfonwyd y cylchlythyr at yr holl aelodau yn enw Gareth Miles (dros Siôn Daniel) yn pwysleisio'r angen am ymgyrch gyhoeddus gref yn erbyn y Llythyrdy.

Rŵan, dyma benderfynu ar ddyddiad newydd, sef 21 Tachwedd 1964, ac edrychwyd ymlaen at wireddu'r dyhead mawr a lechai'n ddwfn yng nghalonnau'r mwyafrif llethol o aelodau'r Gymdeithas.

Ond nid felly John Davies ac eraill. Beth yn hollol ddigwyddodd ac a fu'n achos gohirio'r brotest drachefn – a hynny hyd Sul Pys am a welaf – nid yw'n eglur ac ni fedraf gofio'n iawn. Un peth a wn, sef bod Plaid Cymru'n rhan o'r miri hwn unwaith eto.

Anfonodd John lythyr o'r coleg yn Abertawe at ei gydysgrifennydd ar 26 Hydref 1964 yn pwyso unwaith yn rhagor am ohirio'r brotest yn Nolgellau, ond yn ofni beth fyddai ymateb trwch aelodaeth y Gymdeithas:

> Y peth gorau i wneud fyddai anfon copïau o'n gohebiaeth â Chaerdydd i Jim [Griffiths] ac i Wedgewood Benn gan ofyn beth yw eu safbwynt hwy ar y mater. Os gwnawn ni hyn (waeth beth fo'r ateb) bydd rhaid i ni aros am ateb cyn symud. Y mae hyn yn golygu na fydd modd i ni gael *'demonstration'* yn Nolgellau ar yr 21ain. Mae'n rhaid i ni wynebu'r ffaith y bydd hyn yn siom fawr i nifer o'r aelodau – ond ta waeth am hynny. Beth wyt ti'n feddwl ? Fel yr wyt ti'n gweld, yr wyf yn simsanu braidd... Cytunaf y byddai'n ddrwg os byddai ein gweithred yn cael ei dehongli fel rhyw fath o 'Blaid *backlash*' – ac ofnaf y bydd. Mae'r peth yma wedi ei ohirio gymaint nes fy mod yn ofni awgrymu gohirio eto. Credaf, er hynny, y dylem roi cyfle i'r system newydd ddatgan ei barn.

Cynllwynio yw'r disgrifiad o hyn, mae'n debyg.

Mewn llythyr at John, dywed Siôn Daniel iddo glywed gan Gareth Miles 'eich bod yn ystyried gohirio Dolgellau gan ei fod yn rhy fuan wedi'r etholiad'. Os gwir hynny, mae'n rheswm od ar y naw. Byddai hefyd yn tanseilio hygrededd y

Gymdeithas. 'Rwyf yn erbyn gohirio oherwydd ni welaf sut y caem neb i ddod wedi gohirio am yr ail waith.' [Siôn Daniel at John Davies, 11 Tachwedd 1964] Nid oedd Siôn yn rhan o'r politbiwrô.

Y 'system newydd' oedd rhai o addewidion gwag llywodraeth Harold Wilson a ffydd ryfedd John Davies yng ngwladgarwch twyllodrus Jim Griffiths, Goronwy Roberts a'r aelodau seneddol Cymreig. Ni feddai'r aelodau llawr gwlad y gyfryw ffydd.

Dangoswyd hynny'n bur eglur gan un o genedlaetholwyr di-Gymraeg y de-ddwyrain, Meic Stephens. Roedd ef yn un o'r criw bychan a eisteddodd ar Bont Trefechan ddwy flynedd a hanner ynghynt. Cafwyd dros flwyddyn a deufis o ohiriad, a hynny a gythruddodd drwch ein haelodaeth. Rhagwelwyd yr oediad hwn gan nifer fawr ohonom, ac un o'r rheini oedd Meic Stephens oedd bryd hynny'n dysgu'r iaith. Anfonodd lythyr chwyrn at Gareth Miles, cyd-ysgrifennydd newydd y Gymdeithas, yn cwyno'n groch am ddiffyg gweithredu parhaus y Gymdeithas ac yn mawr obeithio y gwelid pethau'n newid er gwell ar benodi Gareth yn gyd-ysgrifennydd â John Davies.

I am glad that you have been elected to share his [John Davies's] duties. We all expect firmer measures from you. I hope you can make a decision and stick to it... I would be grateful if you can put me in the picture about the reasons for the postponement. Perhaps I have, from the start, misunderstood the methods of Cymdeithas yr Iaith Gymraeg. I've always thought of it as something more than Undeb Cymru Fydd. [Meic Stephens at Gareth Miles, diddyddiad 1964]

Dyna adlewyrchiad teg o deimladau nifer fawr ohonom ddiwedd Hydref 1964. Ie, yr hen, hen gŵyn o Gymdeithas yr Iaith druan â'i phegla i fyny yn y gors ohebol, gyfansoddiadol felltith, *a lá* Undeb Cymru Fydd a Phlaid Cymru. Diflannodd

137

dyheadau amlwg rhai o'r arweinwyr o'r dechrau cyntaf un ddwy flynedd ynghynt, er mawr rwystredigaeth llaweroedd.

Daeth yr etholiad, ac fe aeth. Felly'r un modd Elystan Morgan yntau, Demas Plaid Cymru, a dynnodd, maes o law, ar hen raffau addewidion y Blaid Lafur a dod yn Aelod Seneddol Ceredigion ym Mawrth 1966. 'Rôl colli ohono'r sedd i Geraint Howells y Rhyddfrydwr yn Chwefror 1974, fe'i dyrchafwyd yn un o drigolion breintiedig ac anetholedig Tŷ'r Arglwyddi. Dyrchafiad arall i Gymro, a gyrfa 'lewyrchus' tra parodd.

Ym Mhwyllgor Gwaith Plaid Cymru ganol Tachwedd, codwyd y mater gan Dr. R. Tudur Jones oedd, yn ôl John Davies, 'yn awyddus i aelodau o P.C. gael trafodaeth gydag aelodau'r Gymdeithas er mwyn darganfod meysydd cytundeb... fe allai fod o fudd mawr.' [John Davies at Gareth Miles, 17 Tachwedd 1964] Barn John Davies oedd y frawddeg olaf yna. Tybed a oedd y Blaid yn dechrau sylwi ar y drwg yng nghaws y Gymdeithas, ac yn ceisio manteisio ar hynny?

Nid am y tro cyntaf, suddodd Cymdeithas yr Iaith Gymraeg druan yn nyrys lwybrau brwynog y donnen anweithredol. Mae geiriau John Davies ynglŷn â'r misoedd hynny yn rhai rhyfeddol o ehud.

> ...yr oedd Gareth [ei gyd-ysgrifennydd ar y pryd] a minnau yn gobeithio fod dydd newydd wedi gwawrio gydag ethol llywodraeth plaid [Lafur] a oedd, ganol y chwedegau, yn ei hanterth fel plaid pobl ym mhob rhan o Gymru. Penderfynwyd gohirio eto unrhyw brotest ar raddfa genedlaethol a dechrau eto ar y gwaith o ohebu gyda'r awdurdodau, yn arbennig awdurdodau'r Swyddfa Bost. [TAD, t. 33]

Rwy'n siŵr fod John Davies yn siarad ar ei gyfer yma, oherwydd, o adnabod y ddau ysgrifennydd yn dda, anodd iawn yw credu y byddai Gareth Miles mor naïf â thybio y deuai unrhyw iachawdwriaeth i'n hiaith trwy Harold Wilson a'i lywodraeth siwdo-Sosialaidd, er mor 'wladgarol' y gallai rhyw ddyrnaid o Aelodau Seneddol Cymreig gwengar fel Goronwy ac Elystan ymddangos.

Byddai dehongliad Gareth o'r sefyllfa, yn ogystal â gwarineb ei ddyheadau, yn bownd o fod yn wahanol. Gallai uniaethu ei hun bob amser â geiriau deifiol Saunders Lewis yn ei gywydd byr, 'Senedd i Gymru':

[heb] gyrchu o neb i garchar
na baw gwaed, ond wyneb gwâr
a gwên fêl yn gofyn fôt...

Wedi meddwl, y gwir amdani yw mai'r cyfan a roddwyd i ni gan Wilson a'i lywodraeth Lafur yn y chwedegau oedd Hughes-Parry, Cledwyn Hughes, Goronwy Roberts, George Thomas, Arwisgiad Carlo – a charchar i ambell un.

Castell-nedd

Yr AELOD CYNTAF i dderbyn gwŷs Gymraeg oedd Ysgrifennydd cynta'r Gymdeithas, John Davies, a hynny ar 16 Mawrth 1963. Meddai John: 'Codi a wnaeth y wŷs o drosedd anfwriadol o'm heiddo ynglŷn â goleuadau car yng Nghaerdydd ar y 29ain o Dachwedd 1962, a'r Athro Jarman oedd pia'r cyfieithiad caboledig.' [TAD, t. 15] Ond gwelwyd yn fuan mai rhywbeth mympwyol hollol oedd penderfyniad ynadon y brifddinas yn yr achos arbennig hwn.

Gwaredai meinciau ynadon ledled Cymru rhag ymostwng i'r fath ffwlbri peryglus. Dyna pam y penderfynais innau droseddu'n fwriadol er ceisio cael gwŷs i ddod â'r mater ger bron mainc ynadon un o drefi Morgannwg, Castell-nedd, yn ogystal â'r genedl gyfan. Pam fanno, tybed? Wn i ddim, ond fel y digwyddodd pethau cafwyd bod yno ddau glarc ynadon oedd yn goferu'n ddoddion o wrth-Gymreictod, Gordon Toms ac Arthur Wehrle.

Y groesfan sebra

Yn agos i Swyddfa'r Heddlu yng Nghastell-nedd roedd croesfan sebra. Teimlais fod y groesfan yn fan addas i barcio'r fen mini 2196ED, ac y byddwn yn siŵr o gael fy mwcio a'm herlyn. Hynny a fu ar 5 Rhagfyr 1964 gyda gwŷs Saesneg '*Superintendent* Glyn Evans' yn ganlyniad anorfod i'm hanufudd-dod, yn gorchymyn fy mod i ymddangos o flaen mainc ynadon Castell-nedd ar 25 Chwefror 1965. Yn ddiymdroi, dychwelwyd y wŷs Saesneg at y clarc, Gordon Toms, gyda chais chwyrn am un Gymraeg.

Fe'i gomeddwyd im, ac i dorri stori hir a diflas yn fyr, gohiriwyd yr achos llys deirgwaith mewn tri mis am resymau digon annelwig. Yn y cyfamser, aeth fy llythyrau innau at y clarc yn fwy ac yn fwy pigog a heriol.

> ... canfûm fod rhagfarn pendant yn llywio eich dyfarniad parthed rhoi gwŷs Gymraeg i mi. [Nid oes] rhwystr o gwbl i anfon gwysion Cymraeg... wedi'r cyfan, y mae Castell-nedd yng Nghymru. Nid wyf yn bwriadu cyfaddawdu yn yr achos hwn... Gwn innau'n burion am y *Welsh Courts Act 1942*... Ai ymdrech yw hyn oll i daflu baw i'm llygaid a gosod iaith Cymru yn ddiaddurn ar elorgerbyd i'w chladdu'n ddiseremoni gan y 'llyngyr swyddogion lu'? Cyhoeddodd y Meinciau canlynol eu bod yn fodlon rhoddi gwysion Cymraeg i'r sawl a'i myn: Aberystwyth, Caerdydd, Caernarfon, Abertawe, Bangor, Aberaeron, ac, atolwg, Castell-nedd. [Geraint Jones at Gordon Toms, YC, 25 Mawrth 1965]

Castell-nedd? Gordon Toms? Choelia i fawr! Atgoffais Toms o un digwyddiad allweddol yn ei hanes fel clarc yr ynadon.

> Ym 1964 cafodd gwrda o'r enw Ifan Ll. Williams, Llandrillo-yn-rhos, Gwynedd, wŷs Gymraeg gan glarc ynadon yng Nghastell-nedd. Y mae eironi amlwg yma oherwydd enw'r clarc ynadon hwnnw oedd Gordon Toms. Pam, yn enw pob rheswm, y gwrthyd y cyfryw Gordon Toms, yr un hawl i Gymro arall? Awgrymaf yn garedig fod anghysondeb llwyr (neu ystyfnigrwydd gwrth-Gymreig) yn cael ei arddangos yn fy achos i.

Fy mwriad yn awr ydi hawlio unwaith yn rhagor wŷs

Gymraeg. Onis caf y tro hwn, ni fwriadaf ymddangos ger bron ynadon Castell-nedd ar Ebrill 5. Gwrthodaf bledio y naill ffordd na'r llall. Gwrthodaf gydnabod awdurdod y llys i drafod yr achos hyd oni wysir fi yn Gymraeg... A beth bynnag fydd dyfarniad y llys, ni fyddaf yn ufuddhau, oni wysir fi yn Gymraeg – beth bynnag fydd y gosb. [ibid.]

Gordon Toms

Erbyn diwedd Mawrth roeddwn wedi llwyddo i godi gwrychyn Toms. Meddai: *'I do not propose to embark upon acrimonious correspondence in spite of your apparent lack of courtesy. I would, however, assure you that I have no ante* [sic] *-Welsh tendencies although I personally do not speak Welsh.'* [Gordon Toms at Geraint Jones, 31 Mawrth 1965]

Dyddiad newydd yr achos felly fyddai 5 Ebrill 1965, a dywedodd y byddai, yn wyneb fy ngwrthodiad o'r wŷs, yn cynghori'r ynadon i gynnal yr achos yn f'absenoldeb. Mae'n cynnig cyfeithydd imi yn y gwrandawiad ond nid yw'n fodlon anfon y wŷs ataf yn fy iaith.

Sylweddolodd rhai ohonom erbyn hyn fod pethau'n dechrau poethi go iawn, yn union fel y dymunem iddynt wneud. Ceisiais innau gymorth Ysgrifennydd y Gymdeithas, John Davies, i sgwennu i'r Wasg a/neu at yr ynadon a'u clarc. Ni fynnai wybod, er i mi ymbil arno yn rhinwedd a chyfrifoldeb ei swydd fel Ysgrifennydd y Gymdeithas. Ond cefais gefnogaeth lwyr Gareth Miles, a honno'n gefnogaeth gref. Penderfynasom, rhyngom a'n gilydd, ei fod o i anfon llythyr at Toms yn ei gystwyo am yr holl fater, gyda chopïau at yr Ysgrifennydd Gwladol, James Griffiths, a'r Gweinidog Gwladol, Goronwy Roberts.

Sylweddolem y gallai hwn fod yn achos pwysig ac allweddol fyddai, yn y pen draw, yn tywys aelod o Gymdeithas yr Iaith Gymraeg, o'r diwedd, trwy ddrysau carchar. Da i mi a'r Gymdeithas oedd fod Gareth yn teimlo mor angerddol ynglŷn â'r mater. Yn wir, roedd ei waed yn berwi pan ddeallodd fod Toms wedi caniatáu gwŷs Gymraeg i Ifan Ll. Williams ond yn awr yn gwrthod caniatáu yr un peth i mi – *'I am not prepared to have this translated into the Welsh language.'* [Gordon Toms at Geraint Jones, 16 Mawrth 1965]

Anfonodd Gareth lythyr grymus iawn yn enw Cymdeithas yr Iaith. 'I'r gad' oedd arwyddair y dydd. 'Os carcherir Geraint Jones, neu os dygir peth o'i eiddo oddi arno am iddo wrthod talu'r ddirwy, bydd Cymdeithas yr Iaith Gymraeg yn mynegi ei chefnogaeth i'w safiad mewn modd milwriaethus a didderbyn wyneb.' [Gareth Miles at Gordon Toms, 25 Mawrth 1965; YC, 1 Ebrill 1965]

Ceisiodd Toms ei orau glas i'w dynnu ei hun o'r rhwydau a weithiodd trwy geisio darbwyllo Gareth ei fod yn ŵr gloyw ei gwrteisi, er nad oedd yn aelod o Gymdeithas yr Iaith. *'Although I have spent my whole life in Wales, I do not speak Welsh, neither do any members of my staff... I cannot comply with your request.'* [Gordon Toms at Gareth Miles, 30 Mawrth 1965]

Ac ie, ymateb yr ynadon a'u clarc i'r holl ohebiaeth gref – ac erbyn hyn anfonid llythyrau atynt gan bobl eraill hefyd – oedd gohirio'r achos drachefn, y tro hwn tan 17 Mai, oherwydd fod y tyst o heddwas yn dal yn sâl. [Gordon Toms at Geraint Jones, 1 Ebrill 1965]

Y teimlad yn ein mysg ar y pryd oedd fod yr ynadon yn awyddus i osgoi'r achos a'i bylor gwleidyddol, yn arbennig gan eu bod eisoes wedi caniatáu gwŷs Gymraeg i Ifan Ll. Williams ym 1964. Doeddan nhw ddim am weld hynny'n dod yn norm. Felly, penderfynais geisio codi'r tymheredd unwaith yn rhagor trwy anfon llythyr brathog ato yn bygwth gwrthryfel enbyd, a hynny'n cadarnhau bygythiad blaenorol Gareth Miles.

Y mae eich rhagfarn haerllug a gwrth-Gymreig yn profi mai ofer ydyw gofyn yn gwrtais am wŷs Gymraeg. Felly, rhaid yw defnyddio dulliau eraill. Y cwbl a ddywedaf fi yn awr yw fod Cymdeithas yr Iaith Gymraeg, gyda'i 500 o aelodau, yn bwriadu cymryd camre pellach yn y mater, os na fyddwch chi yn newid eich meddwl yn ddigon buan parthed rhoi gwŷs Gymraeg i mi. Nid ydym yn fodlon 'chwarae plant' â mân swyddogion gwrth-Gymreig, na chwaith oddef amarch ar iaith Cymru... Os na fydd gwŷs Gymraeg... yn fuan, fe fydd Cymdeithas yr Iaith Gymraeg yn cymryd camre milwriaethus i sicrhau yr hawl. [Geraint Jones at glarc ynadon Castell-nedd, 13 Ebrill 1965]

Llythyr oedd hwn wedi ei anelu at gynhyrfu'r ynadon a'u clarc, a chreu digon o gyhoeddusrwydd i'r achos. Gwyddwn y byddai'n rhaid i mi sengi mor ofalus â chath ar farwor.

Rhyw wythnos yn ddiweddarach, cafodd Gareth atebiad i'r llythyr a anfonodd at James Griffiths, yr Ysgrifennydd Gwladol, atebiad yn wir oedd yn rhoi Toms a'r ynadon yn eu lle. Meddid: '... fod hawl cyfreithiol gan yr ynadon i anfon gwŷs yn Gymraeg – hwy wrth gwrs sydd i benderfynu, ac nid eu clarc. Er hynny, nid oes raid i'r ynadon anfon gwŷs yn Gymraeg.' [YC, 22 Ebrill 1965] O hyn ymlaen, ni fyddai mor hawdd â hynny i ynadon benderfynu gwrthod cyhoeddi gwysion yn Gymraeg.

Atebiad swta dros ben gafwyd oddi wrth y clarc i'm llythyr diweddaraf: *'I have nothing to add to the correspondence which has passed.'* [Gordon Toms at Geraint Jones, 15 Ebrill 1965]

Llusgodd Ebrill, Mai, Mehefin, Gorffennaf ac Awst heibio heb i mi glywed yr un gair o Gastell-nedd, er fod y gwrandawiad i'w gynnal ar 16 Medi. Serch hynny ac er y gosteg hafaidd, cafodd aelod arall o Gymdeithas yr Iaith ei herlyn yng Nghastell-nedd am drosedd moduro. Ym mis Mai gwysiwyd Angharad Morgan, ddeunaw oed, merch Gwyneth a Threfor Morgan, am drosedd moduro. Hawliodd ei bod yn derbyn holl 'bapurau'r achos yn Gymraeg... gwrthododd hefyd gynnig cyfieithydd, a bod yn bresennol yn ystod y gwrandawiad.' [YC, 20 Mai 1965] Rhoddwyd dirwy o £2 arni.

Arthur Wehrle

I ailgorddi'r dyfroedd, dyma ailafael yn yr ohebiaeth â Toms trwy anfon llythyr yn gofyn iddo beth a ddigwyddodd yn fy ngwrandawiad innau fis Mai. Cafwyd ateb, nid oddi wrth Toms bellach, ond oddi wrth Arthur Wehrle, y clarc arall, llathen o'r un brethyn. Hawdd gweld ei fod yn flin. Roedd yr heddwas druan oedd yn sâl ddechrau Ionawr, ac a oedd i dystio i'm herbyn yn y llys, bellach wedi gwaelu ac wedi cael thrombosis. Gohiriwyd yr achos *sine die*. Yna aeth rhagddo i ddelio ag ambell gyhuddiad digon diniwed a wnes yn fy llythyr.

> *Your allegation that this case has not been heard because of fear of Welsh Nationalism is totally unfounded. I can assure you that 'justice' has the same meaning for any nationality appearing before the Courts of this country... should you not understand the English language when this case is eventually heard, then I shall be pleased to arrange for the provision of an interpreter to help both yourself and the Court.* [Arthur Wehrle at Geraint Jones, 9 Medi 1965]

Fe'm cynghorodd yn ogystal i anfon at Brif Arolygydd yr Heddlu yng Nghastell-nedd yn gofyn iddo ddod â'r achos ymlaen neu ei dynnu'n ôl. Derbyniais ei gyngor yn llawen, gan ofyn yn glên i'r Prif Arolygydd 'ailgodi fy achos... cyn gynted ag y bo'r modd... [ac] fy mod yn dymuno cael fy ngwysio yn yr iaith Gymraeg.' [Geraint Jones at Brif Arolygydd Castell-nedd, 13 Medi 1965]

Atebodd yntau yn dweud fod yr heddwas dan sylw'n dal yn wael ond ei fod yn gobeithio y byddai'n ôl wrth ei lyfr bach o fewn yr ychydig ddyddiau nesaf. Yna byddid yn ailgyflwyno f'achos ac yn rhoi gwybod i mi pa bryd y'i cynhelid. [Prif Arolygydd Castell-nedd at Geraint Jones, 16 Medi 1965]

Eto fyth, ni chlywais na bw na be ymhellach am yn agos i dri mis. Dyma anfon unwaith yn rhagor at yr Arolygydd yn gofyn am ddyddiad y gwrandawiad, gan ddal i bwysleisio y byddai'n rhaid i mi gael gwŷs Gymraeg yn ogystal â chynnal yr holl achos yn Gymraeg. [Geraint Jones at Brif Arolygydd Castell-nedd, 13 Rhagfyr 1965]

Dandinrwydd

Ddeuddydd cyn y Nadolig, a minnau bellach adref yn Nhrefor dros yr Ŵyl ac yn rhan o Ympryd y Gymdeithas dros y Calan, anfonwyd llythyr ataf i'm cyfeiriad newydd yn Abertawe. Ni welais y llythyr tan rywbryd yn Ionawr pan ddychwelais wedi'r gwyliau. Ynddo fe'm hysbysid fod yr achos, oherwydd gwaeledd y plismon a'r ffaith fod y drosedd bellach dros flwydd oed, yn cael ei ddileu'n llwyr. Roedd o rŵan am i mi gytuno â'r broses honno. Llythyr hynod o glên a chymodlon.

Fe'i hatebais toc, gan ddweud ei bod hi'n bur amlwg erbyn hyn eu bod yn ceisio osgoi sefyllfa anghysurus iddynt eu hunain. Gwrthodais ei gynnig o dynnu'r achos yn ei ôl. Rhy hwyr! Roedd y llys eisoes, ar 25 Ionawr, wedi cau caead y piser yn glep.

Cofiaf imi gael gair pellach â Gareth a Neil a chytuno ei bod hi'n werth cario ymlaen â'r mater gan i ni fod wrthi am dros flwyddyn gan ennill cyhoeddusrwydd da i'r iaith a'r Gymdeithas.

Ddechrau mis Chwefror cefais lythyr oddi wrth Wehrle a ddaeth â'r cyfan, fe dybiem, i'w derfyn anorfod. Gan nad oedd wedi derbyn gair oddi wrthyf o fewn 14 diwrnod o ddyddiad ei lythyr, roedd bellach wedi hen nodi'r achos fel 'Withdrawn'. Sylwais wedyn nad oedd unrhyw sôn am amod 14 diwrnod yn ei lythyr ataf.

'Twyll!' ebychodd Gareth gan chwerthin. Roedd yn llygaid ei le. Pwy, tybed, allai hawlio buddugoliaeth, tae hynny o bwys? Ond wyddoch chi? Methodd holl ystrywiau ynadon a chlerc a heddlu Castell-nedd â rhoi caead tragwyddol ar biser yr ymdrech fechan hon dros yr heniaith.

Ddim cweit. Trwy weithgarwch cyson a diwyro Cymdeithas yr Iaith Gymraeg dros y misoedd dilynol, cafwyd newid trawiadol yn agwedd meinciau ynadon ledled Cymru tuag at y Gymraeg, heb anghofio darpariaeth gyfreithiol, er ei gwanned, ynghyd â deddfau a roddai rywfaint o statws i'r iaith. Bu raid i ynadon Castell-nedd hwythau blygu cwta ddeunaw mis yn ddiweddarach. Bloeddiodd y Wasg:

Go dda, Ynadon Castell Nedd

Llongyfarchiadau i Ynadon Castell Nedd am ymddwyn fel Cymry wrth weinyddu cyfraith Prydain yn ein gwlad.

Dydd Mawrth, Awst 15, [1967] fe ryddhaodd mainc Castell Nedd Emyr Llywelyn Jones yn ddi-gosb ar gyhuddiad o fod heb drwydded ffordd ar ei gar...

Meddai'r cadeirydd, J.C. Gibbs:

Yn wyneb Deddf yr Iaith Gymraeg a ddaeth i rym yn ddiweddar, teimlwn, er bod yn rhaid i ni eich dedfrydu ar y cyhuddiad hwn, fod gennym hawl i gadw mewn cof, cyn belled ag y mae gweithrediadau'r llys yn y cwestiwn, fod hawl i gyhoeddi dogfennau Cymraeg wedi ei sefydlu, ac yr ydym yn adlewyrchu ein teimladau ar ddefnydd ehangach o'r dogfennau hynny drwy'r gosb a ddedfrydwn. [DG, Hydref 1967]

Ie, go dda yn wir, ond... Fore trannoeth, ac yntau ar ei ffordd i'w waith, stopiwyd Emyr ger y gylchfan nid nepell o'i gartref gan ddau heddwas a'i disgwyliai yno, y cyfan mae'n amlwg, wedi ei gynllunio ers y dyfarniad llys y dydd blaenorol. Aeth ei enw i'r llyfr bach, daeth gŵys ac ail achos a dirwy maes o law. Gall gwaed plismon yn aml fod yn waed digon dialgar. Grr...

1964-5 – Plaid Cymru a'r Gymdeithas

ROEDD AGWEDD ARWEINWYR Cymdeithas yr Iaith yn gymysg iawn o ran teyrngarwch i'r Blaid. Cadw draw o'i rhengoedd fyddai pobl fel Gwyneth Wiliam, Emyr, Dai Bonar a minnau. Roedd Neil, wrth gwrs, wedi ei hen ddiarddel ohoni.

Y gwir amdani oedd fod John Davies a Tedi Millward yn rhoi'r Blaid yn gyntaf, a Chymdeithas yr Iaith fel atodiad iddi. A chan fod Gareth Miles yn gyd-ysgrifennydd â John Davies, bu'n rhaid iddo yntau, siŵr o fod, gyfaddawdu rhyw ychydig er mwyn cadw'r ddesgl yn wastad.

Ieuenctid Plaid Cymru

Yn ystod gwanwyn a haf 1965 roedd Plaid Cymru fel petai'n sylweddoli fod cenedlaetholwyr ifainc Cymru yn troi at Gymdeithas yr Iaith am weledigaeth a chyffro gwleidyddol gwlatgar. Cafwyd rhyw fath o adnewyddiad ysbryd yn rhengoedd y Blaid, a cheisiwyd ennyn brwdfrydedd a nerth yr Adran Ieuenctid. Cynhaliwyd Ysgol Basg ar eu cyfer yn Ysgol Maesincla, Caernarfon o 15 hyd 20 Ebrill, 1965, gyda nifer o hoelion wyth hŷn Plaid Cymru'n annerch. Dafydd Gwylon, Pontarddulais, oedd trefnydd yr Ysgol

Basg. Broliai'r hysbyseb y byddai 'cenedlaetholwyr ifainc yn trafod a chynllunio dan waliau'r hen gastell y Pasg hwn'. [DG, Ebrill 1965]

Ffurfiwyd rhai canghennau hwnt ac yma, ond yr arlwy 'gwleidyddol' a gynigid oedd etholiadau, etholiadau, etholiadau. Yr un hen gân Stacanofaidd. Yn fuan wedi'r haf, aeth Cadeirydd newydd Cymdeithas yr Iaith, Cynog Dafis, ati i geisio denu aelodau Plaid Cymru, yn arbennig efallai'r aelodau ieuengaf, i ymuno â chrwsâd Cymdeithas yr Iaith. Roedd ei ysgrif ddwysbigol ym misolyn Cymraeg y Blaid â'r nod amlwg o geisio darbwyllo'r aelodau gymaint oedd y Blaid yn anwybyddu ac yn esgeuluso brwydr yr iaith, ac mor hanfodol oedd y Gymraeg yn y frwydr dros hunaniaeth a pharhad y genedl. Cyhoeddwyd ei erthygl yn rhifyn Tachwedd 1965 o'r *Ddraig Goch* ychydig wythnosau cyn y brotest danllyd yn nhref Dolgellau.

'Bob hyn a hyn, daw etholiad cyffredinol, ac areithir yn huawdl gan ymgeisydd y Blaid a'i gynorthwywyr (bûm yn un ohonyn' nhw), ar broblem Cymru, ond go 'chydig o sôn a glywir am argyfwng y Gymraeg gyda nhw, a dyna eitha cyfraniad gwleidyddiaeth etholiadol i'r frwydr.' Aiff rhagddo i sôn am 'ddau ddiben y gellid, ac y dylid, ymgyrraedd atyn 'hw, ac y byddai gobaith realistig i'w cyrraedd.

1. Statws swyddogol i'r Gymraeg (ac mae'n beth digon od ein bod wedi gorfod aros am ddarlith radio Saunders Lewis cyn sylweddoli pwysigrwydd y frwydr dros statws).

2. Defnyddio'r iaith 'mewn cysylltiadau lle nas gwelwyd erioed o'r blaen, a thrwy hynny fe gâi'r parch… sy'n perthyn i iaith swyddogol.' Deuai'r 'gallu i siarad a sgrifennu Cymraeg graenus a chyfoethog yn gymhwyster pwysig i lu o weision cyflog' llywodraeth leol a chanolog.

'Byddai'r cymhelliad materol, syml hwn yn peri i ddisgyblion ein hysgolion uwchradd osod mwy o bris ar gymwysterau (arholiadol) mewn Cymraeg...' [DG, Tachwedd 1965]

Materion darlledu

Yn ystod 1964 cymerais arnaf fy hun i wneud rhywfaint o ymchwil i fater darlledu, neu'n hytrach ddiffyg darlledu, yn y Gymraeg. Euthum ati, dros rai misoedd, i gasglu llond ffeil drwchus o ffeithiau ac ystadegau ynglŷn â'r mater. Yna, ym 1965, anfonais lythyr at y BBC yng Nghaerdydd yn gofyn am gael cyfarfod penaethiaid y Gorfforaeth i drafod ein cais i gynyddu'r arlwy Gymraeg ar y teledydd. Syndod yn wir oedd derbyn atebiad buan oddi wrth neb llai na'r pen-swyddog ei hun, Alun Oldfield-Davies, yn cytuno i'm cwarfod. Cymerais yn syth ei fod yn ochelgar, ac efallai fod arno rywfaint o ofn Cymdeithas yr Iaith. Cytunodd Neil i ddod gyda mi, ac ysgrifennais innau'n hyderus at John Davies i'w gadw yn y pictiwr.

> 27.ix.64: Mae'n amlwg fod ar y *BBC* ein hofn. Cefais lythyr gor-gwrtais oddi wrth Alun Oldfield Davies yn rhoi gwahoddiad i mi ddod i lawr i Gaerdydd i'w gyfarfod unrhyw adeg y dymunaf; rwyf am fynd rywbryd yr wythnos nesaf. [GJ at JD, 27 Tachwedd 1964]

Gwridaf wrth weld y fath naïfrwydd ar fy rhan – 'ein hofn' wir! Dyma weddill yr hanes fel y'i sgrifennais rhyw chwarter canrif yn ddiweddarach.

> Ni allaf lai na chwerthin wrth ddwyn i gof fy nghyfarfyddiad â rhai o benaethiaid y *BBC* yng Nghaerdydd, fy hun bach, gan fod Neil Jenkins yn sâl ar y pryd, i drafod Cymraeg ar y teledu. Wyddwn i un dim am deledu, a'm hunig arf oedd iaith lifeiriol flodeuog. Ond roeddwn ar dân dros y Gymraeg, a defnyddiwn y Gymraeg fel fy unig arf gwleidyddol, cyn i'n mudiadau cenedlaethol wasgaru eu hadnoddau prin i ymboeni am arfau niwclear, apartheid a hawliau merched a

hoywon... Am y tro, fodd bynnag, cawsant chwerthin am fy mhen. Erbyn heddiw mae gennym yr hyn a fynnant hwy ei galw'n Sianel Gymraeg, ond nad ydyw mewn ffaith yn ddim namyn arf hwylus i ladd ein Cymreictod, ysigo ein hewyllys, a llygru ymadroddion a ffurfiau ein hiaith. Maent yn dal i chwerthin am ein pennau, ond y tro hwn mae eu coridorïau wedi eu britho â degau o bobl a fu'n smalio bod yn rhan o'r frwydr. [Geraint Jones, Y Llywiawdwyr Cynnar, teipysgrif, 1987]

Helynt Brewer-Spinks

YM MHENTREF TANYGRISIAU ger Blaenau Ffestiniog ym 1965, agorwyd ffatri fechan yn hen ysgol y pentref gan Whitewell & Hailey Ltd, cwmni o Wolverhampton. Ei chynnyrch oedd mowldiau ar gyfer gwydr a phlastig.

Cyflogid wyth o ddynion ynddi, ynghyd â dwy ferch. Rheolwr y ffatri oedd gŵr o'r enw Wilfred Brewer-Spinks. Yn wir, fo a'i briod Marjory, ddaliai'r mwyafrif llethol o gyfranddaliadau'r cwmni, 'cyfalaf o bum mil o bunnau'. [YC, 8 Gorffennaf 1965]

Caed tri chyfarwyddwr i'r cwmni sef Wilfred Brewer-Spinks, Marjory Spinks a Charles Edward Howell Twentyman o Wolverhampton. Dyna egluro'n syml pam nad oedd hi'n bosib i'r cwmni wastrodi, disgyblu na diswyddo Brewer-Spinks. Fo a'i wraig, mwy neu lai, **oedd** y cwmni.

Welsh Not!

Yn dilyn rhai wythnosau o lafur yn addasu'r hen ysgol fel ffatri, un o'r pethau cyntaf a wnaeth y Rheolwr ar ôl cyrraedd yno ddechrau mis Mehefin, oedd rhoi rhybudd i'w weithlu nad oeddent i siarad Cymraeg o gwbl yn ystod oriau gwaith, yn amod na ellid ei dorri dan unrhyw amgylchiad. I'r perwyl hwnnw, ac yn yr ysbryd unbeniaethol hwnnw, cafodd pob un o'r gweithwyr ffurflen i'w llofnodi yn datgan eu bod yn cytuno'n llwyr â'r gorchymyn ffiaidd hwn. Siarad Saesneg drwy'r adeg, dalltwch chi, yn cynnwys amserau seibiant a chinio, smôc a lle chwech, neu eu hatal o'r gwaith. 'Dyna'r gorchymyn. Dewiswch chi!'

Gorchymyn cyfiawn? Ie, meddai Brewer-Spinks mewn datganiad haerllug a rhagrithiol a wnaeth i'r gweithwyr pan oedd yn cyflwyno'i anfadwaith: 'Y mae'n wirioneddol ddrwg gennyf nad wyf yn siarad Cymraeg. Y mae hyn yn ddiffyg y bwriadaf ei gywiro mor fuan ag sydd bosibl. Yn y cyfamser, Saesneg a siaredir o fewn terfynau'r ffatri. Canlyniad unrhyw beth i'r gwrthwyneb fydd atal gwaith yn y fan a'r lle.' [YC, 17 Mehefin 1965]

Am ryw reswm, ni ofynnwyd i'r ddwy ferch a weithiai yno lofnodi unrhyw ddogfen. Beth, felly, fu ymateb y gweithlu i'r gorchymyn? Er mawr siom a chywilydd, torrodd chwech o'r wyth gweithiwr eu henwau yn cytuno i'r amod – pum Cymro ac un gŵr tywyll ei groen o Jamaica y dywedwyd ei fod yn deall Cymraeg. O fewn dim, roedd un o'r chwech a arwyddodd yn difaru'i enaid am dorri'i enw ar y cytundeb gwrthun. 'Y mae f'enw i yn fwd rownd y lle rydw i'n byw.' [ibid.]

Gwrthod

Ond, ac er bythol glod iddynt, gwrthododd dau â phlygu ger bron 'y llo Seisnig'. Yn wobr am eu 'haerllugrwydd', ar 11 Mehefin, fe'u saciwyd yn y fan a'r lle yn gwbl ddiseremoni a didrugaredd gan y rheolwr trahaus.

Y naill oedd Tom Elmer Jones, 41 oed, o Graig y Nos, Blaenau Ffestiniog, gŵr i Wyddeles o Belfast na fedrai siarad Cymraeg, ond a oedd yn gwbl gadarn ei chefnogaeth i safiad ei phriod. Roedd eu pedwar plentyn, wrth gwrs, yn gwbl rugl yn yr iaith.

Y llall a wrthododd oedd Neville Jones o Lwyn Hir, Manod, Blaenau Ffestiniog. 'Mae hi ar ben oni chaiff dyn gyfarch ei gydweithwyr yn ei iaith ei hun... gan hynny, yr oedd yn rhaid imi wrthod arwyddo ar egwyddor.'

Pan aeth gohebydd *Y Cymro* i siarad â Brewer-Spinks, fe'i cafodd yn hen strelgi styfnig. Oedd o, tybed, yn edifar am roi'r fath orchymyn? 'Nac ydwyf! Nid wyf yn difaru dim! Rwy'n hapus oherwydd credaf fy mod wedi ennill yr achos... fe'm magwyd i i chwarae ar yr ochr sy'n ennill. Felly, rhaid i'm gweithwyr – ac rwy'n hoff ohonynt i gyd – siarad Saesneg.'

Y cam naturiol nesaf oedd galw ar swyddogion gogledd Cymru o Undeb y Gweithwyr Trafnidiol a Chyffredinol (T&GW) i gynrychioli'r ddau a safodd. Heb oedi eiliad, cafwyd datganiad gan Tom Jones, Shotton: 'Ni ellir ar unrhyw gyfrif ddweud bod siarad eich iaith eich hun yn gambyhafio diwydiannol', gan ychwanegu fod Brewer-Spinks wedi torri amodau Deddf Cytundeb Cyflogaeth, 1964. 'Y ffaith ydi fod y peth yn gwbl warthus, ac mae'r dyn yn chwarae efo deinameit.'

Eisoes roedd trefnydd lleol yr Undeb, Aneurin Owen, wedi bod yn gweld Brewer-Spinks yn ei swyddfa gan geisio ei ddarbwyllo i gallio. Bu yno am awr gyfan, ond 'methodd â gwneud dim ag o. Mae o'n ddyn gorffwyll'.

Erbyn y pymthegfed o'r mis roedd Aelod Seneddol Meirionnydd, T.W. Jones, wedi ei dynnu i mewn i'r miri, ac wedi trafod y mater â'r Ysgrifennydd Gwladol, James Griffiths. Addawodd hwnnw y byddai'n codi'r mater gyda Ray Gunter, y Gweinidog Llafur yn llywodraeth Harold Wilson.

Beth, tybed, oedd rhan Cymdeithas yr Iaith Gymraeg yn hyn oll? Bryd hynny roedd Blaenau Ffestiniog yn un o gadarnleoedd y Blaid Lafur ym Meirionnydd. Eto i gyd, cafwyd gwrthwynebiad hynod o gryf i weithred ffôl Brewer-Spinks. Byddai hynny'n ei gwneud hi'n anodd i swyddogion y Gymdeithas gael eu pig i mewn yn y trafodaethau a'r brotest. 'Pobl ddiarth' fyddent, ac ar y pryd doedd dim sôn am unrhyw gangen leol yn y Blaenau. Y gwir amdani oedd fod pobl gyffredin yr ardal, dan arweiniad swyddogion eu Hundeb, eu Cyngor, eu Haelod Seneddol, ac aelod blaenllaw o Blaid Cymru, James Roberts, postfeistr Tanygrisiau, wedi hen afael yng nghleddyfau'r fatal, ac yn brysur hysio'r frwydr yn ei blaen.

Ond, er tegwch â Chymdeithas yr Iaith, fe wnaed rhywfaint o ymdrech i fod â bys yn y briwes. Sefydlwyd cronfa arbennig yn ganolog i fod o gymorth i unrhyw Gymry a allasai gael eu cosbi am siarad Cymraeg wrth eu gwaith. Adroddwyd fod y trysorydd, John Davies, wedi derbyn £50 i'r gronfa honno eisoes, ac y gallai'r ddau weithiwr a ddiswyddwyd hawlio cymorth pe mynnent. [YC, 24 Mehefin 1965]

Yna, ddeuddydd yn ddiweddarach cynhaliwyd cyfarfod cyhoeddus tanllyd ym Mlaenau Ffestiniog, dan nawdd Cymdeithas Bro Ffestiniog. Yn y cyfarfod hwnnw mynegwyd teimladau cryfion yn condemnio'n hallt stranciau anghynnes Brewer-Spinks. Aeth Aneurin Owen, Swyddog Rhanbarthol yr Undeb, ati fel un o broffwydi'r Hen Destament, i sheflio llwyth o lo ar y tân. 'Nid oes dim bwrw arfau yn y rhyfel hwn. Rhaid mynd ag ef i'w ben draw, costied a gostio...' Dyfynnodd eiriau Mordecai wrth Esther yr Iddewes, '... os tewi â sôn a wnei di y pryd hwn, esmwythdra ac ymwared a gyfyd i'r Iddewon o le arall...' [ibid.] Ai'r 'lle arall', sgwn i, yng nghefn ei feddwl, oedd Cymdeithas yr Iaith Gymraeg? Pwy a ŵyr?

Gareth ac Owain

Yn wir, yn y cyfarfod hwn roedd dau gynrychiolydd o'r Gymdeithas, dau y gellid yn hawdd maddau iddynt petaent yn teimlo eu bod yn tresmasu. Fodd bynnag, roedd y tân oedd yn eu boliau yn gyfryw fel na allent fod ddistaw, a gwnaeth y ddau gyfraniad clodwiw a miniog, a gwahanol hefyd, i brotest pobl Meirion. Gosodwyd hi yn ei chyd-destun ehangach.

Y cyntaf ohonynt i siarad oedd Gareth Miles, ac yn ôl ei arfer a'i hoffter, cododd sgwarnog Farcsaidd nad oedd y gynulleidfa, er ei sosialaeth honedig, yn ei llawn ddeall. Camsyniad oedd tybio, meddai, fod 'arweinwyr' bob amser yn arwain. Nid arwain maen nhw, ond dilyn y werin bobl. Defnyddiodd achos Pont Trefechan Aberystwyth, dros ddwy flynedd ynghynt, i geisio clensio'i ddadl trwy ddweud bod rhai pobl yn gweld gweithgarwch Cymdeithas yr Iaith Gymraeg yn y fan honno fel rhyw ymarfer gwirion. Serch hynny, mynnodd Gareth fod canlyniadau'r brotest honno yn dangos ei fod yn gwbl ddilys ac effeithiol gyda'r canlyniad i'r protestwyr ennill gwysion Cymraeg maes o law, yn ogystal â sefydlu, am ei werth, Bwyllgor Syr David Hughes Parry. Roedd ei eiriau megis rhagymadrodd craff i'r hyn ddilynodd o enau cynrychiolydd arall Cymdeithas yr Iaith, Owain Owain o Fangor.

Pwysleisiodd Owain mai brwydr bro Ffestiniog oedd hon uwchlaw popeth arall. Ar wastad personol, ni fyddai helynt Tanygrisiau yn effeithio dim yn y pen draw ar ei fywyd cymharol gysurus ef o ddydd i ddydd. Ni pheryglid ei swydd, ac ni amddifedid ei blant o fwyd yn eu boliau. Gwrandawai'r gynulleidfa fawr yn astud gan fethu dirnad beth oedd ergyd ei sylwadau. Aeth yntau rhagddo i siarad fel Cymro, gan ddweud mai oherwydd **hynny** yr oedd ganddo'r hawl i ddod i'r drafodaeth, yr hawl i 'dresmasu'. Y gwir amdani, meddai, oedd bod brwydr Stiniog wedi troi i fod yn frwydr Cymru a'r Gymraeg. Gwasgodd ar ei wrandawyr i ddeall bod yn rhaid iddynt wneud rhywbeth cadarn ac ymarferol, a hynny heb dreisio'r unigolyn. Roedd wedi laru braidd ar wrando ar y llif yn taranu wrth gondemnio Brewer-Spinks. 'Mae'n rhaid, i raddau, anghofio am Spinks y dyn, a chanolbwyntio ar ei weithred.' [ibid.]

Yna daeth â'r frwydr i'w chyd-destun priodol. Eglurodd yn bwyllog mai'r hyn a ddygai sarhad ar yr iaith Gymraeg, mewn gwirionedd, oedd ymddygiad gormesol llywodraeth Loegr ers cenedlaethau lawer. Siaradai, meddai, fel unigolyn o Gymro, yn ŵr priod ac yn dad i dri o blant; eto i gyd, roedd angen gweithredu. A dyma pryd y daeth y gath fawr o'r cwd pan gyhoeddodd y byddai ef, ymhen saith diwrnod, 'am saith o'r gloch, liw dydd, yn mynd o'r tŷ gyda phot o baent du a brws, yn cerdded strydoedd Bangor gan ddileu hynny a fedrai o eiriau Saesneg oddi ar hysbysfyrddau ac adeiladau y llywodraeth ganol a llywodraeth leol.'

Och! Gwaetha'r modd, fe anghofiodd Owain, ym mhoethder y dydd, ran nesaf ei araith o'r llwyfan, a gorfu iddo sefyll yn ddiweddarach yng nghorff y gynulleidfa i egluro ystyr ymarferol y cyfan yng nghyd-destun brwydr Tanygrisiau. Ei bwynt canolog oedd mai os merfaidd a glastwraidd fyddai penderfyniad y cyfarfod y noson honno, y byddai ef yn mynd allan i beintio! Ond os ceid penderfyniad penderfynol a digyfaddawd, ni fyddai angen iddo fo na neb arall weithredu'n groes i'r gyfraith. Ond os fel arall y bydd hi, ychwanegodd, a phe methai gweithredu cyfreithlon lleol â dwyn y maen i'r wal, byddai aelodau Cymdeithas yr Iaith Gymraeg wedyn yn 'ystyried sut i weithredu'.

Roedd yn symudiad gwirioneddol feiddgar a heriol, ac ymatebodd ambell un yn sgeptigaidd braidd, ac yn ymddangosiadol ofnus. Cadfan Jones yn gofyn, 'Beth yw hyn? Ai blacmel neu fygythiad?' Ond roedd Ceri Jones, athro yn Ysgol y Moelwyn, ar y llaw arall, wedi ei gweld hi. 'Her a ddywedwn i.' [ibid.]

Cymdeithas yr Iaith

A beth, tybed, oedd safbwynt Cymdeithas yr Iaith yn ganolog? Nid yn gymaint ei barn am Brewer-Spinks a'i drahauster, ond ar sut i weithredu. Mewn gair, beth, tybed, fu rhan ymarferol y mudiad yn yr holl strach? Caed yma achos gwleidyddol-ieithyddol amlwg ac un poblogaidd i'w ymladd gyda chefnogaeth leol gref.

Gwelai Tedi Millward fod ewach fel Brewer-Spinks (yn union fel George Thomas dair neu bedair blynedd yn ddiweddarach) yn gallu bod yn hwb i'r achos gan ei fod mor amlwg o wrth-Gymreig. Meddai Tedi mewn llythyr at John Davies: 'Mae achos y cranc o'r Blaenau yn gwneud byd o les i'r heniaith. Diolch am ambell granc o Sais.'

Awgrym un aelod o'r Gymdeithas, y Parchedig F.M. Jones, rheithor Llanbedrog, oedd gofyn: 'Beth am drefnu i ffenestri'r ffatri gael eu torri? Os caiff y 'troseddwyr' eu dal, cewch bunt arall i helpu i dalu'r ddirwy.' [F.M. Jones at John Davies, 17 Mehefin 1965]

Dywed un erthygl ar y we [cy.m.wikipedia.org] fod y brotest hon yn 'un o brotestiadau cyntaf Cymdeithas yr Iaith Gymraeg'. Nid yw hyn cweit yn wir, ysywaeth, ac nid protest Cymdeithas yr Iaith oedd hi p'un bynnag. Cofiaf yn iawn fel y bu peth gwrthdaro yn rhengoedd y Gymdeithas ar y pryd, oherwydd na fu iddi fynd i'r afael rhyw lawer â'r mater. Er tegwch â'r Gymdeithas, roedd o leiaf ddau reswm pendant dros hynny.

Yn gyntaf, teimlid y byddai'n well, pe bai modd, i arweinwyr lleol yn ardal Ffestiniog gydio yn yr awenau ac arwain y frwydr. Ac fe ddigwyddodd hynny, gyda phobl 'tebol fel James Roberts ac Aneurin Owen a'r boblogaeth leol yn gyffredinol yn rhoi sylfaen ac arweiniad cadarn iawn i'r brotest.

Yn ail, cyflwr diarweiniad, digyfeiriad ac aneffeithiol Cymdeithas yr Iaith ar y pryd. Mae John Davies yntau yn crybwyll fel yr oedd 'Owain Owain, Dafydd Orwig a Gareth Miles yn weithgar iawn yn porthi'r brotest tra oedd eraill ledled y wlad yn codi arian i ddigolledu'r gweithwyr'. [TAD, t. 35] Ychwanega, fodd bynnag, fod Cymdeithas yr Iaith wedi colli cyfle 'neilltuol i adeiladu crwsâd cenedlaethol ar gorn y cynnwrf. Ond digon llac oedd trefniadaeth y Gymdeithas o hyd – pedwar swyddog ar chwâl ar draws Cymru, rhyw ychydig o aelodau selog, pob un â'i ymgyrch ei hun, a'r Tafod'. [ibid.] Pwysleisiai llawer ohonom fod y Gymdeithas 'wedi methu'n llwyr â gwneud yr helynt yn fater politicaidd go iawn. Dim ond unwaith yn y pedwar amser, wedi'r cyfan, y cyflwynir cyfleoedd fel hyn i ni. Ond, ysywaeth, doedd gan y greadures nac arweiniad na threfniadaeth effeithiol o bell ffordd, er ei bod ar y pryd bron yn deirblwydd oed. Roedd wedi hen gyffio yn sefyll yn ei hunfan.' [Geraint Jones, Y Llywiawdwyr Cynnar, teipysgrif, 1987, t. 3]

Mae sylwadau Gwilym Tudur ar y mater yn arwyddocaol iawn, ac yn taro ar y gwir, greda i, trwy ddweud i helynt Brewer-Spinks beri 'i'r mudiad digyfeiriad sobri'n sydyn... y teimlad ar y pryd oedd bod pobl Stiniog yn abl i'w harwain eu hunain, fel erioed, ac mai hyfdra a fyddai ymyrryd gormod... yn [Eisteddfod Genedlaethol] y Drenewydd rhoddwyd siâp ar bethau. Gyda'r drefn newydd daeth egni a phwrpas eto...' [WTC, t. 35]

Fisoedd yn ddiweddarach, ceisia Sodlau Segur, â'i graffter arferol, ddadansoddi seice'r holl frwydr. 'Y peth sy'n dipyn o ddirgelwch yw pam yn union y dylai'r weithred hon greu'r fath gynnwrf gogoneddus. Y mae'n wir ei fod yn gywilydd o beth na chaiff y Cymry waith ond ar yr amod eu bod yn gwadu eu hiaith. Ond y mae'r peth yma'n frith trwy ein bywyd ac eto nid yw pobl yn cynddeiriogi. Sawl swydd gaech chi ym Mhrifysgol Cymru heb wadu'r iaith?' [Y Dyddiadur, YG, Hydref 1965, tt. 413-14] Mewn gair, nid eithriad mewn gwirionedd oedd achos Tanygrisiau.

O'r hyn a sgrifennwyd am yr helynt yn ystod 1965, mae'n debyg mai gan Dafydd Orwig, Bethesda, y cafwyd y sylwebaeth fwyaf ysgubol a diflewyn-ar-dafod, a hynny yn rhifyn Medi, 1965, o un o gyfnodolion Plaid Cymru. 'Gosod Spinks yn ei le' oedd testun ei lythyr. Meddai:

Go brin yr anghofiwn ni'n fuan un Wilfred Brewer-Spinks. Mae gan y creadur enw Sais-moron-drama, ac mae'n siŵr gen i mai dyma'r twmffat o Sais gwirionaf er dyddiau Comisiynwyr Brad y Llyfrau Gleision. Cyfuniad o ben rwdan a dwrn dur. Ond mae'r ffaith fod y gŵr trahaus hwn wedi meiddio gwahardd siarad Cymraeg yn ei gwt ieir o ffatri, yn dangos safle israddol ein hiaith genedlaethol. Ac

159

mae'r amser a gymerwyd i setlo'r achos yn dangos mor ddiamddiffyn ydyn ni fel Cymry... i mi, prif ogoniant y siarad a'r gweithredu oedd y cydweithio hapus rhwng y ddau arweinydd – James Roberts ac Aneurin Owen – y naill yn hen ddyn undeb wedi troi'n siopwr, a'r llall yn drefnydd Undeb Llafur ; y naill yn gyn-gadeirydd Pwyllgor Rhanbarth Meirionnydd o Blaid Cymru, a'r llall yn gadeirydd y Blaid Lafur yn y sir, ond y ddau yn Gymry twymgalon. [DG, Medi 1965]

Datganiad arall sydd werth ei nodi yw'r un ffrwydrol a gafwyd oddi ar lwyfan Eisteddfod Dyffryn Conwy yn Llanrwst gan G.O. Jones, athro yn y dref: 'Byddaf yn credu weithiau mai ni yw'r genedl fwyaf ddi-asgwrn-cefn a chwislingaidd a welodd y byd yma erioed. Ac oherwydd y taeogrwydd yma, mae rhyw sbrigyn o Sais bombastig, digywilydd ac anwybodus, yn Stiniog, yn beiddio gwneud yr hyn a wnaeth.' [YC, 24 Mehefin 1965]

Protest dorfol

Ond yn ôl rŵan at ddiwedd y cyfarfod ym Mlaenau Ffestiniog. Penderfyniad unfrydol y cyfarfod hwnnw oedd rhoi naw diwrnod i'r dyn gallio, a dileu'r gwaharddiad iaith.

Drannoeth, cyfarfu'r Aelod Seneddol, T.W. Jones, â Brewer-Spinks, a'r cyfarfod hwnnw'n para am deirawr solet uwch cinio yng Ngwesty'r Grapes, Maentwrog. Y tro hwn, addawodd 'ystyried y cais' a ddaeth ato o'r cyfarfod cyhoeddus. Rhai dyddiau yn ddiweddarach (Mehefin 23) derbyniodd T.W. Jones lythyr oddi wrtho yn dweud ei fod 'yn dal i ystyried'!

Erbyn hyn, roedd yr oedi bwriadol hwn gan Brewer-Spinks yn mynd dan groen pawb. Ar y dydd olaf o Fehefin cafwyd cyfarfod cyhoeddus pellach yn y Blaenau, a'r teimladau'n llawer ffyrnicach erbyn hyn. Cafwyd tri phenderfyniad yno, gydag ond pedwar yn pleidleisio'n erbyn:

1. Fod protest gyhoeddus i'w chynnal y tu allan i'r ffatri yn Nhanygrisiau am 7.30 fore trannoeth.
2. Fod dirprwyaeth yn mynd i siarad â Brewer-Spinks.
3. Fod dirprwyaeth i'w hanfon, os bydd rhaid, at yr Ysgrifennydd Gwladol, James Griffiths, yng Nghaerdydd.

Fore trannoeth y cyntaf o Orffennaf, am tua hanner awr wedi saith o'r gloch, ymgasglodd rhyw ddeugant o bobl eitha blin y tu allan i'r ffatri yn Nhanygrisiau. Canfuwyd fod rhywun wedi bod yno o'u blaenau, ac wedi torri deg o gwarelau mewn pump o ffenestri'r ffatri. Cariai'r dyrfa lafar hon faneri a phosteri amrywiol gyda sloganau pwrpasol arnynt – 'Ni fynnwn yr anghyfiawnder hwn gan Sais', 'No Welsh Not', 'Gofynnwn i bob Cymro barchu ei iaith', 'Democratiaeth?' a 'Trech gwlad nag arglwydd'.

Cafwyd canu hwyliog o'r anthem genedlaethol, yn cael ei dilyn gan emyn Elfed, 'Cofia'n gwlad Benllywydd tirion', gyda dyblu a threblu'r geiriau 'Rhag pob brad' yn rhoi pwyslais ac arwyddocâd o bwys i awyrgylch y cyfarfod.

Tua chwarter i wyth cyrhaeddodd y cyntaf o'r gweithwyr. Nid agorwyd y giât iddo gan neb un. 'Bu'n rhaid iddo ddod allan o'i gerbyd i agor y llidiart. Daeth tri arall toc ar ei ôl, un mewn car, un ar feic, un ar foto beic.' [YC, Gorffennaf 1965]

Am bum munud wedi wyth cyrhaeddodd Wilfred Brewer-Spinks yn ei gar, yr holl ffordd o Dŷ Cam, Y Ffôr ger Pwllheli, lle trigai, a hynny 'i fonllef o anghymeradwyaeth'. [ibid.]

Annisgwyl, braidd, oedd yr hyn a ddigwyddodd wedyn. Gwelwyd gorymdaith fechan yn dynesu at y fan, gorymdaith o bump o ddynion ac wyth ar hugain o ferched a weithiai mewn ffatri arall yn y dref, Ffatri Hope. Yn arwain y criw roedd prif dorrwr brethyn y ffatri, y Cynghorydd Elfed Davies Roberts, oedd wedi cael caniatâd y rheolwr, John Procter, i ddod i'r brotest, ond ar amod yn unig, sef eu bod i golli cyflog yn ôl y raddfa arferol o 3 swllt 6 cheiniog yr awr. Croesawyd y merched â geiriau milwriaethus emyn poblogaidd ap Hefin, 'I bob un sydd ffyddlon'.

Yn ddisymwth, am chwarter i naw, clywyd sŵn tanio car Brewer-Spinks yn cael ei ddilyn gan refio ffyrnig, y creadur yn amlwg wedi ei gynddeiriogi gan ddyfodiad rhengau Ffatri Hope, a chan ffenestri toredig yr adeilad. Fe'i sgrialodd hi o'r ffatri fel cath i gythra'l yn ei gar. Dyrnodd y dyrfa do a bonet ei foto, a chlywyd un ddynes yn bloeddio arno, *Go back to where you came from.*' Mynnodd geisio dychryn pawb, ac yn arbennig efallai'r merched oedd newydd gyrraedd. Wedi'r brotest aeth Elfed Davies Roberts at yr heddlu i gwyno amdano. 'Roedd o'n mynd fel ffŵl; bu bron iddo â tharo i lawr rai o'r merched'. [ibid.]

Aethpwyd ymlaen â'r cyfarfod protest ger y giât, a chafwyd cyfarchion lu gan fonedd a gwreng yn cefnogi achos y dynion, achos yr iaith Gymraeg. Ar ran Gorsedd y Beirdd, dywedodd yr Archdderwydd Cynan ei fod eisoes wedi anfon llythyr at James Griffiths 'yn apelio ar y Llywodraeth i ddatgan ei chondemniad o *ymddygiad Ffasgaidd* Mr Brewer-Spinks'.

Mynegodd Will Whitehead, arweinydd a llywydd 65,000 o aelodau Undeb Glowyr De Cymru, 'gefnogaeth lwyraf' y glowyr i weithwyr Ffestiniog yn 'eu brwydr i gadw eu hawl i ddefnyddio eu hiaith eu hunain pa un ai wrth eu gwaith ai peidio'.

Ymhen hir a hwyr dychwelodd y gwcw i'w nyth, ac aeth dau ŵr, Aneurin Owen, dyn yr Undeb, a James Roberts, Postfeistr cenedlaetholgar Tanygrisiau, i gael gair â'r cnaf yn ei swyddfa. Ni chawsant na chroeso na boddhad o fath yn y byd. Yn wir, roedd ymateb y dyn yn gwbl ddilornus pan gyfeiriai at y dorf yn protestio y tu allan – '*A despicable lot – you Welsh!*'

Oherwydd styfnigrwydd cibddall y dyn Wilfred, trefnwyd i anfon dirprwyaeth i weld Jim Griffiths, yr Ysgrifennydd Gwladol. Mae'n werth nodi bod arweinwyr yr Undeb, Tom Jones, Aneurin Owen ac Idwal Edwards, wedi mynegi dro ar ôl tro eu bod, er yn gweld yr angen am waith newydd yn yr ardal, yn gwbl gytûn fod Brewer-Spinks yn ormod o bris i'w dalu am y cyfryw gyflogaeth, beth a faint bynnag ydoedd.

Dyna'n wir fu hi yn y pen draw, a phan gyfarfu James Griffiths, T.W. Jones a Goronwy Roberts â Brewer-Spinks i gael sgwrs uwch pryd o fwyd ar y chweched o Orffennaf cytunodd, yn gwbl anfoddog wrth gwrs, i ddileu'r gorchymyn iaith aflan.

Gwrthododd y ddau weithiwr a ddiswyddwyd fynd yn ôl i weithio yn y ffatri. Yn wir roedd y ddau ohonynt ar y dôl ers colli'u gwaith, gydag Elmer Jones wedi datgan yn gwbl glir a chyhoeddus: 'Mae arnaf eisiau ymddiheuriad cyhoeddus – ond nid af yn ôl ar unrhyw delerau.' Ymddiswyddodd un arall o'r gweithlu, Alan Butterworth, 25 oed, oedd, yn wreiddiol, wedi llofnodi'r cytundeb, ond bellach wedi hen ddifaru iddo wneud y fath beth. [YC, 24 Mehefin 1965]

Am y gweithwyr a lofnododd ddogfen Brewer-Spinks, adroddwyd eu bod 'yn dal i weithio yn y ffatri ac yn ôl pob hanes y maent yn dal i siarad Cymraeg er gwaethaf bygythiad Mr. Brewer-Spinks'. [ibid] Ymddengys felly fod crib yr hen geiliog balch a gwrthodedig wedi'i dorri ar ei domen ei hun yn ogystal.

Gallai James Roberts yn awr ymlacio rhywfaint ac edrych ar ei fuddugoliaeth. 'Diolch am y weriniaeth iach honno sydd i'w chanfod ym Mlaenau Ffestiniog a llawer ardal arall, a phan ddaw amgylchiad fel hwn, canfyddwn arweiniad yn dod, nid o'r mannau uchel y disgwylid ond o'r pridd hwnnw mae y graig a'r llechi wedi eu naddu ohono... Buddugoliaeth y werin fu hon. Dengys fod y werin yn effro i'r pethau tyngedfennol. Safasom dros yr hyn oedd iawn.' [YC, 8 Gorffennaf 1965] Ameniai, mewn gwirionedd, yr hyn a ddywedwyd gan Gareth Miles yn y cyfarfod cyhoeddus.

Caed dilyniant cosbedigaethol i'r holl firi. Rhyw ddeufis wedi hyn oll, cafodd Wilfred Brewer-Spinks ddamwain car ger ei gartref yn Y Ffôr a thorrodd ei goes. Aed ag ef i'r ysbyty ym Mangor. [YC, 30 Medi 1965] Canlyniad hynny, meddid, oedd cau y ffatri yn Nhanygrisiau. 'Nid oes ond un gweithiwr yno ar hyn o bryd... un o'r rhesymau a roddir dros gau'r ffatri yw'r ddamwain a gafodd Mr Brewer-Spinks yn ddiweddar.' Oherwydd hynny, 'nid oedd neb a feddai ei brofiad technegol ef i gadw'r gwaith ar fynd yn y ffatri.' [ibid.] Mewn rhyw ffordd ragluniaethol, roedd yr hwch druan, dan arweiniad strancllyd y baedd rhochus, wedi mynd drwy'r siop.

Rhoir y gair olaf â'i rybudd amserol i Dawi Griffiths: '... llithrodd Brewer-Spinks i'r cysgodion, 'fel y niwl o afael nant'; bellach, mae o mor ddi-sôn amdano ag eira llynedd... ond rhaid inni gofio bod ei wehelyth yn fyw ac yn iach... cofiwn, a byddwn ar ein gwyliadwriaeth'. [Dawi Griffiths, *Utgorn Cymru*, Rhifyn 114]

Yn y Drenewydd

DAETH AWST 1965, a daeth Eisteddfod Genedlaethol Cymru i'r Drenewydd. Dau beth a gofiaf yn dda.

Yn gyntaf, cofiaf fod yn eistedd yn syfrdan gyda'm cyfaill, Rhys ap Rhisiart ym mlaenllofft capel mawr oedd dan ei sang yn gwrando ar ddarlith ardderchog 'y dyn byr, main ac eiddil; y llygaid bychain treiddgar, deallus.' [Ieuan Wyn, *Utgorn Cymru*, Rhifyn 116] Y darlithydd oedd Saunders Lewis, 71 oed, a'i destun oedd yr emynyddes Ann Griffiths, Dolwarfach. Chafodd neb ei siomi. Cafwyd darlith ysblennydd, ysgubol, ac ysbrydoledig.

> Dringodd corffilyn gwan
> i bulpud honglad o gapel
> fel y gwnaeth haid o'i hynafiaid hy...
> Troes ddarlith yn 'oedfa wlithog',
> a rhoed i dafod wirod o eiriau
> hael i'r fun o Ddolwar-fach.
>
> [Gwilym R. Jones, CM, t. 420]

Yn ail, cynhaliwyd Cyfarfod Blynyddol Cymdeithas yr Iaith ar 6 Awst 1965, ym Mhabell y Cymdeithasau ar faes yr Eisteddfod. Daeth criw teilwng ynghyd yn ysu am weld newidiadau – mewn gweithredoedd a swyddogion.

Cafwyd adroddiad ar weithgareddau'r flwyddyn a chytunwyd bod mawr angen trefniadaeth well ar y Gymdeithas ac y dylid sefydlu Pwyllgor Canolog swyddogol i ymgymryd o ddifrif ag ysgwyddo'r gwaith, ei gyflawni'n effeithiol, a chyfarfod yn fisol. [CCB, Y Drenewydd, 6 Awst 1965]

Ni chafwyd unrhyw fanylion am yr 'angen' hwn gan John Davies yn ei adroddiad. Yr oedd yn amddifad o unrhyw syniadau ac argymhellion. 'Prif fyrdwn [ei] adroddiad oedd mai blwyddyn o fân weithgareddau a mân lwyddiannau fu 1964-65.' [T, Awst 1965] Clywyd lleisiau cryfion yn galw am newidiadau, yn bennaf am brotestiadau torfol (protest ohiriedig Dolgellau'n arbennig), gweithredu'n ddiymdroi (yr ymgyrch treth car yn arbennig) a gwneud hynny'n eofn a chadarn.

Mynegwyd pryder hefyd ynglŷn â'r oedi a'r aros diddiwedd am Adroddiad Pwyllgor Hughes Parry. Meddai'r cofnodion: 'Cytunwyd i aros tan ddydd Calan 1966 am yr adroddiad, a bod yr Ysgrifennydd i roi gwybod am y penderfyniad i James Griffiths a Goronwy O. Roberts.'

Pasiwyd yn unfrydol 'fod y cadoediad presennol ym mrwydr yr iaith wedi parhau yn rhy hir eisoes... ail-ategwyd y polisi o ddefnyddio dulliau torcyfraith, di-drais pan fyddai dulliau mwy llednais yn methu.' [ibid.]

Etholwyd Cadeirydd newydd, Cynog Dafis. Roedd ef bellach wedi ei ddadrithio'n arw â Phlaid Cymru, ac wedi cyrraedd maes Eisteddfod y Drenewydd o Ysgol Haf y Blaid ym Machynlleth. 'Ar y maes gofynnodd Geraint Jones... a gymrwn i'n enwebu'n gadeirydd... Hynny a fuodd.' [MP, t. 116] Fe'm hetholwyd innau'n Ysgrifennydd newydd, a chadwyd John Davies fel Trysorydd. Roeddan ni rŵan, gobeithio, gam yn nes at fod yr hyn y bwriadwyd y Gymdeithas i fod yn y lle cyntaf, dair blynedd ynghynt, yn fudiad deinamig, gweithredol, eon a phenderfynol. Roeddem bellach, am y tro cyntaf, yn fudiad â Phwyllgor etholedig swyddogol iddo.

Penderfynwyd gofyn i'r Athro J.R. Jones fod yn Llywydd Anrhydeddus, ond gwrthod wnaeth o'n ddiweddarach am resymau personol. Dyma'r tro cyntaf i'r Gymdeithas geisio cysylltu'i hun â J.R. Jones, y gŵr oedd i ddod yn lladmerydd a dehonglwr athroniaeth y mudiad iaith yng Nghymru. Gŵr oedd gyda'r anwylaf a'r disgleiriaf, ac a ddylai fod yn fentor hyd heddiw i bawb sydd â chonsýrn gwirioneddol am ddyfodol yr iaith. Bu farw'n gynamserol ym 1970 yn 58 oed.

Etholwyd y canlynol yn aelodau o'r Pwyllgor Canolog: Gareth Miles, Owain Owain, Rhiannon Price, Dai Bonar Thomas a Siôn Daniel (Ysgrifennydd Cofnodion). Ni chytunodd Owain Owain, am resymau dilys, i ddod yn aelod o'r Pwyllgor. Ni ddaeth Gwyneth Wiliam, Neil ap Siencyn nac Emyr Llywelyn yn aelodau o'r Pwyllgor tan yn ddiweddarach yn yr hydref.

Etholwyd Gareth Miles yn olygydd Tafod y Ddraig ar ymddiswyddiad Owain Owain. Ceid rhywfaint o dyndra yn amlygu'i hun erbyn hyn rhwng Gareth a John Davies yn dilyn blwyddyn braidd yn simsan fel cyd-ysgrifenyddion y Gymdeithas. Erbyn diwedd 1965 ymddengys nad oedd y berthynas yn blodeuo rhyw lawer. Gareth oedd y Golygydd ond John oedd yn gyfrifol am ddosbarthu'r Tafod. Cafwyd cwynion am oedi parhaus ynglŷn â'r dosbarthu, a chawn Gareth yn dod i ben ei dennyn erbyn y Nadolig. Anfonodd lythyr digon chwyrn at John Davies: 'Beth ddigwyddodd i Dafod mis Tachwedd? Wir, wela i ddim pwrpas cynhyrchu'r rhacsyn os na chyrhaedda ei ddarllenwyr ynghynt ar y mis. Dyma rifyn Rhagfyr...' [Gareth Miles at John Davies, 24 Tachwedd 1965]

Treth car

I lawer ohonom, y peth pwysicaf o ddigon a benderfynwyd yng nghyfarfod y Drenewydd oedd fod y Gymdeithas yn rhoi cefnogaeth swyddogol i ymgyrch trwyddedau ceir Cangen

Blaenau Morgannwg. Cytunwyd y dylid gweithredu rhag blaen 'pe na bai'r awdurdodau wedi cytuno â'n cais erbyn dydd Calan 1966'. [ibid.] Methodd rhai ohonom â dal tan 1966 cyn gweithredu.

A minnau'n awr yn Ysgrifennydd Cymdeithas yr Iaith, rhaid oedd ysgwyddo'r cyfrifoldeb ynghyd â rhoi esiampl ac arweiniad dibynadwy. Rhois fy neng ewin ar waith drannoeth yr Eisteddfod i ohebu'n ddwys ynglŷn â'r materion perthnasol, gyda'r bwriad o roi arweiniad clir i'r Gymdeithas ynglŷn â'r sefyllfa. Erbyn canol mis Hydref, roeddwn wedi paratoi adroddiad byr a chryno, ond eitha cyflawn, i'w gyflwyno i'r holl aelodau mewn cylchlythyr aeth atynt ddiwedd y mis. Mae'r adroddiad yn egluro'r sefyllfa iddynt ac yn gosod y frwydr ger eu bron. Dyma bytiau ohono.

Cymdeithas yr Iaith Gymraeg, 31 Hydref 1965
YMGYRCH TRETH CERBYD
Datblygiadau pellach ers y cylchlythyr diwethaf 'dro yn ôl'.

(1) Atebion awdurdodau lleol Cymru yn dweud 'nad oes yr un ohonynt yn awyddus i weld defnyddio ffurflenni cais na thystysgrifau treth Cymraeg neu ddwyieithog'.

(2) Y Weinyddiaeth Drafnidiaeth yn Lloegr: '... *it is not considered that the printing of those in other than English could be economically justified. The number of persons able to speak Welsh only must also be very small.*'

(3) Atebiad E.C.R. St. John West, Ysgrifennydd Preifat Goronwy O. Roberts: 'Mae Mr. Roberts wedi gofyn i mi ddweud y bydd yn siŵr o gadw awgrymiadau eich Cymdeithas mewn cof.' [Aeth Goronwy i'w fedd ar 23 Gorffennaf 1981 yn dal i gadw a thrysori'r awgrymiadau yn ystafelloedd pella'i galon.]

(4) James Griffiths – mae Adroddiad Hughes Parry ar fin ymddangos. Bu'n esgus gyfleus i Jim, Goronwy a gweddill y giwed Lafurol Gymreig.

(5) Wedi sgwennu at 23 o gwmnïau yswiriant [yn gofyn] pa

effaith fyddai gwrthod talu'r dreth car yn ei gael ar yr yswiriant. Ateb unfrydol – DIM effaith o gwbl.

(6) Penderfynodd aelodau Pwyllgor Canolog Cymdeithas yr Iaith Gymraeg eu bod oll yn bwriadu gwrthod talu'r dreth ar ôl 31 Hydref 1965. Y mae un aelod o'r Pwyllgor, Mr. Neil Jenkins, Llywydd Cangen Blaenau Morgannwg, eisoes yn disgwyl gwŷs oddi wrth awdurdodau Merthyr Tudful, am ei fod yn gwrthod talu treth y ffordd fawr ers 30 Medi. Bydd nifer arall ohonom yn rhoi cefnogaeth ymarferol i Mr. Jenkins y mis hwn (Hydref).

Geraint Jones, Ysgrifennydd. [Cylchlythyr yr Ysgrifennydd at yr holl aelodau 31 Hydref 1965]

Does dim dadl nad yr ymgyrch hon fu'r tanwydd roddodd yr wmff go iawn, o'r diwedd, wedi'r holl hirymaros ac oedi ac ymesgusodi, i weithgareddau Cymdeithas yr Iaith Gymraeg. Mae Cynog Dafis, y Cadeirydd ar y pryd, yn cadarnhau hyn.

Yr hyn a gododd y gwres mewn gwirionedd oedd yr ymgyrch dros drwydded treth car. Erbyn Ebrill 1966 roedd Geraint Jones, nad oedd ball ar ei benderfyniad a'i wroldeb, yng ngharchar Abertawe am wrthod talu'i ddirwy... [MP, t. 119]

A do, fe'i henillwyd yn y diwedd. Hau mewn dagrau, a medi mewn rhywfaint o orfoledd.

Protest Dolgellau 1965

AETHPWYD ATI WEDI haf 1965 i drafod o ddifrif anghymreigrwydd y Llythyrdy a chytunwyd i fynd â'r maen i'r wal. 'O holl dargedau'r ymgyrch i ennill statws swyddogol i'r Gymraeg, y Post Brenhinol fu un o'r rhai mwyaf styfnig i gydsynio i ehangu eu defnydd o'r iaith.' [IG, t. 149]

Ar gais y Pwyllgor Canolog ym mis Medi 1965, lluniais demplad i'w anfon at holl aelodau'r Gymdeithas yn eu hannog i'w anfon at 'holl Bostfeistri Cymru'. Dyma'i gynnwys.

Gofynnwn yn garedig i chi sicrhau y canlynol:-
1. Fod enw'r Llythyrdy yn Gymraeg y tu allan i'r adeilad, gan ddefnyddio enw Cymraeg gwreiddiol y dref/pentref.
2. Fod holl arwyddion y tu mewn i'r adeilad yn Gymraeg, neu o leiaf yn ddwyieithog.
3. Fod holl ffurflenni, stampiau etc. y Llythyrdy yn Gymraeg, neu o leiaf yn ddwyieithog.
Disgwyliwn fel Cymdeithas y darperir y rhain erbyn dydd Calan 1966 fan bellaf.

Wedi'r holl oedi, a'r holl ohirio, a'r holl anfodlonrwydd, gwawriodd dydd Sadwrn 13 Tachwedd 1965, pan gynhaliwyd Cyfarfod Cyffredinol o'r aelodau yn Aberystwyth. Yn y cyfarfod hwn penderfynwyd yn unfrydol i dderbyn y cynllun a roddais ger bron y Pwyllgor Canolog i roi cychwyn i 'ymgyrch dorcyfraith genedlaethol i orfodi awdurdodau'r Llythyrdy yng Nghymru i roi statws swyddogol cyflawn i'r iaith Gymraeg'. [Geraint Jones at yr holl aelodau, 16 Tachwedd 1965] Penderfynwyd ein bod yn cynnal protest gyhoeddus yn Swyddfa Bost Dolgellau ymhen pythefnos, ar 27 Tachwedd 1965.

Ar 16 Tachwedd anfonais, fel Ysgrifennydd y Gymdeithas, lythyr at holl aelodau'r mudiad, gan osod y llwyfan ar gyfer protest gyhoeddus Dolgellau. Rhydd dau baragraff cynta'r cylchlythyr hwnnw ddarlun clir o'r sefyllfa a'n bwriadau ar y pryd.

> Bu Cymdeithas yr Iaith Gymraeg yn gohebu'n gyson â'r awdurdodau am dros ddwy flynedd parthed lle'r Gymraeg yn Llythyrdai Cymru. Anfonwyd llythyrau rhesymol a manwl at y Postfeistr Cyffredinol yn Lloegr, at Bennaeth y Llythyrdy yng Nghymru, ac at rai degau o Bosfeistri'r Goron yng Nghymru. Bu eu hymateb yn anffafriol iawn; gwrthwynebant unrhyw ddatblygiad a rydd statws swyddogol i'r Gymraeg oddi fewn i sefydliadau'r Llythyrdy yng Nghymru. Maent yn berffaith fodlon ar y polisi presennol o unieithrwydd Saesneg.
>
> Dywedodd Mr. Goronwy Roberts mewn llythyr at y Gymdeithas yn Nhachwedd 1964 fod Adroddiad arbennig ar y Llythyrdai i ymddangos (ar wahân i Adroddiad Hughes Parry). Mae yn gwadu ei ddatganiad erbyn heddiw; a sylwer ymhellach nad oes odid sôn am y Llythyrdy fel y cyfryw yn Adroddiad Hughes Parry. [ibid.]

Roedd y sefyllfa'n boets glân ac yn gwbl annerbyniol. A cheid nifer o enghreifftiau cyffelyb a brofai, ymysg nifer o bethau, nad oedd Goronwy Roberts, Aelod Seneddol Caernarfon, yn ei chael hi'n anodd i ddweud celwydd.

Pam dewis Dolgellau? Oherwydd fod yr awdurdodau wedi gwrthod 'cais rhesymol y Cyngor Tref ym 1959 i roi arwydd Cymraeg y tu allan i'r adeilad yno, am nad oedd, yn eu tyb nhw, yn *general practice*' [ibid.]

Gwyddai'r heddlu'n iawn fod protest ar droed, ond ni wyddent pa ffurf a gymerai. Ar nos Lun 22 Tachwedd, bum niwrnod cyn y brotest, daeth dau blismon pwysigfawr i'm gweld yn fy llety yn Abertawe i ofyn am fanylion y brotest arfaethedig. 'Ni ddywedais ddim wrth gwrs.' [Geraint Jones at John Davies, 23 Tachwedd 1965]

Y Brotest

Gwawriodd 27 Tachwedd 1965, a daeth dros ddau gant o brotestwyr ynghyd i dref Dolgellau y pnawn Sadwrn hwnnw gan ymgynnull yn y maes parcio ar y Marian am 2.30 pm. Eisoes, roeddwn wedi hysbysu'r *Western Mail* fod y brotest hon yn un a fyddai'n rhwystro'r Swyddfa Bost rhag cynnal ei busnes yn ddidramgwydd. Roedd llefarydd ar ran y Post wedi ymateb, yn ddigon nerfus ond yn heriol, os nad bygythiol yn wir, trwy ddweud fod yna lawer iawn o bobl yn Nolgellau oedd â chryn wrthwynebiad i fwriadau'r Gymdeithas ryfygus hon. [WM, 26 Tachwedd 1965]

Cyn gadael y maes parcio, anerchwyd y dorf gan Gadeirydd y Gymdeithas, Cynog Davies. Roedd hyn yn ymarfer defnyddiol iddo, gan y byddai ganddo, maes o law, anerchiad llawer anos i'w draethu, hynny ger bron lluaws gwrthnysig a thra gelyniaethus. Pwysleisiodd mai protest hollol oddefol a heddychlon fyddai hon, ac nad oedd y protestwyr i adweithio'n gorfforol mewn unrhyw fodd petai'r heddlu'n dechrau'u cam-drin, neu hyd yn oed ond eu symud yn unig.

Gorymdeithiodd y dyrfa weddus, yn drefnus ac urddasol, fesul tri, drwy strydoedd culion a hynafol Dolgellau ac at y Swyddfa Bost, yn cario a chwifio baneri a sloganau pwrpasol. Dywedai'r placardiau y cyfan yn glir ac yn groyw: 'Ai Llwfr Llafur?'; 'Blinasom ar Ddisgwyl', 'Ban Benn'; 'Lladdwn y Welsh Not'; 'Cyfiawnder i'r Gymraeg' ac eraill. Yn ystod yr orymdaith, rhannwyd taflen ymysg y cyhoedd yn egluro'r brotest, ac ynddi rhoddwyd dau reswm dros ei chynnal:

1. Tynnu sylw pobl Cymru gyfan at y ffordd yr anwybyddir hawliau'r iaith Gymraeg gan awdurdodau'r Llythyrdy Cyffredinol (y *G.P.O.*) yng Nghymru.
2. Ennill cefnogaeth pobl Cymru gyfan i'r ymgyrch dros statws swyddogol gydradd i'r Gymraeg yng Nghymru.

Ymgyrchai'r Gymdeithas, meddid, ers dwy flynedd a rhagor dros gael 'ffurflenni Cymraeg neu ddwyieithog; posteri Cymraeg neu ddwyieithog; enw llythyrdy yn Gymraeg a Saesneg.'

Yn wir, rhyw dri mis cyn y brotest, roedd Prif Swyddfa'r Llythyrdy yng Nghaerdydd wedi mabwysiadu polisi newydd a ymddangosai'n fwy calonogol. Roedden nhw wedi caniatáu rhoi 'Llythyrdy' ar wyneb y 'Post Mawr' ar y Maes yng Nghaernarfon, a hynny ar gais Siambr Fasnach y dref, ac yn cyd-fynd â pholisi'r Cyngor Tref o osod enwau Cymraeg a Saesneg ar strydoedd ac adeiladau cyhoeddus. Rhoddwyd caniatâd hefyd i ddefnyddio'r gair 'Llythyrdy' yn Nolgellau, ond nid polisi cyffredinol oedd hwn. Fe'i caniateid yn unig ar gyfer 'adeiladau perthynol i'r Goron a godir o'r newydd neu a ailwampir mewn ardaloedd Cymraeg. Gwneir hynny pe cefnogid cais am arwydd dwyieithog gan y cyngor lleol ac os yw'n arferiad lleol i osod arwyddion dwyieithog ar adeiladau cyhoeddus'. [YC, 9 Medi 1965] Dyna'r sefyllfa gymysglyd a chwbl annerbyniol a wynebai Cymdeithas yr Iaith a charedigion y Gymraeg ym 1965. Lob-sgows go iawn.

Roedd yr orymdaith fanerog, urddasol, a nadreddai'i ffordd drwy strydoedd culion Dolgellau, yn olygfa wirioneddol drawiadol, ac yn rhywbeth nas gwelwyd erioed o'r blaen yn hanes ymgyrchu dros y Gymraeg. 'Gwyliwyd hwy o bell gan nifer o blismyn.' [YF, 2 Rhagfyr 1965] Aeth nifer ohonom yn syth i mewn i'r Swyddfa Bost gan feddiannu'r lle yn llwyr trwy eistedd ar y llawr ac aros i weld beth fyddai'n digwydd. Er fod yno nifer o blismyn yn ein disgwyl, ni cheisiodd neb ein hatal. Ar wahân i brotest Pont Trefechan bron i dair blynedd ynghynt, roedd y math hwn o weithredu – yn sicr y tu mewn i adeilad cyhoeddus – yn ddieithr i bawb ohonom.

Yn y cyfamser, roedd y rhan fwyaf o'r protestwyr yn dal y tu allan, rhai yn eistedd o flaen y drws, a'r gweddill yn sefyll yn hanner cylch trwchus i'w gwarchod. Dyna pryd y cododd Cynog i annerch yr aelodau, ond yn fwy arbennig y cyhoedd, er egluro beth oedd y rhesymau dros gynnal y gwrthdystiad rhyfedd hwn. Edmygem Cynog am ei ddewrder diamheuol yn y fath sefyllfa elyniaethus. Wynebodd dafodau'r fall yn Nolgellau, a gwneud hynny ag urddas anghyffredin. Os oedd ofn yn ei galon, ni ddangosodd hynny.

Pwysleisiodd yn gryf mai'r unig ymateb i'n ceisiadau niferus am statws i'n hiaith oedd bod yr awdurdodau am 'ystyried' y mater. Cafwyd eglurder a chryn awdurdod yn ei gyflwyniad. Ystyriai ymateb y Swyddfa Bost yn ddim namyn sarhad.

> Y mae urddas yr iaith Gymraeg yn hawlio mwy na'r haerllugrwydd crintach hwn. Bydd y Gymdeithas yn cynnal protestiadau tebyg i hon ledled Cymru nes cydnabyddir yr hawliau hyn. Y mae'n gyfiawn ac yn anrhydeddus i Gymru gael yr hyn a geisiwn i'w hiaith. [ibid.]

Yn ddiweddarach ymhelaetha:

> Nid Cymdeithas yw hon sy'n ymhyfrydu mewn torri cyfraith ac yn cael blas ar herio awdurdod. Ond mae hi'n Gymdeithas sy'n credu bod cyfiawnder llwyr dros wneud hynny pan fo pob dull arall o sicrhau urddas a pharch a statws i'r iaith Gymraeg yng Nghymru wedi methu. [YC, 2 Rhagfyr 1965]

Arall oedd ymateb nifer o wrthbrotestwyr taeog Dolgellau: 'Sgynnoch chi ddim hawl i fod yma… cerwch adre… ewch yn ôl i Aberystwyth 'na… *we'll have nothing to do with you*'. [ibid.] Yn ei olygyddol, ni all golygydd *Y Cymro* ddeall agwedd a safbwynt y gwrthbrotestwyr hyn o gofio fod Cyngor y dref wedi gofyn yn benodol am Gymreigio'r Llythyrdy. Ychwanega un peth pwysig. 'Annheg hefyd fyddai derbyn eu bod yn cynrychioli'r mwyafrif o Gymry'r dref.'

Ond fe gafwyd ymhlith y cyhoedd rai pobl – pobl o'r dref ei hun fe ddatgelwyd yn ddiweddarach – digon annifyr ac anwladgarol, a dweud y lleiaf, oedd yn mynnu hisian a bwyo drwy gydol y cyfarfod. Fodd bynnag, daliodd Cynog ei dir yn gadarn hyd ddiwedd ei anerchiad. Yna canwyd 'Hen Wlad fy Nhadau'. A do, fe gafwyd adwaith disgwyliedig y gelynion anfad hyn i'n hanthem gydag ymgais bitw ac aflafar i gyflwyno *God save the queen* â'i hislais gwenwynig yn rhacs o diwn. Gwaeddodd un o'n protestwyr ni arnynt mewn llais cryf: 'Eich hanthem chi oedd honna [Hen Wlad]. Allai peth fel hyn ddim digwydd yn unman ond yng Nghymru.'

Gesyd gohebydd y *Welsh Nation*, papur Saesneg misol Plaid Cymru, y sefyllfa yn iach a chryno:

This did not depress the protesters; indeed, the presence of timid and unhealthy Welshmen in Wales is a well known and long accepted fact, so that their efforts at being British (i.e. English) were laughable to those fighting for the moral rights of their nation... their enthusiasm and cheerfulness was very inspiring to all those present who sympathised with the action taken. [WN, Ionawr 1966]

Y '*Special Squad*'

Fodd bynnag, yn dilyn tua hanner awr o brotestio, cyrhaeddodd sgwad o blismyn o rywle, eisoes wedi penderfynu symud y protestwyr, a gwneud hynny'n ddigon garw a didostur. Ymddengys bod cyfran go dda o'r plismyn hyn yn gyfarwydd i nifer o'r protestwyr, sef y rhai hynny ohonynt a fu, rhyw bum wythnos ynghynt, yn protestio yng Nghapel Celyn adeg agoriad swyddogol argae fawr Tryweryn gan Gorfforaeth Lerpwl. Yn swyddogol, gelwid y plismyn hyn yn '*Special Squad*', gyda dyletswyddau a dulliau penodol o ddelio â phrotestiadau

175

cyhoeddus a thorfol. Caed rhyw fin digon mileinig i'r ffordd yr aethant ati yn Nolgellau i drin y protestwyr â llaw drom. Cofient, siŵr o fod, am yr embaras a'r cywilydd a lewyrchwyd arnynt yn Nhryweryn, a'u methiant llwyr i ladd y brotest yn y fan honno. Symudwyd, neu'n hytrach lluchiwyd, nifer o'r rhai a eisteddai o flaen y Swyddfa Bost at draed y ciaridýms lleol oedd yno'n udo am waed y diniwed. Ac ni rwystrodd yr heddlu'r fulturiaid drycwyl hyn rhag rhegi a rhwygo, a tharo a chicio.

Un peth sydd raid ei bwysleisio. Cadwodd holl aelodau'r Gymdeithas, fel un, ac yn gwbl ddisyfl, at yr egwyddor ddi-drais, ac ni thrawyd yn ôl o gwbl. Ar un wedd, ailadroddwyd protest pont Trefechan bron i dair blynedd ynghynt, ond y tro hwn gryn dipyn yn ffyrnicach. Cofiaf i Emyr Llywelyn gael ei daro deirgwaith yn ei ben â bwnsiaid o allweddi trymion. Ni tharodd yn ôl er cael cryn anaf. Ychwanega gohebydd *Y Faner*:

> Cyn gynted ag y câi rhai o'r dorf afael yn y myfyrwyr, yn feibion a merched, a lusgid o'r Post, ymosodent arnynt, gan eu dyrnu a'u cicio, ac nid oedd yno ddigon o blismyn i'w hamddiffyn. Ni welais yr un o'r rhai a luchid o lech i lwyn gan y dorf yn ceisio'u hamddiffyn eu hunain. Dioddefasant yn llew ac yn dawel. [YF, 2 Rhagfyr 1965]

Do, cafwyd gwir arwriaeth ar strydoedd Dolgellau'r dwthwn hwnnw, a bu hynny'n bropaganda gwerth chweil i Gymdeithas yr Iaith Gymraeg a'i chenhadaeth.

Cododd protest Dolgellau nifer o gwestiynau pwysig ar gyfer protestiadau'r dyfodol. Nid yn gymaint am yr egwyddor o weithredu'n ddi-drais, ond yn hytrach am y ffaith amlwg nad oedd gan y protestwyr druain unrhyw amddiffynfa rhag trais plismyn, gwrthbrotestwyr na chyhoedd gelyniaethus. Gwelwyd yn Nolgellau'r dwthwn hwnnw nifer o sefyllfaoedd hyll a pheryglus. Gwelwyd 'glaslanciau' bygythiol a threisgar yn cam-drin dynion a merched cwbl ddiamddiffyn

Cymdeithas yr Iaith; gwelwyd gwraig tua thrigain oed yn colbio protestwyr ar eu gwegil â'i hambarél; gwelwyd 'tri phlismon, ynghyd â gŵr bonheddig yn ei ddillad ei hun yn llusgo merched ieuainc, a hyn am lathenni, ar hyd y llawr a hynny weithiau gerfydd un fraich, weithiau gerfydd coler eu côt.' [YC, 2 Rhagfyr 1965]

Yn yr un adroddiad dywed un, nad oedd yn rhan o'r brotest, iddo weld dynion yn cael 'eu llusgo ar hyd y llawr gerfydd un llaw neu un droed neu goler eu côt a'u taflu at y drws. Gwelais un yn cael ei daflu fel hyn nes taro'i ben ym mhost y drws. Gwelais un plismon yn ceisio gafael yng ngwallt dyn a'i ên a cheisio'i symud felly.' Ychwanega fod 'ymddygiad y protestwyr, er yn anhwyluso'r cyhoedd, yn ymddygiad hollol oddefgar'. Yn wir, cafodd y dyn diniwed a dibrotest hwn ei drin fel un o'r protestwyr gan yr heddlu ciaidd a'i daflu allan o'r Swyddfa Bost, ac yn y brotest honno, meddai, 'cefais y fath ddyrnod neu ben-glin yn isel yn fy stumog yn ddiachos nes yr wyf yn dal i deimlo'r effaith.'

Pennawd diamwys adroddiad *Y Cymro* am yr achlysur oedd:

PROTEST IAITH YN ENNYN LLID RHAI O BOBL DOLGELLAU
Dyrnu, cicio a thynnu gwallt

Dyfynna'r gohebydd rai o floeddiadau a sgrechiadau rhai o'r dorf wrthwynebus: 'Be wnawn ni heb y Saeson...'; 'Meddyliwch ein bod ni'n talu i gadw'r stiwdants 'ma yn y colegau i wneud ffyliaid ohonom.'

Yn wahanol i'r gwrthwynebiad a gafwyd ar Bont Trefechan ddechrau Chwefror 1963, cafwyd nifer sylweddol o ferched y dref yn chwistrellu'u llysnafedd anghynnes yn Nolgellau. *'Housewives and local youths'* ydi dechrau adroddiad y *Western Mail*, sy'n sôn amdanynt yn ymuno, ie ymuno â'r heddlu i ddelio â'r giwed o wrthdystwyr cenedlatholgar.

Ychwanegodd y gohebydd fod un o wragedd cynddeiriog Dolgellau eisiau galw injan dân y dref i ddod at y Llythyrdy *'to hose them out of the building'.*

Datblygodd y cyfan i fod yn *'ugly, three-sided clash at the post office'* gyda'r *'angry Dolgellau youths and women'* yn chwarae rhan amlwg wrth godi ymchwydd yr holl drybestod.

Disgyblaeth

Er bythol glod i aelodau Cymdeithas yr Iaith, ni fu unrhyw ymladd o'u tu hwynt. *'Watches and spectacles were smashed as fights broke out.'* Gormodiaith arferol y *Western Mail* oedd hyn wrth gwrs, papur oedd bryd hynny, beth bynnag am heddiw, heb unrhyw gydymdeimlad â Chymdeithas yr Iaith Gymraeg. Ochra'r papur, heb os, â'r heddlu, nid â'r protestwyr, gan ymylu'n beryglus at gyfiawnhau triniaeth giaidd yr heddlu ohonynt. *'... officers in uniform and plain clothes proceeded to drag the sit-down protestors out of the hall. They bundled the students into the street, some head first, and several were set upon and roughly handled by the town element.'* [WM, 29 Tachwedd 1965]

Ailffurfiwyd yr orymdaith a chodwyd y baneri drachefn. Er y cleisiau a'r archollion, effeithiau dyrnodau a chiciadau lleiafrif gwiberog, aeth y protestwyr, yr un mor urddasol, ymaith dan ganu geiriau heriol ein hanthem genedlaethol. Aethpwyd rŵan i gynnal cyfarfod *post mortem* yn llofft llyfrgell y dref gerllaw, a chynllunio camau nesa'r brotest. Llogwyd yr oruwch-ystafell hon ymlaen llaw ar ein cyfer trwy gymwynas garedig Ieuan L. Jenkins, Dolgellau. [Llythyr Ieuan Jenkins at Geraint Jones, 19 Tachwedd 1965]

Fel y gellid disgwyl, cafwyd cryn gwyno am ymateb yr heddlu a'r dorf i'n protest. Ond roedd rhyw gymaint o gwyno'n ogystal am ymateb rhai o'r protestwyr eu hunain i'r cythrwfl. Gallai Cynog gofio Rhiannon Price yn nodi nad oedd pawb wedi ufuddhau i'r cyfarwyddyd am 'fynd yn llipa'.

[MP, t. 117] Ac er iddo, fel Cadeirydd y Gymdeithas, ddatgan wrth y wasg na fyddid yn cwyno'n swyddogol am ymddygiad gwarthus yr heddlu, yn arbennig y ffaith iddynt ddewis peidio ag amddiffyn y protestwyr rhag trais rhai bwlis o'r cyhoedd, daliai nifer dda o'r protestwyr yn llafar iawn eu cwyn. Dafydd Evans, mab Gwynfor Evans, Llywydd Plaid Cymru, oedd un ohonynt. Dywedodd iddo gael ei gicio a'i hambygio gan bump o blismyn wrth ddod o'r adeilad. [YC, 2 Rhagfyr 1965] Ai'r un Dafydd Evans tybed oedd y Dafydd Ifans oedd yn fyfyriwr yn Aberystwyth ac yn adrodd yr hanes ym mhapur y coleg? Adroddiad braidd yn negyddol ydyw a gŵyr y 'bydd criw o Aber yn Llanbedr [y brotest nesaf] eto, a finnau yn ein plith, ond rwy'n credu y dylid cael trafodaeth o ddifri ymysg ein hunain cyn penderfynu cefnogi protest eto ar ôl honno.' [LL, 13 Rhagfyr 1965]

Chwyrn, chwerw a choeglyd ddigon oedd ymateb Gareth Miles wrth sôn am ymddygiad yr heddlu. 'Eu hagwedd yn amlwg oedd "os caiff y diawliaid gosfa iawn rŵan, ella na ddôn nhw ddim eto"... nid oedd Gwil Tud [Gwilym Tudur] yn gormodieithu pan soniodd am y peryg i rywun gael cyllell.' [Gareth Miles at John Davies, 28 Rhagfyr 1965]

Fodd bynnag, yn y cyfarfod a gynhaliwyd yn dilyn y brotest, penderfynwyd, er yr holl firi a chamwri, na fyddai'r Gymdeithas yn dwyn achos yn erbyn yr heddlu. 'A ddioddefws a orfu', heb os, fyddai egwyddor ac arwyddair y dydd, yn gyson â pholisi di-drais cadarn y mudiad.

Gwelwyd protest Dolgellau gan lawer o sylwebyddion fel un a allai fod yn gyntaf ymhlith llaweroedd, ac yn un a oedd yn arwydd o'r dull a'r modd y byddai Cymdeithas yr Iaith yn mynd ati i frwydro am statws swyddogol i'r Gymraeg. Cafwyd dadansoddi a lleisio barn, cefnogi a chollfarnu.

Sodlau Segur

Yn dilyn y sgarmes yn Nolgellau, cofiaf ddarllen ysgrif ddadansoddol a chraff yn *Y Genhinen* gan un a'i galwai'i hun yn 'Sodlau Segur'. Deallaf erbyn hyn mai'r Dr. R. Tudur Jones, Bangor ydoedd. Ynddi awgrymodd yn gryf fod protestio ynglŷn â'r iaith yn cynhyrfu pobl yn fwy na materion gwleidyddol eraill a hynny, fe honnai, oherwydd fod a wnelo'r iaith â chyfrifoldeb personol ac unigol y Cymro. Honnodd hefyd fod yr heddlu hwythau yn brinnach eu hamynedd pan ddeuent wyneb yn wyneb â phrotestwyr iaith. O'm profiad fy hun, mae hon yn ddamcaniaeth y gallaf f'uniaethu fy hun â hi'n llwyr, rhaid cyfaddef.

Aiff dan groen gwaseidd-dra'r Cymro cyffredin, a cheisia roi dadansoddiad ohono:

> Yr wyf mewn peth anhawster wrth gyfeirio at wrthdystiad Cymdeithas yr Iaith Gymraeg yn Nolgellau... Yn ôl fy ngohebydd i, nid oedd unrhyw awgrym o awydd mawr cyhoeddus i atal y gwrthdystiad ac yn sicr ni foddwyd Hen Wlad fy Nhadau gan *God Save the Queen*. Y peth a gafwyd oedd cymod rhwng yr heddlu a'u gelynion arferol yn ardal Dolgellau. Yn lle bod yr heddlu'n gwylio'u cyfle i afael yng ngwarrau'r bobl ifainc am ymladd... gyda'i gilydd [h.y. yr elfen dreisgar o'r cyhoedd], cafwys esgus i fanteisio ar help y rheini i boenydio'r gwrthdystwyr. Yn wir, ni ddaeth yr heddlu allan ohoni'n dda y tro hwn. A oes cyfiawnhad tros lusgo merched gerfydd eu gwalltiau pan fônt yn ymuno mewn gwrthdystiad cyhoeddus o'r math yma?

Yr hyn a ddywed Sodlau Segur mewn gwirionedd ydi fod yma enghraifft deg o'r hen gynllwyn Beiblaidd pan aeth Herod a Pheilat yn gyfeillion. Aiff rhagddo i ddadansoddi'n deg y taeogrwydd Cymreig nodweddiadol.

> Ymateb greddfol pawb ohonom pan ein cyhuddir ni o lyfrdra ac o daeogrwydd yw ffyrnigo. Yn aml iawn, mynegwn ein ffyrnigrwydd trwy ymuno'n fwy brwdfrydig ar ochr y gallu sy'n ein gormesu... Y mae'r iaith yn beth sy'n cyffwrdd â'n cyfrifoldeb unigol ni yn ein hymwneud â phobl eraill. Felly,

pan fo pobl yn ymgyrchu tros iaith, gellir disgwyl adwaith llawer mwy ystormus na chyda phethau eraill, ac y mae'n gwbl resymegol felly i dybio y bydd yr heddlu hwythau'n fwy cignoeth wrth drafod protestwyr iaith nag wrth drafod pobl sy'n protestio yn erbyn agor llyn [y brotest yn Nhryweryn fis ynghynt]. Y mae'n werth inni sylweddoli hyn er mwyn ymgadarnhau ar gyfer brwydrau'r iaith yn y dyfodol. [YG, Gaeaf 1965-66]

Mae ei sylwadau yn atgoffa rhywun o eiriau Saunders Lewis ei hun yn *Tynged yr Iaith*: 'Traddodiad o ddioddef dirmyg ac erlid yw traddodiad amddiffyn politicaidd i'r iaith Gymraeg. Yng Nghymru gellir maddau popeth ond bod o ddifri ynglŷn â'r iaith.' [TYI, t. 20] Cafwyd rhodd o £5 i goffrau'r Gymdeithas gan Saunders ynghyd â'i ddiolch llaes a'i ddymuniadau cynnes a'i anogaeth i beidio, ar unrhyw gyfrif, â llaesu dwylo. Maes o law, anfarwolwyd protest Dolgellau ganddo yn ei ddrama newydd, *Cymru Fydd*, drama a ysbrydolwyd i raddau gan yr hyn a ddigwyddodd yn, a ger, Swyddfa Bost y dref.

Llambed, Sali Davies, Machynlleth

CYNHALIWYD YR AIL brotest dorfol yn erbyn styfnigrwydd haerllug y Swyddfa Bost ar Ŵyl Cilmeri,11 Rhagfyr, 1965. Daeth yn agos i 200 ynghyd ar y pnawn Sadwrn hwnnw i faes parcio tref Llanbedr Pont Steffan yng Ngheredigion. Anelai'r Gymdeithas at gael cyfres o brotestiadau, gan eu cynnal ar hynny o bryd yn gyfleus yng nghanolbarth Cymru. Disgrifiwyd y ddwy brotest fel 'Effeithiol iawn' fel pennawd erthygl yn rhifyn Ionawr 1966 o'r *Ddraig Goch*. 'Bu'r ymateb yn Llanbedr... yn fwy heddychol' (o'i gymharu â Dolgellau fis ynghynt). 'Ymgasglodd tyrfa yma eto i geisio canu *God Save the Queen* ond gwannaidd oedd eu bloeddio, a thirionach eu hymwneud â'r protestwyr. Nid ymyrrodd yr heddlu ychwaith â'r brotest... Bid siŵr, fe geisiwyd ganddynt i rwystro aelodau... rhag mynd i mewn i'r Llythyrdy, ond ofer fu hynny, ac aeth y brotest ymlaen yn effeithiol a didramgwydd.' [DG, Ionawr 1966]

Gorymdeithiwyd yn llu banerog urddasol fesul dau trwy'r strydoedd. Roeddwn i wedi mynd yn llechwraidd i'r Llythyrdy cyn cychwyn yr orymdaith, ac anfon oddi yno lythyr at James Griffiths, yr Ysgrifennydd Gwladol, yn galw arno i roi sylw'n ddiymdroi i'r 'sarhad' a fwrid yng

Nghymru ar ein hiaith genedlaethol. [EP, 13 Rhagfyr 1965] Postiwyd cerdyn post arall hefyd, a hwnnw gan Alfred Jones o Gastellnewydd Emlyn oedd yn fyfyriwr yn Abertawe, at Roderic Bowen, Aelod Seneddol Sir Aberteifi, yn gofyn am ei gefnogaeth i ymdrechion y Gymdeithas i gael statws swyddogol i'r Gymraeg. [ibid.]

Yna daeth nifer o'r aelodau i mewn yn slei bach i ymuno â mi yn y Swyddfa Bost, tra byddai'r heddlu'n brysur yn arolygu'r orymdaith – Emyr Llywelyn, Neil ap Siencyn, Gareth Miles, Gwyneth Wiliam, Tegwyn Jones, Menna Dafydd, O.T.L. Huws, Ainsleigh Davies, a rhyw ddwsin arall, gan fwrw'u cluniau ar lawr yr adeilad yn gwbl ddirybudd. A phan gyrhaeddodd yr orymdaith y lle erbyn 3.15, llanwyd grisiau a drws yr adeilad gan griw o brotestwyr. Gadawyd llwybr cul rhyngddynt ar gyfer pensiynwyr yn unig. Roedd yno rhyw ddau ddwsin o blismyn, gyda dau dditectydd di-lifrai yn tynnu lluniau drwy'r prynhawn. Rhannwyd taflenni yn egluro beth oedd amcan y brotest.

Eisteddai Cynog Dafis, Cadeirydd y Gymdeithas, ar riniog y Llythyrdy a phan ddaeth henwr i nôl ei bensiwn, cododd i wneud lle iddo, gweithred fawrfrydig a dynnodd sylw'r wasg ar unwaith, ac a bwysleisiai natur heddychlon y brotest. Un arall a geisiodd agor llwybr i'r Llythyrdy oedd Pwyliad 22 oed o Lambed, Weislaw Gdula, siaradwr Cymraeg rhugl, oedd am helpu bachgen i bostio parsel. Methodd yn hynny o beth a dywedodd am ei fethiant, 'Halodd hynny fi'n grac!' Eto i gyd, roedd Weislaw 'yn bleidiol i'r brotest. Canai Hen Wlad fy Nhadau, Cofia'n gwlad… gyda'r protestwyr. Cytunai ag eistedd ar y palmant ac ar lawr y post – Ond fe ddylai fod lle i bobl fynd mewn a ma's meddai.' [YC, 16 Rhagfyr 1965]

Yna cododd Cynog i annerch y dorf gan fachu ei sylwadau ar yr hyn a gyhoeddwyd wythnos ynghynt – 'datganiad swyddogol ar bolisi'r Llythyrdy ynglŷn â gosod enwau Cymraeg ar eu hadeiladau… dywedodd Mr. E.E. Neal, Cyfarwyddwr y Llythyrdy dros Gymru… nad oedd unrhyw wrthwynebiad swyddogol i roi enw Cymraeg ar yr adeiladau mewn ardaloedd Cymraeg, lle gwelid arwyddion Cymraeg ar adeiladau cyhoeddus eraill, a lle dymunai'r awdurdod lleol hynny. Er mwyn lleihau'r gost, fodd bynnag, y polisi oedd gosod yr arwyddion Cymraeg pan atgyweirid yr adeiladau.' [ibid.] Y fath haelioni! Darbodusrwydd cydwybod y taeog Cymreig ar ei orau. Fe'i hatebwyd ar ei ben gan Cynog: 'Ni ddylai fod yn rhaid gwneud cais am arwydd Cymraeg. Nid yw'r Sais yn gorfod gofyn am yr enw *Post Office* yn Lloegr.' Pwysleisiodd yn ogystal nad am enw Cymraeg yn unig y brwydrai Cymdeithas yr Iaith ond am statws llawn i'r iaith yn y Llythyrdy, boed ffurflenni, llenyddiaeth, posteri neu beth bynnag. 'Peth sumbolaidd yw'r enw tu allan'.

Yna, fe anerchwyd y dyrfa gan Gwyneth Morgan: 'Bu'r Cymry dan ormes Sais a Saesneg yn llawer rhy hir. Rwy'n falch o weld yng Nghymru heddiw genhedlaeth o bobl ifainc a fynnant gywiro hynny. Ni cheid y fath ruddin yn y bobl ifainc chwarter canrif yn ôl.' Roedd ganddi air yng nghlust y sawl a wrthwynebai'r brotest hon: 'Os nad ydych yn cyd-weld â'r hyn a wneir yma heddiw, peidiwch byth eto â chanu *O bydded i'r heniaith barhau.*'

Fel Ysgrifennydd y Gymdeithas bu'n rhaid i minnau wynebu holl bobl y Wasg oedd yno, o Gymru a Lloegr – *Y Cymro, Western Mail, Evening Post, Sunday Mirror, Sunday Times, et al.* Ymosodol oedd natur fy natganiadau iddynt. *'Humbug'* oedd geiriau James Griffiths am ddilysrwydd cyfartal i'r Gymraeg ac meddwn:

> Byddwn yn awr yn dwysáu ein hymgyrch yn erbyn awdurdodau'r Swyddfa Bost gwrth-Gymreig. Mae'n amlwg fod y Postfeistr Cyffredinol yn gwbl fodlon â'r gyfundrefn *'English only'* yng Nghymru. Ni fydd pwyllgorau seneddol Prydeinig fyth yn dyrchafu'r iaith Gymraeg i'r safle a fwynheir gan ieithoedd cenedlaethol mewn gwledydd gwâr. Mae ein holl ymdrechion am dros dair blynedd wedi cael eu hanwybyddu gan James Griffiths a Goronwy Roberts... [ibid.]

184

Bellach, tynnai at bump o'r gloch ac roedd wedi tywyllu. Roedd y Llythyrdy i gau am 5.30. Cyrhaeddodd gŵr, un W. Hardy o Station Terrace, Llambed, i geisio adnewyddu treth ei gar (o bob peth!) a cheisiodd ddringo'n flêr a heglog dros y protestwyr. Methodd yn lân a bu'n rhaid iddo ddychwelyd adref heb adnewyddu ei dreth. [EP, 13 Rhagfyr 1965]

Pan drawodd y cloc bump, penderfynwyd rhoi pen ar y mwdwl. Cododd Cynog i ddweud gair gan ofyn i bawb adael yn drefnus. *'They immediately got up, sang the Welsh national anthem and left.'* [Sunday Mirror, 12 Rhagfyr 1965]

Sali Davies

Yn haf 1965 ymddeolodd Sali Davies, Llwyn Dewi, Cellan, o'i swydd fel Pennaeth y Gymraeg a Dirprwy-Brifathrawes yn Ysgol Uwchradd Llanbedr Pont Steffan. Daeth yn gymwys i godi ei phensiwn henoed gwladol ar y cyntaf o Hydref 1965. Cyn gallu hawlio'r pensiwn gwladol rhaid oedd iddi wneud cais amdano'n swyddogol trwy lenwi ffurflen bwrpasol, ffurflen oedd ar gael yn Saesneg yn unig. Gwrthododd ei llenwi. Oherwydd hynny gwrthodwyd yr hawl iddi dderbyn y pensiwn y gweithiodd tuag ato'n gydwybodol a ffyddlon gydol ei hoes. Gwnaeth gais ar ôl cais am ffurflen Gymraeg, ond fe'i gwrthodwyd bob tro, a bu'n rhaid iddi hithau ddibynnu'n llwyr ar ei chynilion, yn ogystal â cheisio byw yn ddarbodus ac annibynnol a heb orfod gofyn i'w ffrindiau am gymorth. Aeth hyn ymlaen ac ymlaen, a'r aberth yn dechrau gwasgu a chleisio.

Flwyddyn yn ddiweddarach, roedd hi'n dal i fyw heb ei phensiwn dyledus. 'Mae'n galed arnaf erbyn hyn heb fy arian wythnosol', meddai'r Undodreg ddewr hon o Geredigion, gan ychwanegu'n wylaidd ei bod hi'n 'galetach ar Gymry Cymraeg heb ryddid yn eu gwlad eu hunain.' [YC, 11 Awst 1966]

Cwynwyd hefyd am agwedd wrthnysig Goronwy Roberts a edliwiodd iddi nad oedd mor ddrwg â hynny arni gan ei

185

bod, 'wrth gwrs yn gymwys i bensiwn athrawon yn ogystal
â phensiwn henoed.' Roedd Goronwy, fel yr oedd yn arfer
ganddo'n aml, yn dweud anwiredd. Dywedodd ei fod yn
deall iddi wneud cais i'r Weinyddiaeth Addysg am ffurflen
Gymraeg. Hysbyswyd hi nad oedd ffurflen Gymraeg ar gael,
ond gellid darparu cyfieithiad iddi. Honnodd hefyd fod Sali
Davies wedi llenwi'r ffurflen Saesneg yn hytrach na gofyn
am y cyfieithiad Cymraeg. Celwydd noeth oedd hynny. Nid
oedd ronyn o wir yn y stori yna; ni bu cais, ni bu atebiad
na chynnig cyfieithiad. Gallai Goronwy fod yn annheilwng
iawn o'i swydd, a hynny'n aml.

Cytunodd y Gymdeithas i roi'r cyhoeddusrwydd mwyaf
i'r anghyfiawnder. 'Rhoddwyd amlygrwydd mawr i'w hachos
ym mhamffled enwog Cymdeithas yr Iaith a ddosbarthwyd
ar Faes Eisteddfod Aberafan ar ddydd Ymweliad Mr.
Cledwyn Hughes â'r Ŵyl'. [D. Jacob Davies, YC, 12 Ionawr
1967] Cysylltodd Sali Davies â'i Haelod Seneddol newydd,
Elystan Morgan, a bu ef 'yn ymyrryd ar ei rhan a phledio'i
hachos' ger bron yr Albanes Peggy Herbison, y Gweinidog
Nawdd Cymdeithasol (Llafur) ar y pryd. [ibid.]

Ar yr wythfed o Dachwedd 1966 derbyniodd lythyr
Cymraeg oddi wrth T.M. Thomas o Adeiladau'r Llywodraeth
yn Llanbedr Pont Steffan yn gofyn am ei manylion personol.
Ond pan gafodd lyfr pensiwn o'r diwedd, gwelwyd nad oedd
yr awdurdodau yn caniatáu iddi ôl-bensiwn o'r cyntaf o
Hydref 1965, ond yn hytrach o 1 Awst 1966 yn unig. Cafodd
ei hamddifadu'n llwyr o ddeng mis o bensiwn am ei safiad!

Ymddangosodd Cynog Dafis gyda Sali Davies ger bron
Tribiwnlys Apêl yn Llanbedr mewn ymdrech lew i geisio cael
yr ad-daliad, ond aflwyddiannus fu'r apêl bryd hynny. Yn ôl
Cynog 'roedd eisiau mwy na hyn er mwyn creu momentwm.'
[MP, tt. 118-119]

Fodd bynnag, fe ddaeth i'r lan yn y diwedd, a chafwyd
buddugoliaeth nodedig. Bu ei haberth gloyw yn esiampl
odidog ddisglair i bawb o garedigion ac ymgyrchwyr yr iaith

Gymraeg. Gwraig ddewr, ddiffuant ac ymroddedig, oedd Sali Davies, a thra pery'r Gymraeg fe gofir am ei haberth. Bu farw ym 1972.

Protest Machynlleth

Cynhaliwyd protest dorfol yn Swyddfa'r Post ym Machynlleth yn hapus ddigon ar ddydd Sadwrn 29 Ionawr, 1966. Cafwyd cyfarfod byr yn y bore yn Senedd-dy Owain Glyndŵr yn y dref, ac yn dilyn, gorymdeithiwyd at y Swyddfa Bost. Cefais innau ryddid i werthu fy stampiau 'anghyfreithlon' oedd â 'Statws i'r Gymraeg' wedi ei argraffu'n weddus arnynt dros wyneb QE2 Brenhines Lloegr. Y diwrnod hwnnw 'gwerthwyd pob un o'r ddwy fil... a argraffwyd ar gyfer y brotest ym Machynlleth... yn wyneb y galw fe gyhoeddir ychwaneg o stampiau yn y dyfodol agos'. [YC, 3 Chwefror 1966] Anfonwyd llythyrau at y Postfeistr Cyffredinol a'r Ysgrifennydd Gwladol yn cario'r stampiau anghyfreithlon. Chafodd neb ei erlyn am y fath drosedd anfad. Roeddwn eisoes wedi bod y tu hwnt o brysur yn gwerthu pum mil o'r stampiau hyn, ac roedd 10,000 arall o stampiau grôt ar eu ffordd. Hawdd oedd gwybod beth fyddai adwaith y Swyddfa Bost i'r brotest hon ac felly y bu. Rhoddodd rybudd i holl ganolfannau didoli llythyrau Cymru, ynghyd â rhannau helaeth o Loegr, i fod yn wyliadwrus rhag i unrhyw lythyr a gariai stamp anghyfreithlon arno gael ei ganiatáu i'w ddosbarthu. Byddid yn gofyn i'r derbynnydd dalu ardreth o wyth geiniog arno. Hyn, yn y pen draw, fu'n angau i'r brotest. Rhwng popeth daeth â thua deugain o aelodau newydd i'r Gymdeithas oherwydd rhoddai gyfle i werthwyr y stampiau yn ein mysg genhadu yn enw'r Gymdeithas ledled Cymru a thu hwnt. Gwnaethpwyd elw iach o'r fenter, a daeth â chryn gyhoeddusrwydd inni hefyd. Ond nid pawb o aelodau'r Gymdeithas a fu'n gwerthu.

Do, cynhaliwyd y ddwy brotest gyda rhyw ddau neu dri chant ym mhob un. Cawsom bob cefnogaeth a sirioldeb yn y ddau le yma, yn wahanol i Ddolgellau flin – OND, er yr holl gyhoeddusrwydd, chafodd **neb** ei arestio.

Yn gwmwl ar unrhyw sirioldeb o'r fath, roedd yna anghydfod o fewn y Pwyllgor yn dechrau amlygu'i hun o ddifrif – gwrthdaro rhwng y rhai oedd am fwrw ymlaen â phrotestio torfol a defnyddio dulliau torcyfraith di-drais, ac eraill o aelodau'r Pwyllgor oedd yn gyndyn iawn o wneud hynny. Erbyn hyn roedd John a Thedi wedi hen ddiflannu o'r rhengoedd, a mwyach roeddent yn rhydd i fwynhau'r academig dost, a gwleidyddiaeth etholiadol feddal a didramgwydd Plaid Cymru. I eraill ohonom roedd cymylau bygythiol llysoedd barn a charchardai yn codi dros y gorwel, a'r pwysau'n cynyddu gyda phob gwŷs Saesneg.

Dywedaf drachefn, nid arestiwyd yr un copa walltog. Doedd yr awdurdodau yn malio dim, waeth faint o ganmol a thelynegu a wnaem am 'ewyllys da' ac am ryw lwyddiant honedig. Doedd y Gymraeg na'r frwydr, waeth cyfaddef, ddim uwch baw sawdl wedi'r holl gonjî a thrafferth a chyhoeddusrwydd. I waethygu pethau, roedd rhai o aelodau'r Pwyllgor Canolog yn credu fod y tair protest wedi bod yn hen ddigon, ac na ddylid cynnal rhagor.

Ond i nifer dda o brotestwyr, yn arbennig y rhai mwyaf brwd a blaengar, roedd yna gwestiwn y dylid ei ofyn a'i drafod. A oedd cael pobl wedi eu harestio, a'u herlyn, a'u cosbi, yn rhan annatod o amcanion y protestiadau hyn, yn union fel yr oedd, yn wir, yn brif fwriad yr 'ymosodiad' cyffelyb a wnaed ar Swyddfa Bost Aberystwyth yn Chwefror 1963, dair blynedd ynghynt? Wrth gwrs ei fod, oherwydd dyna pam na fodlonodd rhai ohonom ar fethiant y brotest wreiddiol honno yn Aberystwyth, oherwydd dros eu crogi doedd yr heddlu ddim yn fodlon arestio unrhyw brotestiwr. Ac onid Tedi Millward ei hun sy'n sôn am ei daer ymbil â'r heddlu y dwthwn hwnnw yn Aberystwyth? 'Ond anwybyddwyd y cwbl gan yr heddlu. Wrth i mi addurno drws swyddfa'r heddlu â phosteri, heriais insbector a oedd yn dyst i'r weithred i'm

harestio. Ei unig ymateb oedd hanner gwên.' [TRhG, t. 69]
Cau Pont Trefechan oedd ymateb cyfran arall o'r protestwyr
hynny.

Siom

Sylweddolais innau, fel Ysgrifennydd y mudiad, gydag eraill,
mai'r cam naturiol a rhesymegol nesaf yn yr ymgyrch fyddai
ymosod yn ddirybudd ar swyddfeydd post ledled Cymru a'u
meddiannu. Byddai'n gynllun gwirioneddol chwyldroadol o'i
weithredu'n ofalus ac eon. Byddai achosion llys yn bownd o
ddilyn y math hwn o weithredu. Bu trafod dwys ymysg rhai
ohonom ynglŷn â thactegau a goblygiadau cynllun o'r fath.
Cyflwynwyd y syniad i sylw Pwyllgor Canolog y Gymdeithas.
Fe'i saethwyd yn gelain yno gan ffyrnigrwydd y meddylfryd
anweithredol, ac felly rhoed terfyn, nid yn unig ar feddiannu
dirybudd, ond ar holl ymgyrch y swyddfeydd post yn ogystal.

Ddiwedd Chwefror 1966, wedi tair protest gyhoeddus yn
erbyn y Swyddfa Bost, ympryd bum niwrnod, a chynnydd yn
niferoedd yr achosion llys (yn bennaf ynglŷn â thrwyddedau
ffordd), cytunodd Saunders Lewis i fod yn Llywydd
Anrhydeddus Cymdeithas yr Iaith Gymraeg. Datganodd
fod ganddo gydymdeimlad â'r Gymdeithas a'i hamcanion,
ynghyd ag edmygedd, a'i fod 'yn mawrhau gwaith yr aelodau
yn dwyn anghenion y Gymraeg i sylw'r cyhoedd. Yr wyf yn
dymuno dangos pob cefnogaeth iddynt.' [YC, 3 Mawrth
1966]

Ychwanegodd Gareth Miles, Swyddog Cyhoeddusrwydd
y Gymdeithas, 'ei bod yn galonogol iawn i'r aelodau weld
ei fod yn rhoi sêl ei fendith ar waith y Gymdeithas'. [ibid.]
Oedd yn wir, yn galondid mawr i bawb ohonom weld 'Y
Gŵr sydd ar y Gorwel', y gŵr y dymunai Plaid Cymru weld
ei ymddeoliad gwleidyddol yn parhau, yn awr yn Llywydd
Anrhydeddus ein byddin fechan.

A gafwyd ymchwydd yn y rhengoedd? Och fi !
Penderfynodd y Pwyllgor fod hynna'n ddigon o brotestio

am y tro. Dechreuodd rhywrai wangalonni, a rhoed heibio'r gwrthdystiadau hyn. Roedd Emyr (a oedd wedi dychwelyd i'r tresi wedi haf '65), Neil, Gwyneth, Dai Bonar a minnau, yn sylweddoli fod gwrthgiliad arall wrth y drws, a rhaniad yn y Pwyllgor yn ei amlygu'i hun – y rhai oedd **am** weithredu ar y naill law (ni) a'r rhai **na** fynnent hynny ar y llaw arall (nhw).

Protest y Babanod

DECHREUODD Y BROTEST hon tua diwedd 1964 – ymdrech i gael tystysgrifau geni yn Gymraeg. Protest syml iawn oedd y brotest hon, sef gwrthod cofrestru baban ar ei enedigaeth oherwydd fod y dystysgrif geni yn uniaith Saesneg. Bu nifer o rieni wrthi'n ddygn dros gyfnod o ryw ddwy flynedd ynglŷn â'r wedd bwysig hon o statws swyddogol i'n hiaith.

Y rhai cyntaf i faes y gad ac yn arwain y criw bychan o wrthryfelwyr oedd Hywel ap Dafydd a'i briod Almut, a Chynog Dafis a'i briod yntau, Llinos, y ddau deulu'n byw yn Nhalgarreg, Ceredigion. Yn wir, bu Cynog a Llinos wrthi'n brysur yn cysylltu â rhieni o bob cwr o Gymru yn ceisio'u perswadio i ymuno yn yr ymgyrch, yn arbennig y rhai hynny a gyhoeddai'r genedigaethau yn y *Western Mail*. [MP, t. 118; TAD, t. 31] Fel y disgwylid efallai, cyfyngedig oedd y nifer a ymunodd.

Hywel ac Iwan

Y cyntaf i'w erlyn yn y brotest hon oedd Hywel, a hynny am iddo wrthod cofrestru ei fab Iwan a anwyd ar 20 Medi 1964. Yn wir, cafodd Hywel ateb rhyfedd iawn ganol Ebrill 'yn rhoi caniatâd iddo alw'r plentyn yn Iwan ap Hywel – ymgais fwriadol mae'n debyg i gamddehongli cais Hywel... y mae

Deulwyn a Gwerfyl wedi gofyn am dystysgrif geni Cymraeg ac yn bwriadu gwneud protest gref am y mater.' [John Davies at Gareth Miles, 22 Ebrill 1964] Gwysiwyd Hywel i ymddangos ger bron ynadon Caerfyrddin ddydd Llun, 8 Mawrth 1965. [Hywel ap Dafydd at John Davies] Yn y cyfamser, ar 5 Chwefror 1965, ganwyd Arthur, mab Llinos a Chynog Dafis, a gwrthodasant hwythau ei gofrestru yntau.

Ymladdai Hywel ddau achos mewn gwirionedd, fel y digwyddai bron yn ddi-feth yn ymgyrchoedd cynnar Cymdeithas yr Iaith – nid yn unig gwrthod cofrestru'n Saesneg, ond hefyd gwrthod y wŷs Saesneg. Cafodd gefnogaeth lawn a pharod y Gymdeithas, a chafwyd datganiad byr ac i bwrpas gan Gareth Miles a oedd, y flwyddyn honno, yn un o ddau ysgrifennydd y mudiad. 'Mae'r Gymdeithas yn cefnogi Hywel ap Dafydd i'r carn, a bydd ei haelodau yn ymgasglu yng Nghaerfyrddin ddydd y prawf.' [YC, 18 Chwefror 1965] A do'n wir, daeth criw o gefnogwyr ynghyd i'r llys yng Nghaerfyrddin i gefnogi Hywel, myfyrwyr o Goleg y Brifysgol, Abertawe, yn bennaf. Roedd John Davies yn ddarlithydd yn y coleg erbyn hyn ac fel hyn y cofnoda'r digwyddiad:

'Heb roi gwybod i'r Adran, llogais fan undeb y myfyrwyr a chludo'r dosbarth cyfan i'r llys yng Nghaerfyrddin er mwyn iddynt glywed yr ynadon yn cosbi Hywel Davies am wrthod cofrestru ei fab yn Saesneg yn unig.' [FHI, t. 75]

Yn y llys, plediodd Hywel yn ddieuog a rhoddodd ei dystiolaeth yn Gymraeg trwy gyfieithydd. Dywedodd wrth yr ynadon fod ganddo 'hawl foesol i ddefnyddio fy iaith fy hun mewn popeth yn y wlad hon a berthyn i fywyd cymdeithasol a chyhoeddus', ac yr âi 'i garchar yn hytrach na thalu'r ddirwy'. [YC, 11 Mawrth 1965] Cafodd ddirwy o bunt am dorri'r gyfraith, a rhoddodd cadeirydd y fainc, F.P. Bridgstock, wythnos iddo i dalu.

BARN

RHIF 57

Gorffennaf 1967

PRIS 2/6

ENNILL TIR YM MRWYDR YR IAITH?

'DWYIEITHRWYDD' 'DILYSRWYDD CYFARTAL' 'DARPARIAETH BELLACH'

Mr GERAINT JONES	Syr DAVID HUGHES-PARRY	Mr. CLEDWYN HUGHES
ARWRIAETH	PWYLL	POLITICS

BARDDONIAETH HEDDIW

LLYFRAU'R DRYW

Triawd anghymharus

Tafod y Ddraig

" **GWRTHODAF dderbyn gradd Prifysgol Cymru** am i'r Brifysgol wadu'r iaith Gymraeg—iaith y genedl y mae'n Brifysgol iddi.

" Am ddwy flynedd bron, buom ni'r myfyrwyr yn gofyn a gofyn am le teilwng i'r Gymraeg yn y Coleg. Gwrthododd yr Awdurdodau bob cais sylweddol.

" Fe â'r frwydr ymlaen. Ond dyma fy nghyfle olaf i. Gwrthodaf y radd hon, a gwnaf hynny tra pery'r Brifysgol mor elyniaethus i'r Gymraeg."

Robert Paul Griffiths,
Coleg y Brifysgol, Bangor, 20 Gorffennaf, 1964.

Cyhoeddwyd gan Ysgrifennydd Rhanbarth Arfon o Gymdeithas yr Iaith Gymraeg: Owen Owen, 4, Plas Llwyd, Bangor; ac argraffwyd gan Wasg y Cronicl, Bangor.

Protest Robat Gruffudd yng Ngholeg Bangor: Atodiad Arbennig
Tafod y Ddraig Gorffennaf 1964.

Achos Caerdydd, 21 Hydref 1966; Geraint Jones a Rhys ap Rhisiart

Achos Gwyneth Wiliam: tu allan i Lys Pontypridd ddiwrnod y brotest, 11 Mehefin 1966.

Gwyneth Wiliam

Neil ap Siencyn

COFIO J. R. JONES

J. R. Jones (1911-70)

**Gwyn Erfyl
Emyr Llywelyn**

Gwilym Tudur

Ymborthi wedi ympryd ym Merthyr, 1965: Geraint Jones, Emyr Llywelyn, Siôn Daniel, Gareth Miles

Wrth byrth Carchar Caerdydd, 8 Hydref 1966, adeg carcharu Neil ap Siencyn

IN THE COUNTY OF CARDIGAN.

Petty Sessional Division of *Aberystwyth*

To: As on reverse side.   Reg. No. *9*

YOU were this day convicted by the Magistrates'
Court sitting at *Swyddfa'r Sir, Aberystwyth.*
of

Being one of two persons carried on a Bicycle.

and were ordered to pay FORTHWITH the sum of *——*
Pounds *TEN* Shillings and *——* pence as
shown in the margin hereof. PAYMENT SHOULD BE MADE
to THE CLERK TO THE JUSTICES, JUSTICES' CLERK'S OFFICE,
1, ALFRED PLACE, ABERYSTWYTH.

FAILURE TO PAY FORTHWITH, will render y
or goods liable to distrain without further n
you shall have been granted further time for
Application for the grant of further time may
either in person to the Court or by letter add
the Clerk at the above address, stating fully
grounds on which the application is made.

Dated the *23rd* day of *January* 19
1963

Fine

£ s d
10-0

Costs.
TOTAL

10-0

HUMPHREY D. ROBERT

Clerk to the Jus

Notice
of
Fine.

PLEASE ENCLOSE THIS NOTICE WITH YOUR REMIT

Gwŷs Saesneg am wrthod talu'r ddirwy am y torcyfraith bwriadol cyntaf yn enw'r
Gymdeithas yn Aberystwyth, 27 Tachwedd 1962

In the County Borough of Swansea

TO Geraint JONES, of Bryn Trefor, Caernarvon, North Wales.

YOU were this day convicted by the Court of Summary Jurisdiction sitting at the Magistrates' Court, Swansea, and were ordered to pay the sum of twenty pounds   shillings and   pence as shown in the margin hereof; the sum to be paid on or before the 29th day of June 1966.

OFFENCE : Roads. (4 cases)

PAYMENT should be made either by post or made personally at the Magistrates' Clerk's Office, Central Police Buildings, Alexandra Road, Swansea, on any week day (except Saturday) between the hours of **9.30** a.m. and **1 p.m.** and **2.30** p.m. and **5** p.m.

IF you desire to make payment through the post, you may do so at your own risk.

FAILURE to pay on or before the appointed days will render you liable to imprisonment, or your money and goods liable to restraint without further notice, unless you shall have been granted before that day further time for payment. Application for the grant of further time may be made either in person to the Court or by letter addressed to the Clerk to the Justices at the address below and stating fully the grounds on which the application is made.

DATED the 22nd day of June 1966.

A. H. UREN,
Clerk to the Justices.

Note : Any communication sent by post must be properly stamped and addressed to—
A. H. UREN,
Clerk to the Justices,
Magistrates' Court, Alexandra Road, Swansea.

ADJUDICATION

	£	s.	d.
Fine s		0	0
Costs		0	0
		0	0
Paid on Account	—	—	—
Balance	20	0	0

Mag. Courts Act, 1952 S. 37

Rhybudd oddi wrth ynadon Abertawe i dalu 'dyled' o £20. Canlyniad gwrthod talu oedd mis o garchar yn Awst 1966.

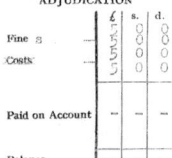

GWRTHOD Y GWYSION YN Y CARCHAR

Y Cymro

AR ol ei ryddhau o garchar Abertawe, ddydd Gwener, y mae Mr Geraint Jones eisoes wedi gyrru tua dau gan milltir yn ei fen-fodur—heb drwydded arni.

Meddai yn ei gartref, yn Nhrefor, Arfon, ddechrau'r wythnos: "Er mor annymunol yw carchar, ni thalaf y dreth heol nes caf y ffurflen gais a'r tystysgrif yn fy iaith fy hun. Nid yw brwydr Cymdeithas yr Iaith Gymraeg ond megis dechrau. Y mae Cymru a'r Gymraeg yn mynd i ennill"

Y mae Mr Jones, sy'n 27 oed, i ymddangos gerbron Ynadlys Abertawe eto, rywbryd yn ystod y mis hwn, ar ddau gyhuddiad pellach o fod heb drwydded ar ei fen.

Pan ddygwyd y gwysion iddo i'r carchar fe'u gwrthododd. "Roedd yr awdurdodau mewn tipyn o benbleth wedyn", meddai. "Ni wyddent beth i'w wneud. Deallaf iddynt ffonio'r Swyddfa Gartref. Daethant heibio eilwaith efo'r gwysion a'u darllen yn uchel. Y tro hwnnw mi wrthodais wrando. Rhoddais fy mysedd yn fy nghlustiau".

Pan oedd yn dod allan o'r carchar cafodd fe'u gwysion wedi'u rhoi gyda'r gweddill o'i eiddo personol. Rhoes yntau hwy yn y tan. "Ystyriaf beth fel hyn yn erledigaeth bendant", meddai Mr Jones.

Am ei fis yng ngharchar dywedodd iddo gael ei drin "yn union 'run fath a throseddwr". Cawsai ddigon i'w fwyta yno "ond bod y bwyd yn beth sal ar y naw".

Serch hynny, ni chollodd ond pedwar neu bum pwys yn ystod y mis er ei fod yn gorfod gweithio'n galed o wyth hyd hanner awr wedi pedwar bob dydd, yn llifio trawstiau rheilffyrdd i wneud coed tan.

Cyn troi at y coed treuliai awr bob bore yn gwnio sachau i'r Llythyrdy. Ei gyflog oedd tri a chwech yr wythnos. Gwariai Mr Jones "y cyfan" i gael smoc. Prynai hanner owns o faco siag am 2s 10c, gwerth dwy geiniog a fatsus a gwerth chwech o bapur gwneud sigarennau. Holltai bob matsen yn bedair er mwyn iddynt gyrraedd.

Protestio ger muriau'r carchar

"MAE Iwerddon yr un mor gaeth heddiw er fod iddi Senedd. Mewn iaith mae rhyddid, ac nid mewn sefydliadau. Yr unig fyddin a all ymladd dros achos Cymru yw Cymdeithas yr Iaith Gymraeg."

Dywedwyd hyn gan Emyr Llewelyn Jones wrth siarad tu allan i garchar Abertawe yn y cyfarfod protest am garcharu Geraint Jones, Ysgrifennydd Cymdeithas yr Iaith Gymraeg, ddydd Sadwrn.

Aeth Emyr Llewelyn Jones, a garcharwyd ei hun am y rhan a gymerodd mewn ffrwydrad yn Nhryweryn ddwy flynedd yn ôl, ymlaen: "Os oes ar neb eistau antur, ymunwch â'r Cymdeithas hon; os oes arnoch eistau rhyddid i Gymru—ymunwch â'r un Gymdeithas.

"Maint ein darostyngiad ni fel Cymry ydyw ein bod wedi cyfaddawdu gormod â'r Saeson. Maint aberth Geraint Jones yw ei fod wedi gwrthod, meddai.

Mynnu

"Fe garcharwyd Geraint Jones nid yn gymaint am ei fod am siarad Cymraeg ond am ei bod nhw yn mynnu iddo siarad Saesneg," meddai Victor Hampson Jones syn ddarlithydd yn y gyfraith yng Ngholeg y Brifysgol, Caerdydd.

"Fe na bai Geraint yn medru Saesneg o gwbl, yna fe allasai siarad Cymraeg gyda chyfieithydd. Felly, y pechod mawr a wnaeth Geraint yn y lle cyntaf oedd nid yn unig dysgu Cymraeg, eithr hefyd dipyn o Saesneg."

Meddwl fel Sais

"Y mae yma ryddid ond i chi feddwl fel Sais, a byw fel Sais, ond dyma'r math gwaethaf o orthrwm", meddai Mrs Trefor Beasley, "Y mae marwolaeth iaith yn rhan o broses gorchfygu cenedl. Y mae lladd y Gymraeg yn gynllun bwriadol gan unthrw dywydrarth Seisnig."

Aeth Mrs Beasley ymlaen i ddweud fod ein tir hefyd mewn perygl a chyfeiriodd at Epynt, Rhandirmwyn, Tryweryn, Clywedog a Sir Fynwy.

"Y mae rhai heddiw yn gweiddi 'tacteg'," meddai Mrs Beasley. "Nid amser i bessi yw hi, nac i wenu'n foesgar, ond torchwn ein llewys."

Yn ôl Cynog Davies, cadeirydd Cymdeithas yr Iaith Gymraeg, aeth y gwladgarwr o Gymro i gyfwr meddwl lle na all feddwl ond yn sbermau amddiffyn.

"Rym ni byth a hefyd yn ceisio amddiffyn ein tir rhag lladrad, ein broydd rhag bygythiad parhaus y gorllf Seisnig. Aeth "cadw" yn arwyddair gyda ni—cadw'r iaith, cadw cymuedau rhag difancoll, cadw rhyw ffurfiau diwylliannol arbennig, yr eisteddfod", meddai.

Ymosod

Aeth Cynog Davies ymlaen, "Yn awr yr ydym yn hawlio mwy, mwy na fu gyda ni ers pedair canrif a rhagor. Mae'r frwydr wedi symud o'r amddiffynnol at yr ymosodol . Mae safiad a charchariad Geraint Jones yn un arwydd, yn ymhlith nifer, fod yna ddefffro ymhlith y Cymry ac ewyllys nid i gadw'n unig, ond yn hytrach i greu o'r newydd".

Dywedodd ei bod yn gywilydd ar genedl y Cymry, i'n tadan ac arweinwyr gwleidyddol yn y gorffennol, i ni orfod aros hyd 1966 cyn i Gymro amlygu bodolaeth y gwarth yma a mynd i'r carchar dros yr iaith.

Sylfaenol

"Protodd Gersint Jones mai pechod anfaddeuol yn erbyn cyfraith Lloegr yw i Gymro feiddio bodoli fel Cymro", meddai Mrs Gwyneth Morgan, Ystradgynlais.

Aeth rhagddi i ddweud, "I ni gydd yw ei harddel hi ymhob agwedd o'n bwyd, y Gymraeg yw ffynhonnell holl urddas a cheinder ein traddodiad cenedlaethol.

"Hi yw trysorfa pymtheg canrif o wareiddiad ein cenedl, y trysor amhrisiadwy y bydd "y moch ynaden "a'r dyniomach o glercod sydd yn sefyll yn enw Lloegr yn ein plith, yn ei sathru dan draed â'i dafu i'r cwn.

"Ym mywyd cyhoedddus Cymru ac yn y llysoedd barn, yr unig hawl sydd gan bob un ohonom ni heddiw yw'r tipyn goddefgarwch a estynnir i bob truan o estron anghyfraith a niuuun yn ein gwlad ni ein hunain".

Gorymdeithiodd arllofau o'r Gymdeithas drwy Abertawe a dilynwyd yr orymdaith gan ddwsin o gerbyddau heb —ddedau

Mrs. Beasley yn annerch.

Emyr Llewelyn Jones yn annerch o flaen y carchar.

Rhan o'r orymdaith a gerddodd drwy strydoedd Abertawe ddydd Sadwrn.

Yn Abertawe ddydd Sadwrn 'roedd nifer o foduron heb drwydded arnynt.

D. Elwyn Davies yn holi rhai o'r gorymdeithwyr

Llythyr i'r Ysgrifennydd Gwladol dros Gymru

Anfonwyd y llythyr hwn i'r Gwir Anrhydeddus Cledwyn Hughes, yr Ysgrifennydd Gwladol dros Gymru gan Mr. Robyn Lewis, cyfreithiwr ym Mhwllheli.

Y Gwir Anrhydeddus Cledwyn Hughes, Ysw.,
LL.B., A.S., P.C.,
Yr Ysgrifennydd Gwladol dros Gymru,
Y Swyddfa Gymreig,
Llundain.

Syr,

Carchariad Geraint Jones

ERS pan glywais y newydd fod Geraint Jones wedi ei fwrw i garchar am fis gan Lys Ynadon, Abertawe, oherwydd iddo wrthod talu dirwy a osodwyd arno gan y Llys hwnnw, yr wyf wedi meddwl llawer iawn am ei sefyllfa, ac am y sefyllfa gyffredinol yng Nghymru mewn achosion o'r fath.

Yn y fir cyntaf yr wyf yn adnabod Geraint Jones a'i deulu yn dda. Gresyn fod y drefn sydd ohoni yng Nghymru heddiw wedi peri i wr ifanc sy'n hanu o deulu holol barchus y geliid eu disgrifio fel "colofnau cymdeithas" yn yr ardal hon — i gael ei dafu i garchar pan na fu gweithred ddrygweithredol o gwbl. Ymddengys yn unig iddo sefyll dros yr egwyddor y mae yn credu ynddi, ac aros yn gadarn yn erbyn pob perswad ac anogaeth i ildio. Cosbwyd ef, felly, am beidio a derbyn cyfundrefn y mae ef yn ei hysgymed yn annheg.

Teimlaf yn awr, o'i adnabod ef a'i deulu, mai peth gwarthus yw iddo orfod treulio mis yn y carchar yng nghwmni troseddwyr a drwg-weithredwyr o bob math.

Yn yr ail le teimlaf yn gryf wedi profiad o ddeng mlynedd fel Cyfreithiwr, dros statws is-raddol yr iaith Gymraeg yn y Gyfundrefn Gyfreithiol yng Nghymru.

Wrth smarter yr alwedigaeth mewn ardal Gymraeg, sylwaf yn feunyddiol ar wahanol agweddau ar y sefyllfa hon. Yn wahanol i Geraint Jones y mae'r rhan fwyaf o bobl i'w gweld yn ei derbyn heb brotestio i'n graddaio y gwnaeth ef, ond nid ydynt yn ei derbyn yn fodlon.

Dichon fod chwithau, Syr, ann oeddech yn ymuner eich galwedigaeth o gyfreithiwr yn Sir Fôn yn ymwybodol o'r sefyllfa.

Gwnaed datganiad gan eich rhagflaenydd yn y swydd o Ysgrifennydd Gwladol ynglyn ag Adroddiad Hughes Parry.

Ond mewn dwy Araith o'r Orsedd a draddodwyd ers pan gyhoeddwyd yr Adroddiad, ni sonnwyd o gwbl am y peth. A siomedig iawn yw'r distaw rwydd swyddogol o gyfeiriad eich Swyddfa chwithau au, Syr, a'r Geraint Jones beliach yng ngharchar ers pythefnos.

Hyderaf gan hynny, Syr, y gaill y mater trueaus hwn eich sylw buan — o safbwynt Geraint Jones yn bersonol, ac o safbwynt wr byw a'i ad ef dewsto yn sefydlliol: ac y gwelwch yn dda i cydefnyddio eich dylanwad sylweddol ar y Llys, a hefyd yng Nghymru i gywio'r cam a wnaed.

Yr eiddoch yn gywir,

ROBYN LEWIS.

Swyddfa'r Glyn,
91 Stryd Fawr,
Pwllheli,
Sir Gaernarfon.

Gofyn cwestiwn yn Nhŷ'r Cyffredin

BYDD Mr. Elystan Morgan, yr Aelod Llafur dros Sir Aberteifi, yn gofyn yn Nhŷ'r Cyffredin dddydd Llun peryl y bwriedir deddfu ar Adroddiad Hughes Parry. Derbyniwyd yr Adroddiad mewn egwyddor yn mis y Llywodraeth yn mis Rhagfyr.

"Os na phwysir yn rhywle y teimlaf y gall y mater trwyd fynd i ebaul ar ôl yn Nhŷ'r Cyffredin, Ni fedraf ond gobeithio fod yr Adroddiad yn mynd yn ymchwilwir ac aw dadrodda cyfreithiol", meddai.

BARN Y BOBL

ABIAH RODERICK

Un o'r Cymry llengar a gerddai yn yr orymdaith fawr hon drwy strydoedd Abertawe i gyfeiriad y carchar oedd Mr. Abiah Roderick.

Yn llaw y bardd gwerinol hwn yr oedd darn o bapur a phensil, ac wrth gerdded gyda'r brotest ysgrifennodd y geiriau hyn yn arbennig i'r "Cymro" ar Gymru ac i Geraint.

"Yn nydd 'Prydeindod' ein moethusrwydd ni,
Collasom iaith â pharabl iddi'n ffri,
Nes ein synhwyron syn—i fwl fel ti
Yn dy ynfydrwydd, lwyddo i'n sobri ni."

Y Parchedig Brifathro Penuar Davies:

"Mae'r frwydr dros yr iaith yn un wleidyddol, ac 'rwy'n credu y defnyddid pob modd sy'n foesol iach i gyrraedd y nod.

Mr Trefor Beasley, Llanelli (un a fu'n ymladd am dros ddeuddeg mlynedd am sturflen imewn yn Gymraeg —ac yn y frwydr fe gollodd bron y cyfan o'i garfod):

"Roedd yn braf gweld ar y heddlu yn cydweithredo mor hyfryd—clywais hyd yn oed un heddgeidwad yn siarad Cymraeg"

Yr Athro J. R. Jones, Abertawe:

"Yr ydym yma i sierhau dilyswydd cyfartal i'r iaith. Ond nid yw hyn yn ddigon—rhaid adennill balchder y Gymraeg.

Parch Alwyn Rees:

"Y mae'n gywilydd ein bod yn gorfod ymladd dros ein hiaith yn ein gwlad ein hunain.

Menna Llwyd—merch ifanc o Sir Fôn:

"Desais i lawr bob cam o Sir Fôn i protestio yn erbyn y ffaith fod Cymro wedi garfod mynd i garchar am iddo siarad mewn iaith estron.

Mr William Morgan— athro ysgol yng Nghwm Tawe:

"Yr wyt yn gweld pobeith o'r diwedd—'r iaith ac i ryddid y genedl. Credaf yn bendant ein bod yn mynd i ryddio i achub yr iaith er gwaethaf cymlwyddon diethg nifer o brifathrawen gwrth-Gymreig, sydd wrth yn dylanwadu ar plant ysgolion uwchradd y Bu yma i ddysgu unrhyw iaith ond y Gymraeg.

Mr Trefor Morgan— Pennaeth Cwmni, Ysurtaint, Aberdar:

"y mae'n gywilydd meddwl nad oedd Bwdd

Cymraeg i dystion wneud eu llw arno yn Llys Abertawe, gorfu i Geraint Jones fynd i'r geil—cyn yr gyhuddo—tra bod rhywun yn rhedeg a helynta am Feibl Cymraeg. Chwarae teg iddynt—'roedd yna ras o feihlau yn mhob iaith arall!"

Mr William Morgan:

"Reyf wedi bod yn dilyn pob protest a gynhalwyd yng Nghymru yn ystod y blynyddoedd diwethaf hyn, ac mae'n dda gennyf weld fod cymaint, o nad mawr, o bobl ifainc yma heddiw nag a welais yn yr un ohonynt. 'Ond ymhle y mae'r bobl hyn A ydynt wedi mynd i ysgafn y gwisg, gan adael y eywer yr balch i ni y bobl ifaine? Rhaid i ni gael mwy o gydymdeimlad bobl cunol iaith a chefnogaeth ar ben"

"Ond 'rwyn credu fawr fod y frwydr wedi dechrau o ddifri, ac y bydd i lwyddo".

Saunders Lewis (1893-1985)

Robert Ambrose Jones
(Emrys ap Iwan) (1848-1906)

Trefor ac Eileen Beasley gyda'u plant, Elidyr a Delyth

Helynt Brewer-Spinks yn Nhanygrisiau, Mehefin 1965

Pont Trefechan, 3 Chwefror 1963: Rhiannon Silyn Roberts yn 'anymwybodol'.

Llun: Geoff Charles/Llyfrgell Genedlaethol Cymru

Clawr darlith radio Saunders Lewis, *Tynged yr Iaith*, 1962

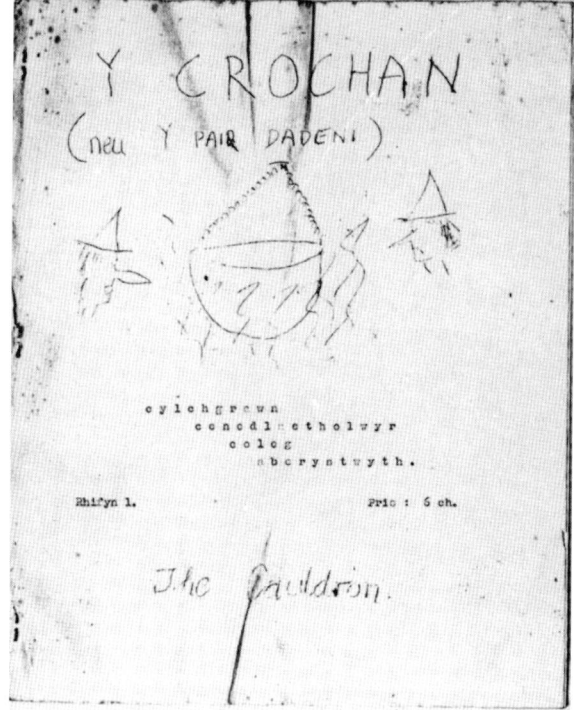

Clawr erchyll *Y Crochan*, 'cylchgrawn cenedlaetholwyr Coleg Aberystwyth' ddiwedd 1963

Bob Davies, hen filwr o Lanberis, a anfonodd yr oll o'i fedalau'n ôl i Balas Bycingham mewn protest yn erbyn carcharu milwyr yr iaith 1966.

Rhys ap Rhisiart a'i 'drostan ffyrf' ym mhrotest Caerdydd, 8 Hydref 1966

Trefor Morgan (1914-1970)   Gwyneth Morgan (1916-1998)

Ym Mhrotest Pontypridd, 11 Mehefin 1966: Cynog Dafis, Gwyneth Wiliam, Siôn Daniel, Geraint Jones, Neil ap Siencyn

Emyr Llywelyn
Llun: Raymond Daniel

Y gyfraith

Ar 18 Mawrth 1965, rhoddodd gwas sifil o'r Swyddfa Gymreig, un H.I. Sparkes, y gyfraith mewn llythyr at I.E. Jones o'r Tyllgoed, Caerdydd, fel a ganlyn:

> Mae y dull o gofrestru genedigaethau wedi ei osod i lawr o dan Ddeddf Cofrestru Genedigaethau a Marwolaethau 1953, ac felly, fel y saif y gyfraith yn awr, mae'n rhaid gwneud y cofnod yn Saesneg... mae'n rhaid i'r dystysgrif geni hefyd... fod yn Saesneg, ac nid yw yn bosibl cyhoeddi cyfieithiad ohoni.

Dyna air terfynol y Mediaid a'r Persiaid, ond, a diolch am hynny, fe'i gwrthodwyd gan griw bychan o Gymry gwladgar a phenderfynol.

Erbyn canol Ebrill 1965, dywedwyd fod 'ychwaneg yn barod i wrthod cofrestru yn Saesneg' [YC, 15 Ebrill 1965] a bod tri phâr am ddilyn yr esiampl a osodwyd. 'Mae'r ergyd bwysicaf, yr ergyd gyntaf, wedi ei tharo gan Hywel ac Almut.' [T, Ebrill 1965] Yn wir, agorodd *Tafod y Ddraig* gronfa i'w 'digolledu pe anfonid ef i garchar neu pe dygid peth o'i eiddo ymaith gan y bwmbeili'. Ond erbyn canol Mehefin 1965 roedd Hywel wedi bod braidd yn naïf a byrbwyll ac wedi talu'r ddirwy, a hynny trwy gamddeall y gyfraith, panicio heb reswm ac oherwydd ei fod yn ddibrofiad yn y pethau hyn. Mewn llythyr at Gareth Miles dywed:

> Erbyn hyn rwy'n edifarhau'n arw... Digwyddodd fel hyn. Daeth dau blismon, a wedodd un ohonyn nhw, "Mae warant 'da fi." Wnes i ddim meddwl am ddim byd ond wythnos o garchar a minnau ar fin cynhaea silwair – amser prysur dros ben. Ar ôl sgwrs gyda Cynog, penderfynwyd byddai 'ngholli i am wythnos yn cawlio popeth. Dau gamgymeriad wnes i, sef cymryd yn ganiataol fod yr heddlu ddim yn gweithredu fel 'bailiff', a pheidio â darllen y warant. Yn ôl y W.M. [*Western Mail*] warant i ddwyn eiddo oedd e, mwy na thebyg. Felly,

mae'r holl wendid yn codi o anwybodaeth o'r gyfraith, a diffyg profiad o drafod yr awdurdodau. [Hywel ap Dafydd at Gareth Miles, 17 Mehefin 1965]

Gŵr cyndyn o geisio cyngor ar fân bethau syml oedd Hywel; yn wir, bu hynny'n fai llawer o ymgyrchwyr cynnar Cymdeithas yr Iaith, er mawr golled iddyn nhw'u hunain a'u hachos.

Sonia John Davies am sefyllfa Meic a Margaret Tucker o Gaerdydd a genedigaeth eu hail blentyn. Gofyn am gymorth Cyfarfod Cyffredinol y Gymdeithas a gynhaliwyd yn Aberystwyth ar 25 Ionawr 1964 a wnaethant, gan eu bod yn bwriadu ymladd am dystysgrif Gymraeg pan enid y plentyn. 'Gan mai ail blentyn fyddai, roedd posibilrwydd na fyddai ei rieni yn derbyn lwfans teulu pe na chofrestrid y baban [Iestyn pan y'i ganwyd], ac felly trefnwyd cronfa i'w ddigolledu pe digwyddai hynny.' [TAD, t. 31]

Braidd yn gymysglyd ac anwleidyddol oedd ymateb aelodau Ieuenctid Plaid Cymru pan drafodwyd y mater yn eu Hysgol Ieuenctid yng Nghaernarfon dros y Pasg 1965. Trafodwyd yno'n ogystal fater cofrestru priodasau. Roedd ambell i wrthwynebiad yno'n rhywbeth annealladwy braidd. Megis p'run ai doeth fyddai i Gymry ieuainc wrthod cofrestru eu priodasau oni cheid ffurflenni Cymraeg neu ddwyieithog i wneud hynny. Ni ellid priodi heb ffurflen, meddai un ferch ifanc, ac os gwrthodid y ffurflen honno, yna, y bobl ifainc eu hunain a ddioddefai, nid yr awdurdodau. Ni allent briodi. Gwahaniaethid rhwng 'undod yng ngolwg Duw' a phriodas anghredinwyr. Daethant i'r lan yn y diwedd trwy dderbyn cynnig Dafydd Evans, Llangadog, 'bod y gynhadledd yn argymell aelodau ieuainc y Blaid i beidio â chofrestru eu priodasau a genedigaethau ond ar ffurflenni Cymraeg neu ddwyieithog, a'u bod yn cefnogi safiad Hywel ap Dafydd o Dalgarreg... hyd eithaf eu gallu.' [YC 22 Ebrill 1965] Elfennol a synhwyrol.

Wn i ddim a fu unrhyw achos o wrthod cofrestru priodas ai peidio, er mor swynol y seiniai sumffoni synau serchog synhwyrus Ieuenctid Plaid Cymru. Cafwyd ebychiad enwadol bychan yn un o gyfarfodydd Undeb y Bedyddwyr yng Nghaernarfon ym Medi 1966 yn anerchiad y Parchedig Dafydd H. Edwards, Llanelli, wrth iddo gyflwyno adroddiad o Bwyllgor Cyd-enwadol yr Iaith Gymraeg. Dywedodd 'y dylai gweinidogion ystyried dechrau ymladd am gael cofrestru priodasau yn Gymraeg'. [YC, 22 Medi 1966] A fu 'ymladd'? Go brin.

Llinos ac eraill

Un o'r rhai cyntaf i'w herlyn mewn llys barn yn ymgyrch y tystysgrifau geni oedd Llinos Dafis, Talgarreg, a hynny ym mis Medi 1965 am wrthod cofrestru genedigaeth ei mab Arthur. Pan ymddangosodd ger bron ynadon Aberystwyth cafodd sioc reit ar ddechrau'r gwrandawiad gan fod bydwraig yno i dystio fod Arthur **wedi** ei eni ar 5 Chwefror 1965, yn union fel petai Llinos yn ceisio celu'r ffaith honno! Fodd bynnag, dywedodd wrthynt, heb hel dail, nad oedd unrhyw fwriad ganddi gofrestru 'nes y byddai'n gyfreithlon iddi wneud hynny yn yr iaith Gymraeg'. [YC, 16 Medi 1965] Ychwanegodd ei bod hi a'i gŵr Cynog wedi gwneud cais i'r Cofrestrydd Cyffredinol ar 15 Ionawr a 27 Chwefror am gael cofrestru genedigaeth Arthur yn Gymraeg, yn ogystal ag anfon llythyr at Gofrestrydd Sir Aberteifi, D.Ll.C. Morgan ar 14 Ebrill yn hysbysu'r gŵr hwnnw o'u protest a'u gwrthodiad. Ac meddai Llinos: 'Gormes yw ein gorfodi i ddefnyddio iaith estron yn ein gwlad ein hunain. Hyd nes y caiff y Gymraeg ei chydnabod yn iaith swyddogol ym mhob agwedd ar fywyd, does dim gobaith iddi oroesi.' A pharhawyd yn ddi-ildio i wrthod cofrestru Arthur. Penderfynodd Mainc Aberystwyth ei dirwyo i 10 swllt gyda £5.15.0 o gostau.

Gwrthod cofrestru genedigaeth eu merch, Delyth Mai, wnaeth Glyn a Hawys James, Glynrhedynog, Y Rhondda.

Dywedodd Glyn yr elai i garchar cyn y byddai'n cofrestru'r enedigaeth, ond eto i gyd cafodd lyfr Lwfans Teulu. Gofynnai – 'Ai arwydd yw hyn fy mod yn ennill?' [WM, 10 Awst 1966]

Ceir adroddiad balch yn *Y Faner* gan daid Dylan Clwyd Jones, mab Iwan G. Jones a'i briod. Y taid hwn oedd neb llai na Gwilym R. Jones, golygydd *Y Faner*, un o gefnogwyr seloca'r Gymdeithas o'r cychwyn. Cawsom wybod hefyd y bedyddid y bychan ar ddydd Sul, 5 Mehefin 1966, gan y Parchedig Eirian Davies yng nghapel Bethesda'r Wyddgrug. Yr hyn y bwriedid ei wneud oedd 'anfon copi o dystysgrif ei fedydd i'r Cofrestrydd Cyffredinol i brofi fod y bychan wedi'i eni'. Prawf pendant yn wir, os oedd angen y cyfryw brawf. [YF, 2 Mehefin 1966]

Baban arall y gwrthodwyd ei gofrestru oedd Guto Harri a anwyd ar 8 Gorffennaf 1966 yn Ysbyty Mamaeth Caerdydd, yn fab i Dr. Harri Pritchard-Jones a'i wraig Lenna, Pont-y-clun, Morgannwg. Cyn geni Guto fe anfonodd ei dad lythyr at y Cofrestrydd yng Nghaerdydd yn ei hysbysu o'r brotest oedd ganddo yn yr arfaeth. Yn rhyfedd iawn, cofnodwyd y llythyr hwnnw, ond aeth wedyn ar goll yn swyddfa'r Cofrestrydd. Anfonwyd llythyr arall ar ôl geni Guto, a chafodd ei rieni wybod nad oedd unrhyw fodd cofrestru'r enedigaeth yn Gymraeg hyd oni cheid deddfwriaeth ar y mater. [YC, 1 Medi 1966]

Roedd y darlithydd Bedwyr Lewis Jones, Llanfair Pwllgwyngyll, yn aelod o'r panel a benodwyd i gynghori'r Ysgrifennydd Gwladol ynglŷn â pharatoi ffurflenni swyddogol yn Gymraeg. Er arddel cyfrifoldeb o'r fath, fe wrthododd ef a'i briod Eleri â chofrestru eu mab bychan, Gronw, a anwyd yn haf 1966. Meddai'r tad: 'Yr oedd Adroddiad Pwyllgor Hughes Parry yn argymell sicrhau cyflenwad o ddogfennau Cymraeg lle bo galw teg. Arnom ni y mae'r cyfrifoldeb o ddangos bod galw teg.' [YC, 15 Medi 1966]

Protestiodd Non a Brian Evans, Mynydd Isa, Yr

Wyddgrug, yn gryf iawn gyda'r Cofrestrydd Cyffredinol, yn ogystal â chyda Chledwyn Hughes, yr Ysgrifennydd Gwladol yng Nghaerdydd. Ond ni chawsant ateb gan y naill na'r llall. 'Cafwyd y tocynnau llaeth heb drafferth ar ôl llythyr o esboniad i'r swyddfa leol, ond ni ellir cofrestru Bedwyr, sy'n chwe mis oed, gyda'r meddyg... nid oes sôn wedi bod am ddwyn yr achos i olau dydd o flaen llys, neu roi unrhyw siawns i fynegi ein barn...' [YF, 16 Mehefin 1966]

Un arall a wrthododd gofrestru ac a fu'n sgwennu i'r wasg oedd Enid Williams, Llan Ffestiniog. Anfonodd lythyr ynglŷn â'r holl fater i'r *Faner* ym Medi 1966, a Llion Meredydd, ei mab bychan, erbyn hynny tua thri mis a hanner oed. [YF, 15 Medi 1966]

Dafydd Orwig

Un o'r rhai mwyaf diwyd a llafar o'r protestwyr hyn oedd Dafydd Orwig, Bethesda, hen law ar gyhoeddusrwydd gwleidyddol fel cynghorydd a gweithiwr diarbed gyda Phlaid Cymru. Roedd ei fab, Guto, bellach yn wyth mis oed ers dechrau 1966, a heb ei gofrestru. Cafodd Dafydd a Beryl ei wraig lythyr pur chwyrn o Somerset House, Llundain, yn dweud wrtho am anfon y manylion am y plentyn atynt a gwneud hynny yn ddiymdroi. Atebodd gyda'r troad yn datgan unwaith yn rhagor nad gwrthwynebu rhoi manylion oedd o, ond brwydro dros yr hawl i'w cyflwyno 'yn un o ieithoedd y gwledydd hyn, ac yn iaith gyntaf fy nheulu, ac yn iaith hanesyddol genedlaethol fy ngwlad'. [YF, 20 Ionawr 1966] Adroddodd *Y Cymro* na 'chafodd Mr. Jones wŷs i ymddangos mewn llys, ac ni chred y caiff, bellach, gan fod yr Adroddiad ar Statws Cyfreithiol yr Iaith Gymraeg yn argymell darpariaeth ar gyfer cofrestru yn Gymraeg – a'r Llywodraeth yn derbyn hynny.' [YC, 6 Ionawr 1966] Rhagwelai Dafydd fuddugoliaeth yn fuan. 'Erbyn diwedd 1966, yr wyf yn mawr obeithio y gwelir deddfwriaeth i roi hynny mewn grym.' [ibid.]

Cafodd Dafydd Orwig rywsut afael ar gopi o lythyr cyfrinachol a anfonwyd gan Franklin Williams, cadeirydd Bwrdd Iechyd Cymru, at bob cofrestrydd lleol a phob ysgrifennydd ysbyty yng Nghymru yn trafod y sefyllfa. Roeddent, erbyn dechrau 1966, wedi penderfynu peidio ag erlyn rhieni am wrthod cofrestru ond yn hytrach, yn eu hofn a'u dandinrwydd, yn cofrestru'r plant ar dystiolaeth 'hysbysydd cymwys' o'r ysbyty lle ganwyd y plant. Hon oedd y drefn a ddilynid ar gyfer cofrestru plant anghyfreithlon. Taranodd Dafydd Orwig fod hyn oll yn sarhad ar rieni o Gymry.

Mae'n amlwg fod y Llywodraeth a'i swyddogion yn sylweddoli fod achos yr iaith yn ddeinameit gwleidyddol, a'u bod yn ceisio gwneud eu gorau i beidio dod ag achosion cyfreithiol ar dir iaith ond lle bo'r gyfraith wedi ei thorri'n rhacs. Maen nhw'n sylweddoli fod ein hachos, ar dir moesol, yn anorchfygol. [YF, 1 Rhagfyr 1966]

Cam nesaf Dafydd a Beryl oedd pwyso ar bob rhiant oedd o fewn yr ymgyrch i gelu enw'r plentyn fel na ellid ei gofrestru. Ddiwrnod cyn y Nadolig, 1967, ganwyd Elen, plentyn cyntaf Gina a Gareth Miles. Daeth mewn union bryd i ymuno â'r frwydr, a gwrthododd ei rhieni â'i chofrestru. Ond wythnos yn ddiweddarach daeth tystysgrifau dwyieithog i rym!

Felly, diwedd yr holl ymdaro fu sefydlu trefn newydd ddwyieithog a ddaeth i rym ar 1 Ionawr 1968. Roedd y frwydr am dystysgrifau dwyieithog bellach wedi'i hennill trwy ddycnwch nifer fechan o ymgyrchwyr penderfynol.

Saith mlynedd yn ddiweddarach, ym 1975, aeth Mudiad Adfer gam ymhellach trwy frwydro am dystysgrifau geni uniaith Gymraeg.

Yr Ympryd, Calan 1966

EMYR LLYWELYN AWGRYMODD ein bod yn defnyddio math arall effeithiol o brotestio, sef ymprydio. Er i'r Gwyddyl ddefnyddio'r dull hwn droeon, nis defnyddiwyd erioed, hyd y gwyddom, yn holl hanes brwydrau **iaith** y gwledydd Celtaidd. Yn ôl Gwilym Tudur, 'y streic lwgu hon i ddangos diffyg statws y Gymraeg oedd y gyntaf, hyd y gwn, dros unrhyw iaith Geltaidd'. [WTC, t. 35]

Cofiaf yn dda nad pob aelod o Bwyllgor Canolog y Gymdeithas oedd o blaid dilyn awgrym Emyr a chynnal ympryd fel protest ddiwedd 1965, yn arbennig y cyn-ysgrifennydd, John Davies, ac fe amlygwyd hynny ddegawd yn ddiweddarach. Ganol y saithdegau ysgrifennodd John bennod, 'Blynyddoedd Cynnar Cymdeithas yr Iaith Gymraeg' yn y llyfryn o'r enw *Tân a Daniwyd*. Gwnaeth hynny'n weddol fanwl, er nad yw'n gywir ar lawer i fater. Yn yr ysgrif arbennig hon, mewn cysylltiad â'r ympryd ym Merthyr Tudful a ddaeth ag amlygrwydd mawr iawn ar y pryd i achos y Gymraeg a'r Gymdeithas ei hun, y peth mwyaf amlwg yw'r ffaith syfrdanol nad yw John yn sôn am y digwyddiad o gwbl. Dim math o gyfeiriad ato. Felly, yn ôl un o groniclau 'swyddogol' Cymdeithas yr Iaith Gymraeg, ymddengys na ddigwyddodd y fath weithred! Fe'i hanwybyddwyd fel petai heb ddigwydd erioed. Dilëwyd darn o'n hanes gan un o brif haneswyr Cymru!

199

Gyda chynnal protest Dolgellau ac achosion llys cynyddol ar y pryd, mae lle cryf i dybio fod John yn dechrau sylweddoli fod y Gymdeithas bellach yn symud tuag at fywyd llawer llai esmwyth, ond yn llawer mwy cadarnhaol a gweithredol na'r llipa Blaidbwped y ceisiodd ef ei reoli cyhyd. Cadarnheir y gred hon fis yn ddiweddarach, fel y cynyddwyd y pwysau ar y pwyllgor, ac ar unigolion, i ddilyn llwybr gweithred ac aberth. Erbyn Chwefror 1966 roedd Tedi Millward wedi hen gilio i ddiogelwch cymharol rhengoedd parchus a chyfansoddiadol Plaid Cymru, a rŵan wele John Davies yntau yn troedio'r un llwybr, a hynny, yn ôl ei gyfaddefiad ei hun, 'oherwydd galwadau eraill... a byth oddi ar hynny gwylio'i gweithgarwch o'r ymylon y bûm'. [TAD, t. 37]

Gofynnwyd am rai i wirfoddoli i fod ar yr ympryd oedd i'w chynnal o hanner nos, nos Fercher, 29 Rhagfyr, 1965, hyd hanner nos, nos Lun, 3 Ionawr, 1966, cyfnod o bum niwrnod (120 awr). Cynigiodd pum aelod eu hunain, sef Siôn Daniel, Emyr Llywelyn, Gareth Miles, Neil ap Siencyn a minnau. Mynnwyd gan bedwar ohonom fod Neil yn peidio ag ymprydio, a hynny am reswm da. Ar y pryd roedd ym mhen ei helynt â'r awdurdodau ynglŷn â'n hymgyrch fawr i geisio ennill ffurflenni cais treth car a disgiau yn Gymraeg. Roedd bellach yn wynebu cyfnod yng ngharchar yn fuan iawn, fe dybid, a dyna pam y'i penodwyd i oruchwylio'r ympryd, trefnu ymweliadau dyddiol meddyg (Dr. Harri Pritchard Jones) i'n harchwilio, a chadw trefn ar wŷr y Wasg a'r cyfryngau. Roedd Neil yn torri'i fol – o fwyseiriol ymadrodd – eisiau bod yn rhan o'r ympryd, ond gwnaeth ei ran yn anrhydeddus, yn ogystal â llunio englyn i'r pedwar ymprydiwr:

Ai rhaid iddynt ymprydio – i hala
    Cywilydd ar Gymro?
Daw eu hoffrwm i'n deffro
A'u bara hwy, cariad bro. [YF, 27 Ionawr 1966]

Dylid ychwanegu fod Neil ar y pryd yn byw yng Ngarth Newydd, Merthyr Tudful, lle cynhelid yr ympryd. Honglad o dŷ ar ffordd Aberhonddu oedd hwn, ac yn rhyw fath o gomiwn, gyda nifer o genedlaetholwyr amlwg y de-ddwyrain yn byw yno – pobl fel Meic Stephens, Tony Lewis a Neil ap Siencyn, gyda'r maferic barddol dawnus, Harri Webb, yn frenin y goedwig. Dylid dweud hefyd y bu ond y dim i'r ympryd gael ei chanslo, gan i rywun dienw ffonio'r Wasg yn dweud ei bod wedi ei gohirio. Wyddom ni ddim, i sicrwydd, pwy.

Yn ystod misoedd olaf 1965, bu gohirio cyson ar achosion llys nifer ohonom, oherwydd roedd hi'n amlwg bod yr heddlu a'r awdurdodau mewn cyfyng-gyngor ynglŷn â sut i ddelio â'r achosion hyn oedd i'w gweld ar gynnydd. Roeddem ninnau, bob cyfle a ddeuai i'n rhan, yn sheflio'r glo ar y tân trwy bwysleisio y byddai 'cannoedd' o aelodau Cymdeithas yr Iaith Gymraeg wedi gwrthod talu'r dreth car erbyn diwedd 1966. Fodd bynnag, penderfynu carcharu troseddwyr a wnaethant ar ddyfodiad y gwanwyn, a fu hefyd yn wanwyn i holl ethos a bodolaeth y Gymdeithas.

Erbyn dechrau 1966, er gwaetha protestio trwy ympryd ac mewn llysoedd barn, roedd y rhwystredigaeth ymysg cenedlaetholwyr ac aelodau'r Gymdeithas yn ffrwtian yn bur fywiog dan gaead y pair. Roedd ein pobl *mor* daeog! Crynhowyd y cyfan, mor fachog, gan yr Athro J.R. Jones, Abertawe, mewn llythyr tanbaid i'r Wasg. '[Rydan ni] wedi mynd yn werin anachubol gynffongar ac anradicalaidd.' [YF, 3 Chwefror 1966] Ar y pryd, roedd ar fin cyhoeddi ei gyfrol allweddol, *Prydeindod*.

Rhoddodd y Wasg Gymraeg a Saesneg sylw rhyfeddol i'r ympryd. Tarodd y cyfan rhyw 'newydd dant' yn hanes yr iaith Gymraeg. Roedd yn ddigwyddiad pwysig petai ond am y ffaith iddo fod y cyntaf o'i fath erioed yn hanes brwydr yr iaith Gymraeg. Ymddengys i bapur newydd *The Guardian* deimlo rhyw arwyddocâd mwy pellgyrhaeddol: '*But the*

201

nuisance value propaganda and nationwide sympathy which the five day fast of four young members of the Welsh Language Society has attracted may well be as telling as any number of official protests through authorised channels'. A dyna'n wir oedd union fwriad a gobaith yr ymprydwyr a'r Gymdeithas. Lluniwyd taflen ar gyfer y Wasg a'r cyfryngau yn rhestru tri rheswm pendant dros gynnal y fath newyddbeth:

(1) er mwyn tynnu sylw Cymru, ar ddechrau'r flwyddyn newydd, at barhad safle israddol yr iaith Gymraeg;

(2) er mwyn rhoi prawf digamsyniol o benderfyniad y Gymdeithas i ddileu'r safle honno;

(3) er mwyn atgoffa'r Cymry am y difrifwch argyhoeddiad sy'n gweddu i ymgyrch dros ein hiaith.

Aiff y datganiad hwn rhagddo i nodi y bydd llawer o Gymry yn meddwl nad oes bellach angen ymgyrch dros statws y Gymraeg, gan fod y Llywodraeth wedi derbyn y rhan fwyaf o argymhellion pwyllgor Syr David Hughes Parry. Gŵyr Cymdeithas yr Iaith Gymraeg yn amgenach. Nid yw'r Gyfraith wedi ei newid eto, ac yn y cyfamser gwelir o hyd anghyfiawnder a haerllugrwydd o du'r awdurdodau, yn swyddogion ac ynadon... a gorfodir i Gymry Cymraeg ddewis rhwng y carchar a'u cydwybod. [Datganiad i'r Wasg, 28 Rhagfyr 1965]

Ymprydio

Cawsom ein pryd olaf am 11.30 o'r gloch y nos Fercher honno, brechdanau bara brown a the yn ôl un papur newydd, ac yna ymneilltuo i ystafell weddol fychan yn y llofft i dreulio'r pum niwrnod nesaf yn gaeth, i fyw ar ddŵr yn unig a heb fwyd, ac yng nghwmni pedwar *camp bed* digon anghyfforddus. [ME, 31 Rhagfyr 1965] Dyma fel y disgrifia gohebydd *The Guardian*, y lle: *'Merthyr's bleakly, scruffy, Garthnewydd Community Centre would not be everyone's choice for a five-day voluntary incarceration. The average prison cell is luxurious (and far less crowded) compared with the tiny room, furnished with four beds, three chairs and a gas fire, chosen for their protest...'* [*The Guardian*, 3 Ionawr 1966] Ie, ystafell fechan yn mesur deuddeg troedfedd sgwâr. [*Daily Mirror*, 31 Rhagfyr 1965]

Cofiaf yn dda nerfusrwydd y ddwyawr olaf cyn dechrau ymprydio. Roeddwn yn fwytäwr eitha harti, a phryderwn rywfaint am yr hyn oedd o'm blaen. Cyn cyrraedd Garth Newydd, llenwais fy hun â bwyd i'r fath raddau fel na fu fawr o chwant bwyd arnaf am bron i ddeuddydd. Ond pan wawriodd y trydydd dydd a'i bangfeydd a'i gur-yn-fy-mhen, gwawriodd arnaf nad gwaith hawdd na melys mohono'n wir – hyd yn oed dros y Gymraeg a garwn.

Ond roedd gennym, y pedwar ohonom, gyda chefnogaeth ac anogaeth nifer fawr o gyfeillion yr achos, y penderfyniad a'r ewyllys i yrru'r hen long i'r mwrllwch diarth, gan fod yn smala a hwyliog a pheidio'n fwriadol â sôn am fwyd o gwbl. Ond gorchwyl gwahanol – ac anos – oedd ceisio peidio **meddwl** amdano. Cofiaf ateb cwestiwn gwirion Joe Barry, hac y *News of the World* Seisnig, a ofynnodd i mi am beth y breuddwydiwn amdano'r nos, trwy ddatgan, yr un mor wirion – 'llond padell o selsig!' Drannoeth, fel y dylswn fod wedi rhag-weld efallai, cafwyd stori yn y rhacsyn hwnnw, *'One Man's Dream of Bangers... It was a case of Yf Lawr, bachs ('drink up, boys') for four hungry Welshmen early yesterday, as they welcomed in the new year with a glass each of sparkling 'Dwr' (pure Welsh water)... All felt hunger gnawing yesterday... three of us dreamed about food last night. I dreamed I was eating a sausage, and I woke with a terrrible fear that I had broken the fast.'* [*News of the World*, 2 Ionawr 1966] A'r cyfan, hyd y cofiaf, o ddychymyg carlamus, digri o dwp, y gohebydd ei hun.

Ar y llaw arall, roedd yna nifer dda o wŷr cyfrifol a chall a chydymdeimladol yn adrodd i'r Wasg, a'r un ohonynt yn fwy, nag yn well i ni, na Gwilym R. Jones, Golygydd gwladgar *Y Faner*. Roedd o, fel y gallech ddisgwyl, â'i gyfeiriadaeth lenyddol, wedi ei gweld-hi.

Mae gwaith y pedwar aelod o Gymdeithas yr Iaith Gymraeg... yn argoel gobeithiol. Dengys fod y gymdeithas hon, o bobl ifainc yn bennaf, yn benderfynol o geisio ymladd brwydr yr iaith o ddifrif, hyd yn oed pe costiai lawer iddynt. Rhaid cydnabod mai dyma fudiad iaith mwyaf glew ein cyfnod ni, a bod iddo bosibiliadau na ellir mesur eu dylanwad yn awr... Gall ysgwyd y 'difater materol'... A gallai yrru 'daeargrynfâu o dan gadarn goncrid philistia' y gwawdwyr hwythau. ['Ledled Cymru', YF, 6 Chwefror 1966]

Gwawd oedd sail barn un o lythyrwyr y *Western Mail*, Albert Morris o Drefaldwyn. *'The five day fast... with all the laudable trappings of supervision by independent witnesses and doctors, as if they were undergoing a self-imposed death sentence, no doubt did them more good than it did the Welsh language.'*

A doedd barn y *Daily Post* fawr gwell yn dilyn cyfweliadau gohebwyr rhaglen deledu *Y Dydd* (TWW) â'r ymprydwyr. *'... it is very much open to doubt whether such extreme measures are extremely necessary.'* [LDP, 3 Ionawr 1966]

A beth am y papurau Saesneg yn gyffredinol? Arwynebol iawn, ac ambell dro digon ysgafala, os nad dirmygus a diystyrllyd, fu eu hymateb ar y cyfan. Ond mae eithriad i bob rheol, meddir. Roedd yr hyn a gyhoeddodd y papur lleol Saesneg, y *Merthyr Express*, yn ddim llai na syfrdanol ar y pryd, a hynny mewn llythrennau duon breision ar frig ei adroddiad hynod o garedig:

'If 4 young men think the Welsh language is worth five days without food, the least we can do is to publish the story in their own tongue.' Cafwyd adroddiad cynhwysfawr, 'Archwaeth Dda', mewn Cymraeg digon derbyniol, o dan y datganiad mawrfrydig yna, ynghyd â llun o'r pedwar ohonom ar ddiwedd yr ympryd yn yfed llond mwg yr un o lefrith cynnes. [ME, 7 Ionawr 1966]

Mae'n syndod faint o gyhoeddusrwydd gafodd yr ympryd. Roedd y digwyddiad mor newydd ac mor wahanol.

204

Cadwyd ni'n brysur gan ohebwyr papurau newydd Saesneg chwilfrydig o bob cwr o Gymru a thu hwnt, ac mae'n ddiddorol sylwi ar yr amrywiaeth penawdau yn rhai o'r newyddiaduron hynny.

HUNGRY FOUR STAND FAST
Merthyr Express

ARCHWAETH DDA *(GOOD APPETITE)*
Merthyr Express

FOUR GO ON HUNGER STRIKE FOR WELSH LANGUAGE
Western Mail

HUNGER STRIKE FOUR ARE FIT AND WELL
Western Mail

LANGUAGE-FAST FOUR ARE WELL
Western Mail

HUNGER STRIKE MEN 'WEAK'
Western Mail

HUNGER STRIKE FOR LANGUAGE
Daily Post

THIS ACTION IS HARDLY NECESSARY
Daily Post

LANGUAGE STRIKERS END FAST
Daily Post

WELSHMEN GO HUNGRY FOR WELSH
The Guardian

*HUNGER STRIKE OVER WELSH LANGUAGE 'ONLY A
  BEGINNING'*
The Guardian

FOUR SETTLE DOWN TO FIVE DAY WATER DIET
South Wales Echo

MERTHYR FASTERS ARE FIT
South Wales Echo

HUNGER STRIKE FOR WELSH LANGUAGE
Evening Post

A WELSH PROTEST
Hereford Evening News

FOUR FAST FOR WELSH
Daily Worker

FOUR HUNGER STRIKERS IN 'SEVERE PAIN'
Sunday Mirror

DIM BWYTA! *AND FOUR GO ON HUNGER STRIKE*
Daily Mirror

FIVE DAY HUNGER STRIKE FINISHES WITH MILK
Daily Express

HUNGRY FOR WORDS
Sun

ONE MAN'S DREAM OF BANGERS
News of the World

*FOUR CALL A FAST TO DEMAND DOG LICENCES IN
   WELSH*
Daily Mail

Wrth gwrs, cafwyd sylw da i'r digwyddiad ar dudalennau'r wythnosolion Cymraeg, gyda'r *Faner* yn mentro cyhoeddi cartŵn o un o'r hacs Seisnig, â sigâr fawr yn mygu'n ffyrnig rhwng ei weflau powld, yn holi'r ympryddwyr, dan y pennawd 'Streic Lwgu Pedwar Llanc'. [YF, 6 Ionawr 1966]

Cafwyd hefyd, yn yr un papur, gerdd wyth pennill o'r enw *Y Dyrfa*, gan y Prifardd Rhydwen Williams. Dyma ddau:

Chwychwi, heb reiat yn y byd,
Dim ond ymneilltuo'n llon,
A roesoch angerdd tyrfaoedd hen
Ym mhrotest yr eiliad hon.

A thrwoch, mae Penderyn a'i griw,
Dai Cantwr a Shoni Sgubor Fawr,
Yn byw yn eich brwydro a'ch ymprydio chwi –
Fechgyn! Mawryger yr awr!

[YF, 17 Chwefror 1965]

206

Daeth dwsinau lawer o alwadau ffôn, telegramau a negeseuon yn dymuno'n dda i'r ymprydwyr. Rhyw awr cyn y digwyddiad fe ffoniodd Gwynfor Evans yn lleisio'i gefnogaeth [ME, 31 Rhagfyr 1965], a daeth gair i Siôn Daniel, trwy ei fam, fod Saunders Lewis yntau yn cofio amdanom. Pan ofynnodd gohebydd yr *Evening Post* i Gwynfor am sylw, cafodd ateb oedd yn awgrymu mai aelodau o 'adain iaith' Plaid Cymru oeddem. Nid wy'n credu fod unrhyw un o'r pedwar ohonom yn aelod o Blaid Cymru erbyn diwedd 1965. Mae geiriau Gwynfor, fodd bynnag, yn fawrfrydig ac urddasol.

> Dengys y weithred hon gan arweinwyr ifainc adain iaith y mudiad cenedlaethol eu hansawdd a'u penderfyniad diwyro i symud rhwystrau'r canrifoedd a osodwyd gan gyfraith Lloegr ar yr iaith Gymraeg. Mae'n ffordd urddasol o dynnu sylw at y statws diurddas sydd gan un o ieithoedd byw hynaf Ewrop. [EP, 30 Rhagfyr 1965]

Llwyddodd un o'r ymprydwyr, Gareth Miles, i grynhoi'r cyfan mewn pum gair llwythog, a disgrifio'r digwyddiad yn syml a di-lol fel 'ernes o'n difrifoldeb a'n pendantrwydd'. [YF, 6 Ionawr 1966] Yn hollol! Ac mae'n werth nodi sylw trawiadol a gobeithiol Siôn Daniel wrth ryw ohebydd: '*We are going to fast... from the old year into the new.*' [EP, 30 Rhagfyr 1965] Toriad y wawr! 'Sgwn i!

Un a ddaliodd ysbryd yr amgylchiad cystal â neb, fe ymddengys, oedd Dafydd Iwan, ym mhle bynnag roedd o'n hel ei fol y Calan hwnnw.

> Roeddwn yn dal i orweddian yn foldyn wedi gloddest Gŵyl y Geni pan glywais am y brotest arall honno am y ddau athro ysgol, y darlithydd a'r cyfreithiwr... yn ymwrthod â bwyd yn gyfangwbl am bum niwrnod. Yr hyn a wnaeth i mi oedd pigo fy nghydwybod; os gwnaeth yr un peth i chwithau, yna cyrhaeddodd ei nod... Daliwn ar y cyfle i adfer ein hiaith ac ymysgwyd o'n Cymreictod glaswraidd di-ffrwt, di-ddim; ni fydd yna gyfle arall. [YC, 27 Ionawr 1966]

207

Un arall, fel y gallech ddisgwyl, a ddefnyddiodd yr ympryd ym Merthyr fel offeryn cenhadu oedd Dafydd Orwig. Lluniodd ddau ar hugain o addunedau blwyddyn newydd ar gyfer y Cymry '[yn] gofyn i bobl lenwi pob ffurflen swyddogol yn Gymraeg a phwyso ar i benaethiaid ym myd addysg ddysgu cymaint fyth ag y mae'n bosib o bynciau drwy gyfrwng yr iaith Gymraeg' ac yn y blaen. [HC, 3 Ionawr 1966] Sgwennodd i'r *Cymro*'n ogystal. Gŵr sicr ei farn oedd Dafydd Orwig, arian byw o ddyn. Ysywaeth, bu farw flynyddau'n gynamserol yn Nhachwedd 1996 yn 68 mlwydd oed. Enwyd prif siambr Cyngor Gwynedd yn Siambr Dafydd Orwig yn deyrnged i'w ddycnwch a'i arloesedd fel arweinydd effeithiol y Cyngor, ac fel ymladdwr dros y Gymraeg yng ngweithrediadau'r sefydliad. Un adduned 'syml iawn' a gynigiai – 'Gwnaf bopeth yn Gymraeg' – gan ychwanegu ei reswm dros hynny. Petai pob darllenydd yn cadw ato 'fe olygai gam bras ymlaen ar ffordd adfywiad y Gymraeg... Peidiwn â disgwyl wrth eraill. Mae mawr angen am Fudiad Iaith Cenedlaethol gyda threfnydd llawn amser a swyddfa a threfniadaeth sirol a lleol... mae mawr angen y Ddeddf fydd yn rhoi dilysrwydd cyfartal [nid statws swyddogol, sylwer] i'r Gymraeg... gweithredwn ein hunain – yn gyson, yn gadarn, ond yn gwrtais.' [YC, 6 Ionawr 1966]

Beth, tybed, oedd ystyr yr alwad am 'Fudiad Iaith Cenedlaethol' a Chymdeithas yr Iaith Gymraeg eisoes ar y maes ers tair blynedd a hanner? Efallai mai cefnogaeth anuniongyrchol ac annelwig geir yma i Undeb y Gymraeg Fyw a sefydlwyd gan rai o staff y Coleg Normal ym Mangor, lle roedd Dafydd Orwig ei hun yn ddarlithydd, mudiad na fyddai gweithredoedd torcyfraith nac ymprydiau yn rhan o'i raglen. Tybed a oes rhyw awgrym bychan yn y gair 'cwrtais'?

Cangen Blaenau Morgannwg

RHYW NODYN BACH hunangofiannol wrth fynd heibio. O ganlyniad i'r holl ymdaro rhyngof a'r awdurdodau a'r llysoedd barn tra oeddwn yn y coleg, roeddwn i wedi hen roi i fyny'r gobaith o gael unrhyw fath o yrfa ym myd y gyfraith. Yn wir, roedd Athro'r Gyfraith yn y coleg, D.J. Llewelfryn Davies, (a oedd yn briod ag un o ynadon mainc Aberystwyth) wedi dweud yn blaen wrthyf fwy nag unwaith nad oedd gennyf unrhyw obaith, petai ond oherwydd fy mynych ymddangosiadau 'troseddol' ger bron ynadon y dref a roddai imi record 'druenus nad oedd deilwng o'r proffesiwn', o gael tramwyo coridorau cysegredig y pwysigion perwigol. Ac fel un o breswylwyr sêt fawr Seion yr Annibynwyr yn Stryd y Popty, gallai led-ddyfynnu'r Pêr Ganiedydd i bwysleisio ar ba ysgwyddau y gorffwysai'r bai am hynny – 'Rhwydau weithioch chi eich hunan, machgen i, a neb arall.' Nid fod y fath benyd yn fy mhoeni yr un iot ar y pryd, cofiwch. Doedd yn dda gen i mo'r pwnc, ac roedd blincars y Gymraeg yn dynn ar f'arleisiau, heb olwg o ffrwyn.

Doedd dim amdani, felly, ar ôl graddio, ond ceisio cael fy nhraed dan fwrdd Adran Addysg y coleg i ddilyn cwrs ymarfer dysgu, gan obeithio y cawn rywfaint o drugaredd yn fanno. Ond dywedodd Pennaeth yr Adran Addysg, yr Athro Jac L. Williams, yn blwmp ac yn blaen wrthyf ei fod yn grediniol mai awydd am gael blwyddyn ychwanegol yn y coleg oedd sail fy ngais i ddilyn cwrs hyfforddiant athro, a hynny oherwydd fy mod yn ddall i bopeth arall ond yr obsesiwn o gael bod yn fwy rhydd i fod ynglŷn â'r frwydr iaith ac i allu gweithredu torcyfraith. Doedd o ddim yn bell o'i le chwaith! Dywedwyd wrthyf mai fi oedd yr 'Ll.B.' cyntaf erioed i ddilyn cwrs ymarfer dysgu yn Aberystwyth – clêm tw ffêm!

Fodd bynnag, cefais flas aruthrol ar ddysgu, rhaid cyfaddef, gyda sbel o ymarfer pleserus yn ysgolion Comins Coch ac Ysgol Gymraeg Aberystwyth, ynghyd â chlod a mawl Auriol Watkins, fy nhiwtor. Bellach, a hithau'n haf 1964, wedi ennill ohonof dystysgrif athro ar ôl cwblhau'r cwrs yn Aberystwyth, roeddwn yn fodlon, ac yn barod i ennill fy mara beunyddiol fel athro, a threulio rhyw flwyddyn neu ddwy rywle yng Nghymru cyn dychwelyd i Drefor i dreulio gweddill f'oes yno. Dyna oedd fy mreuddwyd a'm bwriad di-droi'n-ôl.

Cefais fy swydd gyntaf yn Ysgol Uwchradd Coed-y-lan, Pontypridd, yn dysgu 'Cymraeg fel ail iaith'. Pan gefais y swydd honno cofiaf dderbyn galwad ffôn ddiwedd mis Awst oddi wrth gyfaill, Gwyneth Wiliam, merch ychydig yn hŷn na mi o Benrhyndeudraeth a oedd bryd hynny'n athrawes yn Nhrefforest, yn mynnu'n gryf y dylai'r tri ohonom oedd yn athrawon yn yr ardal, heb oedi eiliad, ffurfio cangen o Gymdeithas yr Iaith ym Mlaenau Morgannwg, a hynny er mwyn mynd â'r frwydr rhagddi i fyd protestio torfol a thorcyfraith; hyn yn wyneb arafwch amlwg arweinyddiaeth y Gymdeithas oedd i'w weld yn swrth ac yn glyma o gricmala. Neil ap Siencyn, fyddai'r trydydd yn y cwmni. Roedd o'n athro ym Merthyr Vale ac yn byw ym Merthyr Tudful.

Roeddwn innau wedi sicrhau cartref i mi fy hun mewn hen garafán simsan a drafftiog ar stad ddiwydiannol Mynydd Hirwaun. Roedd hi'n drybeilig o oer yn y garafán. Trugaredd yn unig a'i daliai wrth ei gilydd. Byddwn yn treulio boreau Sadwrn yn cerdded rownd cownteri *Woolworths* Aberdâr yn chwilio am gynhesrwydd. Canfûm amgenach foddion i lonni f'ysbryd yno, sef dod ar draws hen gyfaill ysgol, Emyr Jones o Lanarmon, un o wŷr rhadlon Eifionydd, oedd yn gweithio yn yr ardal ac yn lletya yn y dref. Ymhen y rhawg, fe'm darbwyllodd na fyddai niwmonia o les yn y byd imi, ac y dylwn gael lojins yn Aberdâr a bwyd yn fy mol. A dyna ddigwyddodd pan symudais aelwyd, tua dechrau 1965, i 4 Bron-deg, Tre'r Ffowndri, ar ran isa'r allt sy'n arwain dros y mynydd i Faerdy'r Rhondda Fach. Gwraig weddw ganol oed, oedd yn ca'lyn ar y pryd, oedd gwraig y tŷ lojin. Ei henw oedd Musus Bacon, a phwy welai fai arni'n rhoi rhagorach bwyd i'w bwji hoff, Pip, nag i'w lojar y byddai'r heddlu'n aml yn curo'i drws o'i herwydd. Bu farw Pip yn dra sydyn un canol dydd, ond stori arall ydi honno.

Cangen o dri

Ie, dim ond tri aelod oeddem ni yng Nghangen Blaenau Morgannwg, tri o gyffelyb anian ac yn ffrindiau da, a thri oedd eisoes wedi profi droeon wawd a gelyniaeth gwrth-Gymraeg awdurdodau a gwleidyddion Prydeinllyd Cymru wasaidd y cyfnod, rhagrith sefydliadau amrywiol, bygythion ffiaidd *Teddy-boys* Pont Trefechan a chyndynrwydd mileinig a mulaidd meinciau ynadon i gydnabod ein hiaith. Roeddwn yn bur gyfarwydd â Gwyneth erbyn hyn, ac yn edmygus iawn o'i hunplygrwydd a'i dewrder. Gallwn gofio'n arbennig fel y gwenodd yn raslon ar y gelach anghynnes hwnnw boerodd arni wrth i'n criw bychan adael Pont Trefechan yn nechrau Chwefror 1963. Roedd ei brwdfrydedd ynglŷn â sefydlu'r gangen newydd yn heintus a dweud y lleiaf. Nid hawdd fyddai llaesu dwylo yng nghwmni Gwyneth Wiliam.

211

Rhywbryd, tua diwedd mis Medi 1964, cyfarfu'r tri ohonom yn Nhafarn y Cambreian, Heol Seymor, Aberdâr, gan sefydlu'r gangen yn ffurfiol. Yno, liw nos, heb ymgynghori â neb arall na phwyllgor, penderfynasom lansio ymgyrch a ddaeth, maes o law, yn brif ymgyrch Cymdeithas yr Iaith Gymraeg ym mlynyddoedd y chwedegau – brwydro'n gwbl ddigyfaddawd i gael ffurflenni cais treth car yn Gymraeg, ynghyd â disgen Gymraeg ar y ffenestr flaen. Dyna oedd y prif nod, ond gwyddem hefyd y byddai ymladd am wysion Cymraeg yn sicr o fod â rhan amlwg yn y gwrthdaro fyddai'n bownd o godi. Gwaetha fo'n ei ddannedd, mae hyd yn oed John Davies yn gorfod cydnabod, flynyddoedd yn ddiweddarach, mai 'dyma ddechrau ymgyrch a wnaeth y Gymdeithas, erbyn gwanwyn a haf 1966, am y tro cyntaf, yn ffactor o bwys yng ngwleidyddiaeth Cymru'. [TAD, t. 37] Nid bod pawb o swyddogion Cymdeithas yr Iaith yn cydweld ag ef bryd hynny, cofiwch!

Yr hyn a olygai'r ymgyrch yn ymarferol oedd dilyn, heb wyro, y drefn ddi-drais syml ac amlwg hon: gwrthod talu'r dreth car yn dilyn cais cwrtais a'r gwrthodiad arferol am ffurflenni cais Cymraeg; cael ein bwcio am fod heb dreth car na disgen; cael ein gwysio, yn Saesneg, i lys; gwrthod ufuddhau i'r wŷs Saesneg trwy beidio ymddangos yn y llys; cael ein dirwyo yn ein habsenoldeb; gwrthod talu'r dirwyon; y llys yn cyhoeddi gwarant i'n harestio am hynny; parhau i wrthod talu a chael ein hanfon i garchar; y carchariad yn rhoi cyhoeddusrwydd i'r ymgyrch ac yn rhoi cyfle euraid i'r Gymdeithas godi stêm a bwrw'r ymgyrch yn ei blaen. Honna, fe dybiem, fyddai'r drefn. A wir i chi, hon **fu'r** drefn yn achos nifer o ymgyrchwyr maes o law. A pheidio, ar unrhyw gyfrif, ag anghofio pum gair *Tynged yr Iaith* – penderfyniad, ewyllys, brwydro, aberth, ymdrech.

Tyngu llw

Felly, ym Medi 1964, aethom ati fel cangen o dri i gynllunio yr ymgyrch arbennig hon, yr ymgyrch treth car. Cofiaf un digwyddiad yn dda. Mynnodd Gwyneth ein bod ill tri yn tyngu llw dramatig, difrifol, cyfrinachol a di-droi'n-ôl gyda'n gilydd y noson honno yn y Cambreian, gan addo i'n gilydd y byddem yn ymladd y frwydr ddi-drais hon i'w phen eithaf ac anochel, sef cyfnod yn y carchar, a hynny heb gyfaddawdu na digaloni, a diodde'r canlyniadau yn llawen. Tyngasom y llw a cheisio dilyn dwyster a difrifoldeb Gwyneth.

Pan ddaeth ein trethi ceir i ben wedi haf 1965, gwrthodasom â'u hadnewyddu. Ar un ystyr roedd hi'n haws i rai ohonom brotestio'n gyhoeddus fel unigolion dros y Gymraeg mewn llys a charchar. Haws, nid hawdd. Gellir ei olrhain i gyhuddiadau'r Llyfrau Gleision mae'n debyg, a'r seice taeog a'u dilynodd, ac sydd mor drwm ac amlwg yn ein Cymru wasaidd bresennol. Caech brotestio yn erbyn popeth ond yr iaith yng Nghymru'r chwedegau. Gallwn i, o gyff cenedlaetholgar, fod yn gwbl ddiogel o gefnogaeth rhieni a thylwyth gydag ond ambell i fodryb yn anghydweld. Roedd hi'n llawer anos i Gwyneth wneud safiad cyhoeddus, coeliwch fi, oherwydd bod ei mam weddw yn gwaredu rhag dwyn unrhyw 'anfri' ar enw da'i theulu. Yr un modd yn ei gwaith bob dydd fel athrawes.

Crynhodd Anwen Mair, chwaer iau Gwyneth, y cyfan flynyddoedd yn ddiweddarach: 'Fel y mwyafrif o aelodau cynnar eraill Cymdeithas yr Iaith, roeddem wedi cael ein magu i barchu'r holl sefydliadau, Cymraeg a Saesneg, ac felly roedd y syniad o dorri cyfraith gwlad yn wrthun inni.' [WTC, t. 37]

Er dydd Calan 1965 fe'm cyflogid i gan Trefor Morgan yn Aberdâr ac yn ddiweddarach yn Abertawe, a chaech chi neb yn unman oedd yn fwy cefnogol ym mhob ffordd i frwydr yr iaith na Threfor a'i briod Gwyneth. Ond nid felly roedd hi yn achos Gwyneth Wiliam i lawr yn Nhrefforest. Roedd hi'n gyflogedig gan Awdurdod Addysg Morgannwg fel athrawes, a hynny'n gwneud ei hymgyrchu gwleidyddol yn anos na'm heiddo i. Caed elfennau gwrthwynebus iawn ymysg cyflogwyr, cydweithwyr a rhieni disgyblion. Ac fel y nodais, roedd ei mam weddw ym Mhenrhyndeudraeth yn bryderus iawn yn ei chylch. Hawdd deall hynny – a chydymdeimlo.

Ond er gwaetha popeth, safodd Gwyneth yn ddewr a diwyro. Caed rhyw ddur rhyfeddol yn ei gwythiennau a dyfnder araul yn ei chymeriad, a'r cyfan yn destun edmygedd ei chydymgyrchwyr.

Carcharu'r Ysgrifennydd

ROEDD GWYNETH, NEIL a minnau bellach yn gyrru ceir heb eu trethu; yn achos Neil, er diwedd Medi 1965, ac yn f'achos innau, er diwedd Hydref. A do, fe ddaeth y wŷs hirddisgwyliedig i'm rhan innau, fel Neil a Gwyneth hwythau, gwŷs uniaith Saesneg oddi wrth Ynadon Abertawe am fod heb dreth car na disgen ffenest-flaen. Yn unol â'n cynllun, fe'i dychwelwyd atynt yn hawlio un Gymraeg. Hon fu'r frwydr fawr i mi, gyda llythyrau'n hedfan 'nôl a blaen rhyngof a chlarc ynadon Abertawe, un Arthur Uren (a lysenwyd yn naturiol gennyf yn Aruthr Urine). Roedd ieithwedd y llythyrau hyn yn amrywio o fod yn weddol gwrtais i fod yn ddigyfaddawd, gan y naill ochr a'r llall. Yn ychwanegol at hyn, nid oedd gennyf chwaith drwydded yrru. Gwnes ddau gais ar bymtheg i Gyngor Sir Gaernarfon am ffurflenni cais a thrwydded yrru Cymraeg, ond fe'm gwrthodwyd bob tro, gyda'r tâl o bymtheg swllt yn cael ei ddychwelyd.

Roeddwn hefyd wedi anfon y llythyr hynod o bwysig hwn at Brif Gwnstabl Abertawe, yn ei hysbysu o farn Cyngor Abertawe am fater statws y Gymraeg.

Achos 34/Pros. Rwy'n dychwelyd y dogfennau Saesneg a ddaeth i law, gan ofyn unwaith yn rhagor amdanynt yn fy iaith fy hun. Y mae eich agwedd yn groes i argymhellion Adroddiad Hughes Parry, ac yn groes i agwedd pob

215

awdurdod lleol gwâr yng Nghymru. Dyma ddatganiad
swyddogol Bwrdeistref Abertawe i Bwyllgor Hughes Parry:
'Mae'r Cyngor yn barnu y dylid rhoi statws cyfreithiol
i'r iaith Gymraeg, ac yn fodlon sicrhau ei harfer mewn
dogfennau swyddogol o fewn terfynau rhesymol.' Felly,
byddaf yn falch o dderbyn y dogfennau amgaeëdig yn
Gymraeg. Yn gywir... [Geraint Jones at Brif Gwnstabl
Abertawe, 21 Chwefror 1966]

Daeth y cyfan i fwcwl ddiwedd Chwefror 1966, pan
dderbyniais lythyr o swyddfa'r Prif Gwnstabl, ynghyd â'r
wŷs wenolaidd a gair terfynol y Gyfraith Anffaeledig.

*This now leaves me with no alternative but to inform the
Justices, when the case comes before them on Wednesday, 23rd
March,1966, that the summons has been served upon you. The
Court may then proceed to adjudicate upon the summons in
your absence.* [Dirprwy Brif Gwnstabl Abertawe at Geraint
Jones, 24 Chwefror, 1966]

Ond mynnwn gael y gair olaf.

...onid cyfleus fyddai cynnal yr achos yn fy absenoldeb?
Trwy wneud yn siŵr na fyddaf yn ymddangos yn y llys i
amddiffyn buddiannau pobl Cymru, bwriedir cynnal yr
achos yn ddidramgwydd ac mewn modd gwrth-Gymraeg.
Fodd bynnag, rwy'n anfon y ffurflenni Saesneg yn ôl atoch
am y tro olaf, gan eich hysbysu na fyddaf yn ymddangos
yn y llys na chwaith yn cymryd unrhyw sylw o ddyfarniad
y llys, oni wysir fi yn fy iaith fy hun, sef y Gymraeg. Gallaf
ychwanegu y bydd aelodau o Gymdeithas yr Iaith Gymraeg
yn cymryd camau pellach a mwy milwriaethus yn yr achos,
oni chaniateir hyn ar unwaith. [Geraint Jones at Brif
Gwnstabl Abertawe, 7 Mawrth, 1966]

Go brin i'm llythyr blesio'r Prif Gwnstabl – na chodi ofn arno chwaith.

Yr achos

Cynhaliwyd yr achos yn llys ynadon Abertawe ar y 23ain o Fawrth, 1966, dan gadeiryddiaeth Idrisyn Vaughan. Roeddwn eisoes, wythnos ynghynt, wedi fy nirwyo £7 am fod heb drwydded yrru na thrwydded ffordd. Eisteddwn yng nghefn y llys, gydag Eifion Tomos, Llanelli, un o aelodau'r Gymdeithas, yn gwrthod ufuddhau pan alwyd arnaf, yn Saesneg, i ddod ymlaen ar archiad Trevor Evans, un o'r clercod. Aeth yr ynadon rhagddynt i wrando'r achos, yn uniaith Saesneg, hebof. Galwyd ar PC Winston Price i dystio fel y bu iddo weld fen y cyhuddedig GJ wedi ei pharcio ar ochr y ffordd yn Heol Mansel, Abertawe, ar 21 Chwefror 1966. Roedd y drwydded wedi gorffen er y dydd olaf o Hydref, 1965. Fe'm dirwywyd i £7. Idrisyn Vaughan: *'Next case.'*

Ond hanner munud! Fel huddug i botas, codais ar fy nhraed yng nghefn y llys, yn fy nghrys gwyrdd a'm tei-draig-goch, a bloeddio, yn Gymraeg, ar yr Idrisyn trahaus hwn:

'Cadeirydd! Pa hawl sydd gennych i wneud hyn? Mae'n warthus na chaf fy ngwysio yn fy iaith fy hun.'

'Sit down! If you don't, we shall authorise you to be removed!'

'Rydych fel llys yn gywilydd i Gymru. Rydach chi'n nacáu i Gymro ei hawliau fel dinesydd...'

Taranodd yr Idrisyn wynebgoch o'i ddyrchafedig orsedd: *'I order you to remove yourself from the court!'*

Anwybyddais ei sterics a'i grochlefain gan gondemnio'r llys a'i ddyfarniad, a dyfynnu llinell o gerdd ddeifiol Saunders Lewis, 'Y Gelain': 'Y moch ynadon rhochus uwch ei gwaed.... Mae'n gywilyddus na all dyn gael gŵys yn ei iaith ei hun! Ni thalaf y ddirwy.' [Y Faner, 7 Ebrill 1966]

'Police, take him away.' Erbyn hyn roedd y Cadeirydd yn lloerig, ac yn gweiddi nerth esgyrn ei ben.

217

Caeodd yr heddlu amdanom yng nghornel bellaf cefn y llys. Ymestynnodd Eifion ei goesau i fod yn rhwystr i'r plismyn fynd ataf cyn i mi orffen siarad. Ein llusgo'n ddiseremoni wnaethon nhw, fodd bynnag, ac yn ddigon brwnt hefyd, trwy'r drws i'r lôn. Poerodd rhyw ddynes arnaf wrth inni fynd allan trwy'r drws. Gohiriwyd tri chyhuddiad arall i'm herbyn. [SWE, 23 Mawrth 1966; WM, 24 Mawrth 1966]

Wedi cwblhau ohono ei ddyletswyddau ymerodrol, aeth Idrisyn Vaughan i siarad â gohebydd y *Western Mail* gan roi teyrnged 'haeddiannol' iawn i mi, ddihiryn drwg, a datgan yn orfoleddus ddoethineb oesol taeogion Cymreig:

'He was very rude and I was disgusted with him, as he was extremely irresponsible. He would do Wales far more good by co-operating, than by kicking up such a stupid fuss over a seven pound fine.'

Gwrthod, gwrthod, gwrthod

Wedi'r holl dreialon, ond heb eto gario'r dydd, daeth pethau i ben yn ddramatig ddigon pan y'm gwysiwyd, yn Saesneg, i roi cyfrif i'r ynadon ar ddydd Mercher, 27 Ebrill 1966, pam na thelais fy nyledion o un bunt ar bymtheg.

Gwrthodais ag ufuddhau i orchmynion y wŷs, a chyrhaeddais y llys yn fwriadol hwyr, gan eistedd yn y cefn am awr a hanner. Roeddent eisoes wedi trin fy achos, ac oherwydd nad oeddwn wedi talu'r £16, roeddan nhw wedi cyhoeddi gwarant i'm harestio. Toc wedi hanner dydd cododd yr ynadon, â'u bryd ar hel eu boliau, ac fel yr oeddynt yn gadael, crybwyllodd yr erlynydd, David Moulson, fod y dywededig Geraint Jones yn bresennol. Atebodd Arthur Uren ef: *'He was not here when his name was called.'* [WM, 28 Ebrill 1966]

Dyna pryd y sefais innau yng nghefn y llys a gweiddi ar yr ynadon, 'Waeth i chi f'arestio i **rŵan** ddim un tama'd.'

Er mawr syndod, dyna a wnaethon nhw, ddau swyddog

gwarant cydnerth, fy nhaflu'n ddiseremoni i gell, a 'nghadw i yn y ddalfa dros nos, gan roi digon o amser i mi ailystyried fy nhynged a thalu 'nyledion yn ufudd a di-gŵyn. Ond gwyddwn innau fod y noswaith honno'n rhoi digon o amser i delegraff jyngl y Gymdeithas wneud ei waith o alw'r fyddin ynghyd 'at y drin oedd eto draw'.

Trannoeth ddaeth, ac oriel gyhoeddus Llys Abertawe'n gwegian dan bwysau dros ddeugain o wariars brwd Cymdeithas yr Iaith. Fe'm llusgwyd o'r gell is-law, wedi noson o gwsg ysbeidiol ar wely anghyfforddus dros ben, a'm gosod i eistedd yn y doc i roi cyfrif i'r ynadon am fy 'nyledion', a dangos edifeirwch trwy dalu heb ragor o strach. Y cadeirydd oedd un Wyndham Stone, gŵr trahaus a didrugaredd, heb arlliw o gydymdeimlad â'r iaith Gymraeg.

Ond roedd gwrth-Gymreigrwydd Arthur Uren, clarc yr ynadon, yn waeth. Ymddengys fod hwn yn casáu pob un a safai dros yr iaith Gymraeg, a fi, greadur gwladgarol diniwed, yn fwy na neb. Mae'n bur anodd dychmygu heddiw fod gwrthwynebiad mor ffyrnig i'w gael tuag at y Gymraeg a'i charedigion mewn rhai ardaloedd yng Ngymru. Fel hyn yn wir y disgrifiais y cadeirydd a'i glarc ddeugain mlynedd yn ddiweddarach mewn erthygl.

> Llwyfan y ddrama, oedd yn drasiedi ac yn ffârs, oedd Llys Ynadon y lle, llys a oruwchlywodraethid gan ei ffiaidd, Ffaroaidd Glerc, yr anfad wrth-Gymreigiwr, Arthur Uren, a'i bwdl o Gadeirydd, Wyndham Stone. [Geraint Jones, 'Sêt y Gornel', YC, Ebrill 2006]

Gorchmynnodd y Cwnstabl M.E. Morgan fi, deirgwaith yn Saesneg, i sefyll. Gwrthodais. Bu'n rhaid cael cyfieithydd, y Rhingyll Howell Rees, i ddweud yr un peth drachefn yn Gymraeg. Sefais.

'*Do you understand English?*' gofynnodd y clarc.

'Nac ydw,' atebais innau â rhyw bendantrwydd herfeiddiol. Ystyr y cwestiwn i mi, wrth gwrs, oedd, 'A ydych yn fodlon siarad yn Saesneg?' I dorri stori hir yn fyr, gofynnwyd i'r Cwnstabl Howell Rees i fod yn gyfieithydd swyddogol y gwrandawiad.

Aethant ati i archwilio fy moddion. Gwrthodais gydweithredu gan ddweud wrthynt fod hynny'n gwbl amherthnasol, oherwydd na fwriadwn dalu na dirwyon na chostau beth bynnag fyddai canlyniad hynny. Dywedais fy mod yn dymuno annerch y Fainc.

Yn unol â phrotocol y llys, rhoddwyd Testament ar astell y doc o'm blaen ar gyfer cymryd llw. Gafaelais ynddo a'i agor, gan edrych ar iaith ei gynnwys. Chwiliais ymysg cyfrolau eraill oedd ar silff fechan o dan astell y doc.

'Beth ydach chi'n ei wneud?' gofynnodd y clarc yn bur sarrug. Cyfieithwyd ei eiriau i'r Gymraeg ac atebais ef. 'Sylwaf fod yma ddau Feibl Saesneg a chopi o'r Corán. Does dim Beibl Cymraeg yma.' Codais fy llais a dyrnu astell y doc mewn herfeiddiwch. 'Mae hyn yn anfoesol, ac yn warth ar y llys, ac yn sarhad arnaf finnau a'm hiaith. Rwy'n gwrthod tyngu llw arno. Rwy'n mynnu cael un Cymraeg...' Atebodd Arthur Uren. 'Nid oes Beibl Cymraeg yn y llys hwn.'

A dyna pryd y ffrwydrodd cefnogwyr gwladgar yr oriel gyhoeddus â bonllefau o anghymeradwyaeth a phrotest. O, orfoleddus gwmwl tystion! Chwifiodd un ohonynt faner y Ddraig Goch oedd ynghudd dan ei gôt. Dechreusant weiddi sloganau fel 'Cyfiawnder i'r iaith Gymraeg' a 'Cywilydd arnoch'. O fewn dim, unasant yn sumffoni gref i gyflwyno neges gyhyrog ein hanthem genedlaethol.

Codwyd gwrychyn y cadeirydd yn syth, a dyma pryd y dangosodd Wyndham Stone ei wir gymeriad, ei golyn, a'i ddiffyg dealltwriaeth. Gwylltiodd yn gaclwm gan ddechrau gweiddi ar y protestwyr i ymdawelu. Fe'i hanwybyddwyd yn llwyr. Penderfynodd ohirio'r achos. Pan oedd yr ynadon yn gadael y fainc, gwrthododd fy nghefnogwyr a minnau sefyll. Syrthiodd bygythion pellach y cadeirydd ar glustiau byddar a berwedig, ac wedi sgwrs sydyn â'r clarc, galwodd ar y plismyn i wagio'r oriel gyhoeddus o'i chynnwys gwrthryfelgar. Aeth y glas ati'n afieithus a digon ciaidd i lusgo'r gynulleidfa anfoddog, fesul un, o'r llofft, i lawr y grisiau cerrig, ac yna'u taflu'n ddiseremoni 'ar balmant oer y dref'. Yno y bu'r protestwyr cleisiog wedyn yn cerdded 'nôl a blaen heibio drws y llys yn protestio ac yn siantio, yn canu ac yn chwifio'r faner, gyda phlismyn yn gwarchod holl fynedfeydd yr adeilad.

Yn y cyfamser, gohiriwyd fy achos tan ddiwedd rhaglen y llys, ac fe'm taflwyd yn ôl i'm cell ddigysur, lle y bûm yn canu pwt, ac yn sgwrsio â'r muriau moelion am dros awr.

Cafwyd hyd i Feibl neu Destament Cymraeg yn rhywle, ac fe'm llusgwyd yn f'ôl i'r frawdle. Bellach, roedd yr oriel gyhoeddus yn hollol wag. Ni chaniatawyd i'r un o'm cefnogwyr ddychwelyd i'r llys. Teimlais yn unig iawn, yn fflat. Rhoddais fy achos yn glir a chwbl ddigyfaddawd ger bron yr ynadon, ond heb fawr o angerdd, hynny'n rhannol oherwydd fy mod, erbyn hyn, yn rhwystredig â chyfeiliant sillafog 'cyfieithiad' y Rhingyll druan.

Daeth y cyfan i ben yn eitha swta wedi i mi gael un cynnig arall i dalu – a gwrthod. Codais fy ngên a cheisio edrych yn eofn a herfeiddiol ar y cadeirydd. Meddai Wyndham Stone – â chalon o garreg:

It has been proved to our satisfaction that the fines were properly imposed according to the law of the land and it has also been proved to us that the defendant has refused to pay. He leaves us with no alternative. [LDP, 29 Ebrill 1966]

Fe'm dedfrydwyd i fis o garchar, heb gwtogi diwrnod arno, a hynny am y 'drosedd' o fynnu ffurflen a disgen yn fy iaith fy hun yn fy ngwlad fy hun.

'Take him down,' arthiodd Stone yn awdurdodol, ac aethpwyd â fi'n ôl i'r gell ddiflas. Roeddwn bellach yn garcharor swyddogol yng ngharchar y Saeson, a chofiaf, wrth

gael fy arwain o'r llys, deimlo rhyw benstandod rhyfedd, ond hefyd ryddhad a llawenydd yn llifo trwy 'nghalon fod brwydr y Gymraeg bellach yn dod i oed gyda charchar o'r diwedd yn rhan amlwg a hanfodol ohoni. Er teimlo'n lled nerfus, synnais rywsut nad oedd gennyf damaid o ofn. Roedd unrhyw faich o'r fath wedi ei hen daflu ymaith.

Ymhen rhyw chwarter awr daeth Gwyneth Morgan i'm gweld. Wn i ddim sut yn y byd y cafodd ganiatâd i ddod ataf, ond yno roedd hi'n wên o glust i glust ac yn byrlymu siarad, O mor annwyl. Roeddwn mor falch o'i gweld. Eglurais wrthi fod yr heddlu'n fodlon i mi ffonio adra i Drefor, i ddweud wrth fy rhieni disgwylgar fy mod ar fy ffordd i'r carchar, ond hynny ar yr amod fy mod yn siarad Saesneg â nhw. Gwrthodais wneud hynny, wrth gwrs, ac addawodd Gwyneth ffonio'n syth i ddweud wrthynt beth oedd wedi digwydd. Gofynnais iddi hefyd siarsio fy nghefnogwyr ym mhobman i beidio â thalu'r arian – doedd dim rhaid iddi boeni yn hynny o beth am fy rhieni. Fel y dwedodd fy mam wrthyf yn ei llythyr cyntaf ataf i'r carchar: 'Rydan ni'n deall hefyd y buasa ni'n cael talu'r dirwyon i dy gael yn rhydd, ond mi wyddost na neutha ni byth mo hynny, oni bai iddi fod yn fater bywyd.' [Llythyr cyntaf ei fam at Geraint Jones yng ngharchar Abertawe, 28 Ebrill 1966]

Sicrhaodd Gwyneth Morgan hithau wrthyf yn ddiweddarach fod y 'ddau yn gadarn fel y graig'. [Gwyneth Morgan at Geraint Jones, 23 Mai 1966] Ni chafodd unrhyw ymladdwr dros y Gymraeg ragorach na ffyddlonach cefnogaeth rhieni.

Aeth Guto Gwent i'r afael â'm mymryn eiddo yn 51 Bryn Road, gan ofalu bod y fen a'm trugareddau eraill yn ddiogel yn ei gartref yn Y Sgeti. Yn ogystal, talodd y rhent oedd yn ddyledus i Mrs Price. [Guto Gwent at rieni Geraint Jones, 3 Mai 1966]

Rhoddwyd fy nwylo, droseddwr peryglus, mewn gefynnau, a chofiaf ofyn, yn goeglyd ac yn Gymraeg, ym mhle roedd y gadwyn a'r belen ddur. Da o beth am unwaith, efallai, na ddeallai'r heddwas fy iaith. Yna, fe'm tywyswyd yn ddi-lol trwy un o'r drysau cefn i'r Fari Ddu, a rhyw Jehu blin yn dyrnu'n orffwyll y siwrnai fer i garchar digroeso, digysur a drwgargoelus yn Ffordd Ystumllwynarth. Fe'm hailenwyd yn syth, ond nid fy aileni, yn 1763 Jones am y mis cythryblus nesa o'm hoes. Roedd hwn yn fyd newydd, diarth a thywyll, ac roeddwn innau bellach yn un o 'gyfeiliorn gad breuddwydwyr tlawd y byd'. [Yr Athro J.R. Jones]

Y Beibl Cymraeg

Fodd bynnag – ac mae'n werth cofnodi hyn – ni orffennodd saga'r Beibl Cymraeg yn llys ynadon Abertawe y diwrnod y'm carcharwyd. Wythnos go dda wedi'r achos llys a'r carcharu, daeth fy rhieni'r holl ffordd o Drefor i'm gweld. Roedd fy nhad, diacon ffyddlon ym Maesyneuadd, capel Annibynwyr ein pentref, wedi corddi a stiwio'n ddd-baid ynglŷn â helynt y Beibl Saesneg, a mynnodd ei fod yn delio â'r mater mewn ffordd ymarferol. Cyn yr ymweliad â'r carchar, aeth y ddau ohonynt yn syth i Dŷ John Penry yn Abertawe, pencadlys yr Annibynwyr Cymraeg, a phrynu yno Feibl Cymraeg bychan, maint 5½" x 4". Cytunodd Ysgrifennydd Undeb yr Annibynwyr, y Parchedig Trebor Lloyd Evans, y byddai ef, ar ran fy rhieni, yn cynnig y Beibl hwn yn rhodd at ddefnydd y llys ynadon. Y tu mewn i'r clawr teipiodd y geiriau hyn:

> *Cyflwynwyd y Beibl Cymraeg hwn at wasanaeth y Llys yn Abertawe gan Mr. a Mrs. William Jones, Trefor, Caernarfon, o barch i safiad eu mab Geraint dros yr Iaith Gymraeg.*

Cadwodd Trebor Lloyd Evans ei air, ac aeth at Arthur Uren yn bersonol – gyda'r Beibl Cymraeg rhoddedig. Yn rhyfedd iawn, ni chlywyd rhagor am y peth am rai blynyddoedd. Cymerodd fy rhieni'n ganiataol fod y Beibl bellach yn cael defnydd cyson yn y llys. O, mor falch oeddent o hynny.

Roedd gan Trebor Lloyd Evans frawd, Emlyn Evans, yn byw ym mhentref Y Ffôr (Fourcrosses bryd hynny) ger Pwllheli. Fe'm ffoniodd rywbryd tua diwedd y saithdegau neu ddechrau'r wythdegau yn dweud ei fod wedi canfod parsel bychan yng nghefn rhyw ddrôr yn ei gartref, a hwnnw wedi ei gyfeirio ataf fi, oddi wrth ei frawd, Trebor, yn Abertawe. Roedd y parsel wedi gorwedd yno ers blynyddoedd lawer ac yntau, ysywaeth, wedi anghofio popeth amdano. Gelwais yn ei gartref i'w nôl.

Cynnwys y parsel oedd y Beibl Cymraeg bychan a brynwyd gan fy rhieni yn Nhŷ John Penry ym 1966 yn rhodd i lys ynadon Abertawe, ac a gludwyd yno'n bersonol gan Ysgrifennydd Undeb yr Annibynwyr, Trebor Lloyd Evans. Gwrthododd clarc yr ynadon, Arthur Uren, â derbyn y Beibl, a hynny, fel y deëllais yn ddiweddarach, mewn modd digon sarhaus. Fodd bynnag, cludwyd y Beibl yn ei ôl drachefn i swyddfa'r clarc ynghyd â llythyr cwrtais yn egluro'r cyfan. Dychwelwyd y Beibl i Dŷ John Penri drachefn, ynghyd â phwt o lythyr sy'n dangos nad oedd wiw i fainc ynadon dderbyn rhoddion gan droseddwyr peryglus.

Apart from the fact that there is a Welsh Bible available for the Courts, you will readily appreciate that the gift is one which the Magistrates' Court Committee could not accept under the present regrettable circumstances. The Bible is returned herewith.

Yours sincerely,
Arthur H Uren

Mae'r Beibl yn dal gennyf ac mae'n drysor amhrisiadwy. Cafodd yr achos – a helynt y Beibl Saesneg yn arbennig efallai – sylw mawr ar brif newyddion Lloegr y noson honno, a hynny trwy holl wledydd ynysoedd Prydain. Yn ôl fy mam, yr hyn a aeth â bryd pobl Trefor – 'pobol capal' yn arbennig dybiwn i – oedd 'llun car yn cyrraedd hefo'r Beibl'. [ei fam at Geraint Jones yng ngharchar Abertawe, Mai 1966]

Un arall a aeth i ben y caets oedd fy nghyflogwr ar y pryd, Trefor Morgan. 'Y mae yn gywilydd meddwl nad oedd Beibl Cymraeg i dystion gymryd eu llw arno yn Llys Abertawe... roedd yna res o Feiblau ym mhob iaith arall!' [Y Cymro, 12 Mai 1966]

Yn y carchar, Mai 1966

Y tu allan i'r llys dywedodd un o'r protestwyr wrth yr heddlu ei bod yn debygol y byddent yn mynd at y carchar yn hwyrach y noson honno i beintio sloganau ar y muriau. Cafwyd pennawd dramatig yn y *Western Mail* drannoeth ynghyd â datganiad prydlon ar ran y carchar. *'Extra precautions are being taken... and extra staff will be on duty... security is being stepped up inside the prison.'* [WM, 29 Ebrill 1966 / DG, Mehefin 1966] Ymgais oedd hon, mae'n amlwg, i godi ofn ar unrhyw brotestwyr tebygol. I ba raddau y llwyddon nhw, does wybod.

Cefais innau awgrym gan yr heddlu, dan eu dannedd, na fyddwn yn cael aros yng ngharchar Abertawe petawn i, neu fy nghefnogwyr, yn camymddwyn mewn unrhyw fodd. Byddent yn fy nghartio i garchar *Shepton Mallet (Cornhill)* yng Ngwlad yr Haf, carchar a arferai fod yn garchar militaraidd hynod o galed, ond a oedd wedi dod yn garchar sifil unwaith yn rhagor ddechrau 1966. Ni tharfodd y bygythiad hwn arnaf mewn unrhyw fodd. Nid carcharor oeddwn i, yn siŵr i chi. Wedi'r cyfan, doeddwn i ddim yno am unrhyw drais na throsedd beryglus, ond yn unig am wrthod talu £16!

Aeth y Gymdeithas ati'n ddiymdroi i drefnu protest, a chafwyd cyfarfod brys o'r Pwyllgor Canolog yn Nhalgarreg ar ddydd olaf mis Ebrill. [YC, 5 Mai 1966] Penderfynwyd cynnal gorymdaith brotest yn Abertawe'r dydd Sadwrn dilynol, 7 Mai 1966, gydag anerchiadau y tu allan i furiau'r carchar i ddilyn. Gofynnid i bawb ymgynnull yn y maes parcio ger gorsaf *High Street* y ddinas am 1.30, cyn gorymdeithio'n drefnus ac urddasol drwy'r ddinas i lawr at y carchar. Meddai Siôn Daniel mewn llythyr at Gareth Miles, a oedd yn absennol o gyfarfod y Pwyllgor: 'Sbloets emosiynol o bosib... bwriedir hefyd cael nifer o geir didrwydded ar gwt yr orymdaith... tyrfa fawr yw'r peth pwysicaf. Gwasga ar y Blaid, os oes modd.' [Siôn Daniel at Gareth Miles, 2 Mai 1966]

Ymddangosai fod Siôn yn eitha brwdfrydig ynglŷn â'r datblygiadau diweddaraf yn y frwydr. Arall, mae lle i amau, oedd teimladau Cynog, Cadeirydd y Gymdeithas, ynglŷn â gweld y frwydr yn troi ei llwybr tuag at ddrysau'r carchar. Yr hyn a'i poenai ef oedd awenau'r Pwyllgor Canolog (y 'fantol rym'). Meddai, mewn llythyr at Gareth Miles rai dyddiau cyn protest Abertawe ar Fai'r 7fed: 'Carwn gael sgwrs drylwyr gyda ti rywbryd ynglŷn â dyfodol yr holl fudiad... Rwy'n deall (cadw hyn yn gyfrinach) fod Sionyn yn debyg o adael y Pwyllgor eleni, ac felly fe allai'r fantol rym gael ei effeithio er gwaeth os na fyddwn ni'n ofalus.' [Cynog Dafis at Gareth Miles, diddyddiad]

Wedi'r brotest yn Abertawe, anfonodd fy nghyfaill, Guto Gwent, lythyr ataf i'r carchar, ddeuddydd wedi'r digwyddiad, yn rhoi disgrifiad manwl o holl weithgareddau'r dydd.

Daeth tua 300 i'r brotest dydd Sadwrn. Dechreusom o'r maes parcio... a gorymdeithio lawr mor bell â *Sidney Heath*, a throi lawr wedyn tuag at Eglwys Santes Fair. Troi eto wedyn lan *Princess Way*, a lawr Ffordd y Brenin at siop D.L. Davies, ac wedyn i'r carchar. Roedd yr heddlu yn y tu blaen yn arwain, a Miles yn ei gar ef a rhyw 5 car arall di-dreth yn dilyn. Ni chymerodd yr Heddlu unrhyw sylw o'r ceir yma. Wrth fynd heibio *Boots* (ar flaen yr orymdaith) roedd y diwedd yn pasio swyddfa'r *Evening Post*. Edrychai'n dda iawn. Wedi cyrraedd, cawsom ein cyfarwyddo i fynd at ddarn o dir gyferbyn â gatiau'r carchar, lle cawsom ein hannerch... Sionyn oedd yn cyflwyno pawb, ac ar y dechrau darllenodd lythyr da iawn oddi wrth dy rieni... ar ôl yr areithiau, canodd Dafydd Iwan gân i nodweddu'r achlysur, a gorffennodd y brotest â Hen Wlad fy Nhadau. Tybed a glywaist ti beth o'r brotest? [Guto Gwent at Geraint Jones, 9 Mai 1966]

'Naddo'n wir,' fyddai f'ateb, oherwydd roedd awdurdodau'r carchar wedi ymorol eu bod yn fy symud i ben arall yr adeilad i fwrw'r Sul arbennig hwnnw.

A oedd y brotest yn llwyddiant? Yn ôl Guto, oedd, a dyna'r farn yn gyffredinol. 'Wrth gwrs, mae'n anodd mesur llwyddiant protest, ac mae'n hawdd bod yn gall wedi'r digwyddiad, ond rwy'n meddwl fy hunan ei bod yn llwyddiant ar y cyfan. Roedd llawer iawn o'r Wasg a'r teledu yno. Roedd ffilm lawn iawn ar y Newyddion Saesneg am 9 nos Sadwrn...' [ibid.] Dangoswyd yr eitem hon ar newyddion BBC1 trwy holl wledydd Prydain. Bu ar BBC2 hefyd, y cyfan yn arwydd o newydd-deb y peth.

Cafwyd un digwyddiad a dynnodd gryn sylw, a gwnaed yn fawr ohono gan wŷr y Wasg a'r teledu. Yn syth ar ôl cyrraedd y carchar, ymlwybrodd un o'r protestwyr ar draws y ffordd at byrth y lle, gan guro'r drws mawr bygythiol a gofyn am gael dod i mewn i gael gair â mi. Rhiannon Silyn Roberts ydoedd. Agorwyd y caead yn y drws a'i gwrthod. Yna, wedi iddi sylwi bod rhai degau, os nad rhagor, o blismyn yn wardio o olwg y cyhoedd y tu ôl i'r drysau, gwthiodd amlen, wedi ei chyfeirio ataf fi, i law un o'r ceriwbiaid yn y porth. Trodd ar ei sawdl yn syth, gan ymuno â gweddill y dorf o brotestwyr. [YF, 12 Mai 1966 / WM, 9 Mai 1966]

Ar amrantiad, gwelwyd tri heddwas yn sefyll fel gwarchodlu wrth ddrysau'r carchar. Welais i mo'r amlen na'i chynnwys hyd y bore y rhyddhawyd fi o'r carchar. Ynddi, ynghyd â nodyn hyfryd dros ben gan Rhiannon, roedd ei chopi clawr gwyrdd personol hi, a'i henw arno, o ddarlith Saunders Lewis, *Tynged yr Iaith*. Fe'i trysoraf tra bwyf.

Siôn Daniel a lywyddai'r cyfarfod. Darllenodd o daflen

ddwyieithog a rannwyd yn ystod yr orymdaith yn egluro'r brotest i'r cyhoedd. 'Heddiw, y mae Geraint Jones, Ysgrifennydd Cymdeithas yr Iaith Gymraeg, yng ngharchar Abertawe am iddo fynnu defnyddio ei iaith ei hun yn ei wlad ei hun... y mae hi'n warth a chywilydd fod hyn wedi digwydd. Galwn am gefnogaeth pob Cymro i sicrhau na ddigwydd hyn byth eto.'

J.R. Jones

Dywedodd Siôn i'r Gymdeithas dderbyn rhodd o £20 gan yr Athro J.R. Jones, Abertawe, sef yr arian a gafodd fel awdur y gyfrol wych ac arloesol honno, *Prydeindod*, a gyhoeddwyd yn gynharach yn y flwyddyn. Mynnai'r Athro gael dangos ei werthfawrogiad o'r ymdrech. Fel mae'n digwydd, cafwyd adolygiad byr o'r 'llyfr bychan a thrwm hwn' gan Saunders Lewis yn y *Western Mail* wythnos ynghynt. 'Y mae angerdd a dwyster yn holl sgrifennu'r Athro J.R. Jones. Y mae ef yn gymeriad od ym Mhrifysgol Cymru, yn athro coleg ac yn athronydd nad yw cysur ei swydd wedi magu gwêr yn ei glustiau fel na chlyw ef boen ei bobl.' [WM, 30 Ebrill 1966]

Ystyriai Saunders J.R. fel prif feddyliwr y genedl.

Hanes Cymdeithas yr Iaith yw hanes cenedlaetholdeb Cymreig o1962 hyd heddiw. Yn hapus rhyfeddol cafodd y mudiad ifanc newydd arweinydd a phroffwyd i'w ysbrydoli a'i borthi yn y meddyliwr cymdeithasol praffaf a godwyd yn ein Cymru Gymraeg ni y ganrif hon... Llyfrau a phamffledau J.R. Jones yw clasuron ein cenedlaetholdeb ni heddiw. [Rhagair i ailargraffiad o TYI, Mehefin 1972]

Roedd J.R. Jones yno yn y cyfarfod o flaen y carchar, ac yn ŵr y bûm ar ei aelwyd yn Eaton Crescent fwy nag unwaith tra bûm yn byw yn Abertawe. Hwn oedd y cyfnod y gafaelodd o ddifrif ym mater yr iaith a hunaniaeth y Cymry, gan ddod yn brif feddyliwr ac athronydd brwydr y Gymraeg.

Roedd tynged yr iaith yn llosgi'n eirias yn ei galon. 'Proffwyd Chwyldro' yw teitl ysgrif Emyr Llywelyn amdano yn Awst 1970:

> Propagandydd ydoedd – un a fynegai y syniadau, y delfrydau a'r nwydau ym meddyliau pobl ifanc Cymru... Âi'r Athro J.R. Jones i drafferth mawr i wybod dyheadau a theimladau cenedlaetholwyr, yn arbennig felly yr ifanc. Byddai wrth ei fodd yn cyfarfod Geraint Jones neu Gareth Miles, ac yn sylwi'n fanwl ar bob dadl a gosodiad o'u heiddo... Dyma ei gamp – rhoi ffrâm athronyddol a chyfiawnhad rhesymegol i'r teimladau a'r syniadau a gorddai bobl ifanc Cymru – ac wrth wneud hyn fe ddinistriodd y mythau oedd yn cynnal y rhithfyd hwnnw a seiliwyd ar gelwydd a gormes – Prydeindod. [*Y Chwyldro a'r Gymru Newydd*, t. 8]

Sylweddolodd Emyr yn gynnar fod J.R. yn deall dyheadau cenedlaetholwyr fel ni. Teimlai i'r byw wrth weld pobl yn dioddef yn enw Cymru a'r Gymraeg. Gwn iddo deithio yr holl ffordd o Abertawe i dreulio amser gydag Emyr ar ei aelwyd yng Nghoed-y-bryn, Ceredigion, rai dyddiau cyn ei garcharu ym 1963, mor fawr oedd ei edmygedd, ac mor ddwys oedd ei gonsýrn. Deallai reddf y Cymro gwirioneddol wlatgar. Meddai Emyr eto:

> Bu'r arloeswyr cynnar yn gweithredu yn ôl eu greddf – Trefor ac Eileen Beasley a Geraint Jones. Roedd eu greddf yn iawn wrth gwrs, ond mae'n sicr gen i fod y diffyg cefnogaeth ymhlith eu cyd-Gymry yn tarddu o ddiffyg hyder. A'r diffyg hyder yn tarddu yn ei dro o deimlo mai Prydeindod oedd yn iawn. Rhoes ymddangosiad llyfr yr Athro J.R. Jones [*Prydeindod*] yr hyder yn y Cymry i gredu fod eu greddf yn iawn wedi'r cyfan. [ibid.]

Ychwanegaf innau hyn. Mae'n hanfodol fod cenedlaetholwyr ifainc Cymru heddiw yn darllen gweithiau

J.R. Jones – ei olygwedd ar bwnc yr iaith yn arbennig. Os am drosolwg ardderchog o'r gweithiau hynny a'u cyfraniad, fe'i ceir mewn pamffled o ddarlith dreiddgar Ieuan Wyn, a gyhoeddwyd gan Wasg Utgorn Cymru, Canolfan Hanes Uwchgwyrfai, Clynnog Fawr yn 2024.

Meddai J.R. wrth ohebydd *Y Cymro*, D. Elwyn Davies, yng nghysgod muriau'r carchar:

> ... rhaid adennill balchder y Gymraeg. A chan ein bod, i bob golwg, yn methu profi i'n cenhedlaeth faterol ein bod yn haeddu parch drwy ei hynafiaeth, a holl gyfoeth y gorffennol sy'n gostreliedig ynddi, y mae'n rhaid dangos ei bod yn haeddu parch yn y dull hwn – sef ymladd â'n 'gyts' drosti.
> [YC, 12 Mai 1966]

Y cyfarfod

Aeth Siôn Daniel ati wedyn i gyflwyno'r siaradwyr, ymgyrchwyr profiadol a phrofedig oll, doeth a sylweddol eu geiriau. Cefais hanes y cyfarfod mewn llythyr manwl oddi wrth Emrys a Delyth Davies, Cwmtirmynach, ac ambell ddyfyniad o'r areithiau. Dyma bigion ohonynt.

Eileen Beasley: 'Rhaid inni ddiogelu'r iaith er mwyn byw'n wareiddiedig, rhaid inni ymrwymo i sefydlu ysgolion Cymraeg – ein heiddo a'n cyfrifoldeb ni yw Cymru; mae holl werthoedd moesol Cymru ynghlwm wrth yr iaith. Y mae yma ryddid ond i chi feddwl fel Sais. Ond dyma'r math gwaethaf o orthrwm. Y mae marwolaeth iaith yn rhan o broses gorchfygu cenedl. Y mae lladd y Gymraeg yn gynllun bwriadol gan unrhyw lywodraeth Seisnig... Mae rhai heddiw'n gweiddi 'Tacteg!' Nid amser i besgi yw hi, nac i wenu'n foesgar, ond i dorchi llewys. Penderfyniad! Dyna'r deinameit yma. Ymrwymwn i roi i'r Gymraeg dragwyddol heol!' [YF, 12 Mai 1966; YC, 12 Mai 1966; Emrys a Delyth Davies at Geraint Jones, 8 Mai 1966]

Emyr Llywelyn: ('Dyma ddechrau gyrfa areithyddol danbaid Emyr Llywelyn.' [WTC, t. 41] '... [yr] hyn rwy am ei wneud... tu fas i'r waliau yma... yw sôn am arwyddocad ei safiad e fel y person cyntaf i gael ei garcharu dros yr iaith Gymraeg... yn un o genhedlaeth newydd o bobl ifanc... sydd heb gael eu dallu gan y propaganda poblogaidd sy'n dweud mai cael Senedd i Gymru yw'r peth hollbwysig... Onid ymladd ag arfau o ddewis y gelyn yw ymladd etholiadau? Mewn iaith mae rhyddid ... Fe glywir llawer o sôn am Fyddin Rhyddid Cymru y dyddiau hyn... yr unig Fyddin Rhyddid yng Nghymru heddiw yw Cymdeithas yr Iaith Gymraeg... mae'r rhan fwyaf ohonom ni, p'un a ydym ni'n sylweddoli hynny neu beidio, wedi cyfaddawdu... Mae'r ffaith ein bod ni'n medru clywed a siarad Saesneg bob dydd heb deimlo cywilydd yn dangos maint ein darostyngiad ni fel cenedl... Rydym ni wedi cyfaddawdu oherwydd y swyddi bras sydd arnom ni ofn eu colli os gwnawn ni safiad ... Mae yna ddewis yn agored i bawb ohonom ni... – rhwng bod yn gyfaddawdwyr moethus, saff – a lladd yr iaith; a bod yn ddigyfaddawd... a dioddef y canlyniadau am hynny – ond ar yr un pryd achub yr iaith... yr unig le i bob dyn o gydwybod yw nid tu fas i furiau carchar ond tu fewn... a'r wers yw hon: mai mewn iaith mae rhyddid, ac mai'r digyfaddawd yn unig a all sicrhau'r rhyddid hwnnw.' [Emyr Llywelyn, 'Mewn Iaith Mae Rhyddid', AELl, 1970, tt. 2-3]

Gwyneth Morgan: Dechreuodd trwy sôn am helynt y Beibl Saesneg, a bod gan 'estroniaid fwy o hawl i arddel eu hiaith yn y wlad hon na ni'r Cymry', ac nad oedd 'dim hawl i ni roi ein llaw ar Feibl yr Esgob Morgan. Caiff rhywun o Bacistán barch i'w iaith yma, ond nid ni'r Cymry. Y mae Cymdeithas yr Iaith Gymraeg yn gaer o gwmpas yr iaith i ddiogelu ei hurddas.'

Ymosododd ar Seneddwyr Cymru am eu bod yn cynnal y drefn sy'n diraddio'r iaith. Daethai yn 'ddydd o brysur bwyso arnom. Nid digon yw arddel yr iaith. Rhaid dangos

ar ba ochr i'r ffens y safwn – ar y ffordd lydan sy'n arwain
at oruchafiaeth y Saeson, ynteu ar y ffordd gul sy'n arwain
at y Gymru Gymraeg. Mae lle i ni i gyd ar honno. Profodd
Geraint mai pechod anfaddeuol yn erbyn cyfraith Lloegr yw
i Gymro feiddio bodoli fel Cymro. Y Gymraeg yw ffynhonnell
holl urddas a cheinder ein traddodiad cenedlaethol. Hi yw
trysorfa pymtheg canrif o wareiddiad ein cenedl, y trysor
amhrisiadwy y bydd y 'moch ynadon' a'r dynionach o glercod
sydd yn sefyll yn enw Lloegr yn ein plith, yn ei sathru dan
draed a'i daflu i'r cŵn. Mae'r Ysgrifennydd Gwladol yn
cynnal y drefn hon. Daeth bellach yn ddydd o brysur bwyso,
a chawn weld ar ba ochr i'r ffens y mae Cledwyn Hughes
a'i gyfeillion yn sefyll.' [YF, 12 Mai 1966; YC, 12 Mai 1966;
Emrys a Delyth Davies at Geraint Jones, 8 Mai 1966]

Cynog Davies (Cadeirydd Cymdeithas yr Iaith Gymraeg): 'Mae
gen i gywilydd o fod yn perthyn i genedl sy'n goddef carcharu
Cymro ifanc am fynnu cyfiawnder i'n hiaith, ond balchder
hefyd fod un wedi codi sy'n ddigon cryf i wrthsefyll. Rŷm
ni byth a hefyd yn ceisio amddiffyn ein tir rhag lladrad, ein
broydd rhag bygythiad parhaus y gorlif Seisnig. Aeth 'cadw'
yn arwyddair gyda ni... yn awr rydym yn hawlio mwy, mwy
na fu gyda ni ers pedair canrif a rhagor. Mae'r frwydr wedi
symud o'r amddiffynnol at yr ymosodol... mae carchariad
Geraint Jones yn un arwydd, un ymhlith nifer, fod yna ddeffro
ymhlith y Cymry ac ewyllys, nid i gadw'n unig, ond yn hytrach
i greu o'r newydd... [mae'n] gywilydd ar genedl y Cymry, i'n
tadau ac arweinwyr gwleidyddol yn y gorffennol, i ni orfod
aros hyd 1966 cyn i Gymro amlygu bodolaeth y gwarth yma a
mynd i'r carchar dros yr iaith... Rydym yn drist, yn cywilyddio
ac yn ymfalchïo am fod Cymro yn dioddef carchar er mwyn
symud y gwarth... Fel y dywed y Sais, 'Yr amddiffyn gorau yw
ymosod'... Nawr mae'r deffroad yn dechrau: mae wedi dod ...
mae dileu Seisnigrwydd yn waith clodwiw i bob Cymro gwerth
ei halen. Gallwn roi sail newydd i'r genedl drwy ennill statws

i'r iaith. Wedyn bydd yn rhaid i'r newydd-ddyfodiaid, o leiaf eu plant, ddysgu Cymraeg. Dylai ein parodrwydd i aberthu fod yn gymaint â'n cariad at Gymru. Rhaid gweithredu'n awr – mae'n unfed awr ar ddeg.' [ibid.]

Victor Hampson Jones: 'Fe garcharwyd Geraint Jones nid yn gymaint am ei fod yn siarad Cymraeg, ond am eu bod nhw yn mynnu iddo siarad Saesneg... yr anfadwaith mawr a wnaeth Geraint yn y lle cyntaf oedd nid yn unig dysgu Cymraeg, eithr hefyd dipyn o Saesneg ... Amddifedir Geraint Jones o hawliau y mae estroniaid yn eu cael am ei fod yn ddwyieithog. Tynnodd yr ynadon yr hawl i gynnal yr achos yn Gymraeg oddi ar Geraint, a gallai hyn osod cynsail beryglus iawn i ddyfodol yr iaith.' [ibid.]

Un testun sgwrs diddorol a geid ym mhrotestiadau cynnar y Gymdeithas oedd pwy oedd yno, a phwy nad oedd yno. A phwy oedd yn lleisio protest yn gyhoeddus, a phwy nad ydoedd. Llinyn mesur pur gaeth a thrwyadl oedd un y Gymdeithas bryd hynny, ac amlygid hynny yn y Wasg ar brydiau.

Mae Sbardun yn *Y Cymro* yn gwbl bendant ei farn ar y mater:

> Ni thybiodd neb hyd ein dyddiau ni fod gan un o ieithoedd hynaf Ewrob hawl i gydraddoldeb statws ag ieithoedd eraill byd. Ond er bod y gŵr ifanc hwn yng ngharchar, ni chlywais i brin wich o brotest o gylchoedd 'trymion' y genedl... ac ni theimlodd un o'n Haelodau Seneddol hyd yn hyn fod y mater yn haeddu cwestiwn yn Senedd *Magna Carta*. Yn wir, clywir lleisiau yn y **Gymru Gymraeg** sy'n dadlau yn erbyn byrhau tymor carchariad Geraint Jones, ar y tir na fyddai'n iawn i Mr. Cledwyn Hughes ymyrryd mewn dedfryd llys. [Piniwn, YC,19 Mai 1966]

Cyfeiria at y ddadl hon fel 'dadl Dorïaidd'. Rhoddodd Sbardun reswm dros ddisgwyl ymyrraeth Cledwyn Hughes, sef nad oeddwn i 'wedi troseddu dim mwy na rhagdybio'r Mesur Iaith y bwriada Llafur ei gyflwyno inni gyda hyn. Danghosed... inni ar ddechrau ei dymor... y gall sefyll fel y graig dros ein hawliau fel cenedl... fel yr achuber ni o leiaf rhag gwaelodion ein gwarth.'

Yn *Y Faner* daeth cwyn eitha blin o sgrifbin G. Jones, 94 St. Fagans Road, Caerdydd:

Roedd yno dyrfa weddol foddhaol mewn nifer, ond siomedig i'r eithaf o safbwynt y bobl hynny A DDYLASAI FOD WEDI CYMRYD RHAN. Pwy yw y rhain, tybed, a oedd mor amlwg wrth fod yn absennol, a'u henwau ar dafodau llawer ohonom? Gallaswn enwi o leiaf hanner cant. Darlithwyr yn y Gymraeg mewn prifysgolion a cholegau hyfforddi... swyddogion addysg... swyddogion blaen y BBC... arweinwyr Plaid Cymru... bugeiliaid ysbrydol Cymru, gweinidogion yr Eglwys a'r capeli... Siarad, siarad, siarad, dyna yw eu hoff bleser... ond pan ddaw y cyfle... maen nhw wedi diflannu i rywle. Mor hyfryd yw eistedd mewn gardd ar brynhawn heulog, a breuddwydio am lenwi swydd fach yn uwch yn y coleg – yn yr Adran Gymraeg, wrth gwrs – TRA BOD UN CYMRO MEWN CARCHAR DROS YR IAITH. O, chwi Gymry rhagrithiol, di-asgwrn cefn! Mae eich agwedd yn gwneud i'm stumog droi! [YF, 19 Mai 1966]

Cyffelyb oedd cwyn Menna Llwyd, merch ifanc o Fôn, a ofynnodd 'Ymhle y mae'r bobl hŷn? A ydynt wedi mynd i gysgu, gan adael y cyfan o'r baich i ni y bobl ifainc?' [YC, 12 Mai 1966]

Tybed a oes a wnelo rhai o'r cyfeiriadau tanllyd rywbeth â'r cythrwfl fu yn Aberystwyth y dyddiau hynny, lle roedd digwyddiad yn yr Adran Gymraeg yn ganolog iddo? Ar noson y brotest yn Abertawe, nos Sadwrn 7 Mai, cynhaliwyd cyfarfod yn Neuadd Rendel yng Ngholeg Aberystwyth, i ffarwelio â Gwenallt ar ei ymddeoliad fel darlithydd yn Adran Gymraeg y coleg. [YC, 12 Mai 1966] Rai dyddiau cyn y cyfarfod clywodd y Prifathro Thomas Parry fod bwriad gan nifer dda o'r myfyrwyr i fynychu protest Cymdeithas yr Iaith yn Abertawe ar yr union ddiwrnod. Ffromodd y Prifathro cans ni ddymunai i hyn ddigwydd, ond ni allai eu rhwystro gan mai ar ddydd Sadwrn y cynhelid y brotest. Yr hyn a wnaeth, fodd bynnag, oedd rhoi un o ddarlithwyr yr Adran Gymraeg ar waith. Yn y carchar derbyniais lythyr yn dweud wrthyf 'fod Dafydd Bowen wedi bod yn brysur yn rhwystro pobl rhag mynd i'r brotest'. [Guto Gwent at Geraint Jones, 9 Mai 1966] Fe anwybyddwyd y bygythion a'r rhybuddion gan o leiaf ugain o'r myfyrwyr. Daethant o Aberystwyth mewn bws mini, gydag Ainsleigh Davies wrth y llyw. Wedi'r brotest dychwelasant yn ddiymdroi i Aberystwyth a chyrraedd yn brydlon ar gyfer cyfarfod anrhydeddu Gwenallt.

Cefnogaeth

Yr hyn sy'n synnu rhywun am yr ymateb a gafwyd y mis Mai hwnnw yw'r ffaith, nid yn unig fod cymaint ohono, ond ei fod yn bur ffyrnig. Dengys yr enghraifft ganlynol gymaint y corddid rhai pobl gan y ffaith fod carchar bellach yn gosb am garu'ch iaith. Dyma eiriau tanbaid Huw ap Ioan, gŵr ifanc oedd wedi trefnu deiseb swmpus yn nhref Dinbych a'r cyffiniau i'w hanfon at Cledwyn Hughes:

> Yr ydym ni wedi ymdynghedu i sylweddoli'r ddelfryd o Gymru Gymraeg ei hiaith; yr ydym wedi ymdynghedu y bydd i'r cenedlaethau a ddaw etifeddu'r dreftadaeth Gymraeg Gristionogol yn ei chyflawnder, a'i chyfoeth, ac os bydd byw y Cymry, fe'i hachubir yn dragwyddol a chedwir i dragwyddoldeb y glendid a fu. Rhybuddiaf y sawl a geisia ein hamddifadu o'n bywyd; yr wyf yn eich rhybuddio mai dros ein cyrff marw y caiff ein treftadaeth Gymraeg drengi ac y caiff y cenedlaethau a ddaw eu hamddifadu ohoni. Bydd rhaid i chi dywallt ein gwaed ni'r cenedletholwyr Cymreig; ni oddefwn unrhyw ymosodiad mwyach ar ein cenedligrwydd cysegredig. [YF, 12 Mai 1966]

Deg allan o ddeg! Byddai angen teimladau go gryfion i ennyn y fath eithafiaeth yn wir.

Yr un modd Ithel Davies yntau. Iddo ef, roedd y carchariad yn sarhad eithafol. 'Y mae'r peth yn erchyll o hyll. Pa wlad ond Lloegr, a pha lywodraeth ond un y Saeson, a allai sarnu breiniau dyn mewn ffordd mor ffiaidd a'i frodio â hunan-gyfiawnder cyfoglyd?" [YF, 2 Mehefin 1966]

Bu D. Elwyn Davies, gohebydd *Y Cymro*, yn holi llawer o'r bobl oedd yn yr orymdaith. Un o'r rheini oedd Abiah Roderick o Glydach, Cwm Tawe, oedd hefyd yn gydweithiwr â mi yn swyddfa Cwmni Undeb yn Pell Street, Abertawe. Gŵr annwyl ac addfwyn oedd Abiah, a'i lais bob amser yn floesg, a soniai'n barhaus am ddeubeth o fore gwyn tan nos – Calfaria'r Bedyddwyr yng Nghlydach, lle roedd yn ddiacon, a'i farddoniaeth ei hun. Adroddai ei gerddi, yn arbennig *Yr Hen Bobl* a *Neges y Felin Ddŵr* yn gyson yn y swyddfa, yn ogystal â'i gerddi digri am Matilda ac eraill y gellid eu darllen yn ei gyfrol. [Abiah Roderick, *Matilda ac Adroddiadau Eraill*, tt. 46, 51] Dyma ŵr hynod o glên a gwladgar, ac wrth orymdeithio drwy strydoedd Abertawe y Sadwrn hwnnw, cyfansoddodd y pill hwn:

Yn nydd *'Prydeindod'* ein moethusrwydd ni,
Collasom iaith â pharabl iddi'n ffri,
Nes i'n synhwyron syn – i ffŵl fel ti
Yn dy ynfydrwydd – lwyddo i'n sobri ni. [YC, 12 Mai 1966]

Un arall a holwyd oedd yr Athro Pennar Davies a bwysleisiodd fod y 'frwydr hon dros yr iaith yn un wleidyddol... sefyll dros ryddid a wnawn yn y fan yma, ac y mae'r frwydr hon yng Nghymru yn rhan o'r frwydr dros ddynolryw yn gyffredinol'.

'Rhaid i'r achos hwn lwyddo,' meddai Trefor Beasley. 'Mae Geraint yn cael ei garcharu yn enw'r genedl, a'i achos ef yw ein hachos ni. Brwydrau fel hyn sy'n mynd i ddeffro'r ysbryd cenedlaethol...'

Ychwanegodd Alwyn Rees ei fod yn 'teimlo'n falch o gael cerdded ymhlith y dyrfa fawr yma o bobl ifainc dewr. Teimlaf eu bod yn gwneud llawer mwy dros achos Cymru nag a wnaeth ieuenctid y genhedlaeth a fu'.

Roedd gobaith yn y gwynt, a rhyw asbri newydd fel petai'n cydio. 'Yr wyf yn gweld gobaith o'r diwedd – i'r iaith ac i ryddid y genedl,' taranodd William Morgan o Gwm Tawe. 'Credaf yn bendant ein bod yn mynd i lwyddo i achub yr iaith, er gwaethaf cynllwynion dieflig nifer o brifathrawon gwrth-Gymreig sydd wrthi yn dylanwadu ar blant ysgolion uwchradd y De yma i ddysgu unrhyw iaith ond y Gymraeg. Y mae gan yr iaith Gymraeg fwy o elynion o fewn muriau ysgolion Cymru nag a feddyliodd neb erioed.'

Roedd y cyfarfodydd a gafwyd i brotestio yn erbyn y carchariadau cynnar – yn Abertawe (Mai 1966), Caerdydd (Mai 1966), Pontypridd (Mehefin 1966), Eisteddfod Aberafan (Awst 1966), a Chaerdydd (Hydref 1966) – yn ddigwyddiadau llawn teimlad a thyndra, ac ar brydiau'n drydanol. Nid fi sy'n dweud – doeddwn i ddim yno gan amlaf!

Fe'u cofir gan Dafydd Iwan fel hyn:

> Roedd y cyfarfodydd y tu allan i'r carchardai… yn gyfarfodydd na welwn ni mo'u tebyg nhw am dipyn eto, os byth… Yn sicr roedd effaith y carchariadau hynny'n drwm ar feddyliau pawb yng Nghymru, beth bynnag oedd eu hadwaith ar y pryd. Fedr fawr neb, yn sicr ymhlith y Cymry Cymraeg, wadu hyn. [*Dafydd Iwan*, *Cyfres y Cewri 1*, t. 51]

> Roedd effaith y carcharu'n ysgytwol a phellgyrhaeddol, ac mae'n anodd i ni heddi ddirnad – wedi'n cyflyru gan y mynych garcharu ers hynny – wir natur yr effaith. Ond [profwyd] fod yr ymgyrch dros yr iaith yn ymgyrch o ddifri, bod pennod newydd wedi ei dechrau yn y frwydr genedlaethol yng Nghymru. [Dafydd Iwan, TAD, 1976]

Rhwng popeth, cafodd y Wasg Gymraeg a Saesneg ddigon o newyddion, a gofalem ninnau eu bwydo'n gyson.

Roedd digwyddiadau 1966 yn fanna o'r nef i'r *Faner* a'r *Cymro*. Roedd y carchariad wedi esgor ar weithgareddau a phrotestiadau o bob math, y deisebu a'r llythyru yn lleng, a'r dymheredd wleidyddol wedi'i chynhesu gryn dipyn yn y Gymru rewllyd o wasaidd oedd ohoni. Ac roedd yna rhyw ddicter hyfryd yn amlwg iawn drwy'r cyfan – a pheth hwyl hefyd.

Y ffurf a gymerodd y brotest, ar y cyfan, oedd galw cyson am fy rhyddhau o'r carchar. Ar ben arall yr alwad honno, nid yn gymaint yn gocyn hitio, ond hefyd yn sumbol o'r llywodraeth a'i chyfraith a'i hanhegwch a'm rhoes mewn cadwynau yn y lle cyntaf, safai Ysgrifennydd Gwladol Cymru, Cledwyn Hughes. A chofier nad oedd ond rhyw dair wythnos ers pan y'i dyrchafwyd i'r uchel, arswydus swydd, hynny ar y pumed o Ebrill (gyda'r anghynnes George Thomas yn Weinidog Gwladol). Beth bynnag oedd teitl ei swydd, faint bynnag o awdurdod oedd ganddo, fo oedd cynrychiolydd y wladwriaeth, fo oedd i ymateb i lais y bobl, ac fe gafodd fedydd tân.

Y gwir amdani, wrth gwrs, ac fe wyddem ninnau hynny cystal â neb, oedd na fyddai Cyfansoddiad y Wladwriaeth Brydeinig yn caniatáu, dan unrhyw amgylchiadau, i Gledwyn Hughes weithredu'n groes i lais y llysoedd, y gyfraith sacrosanct. Wedi'r cyfan, hon oedd *The Law of England*. Ac fel gŵr graddedig yn y gyfraith, gwyddai Cledwyn Hughes cystal â neb hefyd nad gwiw beirniadu na hel ei balfau busneslyd ym mogail awdurdod y llys barn. Mwy na digon fyddai ceisio ymateb a gweithredu'n gyfrwys a phwyllog a derbyniol i argymhellion pitw a chwbl annigonol Pwyllgor Hughes Parry.

Protest Caerdydd

'Trefnwyd protest arall... gan gangen [Blaenau] Morgannwg o Gymdeithas yr Iaith' [C, Awst 1966] ar gyfer y Sadwrn dilynol, Mai 14, yng Nghaerdydd, gydag Emyr, Neil a Dai

Bonar wrth y llyw. Am ryw reswm roedd nifer o aelodau'r Pwyllgor Canolog yn erbyn cynnal protest arall yn ystod y carchariad, gan ddweud fod y Gymdeithas wedi gwneud ei rhan yn y cyfarfod yn Abertawe. Mewn gair, roedd protest Abertawe yn ddigon. Roedd hyn wedi mynd dan groen y trefnwyr uchod gan mai 'polisi' cydnabyddedig Cymdeithas yr Iaith, a phob mudiad cyffelyb dybiwn i, fyddai defnyddio holl gyfnod unrhyw garchariad i brotestio'n ddwys, boed hynny ar ffurf deisebu, llythyru neu wrthdystio'n gyhoeddus. Dyma pam na lwyddodd y Tân yn Llŷn i danio'r genedl.

Dechreuwyd gofyn cwestiynau dyfnion, a mynegwyd amheuon am gymhellion a bwriadau rhai o arweinwyr y Gymdeithas – a oeddent mewn gwirionedd ag unrhyw awydd i weld poethi o'r frwydr yn y gobaith y byddai rhagor, ie cannoedd o ymgyrchwyr yn llenwi'r carchardai. Beth bynnag fo'r atebion, roeddent, yn ôl pob golwg, yn fodlon edrych ar yr aelod oedd yng ngharchar Abertawe yn treulio'r tri chwarter oedd ar ôl o'i ddedfryd yn llifio coed tân a gwnïo bagiau post yn gwbl ddibwrpas, a heb gefnogaeth ymarferol y Gymdeithas y tu allan i'r muriau. Surodd unrhyw syniad o aberth gan droi'n ofer yn ôl pob golwg. Onid er mwyn tynnu sylw at safle echrydus y Gymraeg a hyrwyddo propaganda cyfiawn o'i phlaid oedd holl bwrpas yr ymarfer? 'Siŵr iawn' meddai'r mwyafrif, ond 'Nage', yn ôl pob golwg, meddai rhai o arweinwyr y Gymdeithas.

Ni wyddwn i am yr anghytuno gan fy mod dan glo. Does dim gwobr am ddyfalu ple y safwn i petawn yn rhydd. Dychmygwch fy ymateb yn unigrwydd fy nghell pan dderbyniais lythyr llawn rhwystredigaeth oddi wrth Neil ap Siencyn yn cwyno'n enbyd am y pethau hyn:

Rŷn ni wedi llwyddo i greu ychydig o gyhoeddusrwydd yn ystod y mis, ond nid oedd Cynog na Sionyn am wneud dim ar ôl gorymdaith Abertawe ar Fai 7fed. Bu'n rhaid i Emyr Llew a minnau wneud y cyfan ynghylch y brotest yng Nghaerdydd y Sadwrn wedyn! Dai Bonar oedd yr unig aelod arall o'r pwyllgor yno!! Mae Gwyneth Wiliam wedi'i dirwyo £13 gan lys Pontypridd – yn ddiarwybod iddi! Blydi [g]warthus. Mae cyfarfod o'r Pwyllgor yn Abertawe ddydd Sul nesaf (Mai 29). Os na welaf fwy o barodrwydd ar ran y diawliaid i weithredu, rwy'n bwriadu ymddiswyddo. [Neil ap Siencyn at Geraint Jones, 23 Mai 1966]

Nid ymddiswyddodd Neil, a da hynny. A do, er gwaetha gwrthwynebiad (anesboniadwy?) rhai o arweinwyr y Gymdeithas, fe gynhaliwyd y brotest yng Nghaerdydd ar y 14eg o Fai, 1966, a daeth dros gant a hanner o aelodau'r Gymdeithas yno, rhwng deg a phymtheg ohonynt yn gyrru moduron di-dreth ar flaen yr orymdaith i'r Swyddfa Gymreig. Yno, aed ati i osod posteri pwrpasol ar ffenestri a pholion lamp yr adeilad, a chafwyd llun mawr trawiadol yn y Wasg o Dai Bonar ac Eifion Tomos, y ddau o Lanelli, yn gwneud hynny. [WM, 16 Mai 1966]

Yn llaw Neil roedd deiseb gyda dros 400 o enwau arni yn galw am fy rhyddhau o garchar ar unwaith. Deiseb oedd hon i'w chyflwyno i Cledwyn Hughes yr Ysgrifennydd Gwladol, ac i Harold Wilson yn 10 Stryd Downing. Roedd yn un o ddegau o fân ddeisebau trwy Gymru gyfan a leisiai'r un alwad eglur a syml. Wrth gyflwyno'r ddeiseb i un o uwchswyddogion y Swyddfa Gymreig, H. Noel Jarman, rhoddodd Neil anerchiad cadarn yn Gymraeg, a Chymraeg yn unig. Roedd yr uchelswyddog eisoes wedi ei hysbysu nad oedd yn siarad na deall Cymraeg er iddo gael ei eni yn Sir Drefaldwyn. Serch hynny, fe ddywedodd 'Diolch yn fawr' wrth ei derbyn. Y fath fawrfrydigrwydd! Fel y disgwylid, clustiau byddar a dderbyniodd y negeseuon oll yng Nghaerdydd, fel yn Llundain.

Bellach roedd safle israddol yr iaith wedi dechrau cael sylw o ddifri, ac roeddem ninnau, aelodau Cymdeithas yr Iaith, yn gynyddol yn teimlo fod yr ymdrech yn dwyn rhywfaint o ffrwyth er y gwrthdaro o fewn rhengoedd y Pwyllgor

Canolog ynglŷn â gweithredu torcyfraith a chynyddu *tempo*'r frwydr.

Y cwestiwn a ofynnid ar y pryd oedd hwn. A allai'r Gymdeithas fanteisio ar ddigwyddiad gwleidyddol oedd yn unigryw ar y pryd, sef carcharu dyn yn enw'r iaith Gymraeg? Disgwylid i Gymdeithas yr Iaith ymaflyd yng nghyrn yr arad, a defnyddio'r achlysur i godi gwres y frwydr. Dyna oedd gobaith aelodau'r Gymdeithas, pobl fel Gwyneth Morgan – '... ein gwaith ni yn awr fydd gwneud yr eithaf o'r cyfle y mae wedi ei roi i ni'. [Gwyneth Morgan, at rieni Geraint Jones, 2 Mai 1966]

Ac onid oedd Cadeirydd y Gymdeithas yntau eisoes wedi rhoi ar ddeall i'm rhieni – ac eraill – na fyddai llaesu dwylo yn awr? 'Hoffwn eich sicrhau chi fod yr un gefnogaeth iddo yng Nghymdeithas yr Iaith ac y gwnawn ein gorau i sicrhau nad â ei aberth yn ofer.' [Cynog Dafis at rieni Geraint Jones, 9 Mai 1966]

Yr hyn a'm pryderai i yn y carchar oedd y diffyg cydymdeimlad, heb sôn am gefnogaeth, nid gan Gymry taeog neu elynion disgwyliedig y Gymraeg, ond gan rai o'm cydaelodau ar Bwyllgor Canolog y Gymdeithas. Derbyniais tua chwe chant o lythyrau a chardiau yn ystod y carchariad. Yn wir, achosai hyn gryn benbleth i'r awdurdodau. 'Deallaf yn awr fod Geraint yn derbyn cymaint o lythyron [fel] bod awdurdodau'r carchar wedi penderfynu na all o gael y cyfan tra ei fod yno, ac fe fydd yn eu cael wrth adael.' [Guto Gwent at rieni Geraint Jones, 13 Mai 1966] Cefais hefyd nifer o lythyrau dienw, cas a llawn gwenwyn. Yr hyn oedd yn drist, ac yn amlwg i mi'n bersonol, oedd na chafwyd yr un sill oddi wrth hanner y Pwyllgor Canolog. Fe'm trawyd â syndod a thristwch mawr oherwydd hynny, rhaid cyfaddef.

Cynheswyd fy nghalon, fodd bynnag, wrth feddwl am gefnogaeth ddiffuant a chyson, trwy gydol y carchariad, fy nheulu fy hun a nifer fawr o drigolion pentref Trefor, cyd-ymgyrchwyr triw fel Emyr Llew, Neil ap Siencyn, Gwyneth

Wiliam a Dai Bonar o'r Pwyllgor, aelodau cyffredin Cymdeithas yr Iaith fel Trefor a Gwyneth Morgan a'u plant, Trefor ac Eileen Beasley a'u plant, Guto Gwent a'i fam Gwladwen a'i chwaer Mari, Rhys ap Rhisiart a theulu Derwin Bach, Robat a Heini Gruffudd, W.J. Edwards, Raymond a Kitty Edwards, Rhiannon Silyn Roberts, Robyn a Gwenan Léwis, Emrys a Delyth Davies, Dafydd Orwig, Phil Henri, Chris Rees, Harri Webb, Saunders Lewis, Lewis Valentine, Huw ap Ioan, yr Athro J.R. Jones a'r llu o aelodau ffyddlon llawr gwlad y Gymdeithas o bob cwr o Gymru a thu hwnt. Ac wrth gwrs, Gwilym R. Jones a Mathonwy Hughes yn chwifio'r *Faner* heb ildio modfedd. Bu'r *Cymro* yntau'n dra llafar ei gefnogaeth hefyd.

Sgwennodd Mam ataf bron yn ddyddiol, gydag un frawddeg fechan gan fy Nhad fel ôl-nodiad – '... a finna hefyd'. Roedd ei llythyrau'n llawn cariad a sgandalau pentrefol, ac o ran yr achos ei hun, yn goferu o gadernid ac anogaeth. Llythyrau personol iawn.

Ymweliadau

Un ymweliad a ganiateid yn ystod y mis, a hwnnw'n ymweliad gan dri. Daeth fy rhieni i'm gweld yn gynnar yn y mis, ar ddydd Gwener y 6fed o Fai. Penderfynwyd gwahodd, fel trydydd ymwelydd, un o aelodau'r Pwyllgor Canolog, sef yr un oedd yn byw agosaf i Abertawe ohonynt. Dai Bonar Thomas o Dafen, Llanelli, oedd hwnnw, gŵr oedd dipyn yn hŷn na mi, yn hen genedlaetholwr, ac yn blymiwr wrth ei grefft. Hen lanc rhadlon, hael a gwladgar, oedd yn byw gyda'i chwaer anabl ac yn ofalus iawn ohoni.

Roedd yn aelod brwd o Gymdeithas yr Iaith ac yn aelod o Blaid Cymru. Safodd fwy nag unwaith yn enw'r Blaid yn etholiadau Cyngor Sir Gaerfyrddin a hynny dros ward Y Westfa (Llanelli). Roedd yn un o'r rhai prin hynny nad oedd ofn colli pleidleisiau arno trwy bledio achos y Gymraeg yn gyhoeddus i'w etholwyr. Y tu allan i'r carchar roedd Gwyneth

Morgan ffyddlon yn disgwyl Dai Bonar a'm rhieni. Gyda hi roedd ei merch, Angharad, ac wedi'r ymweliad aeth y pump ohonynt am baned a sgonsan i ryw gaffi yn rhywle.

Cefais ddau ymweliad arall yn ystod y mis hefyd. Y dyddiau hynny roedd eglwys Maesyneuadd (A), Trefor, wedi cael gweinidog newydd a chymharol ifanc, gŵr hoffus ac annwyl iawn o'r enw Alan Hefin John, o dras ddeheuol. Doeddwn i erioed wedi ei weld heb sôn am siarad ag ef, a bu'r ymweliad yn un rhyfedd. Roedd ganddo gyhoeddiad pregethu yn Y Bryn, Llanelli, a galwodd i'm gweld chwarae teg iddo. Treuliodd ran helaetha'r amser yn edrych yn syn o'i gwmpas ar y carcharorion eraill a'u hymwelwyr brith, a gollwng ambell ebychiad distaw o 'Jiw jiw' neu 'Ontefe nawr' mewn rhyfeddod. Synnai o glywed y fath iaith aflednais o'i gwmpas, a'r awyr ambell dro'n glasu. Roeddwn yn falch iddo alw, a bûm yn ffrindiau garw ag ef wedi imi ddychwelyd i fyw i'm bro ddiwedd y mis hwnnw. Bu farw ar y dydd olaf o Dachwedd 2015, yn Llangennech.

Bu'r tair eglwys ymneilltuol yn Nhrefor yn gefnogol iawn yn ystod y cyfnod hwn gan lapio llawer o gariad o amgylch fy rhieni'n arbennig ac ymweld â hwy'n gyson. Cefais lythyrau cynnes yng ngharchar oddi wrth y tair eglwys anghydffurfiol. Nid nad oedd ambell i lais cras ac annifyr ar strydoedd y pentref, cofiwch. Gwrthododd ambell un o'm cydbentrefwyr â thorri gair â mi weddill eu hoes, cymaint dihiryn oeddwn. Ond cafwyd llawenydd mawr hefyd, a hwyl.

Yn un o'i llythyrau ataf i'r carchar soniodd Mam am fy nhad yn dod adref o'r Ysgol Sul yn chwerthin yn braf. 'Un o'r hogia bach yn gofyn i Wil a oedd gen ti *crew cut*. Mynd dros y leins melyn 'na'th o, yntê? Mi aeth o ymlaen wedyn i egluro sut dylet ti fod wedi gwneud'.

Roedd y trydydd ymweliad yn un cwbl wahanol – cael fy nhywys i swyddfa Ceidwad y Carchar lle roedd dau blismon di-lifrai yn fy nisgwyl gydag anrheg arbennig ar fy nghyfer – dwy wŷs (Saesneg) i ymddangos unwaith yn rhagor ger bron Mainc Abertawe am y drosedd arferol o fod heb dreth car. Rhoddwyd fi i sefyll ar ganol yr ystafell gyda'r Ceidwad yn eistedd wrth ei ddesg gerllaw yn dyst i'r cyfan. Daeth y ddau blismon ataf gyda'r bwriad o roi'r gwysion yn fy llaw. Gofynnais a oeddent yn Gymraeg a chael ateb negyddol. 'Rwy'n gwrthod eu derbyn,' meddwn a rhoi fy nwylo tu ôl i 'nghefn. Edrychodd y ddau blismon ar ei gilydd ac yna neilltuo i siarad â'r Ceidwad. Penbleth. Beth nesa? Penderfynwyd codi'r ffôn ar awdurdod uwch, y Swyddfa Gartref, gan ddychwelyd â'r ateb. 'Darllenwch y gwysion iddo. Bydd eu clywed cystal â'u darllen.'

O'r eiliad y dechreuodd y glas ddarllen y peth, rhoddais innau fy mysedd yn fy nghlustiau a dechrau canu 'Hen Wlad fy Nhadau'. Ni chlywais yr un gair o'u hen Saesneg nhw. [WM, 28 Mai 1966; YC, 2 Mehefin 1966] Gwelwn ryw awgrym o wên ar wyneb y Ceidwad, ac fe'm tywyswyd yn ôl i'm cell. Roedd y gwysion ymysg y llythyrau a gweddill f'eiddo pan y'm rhyddhawyd o'r carchar.

Rhaid imi fod yn hollol onest. Doedd dim dewrder yn perthyn i'm safiadau i dros y Gymraeg. Roedd y gefnogaeth yn ddigon i oresgyn pob ofn ac ansicrwydd – fy rhieni'n gefnogol, cant y cant, fy nghyflogwr yr un modd, cydweithwyr cefnogol a nifer fawr o bobl Trefor hefyd, heb sôn am wladgarwyr lu dros Gymru gyfan. Mae mor hawdd rhamantu a thelynegu ynglŷn â bod yng ngharchar. Nid bod y weithred yn hawdd o bell ffordd.

Roedd pethau'n wahanol i Gwyneth a Neil – diffyg cefnogaeth rhieni, eu cyflogwyr yn gynghorau Llafur cymoedd y De, a'r mwyafrif llethol o'u cydweithwyr yn methu â deall hanfod y frwydr o gwbl. Ni allod Gwyneth chwaith brofi cefnogaeth ei chydwladwyr ryw lawer, gan iddi gael ei rhyddhau wedi un diwrnod yn unig. Ac roedd Neil wedi ei fagu yn swbwrbia dosbarth breintiedig yng Nghaerdydd ac yn awr yn byw ym Merthyr, cymdeithasau Saesneg eu hiaith, a phur wahanol i bentref cymdogol a chwbl Gymraeg

Trefor. Roedd y ddau, o edmygus goffadwriaeth, yn bobl o argyhoeddiad a dewrder.

Cafodd y brotest yng Nghaerdydd gyhoeddusrwydd mawr ar y cyfryngau ac yn arbennig ar y teledu yng Nghymru, a bu cenedlaetholwyr, yn fudiadau, sefydliadau ac unigolion, yn brysur trwy fis Mai ac wedyn yn deisebu, llythyru a phwyso ar yr awdurdodau i'm rhyddhau, a rhoi statws lawn i'n hiaith. Roedd yr holl weithgarwch yn syfrdanol, ac wedi ei danio gan newydd-deb y digwyddiad, ac yn sioc anferthol i bawb – gweld Cymro'n cael ei garcharu'n giaidd am ei fod eisiau defnyddio'i iaith ei hun yn ei wlad ei hun.

Cofiwch chi, roedd yna ddigon o bobl yng Nghymru a thu hwnt oedd yn wrthwynebus dros ben i'm safiad ac i'r holl brotestio. Y mwyaf o'r rhai llafar oedd y Blaid Lafur ei hun, a llawer o'i haelodau. Ni ellid ond disgwyl hynny oddi wrth blaid llywodraeth y dydd. Ddiwedd mis Mai 1966, cynhaliodd Cyngor Llafur Cymru rali fawr yn Llandudno. Neidiodd Cledwyn Hughes ar y cyfle i ddweud oddi ar lwyfan diogel y sioe wrth y miloedd a fu'n swnian arno drwy'r mis nad oedd ganddo unrhyw awdurdod i ryddhau neb o garchar. Dywedodd iddo dderbyn ceisiadau ynglŷn ag achos arbennig o garcharu yn Abertawe, ac mai un ateb yn unig oedd ganddo – *'No minister of the crown can interfere with the law.'*

Gallai hyd yn oed un o golofnwyr *Y Faner* fod yn frathiog a chas ar fater ymladd dros y Gymraeg trwy ddulliau torcyfraith. Frank Price Jones (1920-75), hanesydd, darlithydd ac awdur *Crwydro Sir Ddinbych*, oedd hwn, a sgrifennai golofn wythnosol dan yr enw Dyddiadur Daniel.

'Y mae'n rhaid i mi ddatgan fy anghytundeb llwyr â gwaith llawer iawn o'm cyfeillion, a Golygydd *Y FANER* yn eu plith, yn galw ar Mr. Cledwyn Hughes i ymyrryd yn achos Mr. Geraint Jones a'i ryddhau o'r carchar... rhaid ymgyrraedd at y nod hwn trwy ddulliau cywir a phriodol.' Afraid dweud bod Daniel yn aelod o'r Blaid Lafur ac yn dipyn o gingroen gwleidyddol. 'Y mae Mr. Geraint Jones yn ymdrechu yn ei ffordd ei hun... Ef sydd yn dewis cymryd ei garcharu dros ei egwyddorion... yr oedd yn gwbl amhriodol i alw ar Weinidog y Goron i ymyrryd â dyfarniad cyfreithlon [sic].' [YF, 19 Mai 1966] Cofia llawer ohonom hefyd am ymosodiad afresymol a ffiaidd Daniel ar Saunders Lewis yn ddiweddarach, 17 Hydref 1968. Y fath wyneb!

Llythyr Cynog

Gadawaf y deisebu a'r llythyru yn sŵn llais cryf mewn llythyr cryf ar 26 Mai yn *Y Cymro* ar ddiwedd cyfnod y carchariad. Ei awdur oedd Cynog Dafis, Cadeirydd Cymdeithas yr Iaith Gymraeg, er nad yw'r llythyr yn ymddangos yn enw'r Gymdeithas. Roedd wedi cael pleser o ddarllen 'erthygl danbaid Sbardun a'r llythyron eraill yn *Y CYMRO*, Mai 1966' oedd yn trafod yr achos. Ei air mawr oedd 'dicter', a hwn oedd pennawd ei lythyr yn seiliedig ar hynny.

'Wedi pylu o'r dicter beth fydd yn aros?' – cwestiwn oedd yn rheidrwydd ar y Gymdeithas, efallai'n fwy na neb, ei ofyn a chael atebion iddo. Roedd y cyfan i Gynog yn 'amlygu'r dicter iach hwnnw a ddechreuodd godi yng Nghymru o ganlyniad i'n sylweddoliad o israddoldeb y Gymraeg yn ein gwlad'. Yn nodweddiadol ddigon o'r sgrifennwr, aiff ar drywydd mwy personol. 'Yn sicr, fe'n gwthiwyd ni tuag at y sylweddoliad hwn yn o sydyn a di-drugaredd gan garchariad Geraint Jones. 'Dwy' ddim yn credu i mi'n bersonol gael fy nharo mor rymus gan wrthuni'r sefyllfa yng Nghymru erioed o'r blaen, er fy mod yn genedlaetholwr hollol argyhoeddedig ers blynyddoedd'.

A dyma ddod at y cwestiwn mawr a'r hyn a'i pryderai, sef 'mai pethau byr-hoedlog a di-barhad yw dicter ac emosiwn dwys y foment'. Peryglir y sefyllfa gydag ychwaneg o erlid ac 'y distewir dicter ac anfodlonrwydd y Cymry yn wyneb traha yr awdurdodau, trwy gyfaddawdu rhannol gyda nhw'. Cyfaddawd a cham gwag fyddai bodloni ar Ddilysrwydd

Cyfartal Adroddiad Hughes Parry. 'Ceir statws cydradd ymarferol yn unig pan dderbynnid dogfennau Cymraeg... heb fod rhaid gofyn amdanyn nhw.'

Gofynna ymhellach: 'Beth fydd yn aros wedi pylu o'r dicter ac oeri o fflam gwladgarwch? Ai'r statws goddefol a roddai deddf seneddol, y dilysrwydd negyddol hwnnw rym ni'n debyg o'i dderbyn o law llywodraeth ei Mawrhydi, yn unig?' Rhagwelai Cynog y byddai yna 'ddau ganlyniad diriaethol, parhaol y gellid yn deg eu disgwyl ped enillai'r Gymraeg statws swyddogol gwirioneddol gydradd â'r Saesneg. Y cynta fyddai codi ei statws hefyd ym meddyliau'r werin... yr ail fyddai gwneud gwybodaeth o'r Gymraeg, a llythrenogrwydd trwyadl ynddi, yn gymhwyster angenrheidiol i lawer iawn o weision sifil... Nid gormodiaith yw dweud y byddai cyrraedd y ddau amcan hyn yn rhoi i'r Gymraeg amodau byw na welodd eu cyffelyb er 1536.' [YC, 26 Mai 1966]

Crynhoa'r llythyr rhagorol hwn ein hagwedd yn gyffredinol ar ddiwedd mis Mai 1966. Bellach, y gamp fyddai torchi llewys o ddifrif, a gwthio'r frwydr ymlaen ar hyd y llwybr a agorwyd. Camp nid bychan, nac unol, fyddai hynny. Haws dweud na gwneud fyddai'r drefn, ysywaeth.

Orffiws yn Annwn

Roedd Guto Gwent a minnau yn aelodau o gôr meibion enwog yr Orffiws yn Nhreforys yn ystod y blynyddoedd 1965-66, ac yn wir yn mwynhau bob munud o'r profiad o gael canu mewn côr o safon uchel. Cyn symud i Abertawe i weithio yn swyddfa Yswiriant Undeb (Trefor Morgan), bûm yn aelod o Gôr Meibion Cwm-bach gyda fy nghyfaill mawr, Emyr Jones, Llanarmon, Eifionydd, a oedd fel finnau, yn gweithio bryd hynny yn Aberdâr. Pan garcharwyd fi ddiwedd Ebrill 1966, awgrymodd Guto y byddai'n werth chweil petai Côr yr Orffiws (oedd yn rhifo ymhell dros gant o aelodau) yn cynnal cyngerdd i breswylwyr carchar Abertawe. Digwyddai hefyd fod un o aelodau blaenllaw y côr, Hubert Spender, yn swyddog yn y jêl, a bu ei fab John yn gydfyfyriwr â Guto a minnau yn Adran y Gyfraith yn Aberystwyth. Rhoddodd Hubert ar ddeall i Guto 'fod y *Governor* yn Albanwr â chryn dipyn o gydymdeimlad â'n daliadau ni'. [Guto Gwent at rieni Geraint Jones, 3 Mai 1966]

Datganodd nifer o'r cantorion eu hawydd a'u parodrwydd, a dyma adael y trefniadau yn nwylo Hubert Spender, yr hwn a wnâi ei orau, chwarae teg iddo, i droi'r bwriad yn ffaith. Nid yn aml y caiff corau y cyfle i ganu mewn carchar! 'Mae llawer o'r bechgyn yn awyddus i fynd a byddant i gyd yn holi amdano.' [ibid.]

Rhoddwyd y mater – mater digon délicet mae'n wir – ger bron y pwyllgor (oedd, mae'n debyg, yn drwm o Lafurwyr) ac er mawr syndod rhoddwyd y go-ahéd. Wedi'r cyfan, roedd un o aelodau'r côr ymhlith preswylwyr y tŷ! Roedd peth brys, wrth reswm, gan nad oeddwn yno ond am fis, ac fe roddwyd y mater ger bron yr aelodau y practis dilynol. Gofynnwyd faint ohonynt fedrai fynd ar y noson a'r noson, a faint oedd yn fodlon mynd. Cododd dros hanner cant o'r aelodau eu dwylo – hen ddigon o leisiau i roi cyngerdd byw mewn cyfyng neuadd. 'Arhoswch funud,' meddai'r arweinydd, Eurfryn John, 'rhaid cael mwy o *first tenors.*' Esgus gwantan, yn wir.

Cafwyd cyfarfod pellach o'r pwyllgor, ac yno pasiwyd i aros tan y nos Fercher ddilynol i weld a oedd rhagor o denoriaid a allai ddod! Erbyn hyn roedd cryn dyndra wedi ei greu, yn hollol fwriadol, ymysg yr aelodau, a gwelwyd fod digon o bylor gwleidyddol yma i achosi ffrwydrad sylweddol. A gwyddai'r pwyllgor hynny'n burion. Mynegasant rŵan wrthwynebiad pur ffyrnig i'r bwriad. Nhw gariodd y dydd er mawr siom i Guto, nifer o'r aelodau mwyaf gwladgarol – a minnau.

Yn y cyfamser, yng Nghwm-bach, ardal fwy Saesneg ei hiaith, roedd y côr yno yn cynnal ei bractis arferol. Hysbysodd yr arweinydd, T.R. James, y cantorion fod un o gynaelodau'r côr yng ngharchar dros y Gymraeg. Cododd y côr ar ei draed a chanu emyn Cymraeg o barch i'r carcharor a'i egwyddorion!! Yn union fel petaent yn ei goffáu! Ond yn wir, roedd un emyn syml gwyrda Cwm-bach yn werth mwy na mil o *grand concerts* yn oriel grand y Tabernacl, Treforys. Ni ddaeth Orffiws i Annwn.

Bywyd carchar

Treuliais innau fis cyfan yn y *'Queen's Hotel'* fel y gelwid y lle gan lawer o'i breswylwyr. Fel 'byr ysgafn gystudd' y ceisiais i edrych ar fy sefyllfa, 'dim ond cofio pam rydw i yma, ynte... 'dyw mis ddim llawar a meddwl bod rhai fel Llew [a Now] wedi bod i mewn am naw mis.' [Geraint Jones at ei rieni, 28 Ebrill, 1966]

Gellir disgrifio bywyd beunyddiol carchar mewn ychydig eiriau – undonog, diflas, digysur, dihawliau, diddiwylliant a diobaith. 'Y bwyd yn beth sâl ar y naw... tatws, corn bîff a brechdan'; y dillad yn anffasiynol, 'crys streips a dillad wyrcws' a'ch cosai am yr wythnos gyntaf o'u gwisgo. [ibid.] Edrychwn ymlaen at gael 'bwyd adra' Mam – 'te hefo siwgwr, *chips* cartra, stêc fawr, brechdan hefo menyn nid marjarîn, glasiad o lefrith, tatws newydd, pŷs gardd a Wdbein.' [Geraint Jones at ei rieni 18 Mai 1966]

Y gwaith yn galed ac undonog, ond yn eich cadw'n ffit a chryf ac yn rhoi digon o 'gyflog' i allu prynu stamps a baco. Gweithio o wyth y bore hyd hanner awr wedi pedwar y prynhawn – rhyw awr go dda yn y gweithdy'n gwnïo bagiau post, ac yna gweddill y diwrnod yn llifio hen slipars relwe hefo lli-draws ar gyfer eu hollti'n bricia tân. Dan glo wedyn tan bore trannoeth. Collais rhyw dri neu bedwar pwys yn ystod y mis.

Rhaid oedd bod yn ddarbodus ym myd y mwg trwy rowlio'r sigarennau baco siag yn denau iawn. Roeddwn i'n hen law ar rowlio ffags, gan y byddwn, yn hogyn ysgol, yn picio'n ddyddiol i'r drws nesa at yr hen Danial Robaits i gael smôc. Ni lwyddais i'w efelychu yn rowlio ffag efo un law. Cefais f'atgoffa yn y carchar o hyn oll mewn llythyr gan yr annwyl Megan Gwydir Mawr, ac fel yr oedd Danial druan – yn gybyddlyd braidd – wedi rhoi hyfforddiant priodol i mi ar sut i rowlio ffags yn denau, denau, denau a heb wastraffu yr un blewyn o faco, a datod stwmps beth bynnag fo'u maint a'u cyflwr. Byddwn yn hollti pob matsen yn bedair er mwyn iddynt gyrraedd.

Triswllt a chwe cheiniog oedd y cyflog wythnosol (17½c heddiw), ac un llythyr bob wythnos. Caech brynu llythyr ychwanegol, a byddai'r carcharorion wrth eu bodd yn dweud yr hen jôc am un carcharor yn sgwennu fel hyn at ei fam: 'Rhaid i mi sgwennu'r llythyr yma'n araf, oherwydd dw i'n gwbod na fedrwch chi ddarllen yn gyflym.' Costiai hanner owns o faco siag 2 swllt 10 ceiniog, Rizla yn chwe cheiniog, a matsys yn ddwy geiniog.

'*Slops out*' oedd y gri foreol i alw ciw o botiau piso digon drewllyd i gael eu gwagio. Yna'r hyfryd, hyfryd lympiog uwd, y *cuisine* gwerinol Cymreig ar ei orau, yn enllyn amheuthun. Te llugoer, a thôst oerach, na fedrai'r sgleisen marjarîn, oedd cyn deneued â phapur Rizla, fyth doddi arno. Coco cyn noswylio, gyda joch o fromid ynddo i leddfu unrhyw chwantau cnawdol anniwall.

Ychydig iawn o lyfrau Cymraeg a geid yn llyfrgell y carchar. Cefais bedwar o lyfrau oddi ar ei silffoedd, a'r rheiny 'i bara am wsnos – *Wythnos yng Nghymru Fydd*, *Chwalfa* a dau sâl... mae amser yn treiglo 'mlaen fel cnebrwn...' [Geraint Jones at ei rieni, 12 Mai 1966] Bu i mi hefyd ddarllen y *Testament Newydd* drwyddo ddwywaith tra bûm yno.

Felly, yn syml ddigon, dyna swm a sylwedd bywyd carchar ym 1966. A'r cyfan 'heb ofal ond bihafio'.

Yn y *Faner*, rhydd y Golygydd, Gwilym R. Jones, beth lastig i'w ddychymyg, hynny fel propaganda debygwn, pan geisia ddisgrifio carchar Abertawe, lle na welodd y tu mewn iddo erioed.

Y mae tua thri chant o garcharorion wedi eu stwffio i
gelloedd cyfyng y lle canol oesol hwnnw, carchar Abertawe...
tri ym mhob cell. Maen nhw'n cysgu ar fatresi o wellt, a
digon sâl yw'r bwyd a gân nhw, uwd glastwraidd a margarîn
etc. Nid yw'r swyddogion na'r carcharorion eraill yn rhy hoff
o garcharorion politicaidd... mae gwaed dyn yn berwi wrth
feddwl fod ein pobl ifainc yn gorfod wynebu peth o'r fath...
[YF, 7 Gorffennaf 1966]

Teimlai i'r byw ynglŷn â'r carchariadau iaith a threfnodd
gyfarfod cyhoeddus yn y Bala ar 24 Mehefin yr haf hwnnw,
a gofyn i mi fod yn siaradwr gwadd yno. Cafwyd adroddiad
llawn yn *Y Faner* ynghyd â'r dyfyniadau disgwyliedig o enau'r
siaradwr.

Cefais rhyw hanner dwsin o wahoddiadau i siarad ar
gorn fy ngharchariadau'r flwyddyn honno, ond eu gwrthod a
wneuthum, oherwydd cawn y teimlad mai'r awydd oedd cael
gwybod sut fywyd oedd bywyd mewn carchar, ac nid pam
fy mod i yno. Ond bu'n rhaid ymostwng i gais Cymdeithas
Lenyddol pobl fy mhentref ar 12 Ionawr 1967, gyda llond
capel Bethania'r Bedyddwyr yn gwrando, dan lywyddiaeth
gynnes y gweinidog, y Parchedig O.J. Hughes. [CDH, 20
Ionawr 1967]

'Y maglau wedi eu torri ...'

Ond o'r carchar y dois i, yn weddol iach wedi'r heldrin, ac
roedd criw da wrth hyllion 'ddorau Babel' fore Gwener, 27
Mai, i'm croesawu'n ôl i Gymru. Cadwyd llawer oddi yno
oherwydd ei bod yn ddiwrnod gwaith. Arweiniwyd y croeso
yn answyddogol gan Siôn Daniel a Dai Bonar fel aelodau o'r
Pwyllgor.

Roedd bytheiaid y Wasg yno, wrth gwrs, eisoes wedi cael
achlust fod achosion eraill yn f'erbyn, ac un o gwestiynau
cyntaf Gwyn Erfyl o flaen camera'r newyddion teledu oedd
a fyddwn yn fodlon mynd i'r carchar drachefn. 'Siŵr iawn,'
oedd yr ateb.

Gwelwyd Mair Saunders a'i gŵr Haydn yno ymysg y criw o ffyddloniaid ac ymddiheurodd nad oedd ei thad, Saunders Lewis, wedi gallu dod, ond ei fod yn anfon ei ddiolch a'i gofion cynhesaf ac yn cyflwyno potelaid o win i mi i gael gwlychu 'mhig ar gael fy nhraed yn rhydd. Ychwanegodd, yn hyglyw ddigon, bod ei thad wedi disgwyl pedair blynedd am hyn, sef gweld brwydr yr iaith, o'r diwedd, yn mentro trwy ddrysau carchar.

Arhosais y noson gyntaf honno yn yr Olchfa yn y Sgeti, cartref teuluol Guto Gwent, un a fu'n ffyddlon iawn i mi a'r Gymdeithas ers dyddiau coleg yn Adran y Gyfraith yn Aberystwyth. Cefais groeso pendefigaidd yno. Roedd ei fam, Gwladwen Jones (oedd yn chwaer, gyda llaw, i Cathrin Daniel, mam Siôn Daniel) wedi hulio bwrdd ar gyfer gwledd o frecwast/cinio. Ond O! 'r fath ffŵl y bûm. Mynnais gael agor potel win Saunders Lewis, a'i gwagio gyda chymorth eraill yn ystod y dydd. Yna, cafwyd gwared o'r botel wag. Oni fyddai, deudwch, wedi bod yn gofrodd arbennig iawn o'r amgylchiad? Potelaid o win gan Saunders? Neu hyd yn oed y botel wag? Bu'n edifar gennyf ganwaith ers hynny.

Roedd Guto, â'i garedigrwydd mawr arferol, wedi ymorol fod fy holl eiddo personol, yn frws dannedd i *Erthyglau* Emrys ap Iwan, ynghadw yng nghefn yr hen fen-mini droseddol 2196ED. Trannoeth, yn gynnar, wedi noson o lawen chwedl ar aelwyd groesawus yr Olchfa, dyrnodd yr 'aderyn creim' ei ffordd tua'r gogledd a bro'r Eifl, i aros yno byth mwy.

Carcharu Gwyneth Wiliam

GWYNETH OEDD Y ferch gyntaf erioed i'w charcharu dros ac yn enw'r iaith Gymraeg a'r Gymdeithas. Hi hefyd oedd y ferch gyntaf i fod yn aelod o Bwyllgor Canolog y Gymdeithas.

Athrawes ymroddedig yn Ysgol Gynradd Trefforest ger Pontypridd oedd Gwyneth yng nghyfnod cynnar Cymdeithas yr Iaith, cyn symud ohoni i ysgol yn Sir Fôn ym mis Medi 1966. Amlygodd ei hun o'r cychwyn fel ymgyrchydd dewr a digymrodedd, a chofir amdani'n bennaf – ond nid yn unig o bell ffordd – am ei brwydr ddiangof ym Mhontypridd, brwydr rydd iddi anfarwoldeb tra pery'r iaith Gymraeg. Bu â llaw amlwg yn gosod seiliau cadarn, di-drais ac aberthol i'r holl ymgyrchu a fu dros y blynyddoedd.

Mae'n werth adrodd yn llawn hanes y frwydr ddewr honno yn erbyn holl lid y fall ym Mhontypridd, a'r brotest gyhoeddus a'i dilynodd yno, yn nhref geni 'Hen Wlad fy Nhadau' ganrif a rhagor ynghynt. Roedd Gwyneth, Neil a minnau wedi disgwyl yn amyneddgar i'n trethi ceir ddod i ben, ond pan ddigwyddodd hynny, bu'r heddlu'n gyndyn iawn i'n bwcio, er inni droeon fod yn agos at ymbil arnynt i wneud hynny. I dorri stori hir yn fyr, gwysiwyd Gwyneth, yn Saesneg, i ymddangos ger bron llys ynadon Pontypridd ar ddydd Mercher 11 Mai 1966, i ateb y cyhuddiad o fod yn gyrru car heb dreth arno.

Yn unol â threfn yr ymgyrch, dychwelodd Gwyneth y wŷs uniaith Saesneg gan hawlio cael un Gymraeg. Ni chafodd hyd yn oed ateb i'w chais ac aeth y llys rhagddo, gyda'r dirmyg mwyaf, i gynnal ei hachos yn ei habsenoldeb. Roeddwn i'n garcharor yng ngharchar Abertawe ar y pryd, a phedwar diwrnod wedi'r gwrandawiad sgrifennodd Gwyneth lythyr ataf i'r carchar, llythyr rhwystredig ond penderfynol iawn.

Mae Pontypridd wedi byhafio'n gythreulig tuag ataf – bu rhaid i mi ddarllen yn y Wasg leol i wybod eu bod wedi cynnal yr achos yn f'erbyn. Beth bynnag, bydd yn rhaid iddynt wneud heb y £13 maent yn ei ddisgwyl gennyf.
[Gwyneth Wiliam at Geraint Jones, 15 Mai 1966]

Ynad Cyflogedig Pontypridd, Wyndham Matabele Davies, QC, oedd yn cynnal yr achos, dyn a feddai asgwrn ymerodrol caled a balch. Fe'i penodwyd ddiwedd Gorffennaf 1961, yn gydnabyddiaeth o'i deyrngarwch mi dybiwn, yn Gadeirydd Llys Chwarter Sir Forgannwg. Dyn Pwysig, Dringwr.

Dirwywyd Gwyneth i £8 gyda £5 o gostau. Clywsom o le da fod y gŵr yma wedi dweud pethau digon sbeitlyd am Gwyneth a'i safiad wrth draddodi'i ddyfarniad. Er i mi'n bersonol ymddangos ger bron nifer o ynadon tra gwrthwynebus a gwrthnysig, rhaid cyfaddef yn onest na welais i erioed un oedd mor ffiaidd a gwrthun â Matabele Davies, QC, ei enw'n atgoffa rhywun o ryfela gwaedlyd yr Ymerodraeth Brydeinig yn Zimbabwe'r 19eg ganrif.

Yr achos

Amlygodd achos Gwyneth drueni ac enbydrwydd sefyllfa yr iaith Gymraeg, a dechreuwyd ei dweud hi'n hallt. Rhoddodd Golygydd *Y Faner*, Gwilym R. Jones, y bai ar y Llywodraeth am laesu dwylo ynglŷn ag addewid Cledwyn Hughes, Ysgrifennydd Gwladol Cymru, i fabwysiadu rhai o argymhellion Adroddiad Hughes Parry. Meddai, heb hel dail: 'Y mae'n amlwg fod y

Llywodraeth yn plygu glin o flaen pobl ddienwaededig fel Iori Thomas, Leo Abse a Ness Edwards [ASau], a gred mai niwsans tros dro yw'r iaith Gymraeg...' Cyfeiriodd Matabele fwy nag unwaith at Gwyneth a'i hiaith fel 'niwsans', gan wfftio'n drahaus at unrhyw fwriad i gydnabod y Gymraeg, yn llafar nac yn ysgrifenedig.

Fe'i gorchmynwyd i dalu heb oedi. Gwrthododd hithau, fe'i harestiwyd, ac fe'i llusgwyd ger bron Matabele Davies, y bwldog a'r bwli mileinig, ar ddydd Mercher 8 Mehefin 1966, i ateb i'r cyhuddiad o beidio â thalu'r £13.

Heliwyd, ar fyr rybudd, griw o rhyw ugain o gefnogwyr, a'r dwthwn hwnnw cafodd y rhai hynny ohonom oedd yn Llys Pontypridd weld a chlywed drosom ein hunain yr ynad gwrth-Gymreig hwn ar ei waethaf un. Fe'n cadwodd i eistedd yn y llys am bron i bedair awr, a hynny, dwi'n siŵr, yn fwriadol. Yna dygwyd Gwyneth o'r celloedd, a'i sodro o flaen yr ynad i ateb am ei phechod anfad o ofyn am ffurflen yn ei hiaith ei hun yn ei gwlad ei hun. Gwrthododd dyngu llw ar Destament Saesneg, gan ennyn digofaint Matabele.

'*Utter nuisance!*' arthiodd. Anfonwyd plismon i rywle gerllaw i chwilio am un Cymraeg. Pan ailddechreuodd yr achos, gwrthododd yr ynad â gadael i Gwyneth roi ei thystiolaeth yn Gymraeg. Gomeddwyd hyd yn oed gyfieithydd iddi yn y llys. Daeth synau anfoddog a grwgnachlyd o'r oriel gyhoeddus, ond nid gormod chwaith rhag cael ein 'twli mas'. Safodd Gwyneth yn gwbl stansh ar y mater, gan bledio'i hawl gyfreithiol dan Ddeddf Llysoedd Cymru 1942 i gael cyfieithydd, pe teimlai nad oedd yn ddigon rhugl ei Saesneg.

Roeddwn yn torri 'mol i gael dweud wrth Gwyneth am y wybodaeth a gafwyd ddechrau Ebrill y byddai Hugh Thomas, Clarc y *Wales & Chester Azzize Circuit* yn sgwennu at bob un Prif Gwnstabl yng Nghymru yn dweud wrthynt bod gan siaradwyr Cymraeg yr hawl i wneud datganiadau a rhoi tystiolaeth yn Gymraeg. Y Barnwr Syr Eric Herbert

Blain roddodd y gorchymyn hwn ar ddiwedd achos Gwilym
Jones, deliwr ceir. Byddai hyn, meddai, yn gweithredu
dilysrwydd cyfartal adroddiad Hughes Parry. [WM, 7 Ebrill
1966, t. 7]

Ni allai Matabele ddirnad y ddadl dros unieithrwydd, a
chollodd ei limpyn yn lân. Dadleuodd mewn modd gwawdlyd
fod Gwyneth yn gwbl rugl ei Saesneg, er na chlywodd mohoni
erioed yn yngan gair o'r iaith fain. Mynnodd nad oedd
ganddi'r hawl o dan Ddeddf 1942, oherwydd ei bod yn dysgu
mewn ysgol cyfrwng Saesneg yn Nhrefforest. Ychwanegodd
y dylai fod cywilydd mawr arni am ymddwyn, a hynny'n
amlwg fwriadol, mewn modd 'anghyfrifol a lletchwith'.
Taranodd o'i gadair ymadrodd: 'Nid ydych yn ddim byd
ond niwsans llwyr [*utter and complete nuisance*]. Rydych yn
rhwystro gwaith y llys hwn – ie, fy llys i!'

Ond, 'tra gallaf, rhodiaf fy rhych' oedd arwyddair y
Feirionferch gadarn hon. Yn ddi-feth, rhodiai'r tonnau'n
gadarn ac urddasol yn nannedd pob deufor gyfarfod. Roedd
y criw bach ohonom mor edmygus ohoni – yn rhyfeddol
ddiwyro, gyda chernau Matabele'n troi'n biws wrth iddo
gael ei orfodi i ganiatáu i blismon gyfieithu. Pan siaradai, ar
y plismon, nid ar Gwyneth, yr edrychai. Anelai'i gwestiynau
llwfr at hwnnw bob gafael.

Matabele: *What subjects does she teach?*
Gwyneth: Pynciau cyffredinol.
Matabele (yn codi'i lais): *What subjects does she teach?*
Gwyneth: Cymraeg, hanes, daearyddiaeth...
Matabele (yn codi'i lais): *What subjects does she teach?*
(yn amlwg yn disgwyl iddi gynnwys Saesneg)
Gwyneth: Cwrteisi, gostyngeiddrwydd...

Cymerodd y cyw-gyfieithydd arno nad oedd yn deall
y geiriau hyn, ac unwaith yn rhagor cerydda'r Matabele
siomedig Gwyneth am iddi fod yn gymaint o 'nuisance' yn
y llys.

Un arall oedd yno yn y llys yn gwrando'r cyfan oedd Hywel

ap Dafydd. Meddai: '... fe deimlais gywilydd dros fy nhref enedigol y diwrnod hwnnw ym Mhontypridd...' [Hywel ap Dafydd at Gareth Miles, diddyddiad] Cyfeiriodd at Matabele Davies fel 'un o'r *bastards* mwya ar unrhyw fainc yn y wlad. Wy'n argyhoeddedig ei bod yn bwysig iawn ein bod ni'n neud ein goreu glas i dorri'r c...' Dyna'n wir grynhoi'n deg deimladau pawb tuag at Wyndham Matabele Davies QC.

Yna aiff Hywel rhagddo i sôn am yr achos a'i awyrgylch. '[C]rewyd awyrgylch 'trydanol' o'r tyndra rhwng yr ynad a'r heddlu ar yr un ochr a Gwyneth a rhyw ugain o'i chefnogwyr ar yr ochr arall. Daeth y tyndra i ben gyda'r heddlu'n clirio'r llys o ganlyniad i'r dicter amlwg ymysg y cefnogwyr. Roedd yr heddlu'n llai gelyniaethus na'r Ynad, serch hynny.'

Protestio

Yr hyn a ddigwyddodd oedd fod rhai ohonom wedi methu â dal rhagor wrth wrando ar ffieidd-dra'r ynad, ac wedi ffrwydro. Rhaid oedd gwneud rhywbeth, ac yn nifrifoldeb fy nyletswydd fel Ysgrifennydd Cymdeithas yr Iaith, codais o'm sedd ymhlith y gynulleidfa gan annerch Matabele Davies yn groyw ei fod yn codi dincod ar ddannedd pob Cymro a Chymraes, a'i fod yn wrth-Gymreig, yn anonest, ac yn warth ar ein cenedl. Ches i fawr o gyfle i ddweud rhagor gan fod y cefnogwyr oll bellach wedi codi llef i amenio'n unol. Yn fwy na hynny, roedd tymheredd gwaed Matabele wedi codi i lefel beryglus hefyd. Roedd y dyn wedi'i cholli hi'n lân.

'*Get rid of that man!!*'

Ac yn ôl y *Western Mail*, '*the Society's Secretary was ejected by six police officers...*' [WM, 13 Mehefin 1966] Gor-ddweud efallai, ond cofiaf ein bod wedi cynddeiriogi'n ulw. Dechreuodd y protestwyr rŵan guro'u traed yn ffyrnig ar lawr y llys wedi i Roger Partridge, y Clerc, ohirio'r llys am chwarter awr a rhoi gorchymyn i'r heddlu wagio'r adeilad o'r anwariaid. Siantiai'r protestwyr, 'Cyfiawnder i'r Gymraeg! Cyfiawnder i'r Cymry!' wrth iddynt adael y llys yn heddychlon.

257

Ond trodd yr olaf ohonynt yn ei ôl cyn gadael a bloeddio: 'Ydach chi'n falch, tybed, o'ch cyfiawnder Seisnig?'

Nid dyna oedd diwedd y trybestod fodd bynnag. 'Aeth Ysgrifennydd y Gymdeithas i mewn i'r llys wedyn dim ond i gael ei daflu allan hanner munud wedyn...' [Hywel ap Dafydd at Gareth Miles] Cadarnheir hyn gan ohebydd *Y Cymro*, fy mod wedi llwyddo 'i fynd yn ôl [sleifio] i'r Llys a cheisio annerch y Llys yn Gymraeg'. [YC, 9 Mehefin 1966] Bellach, pylodd henaint fy nghof braidd am y digwyddiad ymylol hwn.

Yn fuan, daeth Matabele Davies QC yn ei ôl i'w lys i gwblhau anfadwaith y dydd. Llusgwyd Gwyneth druan o unigrwydd ei chell i unigrwydd llethol y llys gwag.

'I've had enough of this nonsense. I have no alternative but to commit you to prison for seven days.' Clywais yn ddiweddarach fod Gwyneth wedi edrych i fyw llygaid celyd yr ynad – a gwenu arno'n ddi-gryn. Fe'i tywyswyd o'r llys a'i chartio'n syth i garchar merched yn ninas Bryste yn Lloegr.

Pan ddaeth y carchariad yn gyhoeddus trwy Gymru'r noswaith honno, cododd ton o brotest wrth weld merch ifanc rinweddol yn cael ei bwrw i garchar am fynnu ohoni barch ac urddas i iaith ein gwahanrwydd, a hynny mewn llys barn a safai ond rhyw ganllath o gofeb cyfansoddwr y geiriau adnabyddus 'O bydded i'r heniaith barhau'. Ysywaeth, nid oedd y sylw a roddwyd ar y rhaglenni newyddion yn gytbwys na theg o bell ffordd. Bwriodd J.E. Jones, cyn-Drefnydd Cenedlaethol Plaid Cymru, ei lach yn arw ar y BBC yng Nghymru, gan amau'n fawr eu didueddrwydd: 'Mater difrifol yw'r modd y bu i Adran Newyddion y BBC geisio cuddio'r hanes. Ai rhag codi'r cydymdeimlad â'r iaith?' [YF, 16 Mehefin, 1966] Dywed fod yr hanes yn llawn gan TWW y nos Fercher honno, 'ond dim gair yn newyddion y BBC. Yna, am 7.10 bore Iau, rhoed cyfeiriad at yr hanes – ond heb ddweud sill beth oedd ei safiad, neu beth oedd hanfod yr achos. Awr yn hwyrach, am 8.10, ni chyfeiriodd y BBC at yr achos, – dim gair; ond rhoi rhyw bethau dibwys eraill.' [ibid.] Roedd y Gorfforaeth yn dechrau ysgyrnygu'i dannedd Prydeinllyd ar weithgareddau'r Gymdeithas. A newidiodd y llewpard ei frychni, d'wedwch?

Ac mae Golygydd *Y Faner* yntau, Gwilym R., yn ddifeth, yn frwd ei gefnogaeth i'r achos: 'Anodd deall ynadon Cymreig sy'n ymddwyn fel hyn tuag at gefnogwyr yr iaith. Mae'n amlwg nad oedd dim ond safiad digyfaddawd, fel yr argymhellir gan Mr. Emyr Llywelyn Jones, a all eu hysgwyd – a siglo'r Swyddfa Gymreig hithau.' [YF,16 Mehefin, 1966]

Heb oedi, cyhoeddodd Cymdeithas yr Iaith hithau ddatganiad. 'Hysbysodd Mr. Gareth Miles, aelod amlwg o Gymdeithas yr Iaith Gymraeg, y bydd y Gymdeithas 'yn protestio'n gryf a milwriaethus' yn erbyn y carchariad.' [ibid.] Ysywaeth, ymddengys mai bygythiad braidd yn wag oedd hwn. Pur wrthwynebus, a dweud y lleiaf, fu rhai o swyddogion ac aelodau o Bwyllgor Canolog y Gymdeithas i'r brotest a drefnwyd ym Mhontypridd dridiau wedi'r carchariad. Fe'i defnyddiwyd ganddynt, gwaetha'r modd, yn fegin i roi rhagor o fflamau i dân eu gwrthwynebiad cyffredinol i frwdfrydedd a phenderfyniad diwrthdro yr aelodau a'r swyddogion hynny oedd yn mynnu mynd â'r maen i'r wal.

Cafwyd ton o brotestio gan unigolion, sefydliadau a mudiadau gwahanol trwy Gymru benbaladr yn dilyn yr achos. Credaf fod y penderfyniad cryf a ddaeth ar 18 Mehefin o Gynhadledd Flynyddol Merched Plaid Cymru yn Aberystwyth, yn erbyn y carchariad, yn enghraifft ragorol o'r teimladau cryfion a gynhyrfai garedigion yr iaith a rhyddid barn. Penderfynwyd anfon at Gwyneth i'w llongyfarch yn gynnes ar ei safiad gwrol dros yr iaith Gymraeg. Anfonwyd hefyd yn ddiymdroi at Cledwyn Hughes, yr Ysgrifennydd Gwladol, yn protestio am 'y modd haerllug ac anghwrtais y triniodd Ynad Cyflog Llys Pontypridd gais Miss Gwyneth Wiliam am gael siarad Cymraeg...' [DG, Awst 1966]

Proffwydodd Cassie Davies 'y byddai rhagor o Gymry selog yn dilyn esiampl Miss Gwyneth Wiliam ac yn derbyn carchar yn hytrach na diodde'r sarhad a osodir ar yr iaith.' [ibid.]

Ni fu llawer o lythyru yn y Wasg am achos Gwyneth, er mor wrthun oedd y driniaeth a gafodd. Y rheswm am hyn oedd iddi gael ei gollwng yn rhydd drannoeth gan dynnu peth o'r awel o hwyliau'r cefnogwyr. Aeth ambell un, fodd bynnag, i berorasiwn pur huawdl.

Mae R.H. Jeffery (gynt o Bontypridd, ond ar y pryd yn byw yn St. Albans yn Lloegr) yn gorffen llythyr ganddo â dau gwestiwn. 'O, Bontypridd, beth am eich etifeddiaeth? O, Gymru, hen Gymru, ble mae'ch balchder cenedlaethol?' [YC, 14 Gorffennaf 1966] Aeth Gwenallt y bardd ati i gyfieithu 'The Fool', cerdd fawr Pádraig Pearse, a'i chyflwyno i 'Garcharorion yr Iaith'. Ymddangosodd yn rhifyn Awst o'r cylchgrawn *Barn*.

'A'm traed yn gwbl rydd ...'

Trawodd carchariad Gwyneth ei mam weddw alarus ym Meirionnydd yn bur egr, ac yn arbennig o gofio ei bod hi'n edrych ar bethau o'r fath mewn ffordd bur wahanol i'w merch feiddgar. Penderfynodd y fam, yn y fan a'r lle, ei bod yn talu 'dyled' Gwyneth heb oedi, a dyna a wnaeth. Dywedir yn *Y Faner*, fodd bynnag, mai 'aelod o Gymdeithas yr Iaith Gymraeg' a dalodd. [YF, 23 Mehefin 1966]

Beth bynnag a ddigwyddodd, daeth yn rhydd. Yn ddistaw bach, yn nwfn y galon megis, roedd rhai ohonom ninnau, ei chyd-ymgyrchwyr, yn falch fod hyn wedi digwydd. Teimlem i'r byw drosti – y ferch gyntaf erioed i'w charcharu dros yr iaith – yn unigrwydd ac arswyd ei hamgylchiadau yng nghanol ciwed anhywaith mewn carchar gerwin yn Lloegr.

Fore trannoeth, dydd Iau, fe'i rhyddhawyd, a chafodd docyn trên gan ei chystuddwyr haelfrydig i'w chludo'n ei hôl yr holl ffordd i Drefforest. Roedd yn ôl o flaen ei dosbarth fore trannoeth, ddydd Gwener.

Cofiwn hyn. Nid hyd unrhyw gyfnod yng ngharchar sy'n cyfrif, oherwydd nid y carcharor sy'n pennu hwnnw. Yr hyn sy'n bwysig yw fod Gwyneth Wiliam, mewn amgylchiadau pur argyfyngus, ac yn ei rhyfyg gwladgar, wedi bwrw ymaith pob rhwystr ac wedi camu i'r tywyllwch unig heb ofni'r hyn a ddeuai i'w rhan. Cafodd wared â'r petrusder hwnnw oedd mor llethol – fel llaw farw – ar warrau cymaint o wladgarwyr Cymreig y cyfnod. Cyfaddefodd yn ddiweddarach ei bod yn bur nerfus ond eto heb ofn. Dyna, mi gredaf, deimlad y rhan fwyaf o garcharorion yr iaith aeth i garchar ar eu pennau eu hunain. Aeth y ferch o Feirion i Fryste fel tywysoges yn hawlio'i hetifeddiaeth.

Protest Pontypridd

Y nos Fercher honno, a Gwyneth yng ngharchar, sylweddolodd Neil, Emyr a minnau y byddai'n rhaid codi bonllef o brotest yn erbyn yr hyn oedd yn digwydd. Aethom ati, ein tri, yn enw Cangen Blaenau Morgannwg, i drefnu protest frys oedd i'w chynnal ymhen tridiau ym Mhontypridd. Dyna'r unig Sadwrn (11 Mehefin) fyddai ar gael i gynnal protest arno gan mai am wythnos yn unig y byddai Gwyneth dan glo.

Rhaid fyddai gwireddu'n ddiymdroi ddatganiad Gareth Miles y byddai'r Gymdeithas 'yn protestio'n gryf a milwriaethus yn erbyn y carchariad'. Erbyn trannoeth, wrth gwrs, roedd Gwyneth â'i thraed yn rhydd. Serch hynny, penderfynwyd prynu'r amser cyn i'r cynnwrf ddechrau gostegu, a bwrw 'mlaen â'r brotest. Cawsom gymorth parod rhai o aelodau blaenllaw'r de fel Gwyneth Morgan, Trefor Beasley, a Dai Bonar Thomas. Fe ffoniais innau Cynog, Cadeirydd y Gymdeithas, ar y nos Iau a chytunodd yntau ein bod i fwrw 'mlaen â'n cynlluniau.

Llwyddwyd i ddenu, ar fyr fyr rybudd, tua 70 o wladgarwyr i Bontypridd y dwthwn hwnnw. Ymgasglodd y criw brwd ar risiau cofeb enwog Goscombe John i Evan a James James, cyfansoddwyr 'Hen Wlad Fy Nhadau', ym

Mharc Ynys Angharad y dref, a chynhaliwyd rhan gynta'r brotest yno.

Agorwyd y cyfarfod mewn pendantrwydd gan Trefor Beasley, gydag araith danllyd. Roedd o mor brofiadol ei hun o'r hyn fyddai'n dod i ran unrhyw un a safai'n ddigyfaddawd dros y Gymraeg – casineb, erledigaeth ac aberth, ynghyd ag unigrwydd. Condemniodd yr anfadwaith a gyflawnwyd gan ynad gelyniaethus Pontypridd yr wythnos honno gan ddefnyddio, yn gwbl briodol, eiriau cerdd ddeifiol Saunders Lewis, *Y Gelain*, am 'y moch ynadon, rhochus uwch ei gwaed, a'r geist seneddol ffrom'.

Fe'i dilynwyd gan Emyr Llywelyn. Crisialodd ef arwyddocâd safiad dewr Gwyneth, trwy seilio'i sylwadau ar linell o gerdd am Owain Glyndŵr – 'Owain gywrain iawn gweryl'. Ymateb oedd Emyr yn ei araith daer i sylwadau taeog a nawddoglyd Syr Ifan ab Owen Edwards yn Eisteddfod yr Urdd yng Nghaergybi rai dyddiau ynghynt, ar i brotestwyr yr iaith fod yn amyneddgar a rhoi cyfle i wleidyddion doeth fel Cledwyn Hughes weithredu ar ran y Gymraeg.

Ganol 1966 gwelwyd anerchiad Emyr yn llawn yn *Y Faner*, a rhyw bedair blynedd yn ddiweddarach mewn llyfryn, *Areithiau Cymdeithas yr Iaith*, a gyhoeddwyd yng Ngorffennaf 1970. Mae'n werth dyfynnu o'r anerchiad a draddododd Emyr mor angerddol ym Mhontypridd.

Pa amheuon bynnag sy'n poeni dilynwyr Syr Ifan y foment yma, gall Gwyneth Wiliam fod yn dawel ei meddwl, oherwydd mae hi bellach yn berchen ar y gydwybod glir sy'n eiddo i'r rhai nad ydynt fyth wedi cyfaddawdu yn achos yr iawn gweryl.

Pan aeth Gwyneth Wiliam i garchar, roedd hi'n fwy rhydd na'r un ohonom ni oedd y tu allan i'r muriau. Roedd hi'n rhydd rhag ein llwfrdra ni,... rhag ein hamheuon ni,... rhag ein cywilydd ni, ac yn fwy na dim,... rhag yr ofn sy'n ein tagu ni i gyd. Mae ofn yn llethu'r rhan fwyaf ohonom ni – ofn amharch a gwawd, ofn colli'n bywyd moethus sicr, ac ofn colli'n swyddi bras. Gwyneth Wiliam yw'r unig un yng Nghymru heddiw sy'n gwbl rydd – ... gwyn ei byd.

Wedi canu 'Hen Wlad fy Nhadau' â rhyw asbri arbennig, gorymdeithiodd y protestwyr yn drefnus at Swyddfa'r Heddlu a'r Llys yn Heol Gelliwastad ar gyfer ail ran y brotest. Ar y palmant yno, ailareithiodd Trefor Beasley yn afaelgar a llawn cyffro, y tro hwn yn Saesneg, gan egluro i drigolion y dref, ac i'r nifer dda o blismyn oedd yno, beth yn wir oedd swm a sylwedd safiad Gwyneth, a pham ein bod ninnau yno'n protestio. Dilynwyd ef gan anerchiad grymus a theimladwy iawn gan Gwyneth Morgan oedd yn glo teilwng i'r cyfarfod.

I adael ein hôl gweladwy ar y lle, peintiwyd y gair 'BRAD' yn fawr ar ddrws llys yr unben Matabele, a gludiwyd posteri 'Tegwch i'r Gymraeg' etc. ar ffenestri a muriau'r adeilad. Canasom ein Hanthem unwaith yn rhagor gan ddyblu'r cytgan, a daeth y cyfarfod i ben mewn ysbryd tawel ond cadarn, yn barod am ein brwydr nesaf dros y Gymraeg. Er gwaetha peth chwyrnu gan ambell un, aeth pawb arall adre'n fodlon, ac yn gwybod y bu ein protest yn un urddasol a chyfiawn, a'n bod wedi llwyddo i roi sylw dyladwy i safle echrydus ein hiaith yng Nghymru daeog 1966.

Yn goron ar y cyfan, roedd Gwyneth ei hun yno'n ein plith, yn y cnawd, yn rhydd, yn fodlon, yn llawen a di-gwymp, ac yn hynod ddiolchar ein bod wedi dangos ein cefnogaeth mewn modd mor rymus ac effeithiol ym Mhontypridd.

Cwynion annheg

Gwaetha'r modd, nid pawb a gytunai fod y brotest ym Mhontypridd yn llwyddiant. Cafwyd ambell i islais yn grwgnach am rywbeth neu'i gilydd nad oedd wedi plesio. Y gwir amdani oedd bod yna elfen o fewn y Gymdeithas a'r Pwyllgor Canolog oedd yn amlygu'n gynyddol rhyw awydd i arafu unrhyw ymgyrchu digyfaddawd, yn cynnwys torcyfraith, a'r protestiadau torfol a ddilynai hynny. Creodd hyn gryn dyndra o fewn rhengoedd y Pwyllgor, pegynu oedd yn creu rhwystrau, ac ambell i aelod yn chwilio am esgusion i luddias gweithgareddau oedd, ers misoedd, yn cynyddu yn eu gwres a'u dwyster. Yn arbennig, felly, yr achosion llys bywiog a'r carchariadau anorfod. Anorfod, meddaf, oherwydd hynny oedd pen draw gwir bolisi'r Gymdeithas, y gweithredu di-drais – y gwrthod talu dirwyon, a thrwy hynny mynd â'r frwydr drwy ddrysau carchar.

Roeddwn i fel Ysgrifennydd, ynghyd ag eraill o blith aelodau'r pwyllgor, yn pwysleisio'n gyson nad oedd amgylchiadau pawb yn y Gymdeithas yn gyfryw ag i alluogi pawb i fynd i lys a charchar – amgylchiadau teuluol, swydd, iechyd, ac ymlaen – ac nad oedd rheidrwydd ar unrhyw un deimlo'n euog nac yn gas ynglŷn â gweithredu'n gyfansoddiadol yn unig. Rwy'n dal i gredu hyn. Ond da chi, meddem, peidied unrhyw un â cheisio rhwystro'r sawl a fynnai fynd â'r frwydr yr holl ffordd.

Rhaid cyfaddef fy mod i ac eraill yn hynod o rwystredig â'r fath agwedd, a oedd, fel y gwelwyd yn ystod y carchariadau cyntaf, yn gallu bod yn rhagfarnllyd, dilornus a digon creulon ar brydiau. Cafodd mwy nag un dioddefwr ei glwyfo a'i sarhau'n eitha tost gan yr holl fater, fel y gwn o brofiad. Chwiliwyd am feiau a chymhellion anheilwng nad oeddent yn bod. Fe'u dyfeisiwyd hefyd, mae'n flin dweud. A chafwyd cocynnau hitio amlwg. Fi, am fy mhechodau, oedd y pen targed. Fi, hefyd, oedd y mwyaf llafar, beryg. Bu John Davies, Ysgrifennydd y Gymdeithas tan Awst 1965, yn lled brysur ei ohebiaeth â rhai aelodau o'r Pwyllgor, ac yn eitha dilornus o rai ohonom â'n 'gweithredoedd'. Hyn o 1962, blwyddyn sefydlu'r Gymdeithas.

Yn dilyn protest Pontypridd, roedd gwrthwynebiad rhai o'r aelodau hyn tuag atom wedi datblygu'n elyniaeth. A chofiwch eu bod oll yn bobl roeddem ni yn eu parchu a'u hedmygu. Mae darllen rhai o'u llythyrau yn brifo at yr asgwrn, ac yn peri tristwch mawr i mi. Gweithgarwch cyfrinachol, a diarwybod i ni ar y pryd, oedd y llythyru hwn, a hynny ar yr union adeg pan oedd rhai ohonom naill ai yn y carchar neu'n wynebu carchar. Fe'i teimlaf yn rheidrwydd, er cased y bo, gyfeirio at ambell un o'r llythyrau hyn yn gyhoeddus. Gwaetha ni'n ein dannedd, mae'n rhan allweddol ac annatod o hanes Cymdeithas yr Iaith. Cyfeiriaf at ddau lythyr yn unig.

Llythyr Siôn Daniel

Anfonwyd y cyntaf, llythyr chwyrn a rhyfedd dros ben, oddi wrth Siôn Daniel at Gareth Miles, drannoeth protest Pontypridd. Nid oedd Gareth yn y brotest, ond yn ôl Siôn, roedd Cynog eisoes wedi 'disgrifio'n llawn' yr holl weithgareddau iddo. Felly, dyma gyfle iddo yntau, Siôn, roi ei 'ddisgrifiad' ei hun iddo o'r digwyddiad.

Cyfeiria'n ei frawddeg agoriadol at 'agweddau difrifol ffiasco Pontypridd' gan ddilorni'n llwyr y cyfarfod ym Mharc Ynys Angharad lle 'yr oedd y ffyddloniaid gwirion [y protestwyr] yn eistedd ar hyd y grisiau'. Mae ei ddisgrifiadau o'r siaradwyr yn goeglyd, os nad gwawdlyd, yn anelu at ryw fath o fwrlésg, yn disgrifio anerchiad huawdl Emyr fel un 'ar y pwnc *Yr ydym yn genedl o gachgwn*, gyda phwyslais ar yr *ch* '.

Honna Siôn ei fod yn 'corddi dan gywilydd… cywilydd ysol am ein bod yn ymddwyn fel ffyliaid… yr oedd rhai o'r aelodau gwrthryfelgar yn sleifio o gwmpas ymylon y 'dorf' gan adael llysnafedd *stickers* 'Cymraeg!' ar eu hôl… daeth Rhiannon Silyn i fyny ataf a golwg yn ei llygaid fel corff yn rhodio, a dweud fod y plismyn wedi dweud wrthi y byddai hi'n cael ei chymryd i mewn petai hi'n torri ffenestr, felly a oeddwn i o'r farn y dylai hi dorri ffenestr?… Doedd Twm, Emyr a Neil ddim mor gymrodeddgar – gwelsom hwy ar draws y stryd, ond ni thalasant unrhyw sylw inni.'

Cwynodd Siôn nad oedd 'dim un taflen i'w dosbarthu, a dim un baner go iawn yn cyfeirio at achos y brotest. Roedd hyn yn wallgofrwydd...' Ac eto fyth, oherwydd gwendidau anfaddeuol ein criw bach ffyddlon, 'yr oedd eu trefniadaeth yn erchyll – dim corn siarad, dim cymorth gan yr heddlu, dim amcan beth i'w wneud... ni setlwyd dim o flaen llaw, oherwydd roedd hi'n amlwg fod yr hen raniad wedi codi ymhlith y pwyllgor, rhwng y rhai oedd yn mynd i dorri'r gyfraith a/neu peintio a gosod slogannau, a'r rhai oedd am gwrdd hysbysrwydd (Cynog a minnau).'

Nid yw'n anodd darllen rhwng y llinellau. Yn wir, mae pob brawddeg yn datgelu rhagor am yr holl wrthwynebiad. Fe'm synnir ac fe'm siomir. '...yr oedd y sefyllfa'n anfoddhaus, un o effeithiau niweidiol amharodrwydd Twm a'i griw i dderbyn penderfyniadau'r Pwyllgor. Oherwydd yr oedd pob un o'u hawgrymiadau torcyfraith yn gynllun a drafodwyd ac a wrthodwyd gan y Pwyllgor bythefnos yn ôl.' Bu rhyw fath o drafod ar 'weithredoedd' posib pan gyfarfu'r Pwyllgor yng Nghwm-gors ar 29 Mai. Roedd dwy 'farn' bendant amdanynt. Meddai wedyn:

Fel canlyniad, aethom i'r orymdaith heb wybod yn iawn beth a ddigwyddai, p'run a fyddai Twm ac Emyr a dwsin o aelodau a oedd o gwmpas Twm yn gweithredu ar eu liwt eu hunain yn y pen draw. Roedd rhyw gyfeiriad at weithred yn ystod y nos, ond ni chlywais ddim ers hynny. Roedd yn brynhawn uffernol. Yr oedd y cyfan yn ddiraddiol ac yn chwerthinllyd. Mae'n debyg mai ateb y lleill fydd y buasai pethau wedi mynd yn well petaem wedi torri'r gyfraith. Ond rwy'n argyhoeddedig mai torri'r gyfraith er mwyn achub y sefyllfa fyddai hynny, ac y buasai wedi gwneud niwed inni yng ngolwg y cyhoedd, heblaw fod gan y cyhoedd ddim syniad be ddiawl oedd yn digwydd. [Siôn Daniel at Gareth Miles 12 Mehefin 1966]

Ni ddyfynais y darnau mwyaf difrïol. Methaf yn lân â dirnad pam y bu i Siôn sgwennu'r fath druth sydd mor annheg. Nid yw'n deilwng ohono. Mae'n amlwg ei fod yn ymdrechu'n galed i argyhoeddi Gareth mai methiant fu protest Pontypridd, ac mai Emyr, Neil a minnau oedd yn bennaf gyfrifol am hynny. Y gwir yw, wrth gwrs, fod y brotest yn llwyddiant diamheuol, a'r holl siaradwyr, Gwyneth Morgan, Trefor Beasley, ac Emyr Llywelyn, yn ôl eu harfer wedi siarad yn effeithiol dros ben.

Aiff rhagddo i ddangos y ffordd y byddai ef ac ambell aelod arall o'r Pwyllgor am weld y Gymdeithas yn ei rhodio, ffordd sy'n ymddangos yn beryglus o debyg i'r gors ohebol swrth y dioddefiasom o'i phlegid o ddyddiau sefydlu'r mudiad ym 1962.

> Y mae nifer ohonom yn meddwl fod rhaid cael cwrdd cyffredinol am sawl rheswm: ail-gydio yn yr aelodau wedi'r ffars ddoe, cael nifer o ddatganiadau polisi fydd yn gorfodi Twm a'i griw i gadw at benderfyniadau'r pwyllgor, sefydlu canghennau lleol... a dileu'r syniad (ffasgaidd o bosib) mai cystadleuaeth grym rhyngom ni a'r llywodraeth yw ein hymgyrch. Bydd hynny'n golygu newid agwedd lot o'r aelodau h.y. y mae rhaid i ni feddwl am ffyrdd o ddangos fod gennym gefnogaeth, a'r unig ffordd o wneud hynny yw trwy ddeisebu, gwasgu ar gynghorau, efallai ymladd etholiadau lleol. Y mae hyn yn golygu meddylfryd gwahanol... [ibid.]

Dychwelyd, efallai, i rigolau cyfarwydd a diogel y blynyddoedd cyntaf – ac at Blaid Cymru a'r blwch pleidleisio, yn ôl pob golwg. Mae geiriau cryfion Siôn – 'difrifol, ffiasco, gwirion, cywilyddus, ffyliaid, gwallgof, erchyll, niweidiol, uffernol, diraddiol, chwerthinllyd, ffarslyd, a hyd yn oed ffasgaidd' – yn gwneud i mi feddwl am brotest arall a gynhaliwyd ar fyr rybudd. Tybed, felly, mai'r brotest fwyaf di-fudd ac amherthnasol a direswm ac aneffeithiol yn holl hanes Cymdeithas yr Iaith Gymraeg oedd y 'chwedlonol' ac 'eiconig' brotest fyrfyfyr honno ar Bont Trefechan? Nid oedd Siôn, Cynog, Gareth, Hywel ap Dafydd, Tedi Millward na John Davies ar y Bont; ond roedd Gwyneth Wiliam, Rhiannon Price, Neil a minnau yno. Os bu protest fyrfyfyr yng ngwres y foment erioed, honno oedd hi. Gwastraff amser? Aneffeithiol? Ffiasco? Nid dyna ddyfarniad hanes, a Chymdeithas yr Iaith ei hun, rwy'n siŵr. Fe'i caf hi'n anodd, os nad yn amhosibl, deall pam y bu i Sionyn, o bawb, sgwennu'r fath lythyr.

Caed mân frychau, does undyn a wad, fel ym mhob protest, ond cyflawnwyd y peth pwysicaf oll, sef dwyn sylw'r wlad at sefyllfa israddol ein hiaith a'r peryglon amlwg a'i hwynebai o ddiffyg statws swyddogol. Teimlem ar y pryd fod unbeniaeth yn graddol gropian i ddyheadau rhai o aelodau'r Pwyllgor Canolog. Ai gwir hynny, wn i ddim, ond roedd ymddygiad rhai ohonynt yn rhoi lle i rywun gredu fod gallu rheoli meddwl y Pwyllgor, yn hytrach na dylanwadu arno trwy ddwyn perswâd, yn cael y lle blaenllaw. Creodd hynny dyndra ychwanegol, affwysol ar brydiau.

Codwyd y mater yng nghyfarfod nesa'r Pwyllgor yng Ngwesty'r Belle Vue yn Aberystwyth ar y 25ain o Fehefin 1966, bythefnos wedi protest Pontypridd. Saith aelod oedd yno – pedwar ohonyn 'nhw' (Cynog, Hywel, Gareth a Siôn), a thri ohonom 'ni' (Neil, Emyr a minnau).

Emyr gododd fater protestio cyhoeddus ac yn arbennig am yr hawl i wneud penderfyniadau brys fel y digwyddodd yn achos Gwyneth Wiliam. Daethpwyd i ryw fath o gyfaddawd.

> Wedi trafodaeth drwyadl, derbyniwyd yn unfryd y rheol ganlynol: y mae gan unrhyw aelod (neu aelodau) o'r Pwyllgor Canolog sy'n barnu fod angen protest frys (oni threfnwyd un eisoes gan y Pwyllgor Canolog) yr hawl i ddod i gysylltiad personol â phob aelod arall o'r Pwyllgor Canolog a gwneud y pethau canlynol... [CPC, 25 Mehefin 1966]

Llythyr Cynog Dafis

Anfonodd Cynog Dafis yntau lythyr - at John Davies ddeuddydd wedi'r brotest ym Mhontypridd. [Cynog Dafis at John Davies, 13 Mehefin 1966] 'Yr hyn sy'n fy mhoeni i yw cyflwr a phatrwm datblygiad y Gymdeithas,' meddai. Cyfeddyf fod 1966, blwyddyn nifer o ymgyrchoedd fel ffurflenni treth car, gwysion a chofrestru genedigaethau, yr ympryd, achosion llysoedd, carchariadau a phrotestiadau torfol, wedi bod, 'yn bendant, y flwyddyn fwya llwyddiannus yn hanes y Gymdeithas', ond fod 'gwir berygl y gallai'r Gymdeithas rwygo mewn modd digon cas os na ofalwn ni garco pethau a chwarae'n cardiau'n ofalus iawn', h.y. eu cardiau hwy, beth bynnag oeddent. A thu ôl i'r perygl hwnnw roedd un dyn yn arbennig, sef Ysgrifennydd y Gymdeithas. Roedd hwnnw, yn ôl Cynog, mewn rhyw ffordd nas deallaf yn union, yn ddylanwad drwg ar rai o aelodau'r Pwyllgor (yr aelodau mwyaf gweithredol fel mae'n digwydd), 'yn tynnu Neil a Dai gydag e... mae arna i ofn hefyd fod Llew yn tynnu'n gryf i'r un cyfeiriad'. Dychmygol hollol oedd y fath sefyllfa wrth gwrs. Y gwir syml yw nad oedd dim angen 'tynnu' pobl fel Neil ac Emyr ar ôl neb oherwydd roeddynt yn gymeriadau cryfion dros ben, yn annibynnol eu barn ac yn gweithredu yn ôl eu cydwybod. Gweithio fel tîm oedd ein nod bob amser. Ataliaf rhag dyfynnu'r pethau dilornus a ddywedir amdanaf.

Ynglŷn â'r brotest ym Mhontypridd dywed Cynog iddi fod 'yn fethiant llwyr', ac mae'n atgoffa Gareth mai Neil, Emyr a minnau a'i trefnodd. Anghofiodd mai Cangen Blaenau Morgannwg a'i trefnodd. Dywed hefyd, yn gwbl anghywir, nad oeddem wedi ymgynghori â neb arall o'r Pwyllgor. Eto i gyd, dyma'i frawddeg sy'n dilyn. 'Fel mae'r gwaetha'r modd, fe gytunais i fynd ymlaen â'r brotest pan ffoniodd Twm nos Iau – erbyn hynny roedd hi'n rhy hwyr i'w rwystro beth bynnag – ac felly mae'n rhaid i fi gymryd fy nghyfran o'r cyfrifoldeb am drefnu protest ar rybudd mor fyr.' Wel, wel! Cyfeiria at 'yr wrthblaid – Twm, Neil, Llew a

Dai – yn awyddus i ymosod ar y llys, sef swyddfa'r heddlu, a'i baentio a'i blastro â phosteri. Dim ond Sionyn a fi oedd yno i wrthwynebu hyn… y cyfarfod awyr agored yn y parc yn hollol fflat, yr un cyhoeddus wrth swyddfa'r heddlu yn anhrefn gwyllt.' Twt, twt. Nid yw hynna'n wir o gwbl.

Aiff rhagddo i sôn am gyfarfodydd y Pwyllgor. 'Ar gyfer y flwyddyn nesa, bydd yn rhaid sicrhau pwyllgor lle bydd mwyafrif parod a sicr o bobl gall a rhesymol.' Ond yr un peth mawr a obeithiai ei weld oedd cael gwared â'r Ysgrifennydd oedd newydd dreulio mis yng ngharchar ac ar y pryd yn wynebu carchariad arall cyffelyb.

Gofynnaf un cwestiwn allweddol yma. Pam fod Cynog yn sgwennu at John Davies, o bawb? Nid oedd hwnnw'n aelod o'r Pwyllgor nac yn ymwneud â'r Gymdeithas mwyach. Roedd bellach yn brysur gyda'i waith ymchwil a chyda Phlaid Cymru. Tybed faint o arwyddocâd y gellir ei roi i wahoddiad eitha taer Cynog i John Davies ddod i'r Cyfarfod Blynyddol yr haf hwnnw a hefyd i ddychwelyd i'r Pwyllgor. 'Gobeithio y gelli di fod yno. Pryd y mae'r ymchwil i ddod i ben – cyn hir gobeithio, fel y gelli ddod nôl i'r pwyllgor eto.'

Hyn sy'n rhyfedd. Mae Cynog yn gorffen ei lythyr trwy ddatgan y byddai'n rhaid iddo 'ymddiswyddo o'r gadair a'r pwyllgor y flwyddyn nesa, gan fod fy amryfal ddyletswyddau yn dechrau gwasgu'n galed'.

O'r cyfnod hwn ymlaen, cynyddodd y tyndra yn rhengoedd y Pwyllgor Canolog, a'r rhesymau am y tyndra hwnnw'n dod yn fwyfwy amlwg. Yn y pen draw, mater gweithredu torfol a thorcyfraith oedd wrth wraidd yr holl anghydfod. Dim byd arall, mewn gwirionedd, ac roedd pawb yn gwybod hynny, a llawer ohonom yn brathu'n tafodau rhag swnio'n hunangyfiawn.

Eisteddfod yr Urdd, Caergybi

CYNHALIWYD EISTEDDFOD GENEDLAETHOL yr Urdd yng Nghaergybi ym 1966. Cledwyn Hughes, yr Aelod Seneddol lleol, oedd Llywydd y Dydd ar ddydd Gwener yr ŵyl. Wythnos wedi fy rhyddhau o garchar Abertawe, roeddwn i yno i wrando ar ei addunedau fil. A do'n wir, yn unol â disgwyliadau'r dyrfa lon, ddiwylliedig, fe addawodd Cledwyn y byd, mewn deddfau, a ffurflenni, a phob math o roddion hael Hughes Parrïaidd. Derbyniodd glap wresog am fentro cymryd arno'i hun glogyn a sach Siôn Corn yr heniaith annwyl.

Yna daeth surni blin y rhethreg ddisgwyliedig. 'Y mae Eisteddfod yr Urdd yn bwysicach ganwaith na chant o ddeddfau Seneddol. Dibynna iachawdwriaeth yr iaith ar awydd a pharodrwydd pobl i'w defnyddio. Rhaid iddi fod yn iaith cegin yn ogystal â choleg, yn iaith llawr y ffatri yn ogystal ag iaith maes yr eisteddfod... Yr arwydd pennaf o ynni cenedl yw ei gallu i'w haddasu ei hun i bethau newydd. [YC, 9 Mehefin 1966]

Swniai'n dda, ond ni lwyddodd y politisian llithrig hwn, fodd bynnag, i dwyllo pawb oedd yno â'i ymresymu twyllodrus. Atgoffid ni o eiriau cyffelyb Goronwy Roberts, Gweinidog Gwladol Cymru, rhyw flwyddyn ynghynt, pan fu'n annerch Cymdeithas Gydenwadol yr Iaith Gymraeg yn Aberystwyth:

Mae safle bresennol yr iaith Gymraeg ymhell o fod yn anobeithiol... [mae'n] rhy wydn i farw. Yr hyn sydd arnom ei eisiau yw tipyn o sbonc ymlaen yn y galon a'r meddwl, llai o brotestio, llai o siarad am y Gymraeg, a mwy o'i defnyddio. Cymerwn ein safiad a chyhoeddwn wrth y rhai sy'n darogan ei diwedd hi nad yw hi'n marw... un o'r pethau cyntaf a wnaethpwyd yn y Swyddfa Gymreig yng Nghaerdydd oedd rhoi arwydd Cymraeg ar y drws. [YC, 20 Mai 1965]

Waw! Eithafol iawn, 'rhen Gron.

Heclo Syr Ifan

Eisoes, ddechrau 1966, cafwyd yr un math o ffiloreg ffôl o enau Syr Ifan ab Owen Edwards, pan ddatganodd yn rhywle, O! mor hurt, fod 'un fam Gymraeg yn fwy buddiol i Gymru na chwe mil o brotestiadau'. [YF, 17 Chwefror 1966] Heb oedi, tynnwyd y cleddyf o'r wain yn Wrecsam, ac aeth Gareth Miles, Swyddog y Wasg Cymdeithas yr Iaith, ati i chwythu unrhyw we oddi ar ei fin.

Y mae sawr y geto yn rhy gryf i lawer ohonom ar fwynderau adolesent Glan-llyn ac ar *cameraderie* sgowtaidd swogs Llangrannog. Dewisach gennym felly fynd â brwydr y Gymraeg allan i'r stryd lle mae'r peryglon yn fwy, efallai, ond lle mae'r awyr hefyd yn iachach. I bawb ei ddileit, ac i bawb ei briod faes yntê? [ibid.]

Cryno, cyflawn, *bull's eye*.

Yn Eisteddfod yr Urdd yng Nghaergybi 1966, Syr Ifan, brawd yng nghyfraith Syr David Hughes Parry, bechodd fwyaf, fodd bynnag, trwy annog ieuenctid Cymru i fod yn blant da, a pheidio â phrotestio ynglŷn â'r iaith, a pheidio â gwneud pethau mor wirion â mynd i garchar:

Mae'n rhaid i chi ymddiried y gwaith pwysig o roi safle briodol i'r Gymraeg yn nwylo'r gwleidyddion galluog – fel

Cledwyn Hughes – sydd gennym yng Nghymru. A thra bo
dŵr y môr yn hallt, a thra bo'r Urdd yn gwasanaethu Cymru,
a thra bo ein plant bach yn dal i ganu ac adrodd, a thra bo
mamau cartrefi Cymru yn siglo'r crud yn Gymraeg, a thra bo
llawer o bethau eraill hefyd, bydd yr iaith Gymraeg yn gwbl
ddiogel. [YC, 9 Mehefin 1966]

Ie, chwydfa daeog a chyfeiliornus yr un hen dôn gron
unwaith yn rhagor.

Ond yn hytrach na'r ymateb addolgar arferol, cafodd
y Marchog glamp o sioc. Fi gododd gyntaf a dechrau ei
heclo. Fedra i yn fy myw gofio'n union beth ddwedais i, ond
gwn mai ymroi i ymosod ar ei ddatganiad gwirion wnes i.
Ffrwcsiodd yn lân, oherwydd dyma'r tro cyntaf erioed iddo
gael y fath groeso i'w oraclau Eisteddfodol, a hynny yn ei
deml sanctaidd ei hun. Tystiodd Dafydd Iwan i'w ymateb – '
... a'r hen Syr Ifan druan bron â chael strôc arall pan gafodd
ei fwian am annog ieuenctid Cymru i beidio protestio na
mynd i garchar.' [WTC, t. 43] Dywed Dafydd iddo 'newid
ei dôn cyn y diwedd yn gyfan gwbwl bron. 'Rhowch gyfle
i'r Cymry gwych yma sydd mewn swyddi o ddylanwad yn
y Senedd – ac os na wnân nhw'u *job* ymhen 6 mis – allan â
nhw'!!' Ychwanegodd nad oedd hi ar ben ar y Gymraeg, a'i
bod hi 'yn fwy byw nag erioed'. Gwyddai fod anawsterau,
ond beth oedd y rheini ond pethau i'w trechu. 'Y peth
yr oedd ei angen ynglŷn â'r iaith oedd ei byw hi.' [YC, 9
Mehefin 1966]

Cafwyd ergyd olaf yr ymdaro yn *Llais y Lli* yn ddiweddarach
pan ddyfarnwyd, mewn eitem smala, un o 'Anrhydeddau
Gŵyl Ddewi' dychmygol y flwyddyn i nifer o bobl y sefydliad
Cymreig, y 'Kymry Da' bondigrybwyll. Yn eu plith gwelwyd
enw Syr Ifan – 'am ei wasanaeth i gyd-ddyn ac i Grist'. [LL,
9 Chwefror 1967]

Ail Garchariad yr Ysgrifennydd

Yn DILYN FY rhyddhau o garchar Abertawe ddiwedd mis Mai 1966, dychwelais yn syth adref i ben fy helynt yn Nhrefor wrth droed yr Eifl yn Arfon deg. Cymerais wythnos neu ddwy i ddod ataf fy hun wedi'r heldrin, ac yna dechreuais weithio gyda fy nhad, plastrwr a thöwr o ran crefft, ond a oedd â'i fusnes bychan ei hun fel adeiladydd, yn cyflogi rhyw hanner dwsin o ddynion. Doedd gen i fy hun yr un grefft fel y cyfryw, felly labrwr oeddwn i, yn tendiad yn bennaf ar y plastrwr Willie Merfyn Williams, neu Wil Mani fel y'i gelwid ar ôl ei dad, Emmanuel. Gwaith caib a rhaw, gwaith caled, ond yn un da i fagu mysls. Dyna fu fy ngorchwyl am y ddwy flynedd nesaf.

Roedd Wil, fel finnau, yn hoff o bysgota, môr ac afon, ac o fewn llai na mis roeddwn wedi prynu hen gwch Wil, *Pererin*, 'cwch Aberdaron' un droedfedd ar bymtheg, ond heb fast, fel y'i disgrifid, gan fod Wil a'i bartnar, Huw Peintar o Lanhuar, wedi prynu cwch arall. A dyna sut y daeth dal mecryll yn ail joban handi dros ben i mi am flynyddoedd lawer. Bu cychod a mecryll ac ati yn gymdeithion oes i mi, ac mae'r cwch yn dal gennyf ar yr hen angorfa yn harbwr Trefor, er fy mod bellach yn hen a heglog, a llawer cyndynach o'i mentro hi ar foryn. Cadwodd y blaidd o'r drws y dyddiau cynnar hynny, a chefais ryddid i ymroi i waith Cymdeithas yr Iaith.

Unwaith yn rhagor, roedd pethau'n ystwyrian i lawr ym Morgannwg bell. Roeddwn yn disgwyl hyn, wrth gwrs, oherwydd roedd gennyf wysion byw mewn mwy nag un ardal yn y sir, Abertawe styfnig a dibardwn yn arbennig.

Gwŷs arall eto fyth!

Ddyddiau'n unig ar ôl dychwelyd, derbyniais lythyr uniaith Saesneg, wedi'i gofrestru, oddi wrth y gwrthnysig Arthur Uren, clarc diollwng ynadon diollwng Abertawe, yn fy ngorchymyn i ymddangos ger eu bron ymhen pythefnos, ar fore dydd Mercher, 22 Mehefin, 1966, i ateb i'r cyhuddiadau oedd gynwysiedig yn y gwysion hynny y ceisiwyd eu stwffio arnaf yn y carchar. Yn y llythyr hefyd crybwyllwyd y geiriau bygythiol *warrant for your arrest* pe na chydymffurfiwn. Anwybyddais y llythyr Saesneg hwn yn llwyr.

Cynhaliwyd yr achos yn llys Abertawe hebof, a tharanodd cadeirydd y fainc, William Thomas, gyfiawnder ei athroniaeth i'r hollfyd heb flewyn ar ei dafod Saesneg. 'Fel Cymro Cymraeg ni allaf gytuno â'r ddadl y dylai fod un gyfraith i Mr. Jones ac un arall i'r gweddill ohonom.' [YF, 30 Mehefin 1966] Cafwyd tystiolaethau parod y cwnstabliaid Huw Williams a William Miller o f'euogrwydd, a gosodwyd arnaf bedair dirwy am bedair trosedd, yn gosod dyled o £20 ar f'adnoddau ariannol bregus. Rhaid talu'r arian cyn 29 Mehefin oedd gorchmyn dwrn dur y Fainc – *'failure to pay on or before the appointed days will render you liable to imprisonment...'* bla bla bla... Anwybyddais innau'r holl gasineb, gan wybod yn nwfn y galon mai'r anocheladwy fyddai cam nesa'r erlyn ffiaidd ar y Gymraeg. Tua chanol mis Gorffennaf daeth gair pellach yn dweud eu bod wedi cyhoeddi gwarant i'm harestio. Disgwyl amdanyn nhw oedd fy nghiam nesaf innau rŵan.

Newydd gyrraedd adref o fy ngwaith yr oeddwn, ac wrthi'n ymolchi a newid cyn cael bwyd gwaith. Yn digwydd

bod roedd hi'n noson eitha clapiog ar y bae, felly doedd dim
pysgota i fod. Mam atebodd y drws a chael yno ein plismon
lleol, ifanc a phwysig, ond petrus ei olwg, wedi dod i geisio'i
brae. Ymddangosai mor ansicr ohono'i hun gan y tybiai,
mae'n amlwg, ei fod yn arestio dihiryn peryglus.

I fyny â ni felly i dŷ'r heddwas yn Llanaelhaearn, yntau'n fy
ngwylio fel barcud rhag ofn i mi ddianc. Gofyn am gael mynd
i'r lle chwech, ac yntau'n fy nilyn bob cam i fyny'r grisiau a
sefyll y tu allan i ddrws y peti. Methodd â sylweddoli mai un
ffenestr fechan o ryw droedfedd sgwâr ar y mwyaf allai fod
yn unig foddion dihangfa im! Treuliais ryw dri chwarter awr
yn Llanaelhaearn, ac yna daeth car yr heddlu i'm ceisio a'm
dwyn i orsaf yr heddlu ym Mhwllheli, a phlismon Llanhuar
druan yn gallu rhoi ochenaid o ryddhad ei fod wedi llwyddo
i ddal gafael ar dennyn carcharor peryglus heb lithro.

Tra oeddwn ym Mhwllheli, rhoddodd Mam wybod yn syth
i Rhys ap Rhisiart ac ambell un arall beth oedd yn digwydd, ac
fe ffoniodd y Parchedig Fred M. Jones, rheithor Llanbedrog,
heddlu Pwllheli i ofyn beth oedd fy hanes. Cafodd ateb swta
yn dweud wrtho am feindio ei fusnes ei hun. Ar y pryd roedd
y rheithor ffyddlon yn gyrru car didrwydded fel rhan o'r un
ymgyrch. [YC, 2 Mehefin 1966]

Yn y cyfamser, fe'm cefais fy hun mewn car unwaith yn
rhagor, ac o fewn dim eisteddwn mewn cell yn y rheinws
yng Nghaernarfon yn bwyta sgodyn a sglodion braidd yn oer
a roddwyd i mi yn swper gan fy ngwestai dyngarol, ac yno y
cysgais y nos Fawrth honno.

Yn ystod bore trannoeth, daeth Rhys i'm gweld a dymuno'r
gorau imi, ac am ddau y prynhawn dyma'i chychwyn hi am
Abertawe yng nghwmni dau blismon di-Gymraeg clên oedd
yn stopio'r car bob hyn a hyn i gael paned a smôc, a hynny'n
fy mhlesio innau'n burion. Cyrhaeddwyd swyddfa'r heddlu
yn Abertawe tua wyth o'r gloch y nos, ac yn syth i'm hail gell.
Ymhen rhyw ddeng munud daeth Emyr i'm gweld a chefais
ffags ganddo.

Yna, tua naw o'r gloch daeth heddwas i'm cell gan ddweud fod Mr. Edwards, fy ngweinidog, wedi galw i'm gweld. Sylweddolais yn syth fod rhywun yn ceisio mynediad ar hyd rhyw lwybr cyfrin, gan mai Alan Hefin John oedd gweinidog Maesyneuadd, Trefor.

W.J. Edwards oedd o, ac roeddwn yn falch gynddeiriog o'i weld a chael sgwrs gydag o. Roedd Bil, fel y galwem ef, wedi mentro dweud celwydd wrth yr heddlu ei fod yn gynweinidog i mi pan oeddwn yn byw yn Abertawe. Y gwir amdani, os cofiaf yn iawn, oedd nad oedd Bil hyd yn oed wedi ei ordeinio'n weinidog ar y pryd, er iddo gymryd gofalaeth ym Mhenllyn Meirionnydd y flwyddyn ddilynol. Mynych y tynnais ei goes gydol y blynyddoedd am fod y 'gweinidog' mwyaf celwyddog yng Nghymru oll. Cymeriad annwyl (a byrbwyll ar brydiau, fel finnau), dyn llyfrau, yn hynod o frwd dros yr iaith, ac a frwydrodd trosti gydol ei oes.

Cefais damaid i'w fwyta cyn noswylio, a throi i bendroni am y drin a'm disgwyliai drannoeth.

Gwawriodd yr wythfed ar hugain o Orffennaf, a chyn pen dim, safwn yn llys ynadon Abertawe ger bron mainc wrthwynebus a ffiaidd. Y peth cyntaf a wnes oedd dyrchafu fy llygaid i'r oriel gyhoeddus yn y gobaith y byddai hen delegraff y jyngl wedi llwyddo i gael rhywfaint o gefnogwyr yno. Llonnodd fy nghalon wrth imi weld ei bod yn llawn dop o filwyr ffyddlon y Gymraeg. Ac yn gwgu arnaf i a hwythau, o'i orsedd ynadol ddyrchafedig, roedd y Cyrnol K. Ivor Morgan, *Zeus* y fainc, oedd hefyd yn Gadeirydd y Llysoedd Ynadon. Eu prif ddyn. Rhaid fyddai torchi llewys heb oedi.

'Jones (24), a labourer... insisted on speaking Welsh throughout the hearing.' [WM, 29 Gorffennaf 1966] Mynnais yn syth fod y gwrandawiad i'w gynnal yn gyfan gwbl yn Gymraeg, a'u bod yn ymorol cael ynadon Cymraeg eu hiaith i eistedd ar y fainc. Gobaith caneri. Dan brotest, bu'n rhaid i mi fodloni ar 'ringyll-gyfieithydd' gwael. Protestiais drachefn: 'Mae cyfieithu'r hyn sydd gen i i'w ddweud yn

277

dileu urddas fy mamiaith. Dylai fod ynadon Cymraeg yma heddiw – ac *mae* yna ynadon Cymraeg yn Abertawe.' [HOW, 29 Gorffennaf 1966]

Arthur Uren: Ydach chi am dalu?

Jones: Fe'ch atebaf o'r frawdle.

Cefais Feibl Cymraeg i gymryd y llw, ac atebais y clarc.

Jones: Ydwyf – ar delerau. Rhaid imi gael ffurflen gais treth car yn Gymraeg. Rhaid i mi gael disg treth yn Gymraeg. Rhaid i mi gael y wŷs yn Gymraeg, ynghyd â'r holl ohebiaeth sy'n ymwneud â'r achos. Yna, ac yna'n unig y byddaf yn talu. Ychwanegaf nad wyf yn cydnabod awdurdod y llys hwn fel ag y mae, gan na fedra i gydnabod awdurdod unrhyw lys yng Nghymru a gynhelir mewn unrhyw iaith heblaw'r Gymraeg.

Y Cyrnol: Pe cyhoeddid y wŷs yn Gymraeg, byddai'n dorcyfraith.

Jones: Cyfraith anfoesol! Dw i'n ysglyfaeth i gyfraith anfoesol. Rydach chi yma â'r bwriad o'm hanfon i garchar am sefyll dros fy iaith. Felly – yma y safaf.

Y Cyrnol: Ydach chi am dalu?

Jones: Nag 'dw! – dim peryg!

A dyna pryd y cafwyd un o'r datganiadau mwyaf gwrth-Gymraeg a gafwyd mewn unrhyw lys barn yn ein gwlad. Nid ymhelaethaf arno ond yn unig ei gyflwyno i chi fel ag yr oedd yn holl wrthuni'r iaith wreiddiol. Y Cyrnol K. Ivor Morgan, cadeirydd trahaus a rhodresgar mainc ynadon Abertawe:

The Welsh Courts Act of 1942 provides that the records of all proceedings of courts in Wales should continue to be kept in the English language... there would be a violation of the law if summonses were issued in Welsh. The language of the Queen's Court is English. [WM, 29 Gorffennaf 1966]

Cefais fis o garchar. Ffrwydrodd cynulleidfa'r cefnogwyr â thon anferth o ddicter cyfiawn, a phawb ar eu traed yn bloeddio sloganau, yn protestio'n groch yn erbyn y fath sarhad ar ein hiaith.

278

Y Cyrnol: *Take him down and clear the court.*

Wrth gael ei llusgo allan gan blismyn, bloeddiodd un ferch ifanc: 'Rydych oll yn fradwyr i'ch gwlad; ceir cyfiawnder i'r Saesneg ond nid i'r Gymraeg.' Trawodd rhywun 'Hen Wlad Fy Nhadau', ac fe'i canwyd ag angerdd arbennig tra llusgid y protestwyr o'r oriel gyhoeddus ac i lawr y grisiau cerrig i'r lôn gan blismyn na falient rhyw lawer pe clwyfid pobl. Daliwyd i brotestio'n llafar y tu allan ar y palmant, a bu'r heddlu'n brysur yn ceisio gwasgaru'r dorf. Pwyslais mawr Neil ap Siencyn wrth un gohebydd oedd ei fod yn gobeithio'r nefoedd na fyddai neb yn talu'r ddirwy yn fy lle. Wnes i ddim, na neb arall chwaith, diolch am hynny.

Yn f'ôl i'r *'Queen's Hotel'*

Glaniais am yr eildro yng ngharchar Abertawe i wynebu mis arall tan glo. Y tro hwn ni chefais fy nghofrestru â seren wrth fy enw, oherwydd carcharorion am y tro cyntaf oedd y rhai 'serennog'. Bellach, roedd 2083 Jones ymysg yr elfen 'galetach', yr adar creim go iawn. Setlais yno'n ddi-lol – yn hen law arni – a sgwennu adref yn syth. 'Aethpwyd â fi'n syth i'r carchar felly chefais i ddim cyfle i weld neb ar ôl yr achos... Fe aiff y mis yn ddigon sydyn... Nid wyf am ddechrau cyfri'r dyddiau fel o'r blaen, dim ond ceisio byw bywyd bob dydd, gan geisio anghofio popeth am amser... cefais fáth a bwyd a baco, felly mi rydw i'n teimlo'n reit dda ar wahân i'r ffaith fy mod yn colli'r Steddfod!!' [Geraint Jones at ei rieni, 28 Gorffennaf 1966] Y Steddfod honno oedd Eisteddfod Aberafan, a gynhelid rhyw ddeng milltir yn unig o Abertawe.

Lai na thair wythnos ynghynt, roedd Cyfarfod Cyffredinol o aelodau'r Gymdeithas wedi cyfarfod bnawn Sadwrn, 9 Gorffennaf yn Aberystwyth, ac wedi penderfynu'n unfryd 'fod y Gymdeithas yn cynnal protest neu wrthdystiad cyhoeddus ddydd Iau'r Eisteddfod Genedlaethol, pan fyddai Mr. Cledwyn Hughes yn Llywydd y Dydd', a hynny ar yr amod 'y byddai'r Pwyllgor Canolog yn gyfrifol am drefnu'r

dulliau'. [CCC, Aberystwyth, 9 Gorffennaf 1966] Yn ogystal,
penderfynwyd 'amlhau eu protestiadau yn y dyfodol...
[a]... pharhau i dorri cyfreithiau cyhoeddus... bydd nifer
o aelodau'r Gymdeithas yn ymddangos o flaen llysoedd yr
wythnos nesaf.' [YC, 14 Gorffennaf 1966]

Ac onid oedd yr Archdderwydd newydd, Gwyndaf, wedi
galw ar y genedl, oddi ar y Maen Llog yn ystod Cyhoeddi
Eisteddfod y Bala, i 'beidio â bod yn rhy drwm ar ran y rhai
sy'n barod i fod yn ffyliaid er mwyn y genedl. Oni bai bod
rhai wedi bod yn ffyliaid dros yr iaith a'r diwylliant Cymraeg,
ni byddai gennym eisteddfod...' [YF, 7 Gorffennaf 1966]

Bellach, roedd cryn sôn ym mhob rhan o Gymru am frwydr
yr iaith. Peidiwn ag anghofio rhan allweddol myfyrwyr
Cymru yn y frwydr honno. Roedd eu teimladau'n gryfion, yn
fwyaf arbennig efallai ym Mangor ac Aberystwyth. Y ddwy
dref hyn fu'r peiriau a ffrwtiodd fwyaf. Dyma enghraifft
nodweddiadol o deimladau'r haf hwnnw, sef ysgrif Dafydd
Elis Thomas, Golygydd papur myfyrwyr Bangor, *Y Dyfodol*:

> Y digwyddiad pwysica yng Nghymru eleni yw'r modd y
> carcharwyd dau am wrthod defnyddio trwydded Saesneg
> ar eu ceir. Mae eu gweithred hwy yn wahanol a newydd.
> Cyfaddawdu a wnawn ni... Dewisodd Twm yn wahanol.
> Mynnodd gydraddoldeb i'r Gymraeg trwy wrthod llenwi
> ffurflen oni bo yn yr iaith Gymraeg. Un yw Twm, un go
> solet, ond un serch hynny... Pe ceid digon i wrthod llenwi'r
> un ffurflen Saesneg buan y gorfodid yr awdurdodau i ildio
> i ni ein hawl sylfaenol. Mae'n erchyll bod yn rhaid ymladd
> hyd garchar dros hawl. Ond dyma afiechyd Lloegr yng
> Nghymru... [YD, Haf 1966]

Roedd hi'n amlwg bellach fod yna rhyw ysbryd newydd yn
cordeddu yn ymysgaroedd nifer dda o aelodau Cymdeithas
yr Iaith Gymraeg. Y gwir amdani oedd y byddai'n rhaid i'r
Gymdeithas y tro hwn wneud trefniadau llawer mwy teilwng
na'r tro cynt, er mwyn defnyddio'r carchariad fel achos

a chyfle euraid i brotestio'n llawn ac yn llym. Doedd dim anwadalu i fod.

British an' Jyrmans

Fe'm carcharwyd am fis, ddydd Iau'r 28ain o Orffennaf 1966. Ddeuddydd yn ddiweddarach, roedd ysbryd heintus trip Ysgol Sul ar gerdded yng ngharchar Abertawe, a hynny ar ffurf pnawn pleserus a chyffrous i bawb a fynnai gael mwynhau gweld ffwtbol ar ei orau, ac ar ei fwyaf gwladgar. Hon oedd y gêm bêl-droed orau a phwysicaf a fu erioed. 'Rôl aml i ffowl a ffliwc, roedd tîm pêl-droed Lloegr (In-ger-land), dan hyfforddiant surbwchaidd Alf Ramsey, wedi cyrraedd rownd derfynol Cwpan y Byd, gyda'r gêm honno, yn erbyn yr Almaen, i'w chwarae am dri o'r gloch bnawn Sadwrn y 30ain o Orffennaf (diwrnod pen-blwydd fy nhad, ddathliad arall) yn Stadiwm Wembley, Llundain.

Erbyn hynny, roeddwn i wedi ailgyfarfod â charcharor o Gymro y deuthum i'w adnabod yn ystod fy ngharchariad cyntaf ym mis Mai – stwcyn bychan meinlais a elwid yn Wil Bach, brodor o waelodion Cwm Tawe. Ie, Cymro digon hoffus (*loveable rogue* ys dywed y Sais) oedd William, gŵr â dwylo blewog anghyffredin ac yn dilyn dwy alwedigaeth, yn ôl ei gyfaddefiad ei hun, sef byrglar a saer coed, yn y drefn yna.

Felly, roedd gwahoddiad caredig wedi ei estyn i'r holl garcharorion gael pacio'r cantîn fel llond tun o sardîns i wylio'r gêm. Penderfynodd Wil a minnau y byddem ninnau'n hoffi ymuno yn y jamborî. Ond penderfynasom ni gefnogi'r Almaen. Ceid yn y cantîn caeth hwn rhyw gyffro anhygoel. Clywyd siantio *In-ger-land, In-ger-land*, a chanu *God Sêf* a *Land of Hôp 'n Glôri* â chrasder lleisiol unsain y beudagau Seisnig a thaeogrwydd trist y Cymro cyn, ac yn ystod, y gêm, gyda'r deugant a rhagor oedd yno yn deyrngar, yn ail-fyw dyddiau jingoistaidd yr Ail Ryfel Byd, ac yn galw am waed Almaenig, ac anfarwoldeb i dîm Bobby Moore. Caed yno ddau, fodd bynnag, a fynnent fod yn Jyrmans am ryw ddwyawr, a hynny ynghanol môr o Iwnion Jacs y bytheiaid Prydeinllyd. Hyd y gwelwn, cefnogai bawb arall Loegr.

I dorri stori hir yn fyr, roedd hi bellach yn

Ddeng munud cyn yr olaf bîb
A'r dyrfa'n ferw mawr,
A'r sgôr yn sefyll rhyngom ni
Yn wastad eto'n awr...

[Cynan, Y Dyrfa, pryddest fuddugol Bangor 1931]

Ie, un gôl yr un. Yna'n sydyn, sgoriodd y Saeson; a dyna hi, doedd dim pall ar lawenydd eu cefnogwyr, côr o seirff tanllyd, yng nghantîn carchar Abertawe. Aethant yn wallgo, gyda naw o'u bysedd bellach ar glustiau'r cwpan.

Ac yna digwyddodd y wyrth. 'Un foment lachar pan yw clai'n anfarwol'. Sgoriodd Wolfgang Weber i'r Almaen, i 'ni', â'r cloc yn dangos 89 munud. Roeddem ni'r Almaenwyr benthyg ar ben ein digon, yn gymaint felly nes y bu i Wil Bach neidio ar ei draed a bloeddio'n fuddugoliaethus, ynghanol distawrwydd llethol drist cynulleidfa'r cantîn, a hynny yn Saesneg gorau Cwm Tawe, *Jermani ffor efar!*' Ac er mai 'iacha'i groen, croen cachgi,' oedd athroniaeth unrhyw Gymro call mewn sefyllfa o'r fath, doedd gen i yr un dewis bellach ond codi hefo fo a chyd-orfoleddu a dyrnu'r awyr.

O fewn llai na phum eiliad roedd tri swyddog cydnerth wedi ymaflyd ynom a'n llusgo o'r cantîn i'n hamddiffyn rhag adwaith llidiog epil gwiberod yr Iwnion Jac. Cafodd Wil, o'r golwg tu ôl i'r drws, glec o fonclust hegar gan un o'r Sgriws, a chefais innau bryd o dafod rheglyd gan un arall. Yn ddiymdroi, cawsom ddychwelyd i dawelwch ein celloedd i gallio, edifarhau am ein hanheyrngarwch, ac i ddiodde'r gosb eithaf o beidio â chael y fraint o weld yr hanner awr ychwanegol. Yn wir, yn wir, o wybod canlyniad y gêm yn ddiweddarach, dyna'r gosb felysaf a ddaeth i'm rhan erioed.

Dygymod

Llwyddais i ddygymod â bywyd carchar y tro hwn yn dipyn mwy hamddenol. Rhaid oedd bodloni a byw un dydd ar y tro. Gweithiwn gyda chriw o hogia týff oedd yn rhai digon clên yn y bôn, gyda nifer dda o Gymry yn eu plith. Y fath gymorth oedd hynny, ac yn arbennig gan fod y mwyafrif ohonynt yn rhyw fath o gyd-weld â'm hachos – meddan nhw. Hyd at tua diwedd wythnos gyntaf mis Awst, rhannwn gell ag Almaenwr a Gwyddel, gyda'r Almaenwr yn derbyn yr *Evening Post* yn ddyddiol. Dilynwn innau holl ddigwyddiadau'r Eisteddfod yn Aberafan trwy gyfrwng y papur hwnnw.

> Mae'r gell rydw i ynddi rŵan yn un ddiflas – hen luniau genod noethlymun dros y wal ym mhobman ac enwau carcharorion fu yma unwaith dan eu pwn. Ches i mo'r *Faner* na'r *Cymro* na dim arall hyd yn hyn. Cofiwch eu gyrru... *Tit Bits* yw cylchgrawn mwyaf poblogaidd y carchar a *N. of the World* a'r *D. Mirror* yw'r papurau fel y gellwch ddisgwyl wrth gwrs. [Geraint Jones at ei rieni, 4 Awst 1966]

Un bore yn ystod yr wythnos gyntaf honno, fe'm gwysiwyd ger bron Ceidwad y Carchar. Ar ei ddesg yr oedd llythyr a dderbyniodd oddi wrth Emrys a Delyth Davies, Cwmtirmynach ger y Bala, cefnogwyr hynod o driw i'n hachos. Rhybudd llym oedd ynddo ar i awdurdodau'r carchar fy nhrin gyda pharch ac urddas, a hynny am mai carcharor gwleidyddol, nid troseddol, oeddwn. Doedd dim pall ar gefnogaeth y ddau genedlaetholwr annwyl a thanbaid o Feirion. Pwysleisiodd y Ceidwad wrthyf nad oedd y fath statws â charcharor 'gwleidyddol', ac y byddwn yn cael yr un driniaeth â phawb arall tra byddwn yn gaeth. 'Rhag ofn eich bod yn camddeall,' meddai. Doedd a wnelo fi'r un dim â'r peth mewn gwirionedd.

'Rôl wythnos gyda'r Gwyddel a'r Almaenwr, fe'm symudwyd i gell arall at lanc o Aberaman, ac un arall o

Ferthyr Tudful. Roeddan nhw'n gweithio yn yr un gweithdy â minnau a Wil Bach – gweithdy'r matiau. Cefais i joban ysgafn iawn yno fel glanhawr. Rhan galetaf y gwaith oedd codi'r ddwy owns o lwch a ysgubwn a'i roi mewn sach. Roedd y ddau yma'n awyddus i ddysgu Cymraeg, a bûm innau'n ceisio diwallu'r awydd hwnnw orau ag y gallwn. Doedd rhyw dair wythnos o wersi byrion anffurfiol ddim yn mynd i greu Cymry glân gloyw ohonyn nhw, ond mi fyddai'n ddiddorol gwybod a heuwyd rhyw awydd yn eu calonnau i fynd ymhellach gyda'r iaith. Os cofiaf yn iawn, roedd un o'r ddau wedi cael deng mlynedd o garchar am ladrad arfog. Eto i gyd, byddai rhywun yn credu, wrth siarad â rhai ohonynt, na thoddai menyn yn eu cegau. Hogia caled, caled iawn.

Treuliais y gyda'r nosau yn ddigon di-stŵr yn dysgu rhyw ychydig o'r heniaith i'm dau gyd-garcharor, ac yn ailddarllen rhai o'r llyfrau a ddarllenais yn ystod fy ngharchariad cyntaf. Cefais afael hefyd yn llyfrgell y carchar ar lyfr emynau'r Bedyddwyr, *Llawlyfr Moliant*, a chefais fwynhad o'r mwyaf yn pori trwyddo. Mor aruthrol, onidê, ydi'n cynhysgaeth emynyddol Gymraeg.

Ymweliadau

Ymwelodd fy rhieni ar ddydd Gwener y 12fed o Awst, a daeth Emyr Llew gyda nhw. Nid oedd tu mewn i garchar yn sioc o fath yn y byd iddo fo, siŵr iawn. Addawsant anfon cyfansoddiadau'r Eisteddfod ataf. 'Mae'n bur glos yn y gell heno, ond rwy'n cysgu fel mochyn bob nos, ac yn deffro cyn caniad y gloch. Daeth y *Cyfansoddiadau* i law a diolch amdano. Dyna sydd gen i o dan y llythyr yma rŵan, ac eisoes wedi ei ddarllen bron i gyd.' [Geraint Jones at ei rieni,18 Awst 1966]

Un arall a ddaeth i'm gweld yn y carchar - wel, a geisiodd cael fy ngweld - oedd fy nghyfaill annwyl, Eirwyn Jones (Pontsiân), Talgarreg, a hynny yn gynnar yn y mis. Cyhoeddodd *Y Lolfa* lyfr cyntaf Eirwyn, *Hyfryd Iawn*, yn ystod wythnos yr Eisteddfod yn Aberafan, llyfr oedd yn llawn o hiwmor anghyffredin yr awdur. Un gyda'r nos, cyrhaeddodd Eirwyn borth y carchar, a gofyn am gael fy ngweld. Dywedwyd wrtho'n swta nad oedd hynny'n bosibl gan mai un ymweliad y mis a ganiateid, a bod angen pas swyddogol ar ei gyfer. Dadleuodd Eirwyn â'r porthor fod ei achos yn un arbennig, beth bynnag oedd hwnnw. Clywais ganddo'n ddiweddarach mai ffugio perthynas o fath a wnaeth, neu ei fod yn Weinidog neu rywbeth. Ni allaf gofio'n union beth. Methiant, fodd bynnag, fu'r ymryson, ond gadawodd yr awdur newydd gopi o'i lyfr i mi, i fod yn gydymaith diddan ar nosweithiau hirion y gaethiwed. Ysywaeth, chefais i mo'r llyfr i'w ddarllen yn y carchar, ond wrth ymadael roedd wedi ei osod ymysg f'eiddo personol. Yn ysgrifenedig y tu mewn i'w glawr, yn llawysgrif swyddog, gwelir y geiriau '*HMP SWANSEA, 2083 JONES, TO BE COLLECTED*'. Mae'n un o bennaf trysorau fy silff lyfrau.

Priodas ym Mhrestatyn

Pan ydych garcharor rydych yn sicr o golli nifer o gyhoeddiadau a digwyddiadau pwysig. Wythnosau ynghynt cefais wahoddiad caredig i briodas dau ffrind annwyl iawn oedd yn gydfyfyrwyr â mi yn Aberystwyth, heb sôn am fod yn gydymgyrchwyr brwd yng Nghymdeithas yr Iaith Gymraeg. Ond roedd mwy iddi na hynny hefyd. Cofiaf fel doe y noswaith roedd criw ohonom ni, fyfyrwyr gwrthryfelgar, wedi ymgynnull yn fy fflat tanddaearol i yn Heol y Farchnad, Aberystwyth. Yn ein mysg roedd Megan Davies o'r Rhondda a Gwilym Tudur o Chwilog, a oedd yn eistedd yn bur agos at ei gilydd. Yn fuan wedyn, roedd y ddau, yn slei bach, wedi diflannu o'r fflat i dywyllwch nos a goleuni newydd. Hyn oedd dechrau carwriaeth a barodd oes. Erbyn 1966, roedd Megan yn athrawes yn Ysgol Maes Garmon ers tair blynedd, a Gwilym ar staff adran Gymraeg y cwmni teledu TWW. [YF, 1

Medi 1966] Yng nghapel Rehoboth (MC), Prestatyn y cynhelid y gwasanaeth priodas ar 20 Awst, wythnos cyn dyddiad fy rhyddhau, a theimlais chwithdod mawr am hynny. Meddwn, mewn llythyr at fy rhieni: 'Trueni fod rhaid imi golli priodas Gwil hefyd, ond rwyf am brynu llythyr ychwanegol wsnos nesa, ac fe'i anfonaf yn ddigon buan i'r Victoria Hotel ym Mhrestatyn. Rhaid iddo aros am dipyn mwy am ei bresant.' [Geraint Jones at ei rieni, 4 Awst 1966]

Mynnodd Gwilym – O, mor driw – sefyll yn y neithior priodas yng ngwesty Victoria'r dref i gynnig llwncdestun i garcharor yr iaith, gydag ambell un o'r dyrnaid bychan o wahoddedigion o Gardis Rhyddfrydol oedd yno yn cael haint wrth glywed y fath gabledd. Gobeithio'n wir 'mod innau wedi cadw 'ngair a phrynu'r 'presant' addawedig iddynt!

Rhyddid!

O'r diwedd daeth awr rhyddid 27 Awst 1966 am 8 o'r gloch y bore. Dyma'r dydd y chwenychais amdano, a phryd y byddai f'unig chwaer, Gwenllïan, yn priodi, a hynny yng nghapel bychan yr Annibynwyr yn Sardis, Eifionydd. Y priodfab oedd cariad dyddiau'i mebyd, John Rowland Jones, mab Gwydir Mawr, Trefor, a'r forwyn briodas oedd ei chyfaill oes a'i chyd-efrydydd gynt ym Mangor, Rhiannon Price, Monwysen ac aelod bywyr o Gymdeithas yr Iaith. Byddid wedyn yn gloddesta yng Ngwesty Bron Eifion, Cricieth.

Trefnwyd *chauffeur* abl i'm cludo, rhyw 150 o filltiroedd, i'r briodas yn y gogledd. Emyr oedd hwnnw. Cefais f'atgoffa gan un neu ddau ei fod newydd gael dirwy o £2 ar 12 Awst gan ynadon Llanilar am oryrru! Yno cafodd wŷs Gymraeg heb orfod gofyn amdani, a do'n wir, fe anfonodd at yr ynadon yn diolch iddynt am hynny. A fyddwn i adref mewn pryd, tybed?

Agorodd pyrth Gehenna am saith munud i wyth y bore. Yn ôl gohebydd *Y Faner*:

… ymddangosai gwên luddedig ar ei wyneb gwelw; yr oedd y mis wedi gadael ei ôl arno… buan y taniodd sigarét a roddwyd iddo gan un o'r Gymdeithas ac nid oedd am siarad am ei brofiad yn ystod y mis… Gofynnwyd iddo a garai ddweud rhywbeth wrth y bobl. Atebodd: "Mae croeso i bawb ymuno â ni yn y frwydr dros gyfiawnder i'r iaith Gymraeg… parhawn i frwydro costied a gostio." [Huw ap Ioan, YF, 8 Medi 1966]

Gwelwn fod tua deugain o gefnogwyr ffyddlon yn fy nisgwyl, ac yno y bûm am ryw chwarter awr yn eu cyfarch oll. Mawr oedd yr ysgwyd llaw a'r llawenydd. Roedd rhai fel Heini Gruffudd a'i fam, Dr Kate Bosse Griffith, yno ers tua ugain munud wedi saith rhag ofn i'r carcharor gael ei ollwng yn rhydd yn fuan a neb yno i groesawu'r truan. Enwa'r *Faner* ambell un o'r lleill oedd yno fel Gwyneth Wiliam, Neil, Eic Davies ac Emrys Roberts, cyn-ysgrifennydd y Blaid. Ond gadael ar frys oedd raid, a chwarae teg, roedd pawb yn deall. Fe'm cludwyd adref mewn fen heb dreth arni.

Cyrraedd Trefor a'r tŷ yn wag, a Gwenllïan a John bellach wedi hen briodi ac wedi ei gloywi hi i lawr am Fron Eifion. Slempan sydyn, newid i golar a thei, cipio'r ddwybunt a adawodd Mam imi ar y bwrdd, a'i sgrialu hi i'r wledd yng Nghricieth. Bu'n ddydd o lawen chwedl i bawb ohonom.

Eisteddfod Aberafan, Awst 1966

TREULIAIS WYTHNOS YR Eisteddfod Genedlaethol yng ngharchar Abertawe. Cafwyd peth gwrthdaro ar y dydd Llun, diwrnod cynta'r Eisteddfod a hynny yng nghylchoedd yr Eisteddfod ei hun, oherwydd i Aneirin Talfan Davies, yn ei anerchiad fel Llywydd y Dydd, gorddi'r dyfroedd trwy alw am lacio'r rheol Gymraeg. Fe'i hatebwyd yn gadarn gan Gadeirydd Cyngor yr Eisteddfod, Emrys Roberts, mai Cymraeg oedd, a Chymraeg fydd, unig iaith yr Eisteddfod. Dyma'r hyn a'i gwnâi yn unigryw, meddai, a dylid bod yn falch o hynny. [WM, 6 Awst 1966]

Fel y gellid disgwyl, cafodd sylwadau afiach Aneurin Talfan gymeradwyaeth rhai o Aelodau Seneddol Cymru. Meddai'r *Faner*: 'Cyflwynodd Mr. Leo Abse, Pont-y-pŵl, gynnig i Dŷ'r Cyffredin, yn croesawu['r] syniad... y dylid bod yn fawrfrydig tuag at y Cymry di-Gymraeg. Croesawa'r cynnig gerydd Mr. Talfan Davies i'r sawl sy'n coleddu agwedd y Ghetto.' [YF, 11 Awst 1966]

Bu'r Archdderwydd Gwyndaf yntau wrthi'n llafar, a hynny'n ôl pob sôn, yn peri cryn anghysur i John Morris, Cynan ac eraill o blith y 'Sefydliad'. Yn seremoni gynta'r

Orsedd yn Aberafan, cyfeiriodd yn gynnes oddi ar y Maen Llog yn benodol at y rhai a garcharwyd ac a ddioddefodd dros yr iaith.

Bu ymgais hefyd yn San Steffan, i godi mater y carcharu diweddar. Un o dasgau cyntaf yr aelod newydd dros Sir Gaerfyrddin, Gwynfor Evans, oedd gofyn i Herbert Bowden, Arweinydd Tŷ'r Cyffredin, a dynnwyd ei sylw o gwbl at Gynnig Rhif 199. Cafodd gefnogaeth tri aelod arall, S. O. Davies, Merthyr, Elystan Morgan, Ceredigion, ac Emrys Hughes, South Ayrshire. [WM, 4 Awst 1966] Yn Nhŷ'r Cyffredin, dan y teitl Cwestiwn 199, buwyd yn pwyso ar y llywodraeth i brysuro i roi cydnabyddiaeth swyddogol i'r Gymraeg. [YF, 18 Awst 1966] Bu eu cais, trwy law yr Arglwydd Ganghellor, at Dick Taverne, yr Is-Ysgrifennydd yn y Swyddfa Gartref, i ryddhau'r carcharor druan o'i gaethiwed, fel y disgwylid, yn ofer. Cafwyd yr ateb arferol na allai'r Swyddfa Gartref ymyrryd â gwaith y llysoedd barn. Dick Taverne, A.S. Llafur Lincoln, oedd olynydd George Thomas yn y swydd, a rhagflaenydd Elystan Morgan fel mae'n digwydd. Rhyfedd o fyd!

Ymddengys i brotestiadau arfaethedig Cymdeithas yr Iaith ar faes yr Eisteddfod fynd ar chwâl, os dyna'r disgrifiad cywir. Cofiaf fod mewn cyfarfod ond rhyw ddeng niwrnod ynghynt, pan benderfynwyd ar gynlluniau'r gwrthdystio cyffrous y bwriedid eu cynnal yn ystod y carchariad. Cyfarfod oedd hwnnw o'r Pwyllgor Canolog a gynhaliwyd yng Nghrug-yr-eryr Uchaf, Talgarreg, cartref Cynog, bnawn Sul 24 Gorffennaf, wythnos cyn y Steddfod, a deuddydd cyn fy nghymryd i'r ddalfa. Yno roedd Emyr Llywelyn (Cadeirydd), Gwyneth Wiliam, Cynog Dafis, Neil ap Siencyn, Robat Gruffudd, Gareth Miles, Siôn Daniel, Dafydd Iwan a minnau.

Dyma'r tri phenderfyniad a wnaed yno, y cyntaf a'r olaf ohonynt yn unfrydol:

Penderfynwyd cynnal protest ym Mhafiliwn yr Eisteddfod
Genedlaethol tra byddai Cledwyn Hughes yn traddodi ei
araith fel Llywydd y Dydd. Byddai aelodau'r Gymdeithas yn
gorymdeithio yn ddistaw trwy'r Pafiliwn ac yn cyflwyno apêl
dros ryddhau Geraint Jones o garchar.

Cynigiwyd bod taflen ddwyieithog yn cael ei hargraffu
i esbonio'r brotest, ond gwrthodwyd y cynnig o 5-3 o
bleidleisiau [un aelod yn amlwg heb bleidleisio]. Yn lle
hynny, gofynnwyd i Neil Jenkins lunio taflen uniaith
Gymraeg.

Penderfynwyd cynnal protest yng Nghaerdydd ddydd
Gwener 19 Awst, ar ffurf gorymdaith trwy'r ddinas at y
Swyddfa Gymreig. Byddai grŵp llai eisoes tu mewn i'r
Swyddfa, a cheisiai'r gweddill eistedd tu mewn i'r Swyddfa
neu tu allan i'r mynedfeydd. [CPC, 24 Gorffennaf 1966]

Penodwyd Dafydd Iwan yn Ysgrifennydd/Trefnydd dros
dro tra byddwn i yn y carchar.

Rhybuddio'r Gymdeithas

Rhwng ebychiadau siomedig Aneurin Talfan a ffaith y
carchariad ei hun, roedd y pylor yn barod i'w danio yn
Aberafan. Dechreuodd pethau boethi ddydd Mawrth pan aeth
rhai aelodau ati'n ddiwyd a brwd i rannu'r ddalen uniaith
a baratowyd gan Neil ap Siencyn. O edrych yn fanwl ar ei
chynnwys, gwelir ar unwaith ei bod yn ddigon didramgwydd
– yn gadarn a digyfaddawd, oedd, ond ni cheid ynddi unrhyw
beth y gellid ei alw'n 'enllibus' nac 'eithafol' na 'pheryglus'.
Eto i gyd, aeth swyddogion yr Eisteddfod â hi ger bron Llys
yr Eisteddfod i'w thrafod. A dyfarniad y Llys?

Diarddelodd y Llys y ddalen a gynhwysai ymosodiad
personol llym ar Mr. Cledwyn Hughes. Cyhoeddodd y
Llys ddatganiad yn cyhoeddi mai sefydliad amholiticaidd
ansectyddol yw'r brifwyl. Gofidiai'r Llys am fod unrhyw
gymdeithas wedi camddefnyddio cyfleusterau'r ŵyl i ymosod

ar lywydd y dydd. [YF, 'Berw'r Iaith yn yr Ŵyl', 11 Awst 1966]

Yn ystod yr wythnos hefyd bu'r gwrthwynebwyr yn galw am i'r Eisteddfod rwystro'r Gymdeithas rhag cael stondin ar feysydd eisteddfodau'r dyfodol, ynghyd ag atal protestio politicaidd oddi mewn i libart yr ŵyl. Mae golygydd *Y Faner* yn gwbl ddiwyro ar y pwnc.

Byddai'n beth ffôl... ac yn beth ynfytach fyth i hel plismyn a'u cŵn i faes yr Eisteddfod i geisio rhwystro rhyddid llafar... rhaid i'n Gweinidogion fagu croen digon caled i wynebu eu beirniaid ifainc, diamynedd... Pe bai uchel swyddogion y llywodraeth wedi gwrando ar anerchiad cofiadwy Saunders Lewis ers talwm buasen-nhw wedi paratoi eu meddyliau ar gyfer protestiadau o'r fath. [YF, 25 Awst 1966]

Dyna'i dweud hi'n gwbwl ddi-flewyn-ar-dafod yn yr hen bapur radical annwyl, yn nhraddodiad diwyro Gwilym Hiraethog ac Emrys ap Iwan. Cafodd Cymdeithas yr Iaith, trwy ddŵr a thân, mewn hindda a drycin, gefnogwyr cadarn a ffyddlon yn Gwilym R. a Mathonwy. Ni chafwyd cysgod ofn ar eu llwybrau.

Dyma rannau o'r ddalen a rannwyd gan y Gymdeithas ar faes yr Eisteddfod.

EISTEDDFOD ABERAFAN NEU GARCHAR ABERTAWE?

... Mae rhai Cymry, diolch fyth, yn gwrthod plygu i dra-arglwyddiaeth Saesneg yn eu gwlad eu hunain:

(1) **Miss Sali Davies, Llanbedr**. Mae'r llywodraeth wedi gwrthod talu ei phensiwn iddi ers blwyddyn, am na fynnai lenwi'r ffurflenni swyddogol yn Saesneg.

(2) **Geraint Jones**. Carcharwyd ef am fis yn Ebrill eleni.

(3) **Gwyneth Wiliam**. Carcharwyd hi ym mis Mehefin gan ynadon Pontypridd.

**(4) Carcharwyd Geraint am fis arall gan ynadon
Abertawe dydd Iau diwethaf.**

Dyma eiriau haerllug Cadeirydd trahaus Mainc yr Ynadon
yn Abertawe:

"A summons in Welsh would be a violation of the law"!

Dywedodd hefyd mai Saesneg yn unig yw iaith llysoedd y
Frenhines.

CLEDWYN HUGHES

Mae hyn oll yn profi mor wag a thwyllodrus oedd
addewidion Cledwyn Hughes fod ei lywodraeth ef am roi
statws gydradd i'r Gymraeg. "Arweinydd sy'n deall y Genedl",
meddai un o farchogion Cymreig ei Mawrhydi. Ond erbyn
hyn, 'rydym ni yn ei adnabod fel dyn yr esgusion cyfleus
– gwas bach y llywodraeth Seisnig nad oes ganddi rithyn
o gydymdeimlad â'n hawliau fel Cymry. Mae'r briwsion a
addawyd eisoes yn cadarnhau safle israddol y Gymraeg.

Daw Cledwyn Hughes i'r Eisteddfod i daflu llwch i'n
llygaid unwaith eto. A fyddwn ni mor ddwl â'i gredu y tro
hwn?

**... Ond, yr wythnos hon, yn y carchar mae'r unig
Gymro a fu'n "bur i'w bau" yn 1966 – wedi'i gloi y tu ôl i
farrau heyrn gan lywodraeth ormesol Cledwyn Hughes.**

Disgrifiwyd y ddalen hon gan Tim Jones, gohebydd y
Western Mail, fel *'a scathing attack… on the Secretary of State
for Wales.'* [WM, 3 Awst 1966] Pwysleisiai awdurdodau'r
Eisteddfod na wyddent am fodolaeth y daflen, ac nad oedd
Cymdeithas yr Iaith wedi cael eu caniatâd swyddogol i'w
rhannu ar y maes. Onid sefydliad anwleidyddol ac anenwadol
oedd Eisteddfod Genedlaethol Cymru? Ac yn halen ar y briw,
bu i rywun neu rywrai beintio sloganau anhyfryd ar stondin
y Swyddfa Gymreig.

Daeth Arthur Williams y *Daily Post* yntau i geisio delio â
mater ymddygiad yr *'ebullient and hard-hitting organisation'*,
Cymdeithas yr Iaith Gymraeg. 'Gwnaeth y sefydliad hwn
[CYIG] waith ardderchog dros yr iaith, ond, petaent wedi

defnyddio diplomyddiaeth a pherswâd yn hytrach na fitriol, byddai ganddynt fwy o gefnogaeth a mwy o gydymdeimlad cyffredinol.' [LDP, 4 Awst 1966] Aeth rhagddo i roi megin dan y tân trwy gael cyfweliad ag Emrys Roberts, Cadeirydd Cyngor yr Eisteddfod. Cwynodd hwnnw 'fod rhannu llenyddiaeth o natur boliticaidd yn gamddefnydd o'r cyfleusterau a gynigir gan y Steddfod i gymdeithasau ... mae beirniadu Mr. Cledwyn Hughes fel hyn yn chwerthinllyd ac yn anheilwng.' [ibid.]

Deliodd Gareth Miles, Swyddog y Wasg Cymdeithas yr Iaith, â'r mater yn bwyllog, gan bledio diniweidrwydd, a hyd yn oed anwybodaeth. 'Hyd y gwyddom, nid oes raid cael caniatâd y Llys na'r Cyngor i rannu llenyddiaeth ar faes yr Eisteddfod. P'un bynnag, rydym yn disgwyl i swyddogion y Cyngor gefnogi safiad Cymro sydd heddiw'n dioddef cam yng ngharchar, yn hytrach nag amddiffyn cynrychiolydd y Llywodraeth sy'n gyfrifol am ei garcharu.' Dyna'i deud hi!

Cyfarfod eneiniedig

Bnawn dydd Mawrth cynhaliodd y Gymdeithas gyfarfod cyhoeddus ar faes yr Eisteddfod am 3.30 o'r gloch gyda'r Athro J.R. Jones yno'n annerch. Cafwyd araith eneiniedig dros ben a hynny ar y testun 'Gweithredu Anghyfreithlon'. Hwn oedd y tro cyntaf i'r Athro annerch Cymdeithas yr Iaith Gymraeg, a bu gwerthu da ar ei lyfr *Prydeindod* yn stondin y Gymdeithas.

Cafwyd cyfarfod oedd â'r gwres yn uchel iawn ynddo, gyda thri siaradwr arall yn ogystal yn rhoi anerchiadau byrion. 'Priod le'r Gymraeg' oedd testun Golygydd *Barn*, Alwyn D. Rees, gŵr arall fu'n gefnogwr brwd i'n hymgyrchoedd. Ychwanegodd at gynnwys yr anerchiad pan y'i cyhoeddwyd ar ffurf pamffled, gyda'r tri anerchiad arall, gan y Gymdeithas yn ddiweddarach. 'Y Gostrel Gain' oedd teitl anerchiad ymosodol Emyr Llywelyn yn delio â datganiad gwrthun K. Ifor Morgan yn f'achos i yn Abertawe, ac â meddylfryd y dyn a'i debyg. Anerchiad dadansoddol, 'Statws yr Iaith Gymraeg', a gafwyd gan Siôn Daniel yn delio â chynnwys annigonol Adroddiad Hughes Parry.

Yr *FWA*

Rhywbryd nos Fercher, derbyniwyd neges ffôn Saesneg a dienw ym mhrif swyddfa'r *Western Mail*. Honnodd y galwr ei fod yn cynrychioli Byddin Rhyddid Cymru, y *Free Wales Army*. Mynnai bwysleisio tri pheth. *'This is official. We intend to shoot Cledwyn Hughes tomorrow. Shoot to kill.'* [WM, 4 Awst 1966] Pennawd yr *Evening Post* drannoeth oedd *Shooting threat taken seriously*, a chadarnhawyd hynny gan y nifer fawr o heddlu oedd ym mhob twll a chornel o'r Maes, ac ar fin yr holl ffyrdd a arweiniai i'r Eisteddfod. Rhoddodd Melborne Thomas, Prif Gwnstabl Morgannwg, orchymyn i anfon nifer fawr o blismyn a chŵn i Faes yr Eisteddfod, ynghyd â gwarchodlu swyddogol i'r Ysgrifennydd Gwladol a'i briod. Cyrhaeddodd Cledwyn Hughes a'i wraig, Jean, yr Eisteddfod mewn car heddlu, ac nid yn y car gwladol arferol.

Gwelwyd bod yr heddlu'n drwm iawn hefyd ger cylch Gorsedd y Beirdd. Yno y gwisgwyd Cledwyn Hughes â'r Wisg Wen, ynghyd â nifer eraill o'r un brid – pobl fel John Morris A.S., Tudor Watkins A.S., Emlyn Hooson A.S., Dr. Idris Jones (dyn y Bwrdd Glo a'r Bwrdd Nwy), Wyn Roberts (Syr Wyn yn ddiweddarach), a Syr Elwyn Jones, y Twrnai Gwladol, oll yn wladgar, yn bwysig, yn rhodresgar, ac yn dra diwylliedig, os nad Beirdd mohonynt. Daeth y cyfan i ben yn daclus a di-stŵr dan y Maen Llog, a Chledwyn yn cael ei groesawu i ramant godidog y Cylch fel 'Cymro twymgalon sydd yn Ysgrifennydd Gwladol ymroddedig dros Gymru', fel y'i disgrifiwyd fis ynghynt. [YF, 21 Gorffennaf 1966] 'Braint, braint...' cenais innau yn niflastod fy mhedair wal.

Cymerodd Cymdeithas yr Iaith mai gwir oedd honiad y teleffonydd anhysbys mai'r *FWA* oedd tu ôl i'r bygythiad ffôl yma. Meddai llefarydd ar ei rhan: 'Ni ddymunwn mewn unrhyw fodd gael ein cysylltu â'r aelod honedig o Fyddin Rhyddid Cymru a anfonodd y bygythiad hwn – cymdeithas ddi-drais yw ein cymdeithas ni.' Beth bynnag oedd y gwir, bu'n fodd i newid holl gynlluniau'r Gymdeithas am weddill y diwrnod. Credai Neil ap Siencyn ac eraill i'r digwyddiad, ynghyd â natur 'ddigllon' protestio'r diwrnod, fod yn ddigon o esgus i rai beidio â phrotestio o gwbl am weddill y mis!

Fore dydd Iau yr Eisteddfod, galwyd yr aelodau ynghyd i gyfarfod a gynhelid ar y Maes o flaen pabell y Swyddfa Gymreig i drafod y protestio oedd i ddigwydd yn ystod y dydd. Berwai'r pair bellach, a daeth dros 300 ynghyd. Roedd un grŵp niferus wedi penderfynu picedu'r babell hon am ddwyawr, ac eisoes wedi bod yn difwyno rhan o'r arddangosfa y tu mewn, gan ysgrifennu sloganau fel 'Cledwyn Hughes: Bradwr y Flwyddyn' yno â chraeon coch. [WM, 5 Awst 1966]

Teimlwyd yn syth fod y bygythiad gwirion i saethu Cledwyn Hughes wedi effeithio ar holl natur ac ymarferoldeb y brotest, a rhaid fyddai ailgynllunio ar fyrder. Ni allai fod llawer o hwyliau ar Gadeirydd y Gymdeithas, Emyr Llywelyn, er iddo annerch y dorf â thanbeidrwydd mawr, nac ar aelodau'r Pwyllgor chwaith, gan ei bod yn gwbl amlwg fod un ffŵl wedi llwyddo, ag un alwad ffôn, 'i danseilio holl fwriadau Cymdeithas yr Iaith y diwrnod hwnnw. Cymdeithas heddychlon ydym ni a bwriadwn aros felly. Os oes aelod o'r *FWA* yma heddiw, nid ydym ei angen. Nid ydym yn dymuno gweld Byddin Rhyddid Cymru na'i lifrai.' A phwy, mewn gwirionedd, allai weld bai ar Emyr am eu cystwyo? Mae'n bur amlwg fod yr alwad ffôn fygythiol, a'r ffaith fod rhai o aelodau'r *FWA* fel petaent yn dechrau ymwthio i brotestiadau'r Gymdeithas, wedi cythruddo'r arweinyddiaeth, yn enwedig y Cadeirydd. Roedd yn ddigon hirben i weld peryglon enbyd sefyllfa o'r fath, ac yn ôl pob golwg cynhaliwyd cyfarfod brys o'r Pwyllgor ar faes yr Eisteddfod lle penderfynwyd, hyd y deallaf, i geisio nacáu aelodaeth i aelodau'r *FWA*. Beth ddaeth o hynny, ni cheir, hyd y gwn, gofnod swyddogol yn unman.

Rhywbryd ar ôl Eisteddfod Aberafan, anfonodd Emyr lythyr pur gynhyrfus (diddyddiad ysywaeth) at Gareth Miles sydd, er tegwch, efallai'n egluro rhywfaint ar ymddygiad ffyrnig rhai o aelodau'r Pwyllgor yn ddiweddarach. Ei fwriad oedd cyflwyno'r cynnig canlynol yn y Pwyllgor:

> Fod y Gymdeithas yn unol â phenderfyniad y Pwyllgor...
> ac yn unol â pholisi di-drais y Gymdeithas, yn gwahardd
> aelodau o *FWA* rhag ymaelodi yn y Gymdeithas a rhag
> cymryd rhan yn ein protestiadau, a'n bod yn gwneud hyn yn
> hysbys i'r Wasg... Cysylltwyd Cymdeithas yr Iaith Gymraeg
> wedi'r cwrdd [ai cyfeiriad at gyfarfod protest fore dydd Iau'r
> Eisteddfod yw hwn?] â *FWA* – dyma ddechrau peth all ddod
> yn gyffredin – a dyna ddechrau diwedd Cymdeithas yr Iaith
> Gymraeg. Hefyd rhaid stopio y bechgyn yma cyn iddyn nhw
> niweidio aelod o'r cyhoedd – nid wedyn – wedi i aelod o'r
> *FWA* wthio potel doredig i wyneb aelod o'r cyhoedd bydd
> yn rhy hwyr. Rwyf yn mynd i ymddiswyddo o'r Pwyllgor ac
> o'r Gymdeithas os na phasir yr uchod. [Emyr Llywelyn at
> Gareth Miles, diddyddiad]

Mewn cromfachau, dywed Gwilym Tudur hyn: 'Ar ddiwedd y flwyddyn cyhoeddodd y Gymdeithas ei bod yn datgysylltu ei hun oddi wrth unrhyw weithgaredd o eiddo'r *FWA*.' [WTC, t. 41] Mewn cyfarfod o'r Pwyllgor Canolog a gynhaliwyd 27 Tachwedd 1966, penderfynwyd fel a ganlyn. 'Mynegwyd pryder mawr ynglŷn ag ymdrechion diweddar i gysylltu'r Gymdeithas â'r *FWA*. Penderfynwyd datgan unwaith yn rhagor nad oes dim cysylltiad o gwbl yn bod rhwng y Gymdeithas a'r *FWA*.' [CPC, 27 Tachwedd 1966; llythyr Robat Gruffudd yn YC, 1 Rhagfyr 1966]

Cymhelliad lled wahanol oedd i gondemniad Emrys Roberts, Cadeirydd Cyngor yr Eisteddfod, o unrhyw fwriad i brotestio, heddychlon neu beidio. 'Os yw protest yn difetha mwynhad eisteddfodwyr yn gyffredinol, rydym dan orfod i'w rhwystro.' Aeth rhagddo'n chwyrn i gondemnio'r bygythiad i saethu'r Ysgrifennydd Gwladol a'i oblygiadau.

Fel mae'n digwydd, roedd Emyr i ymddangos ger bron mainc ynadon Aberystwyth y bore hwnnw am fod heb dreth car, ond ni fwriadai fod yno gan na chafodd ei wysio yn Gymraeg. Rhoddodd bygythiad yr *FWA* stop ar y brotest ddistaw oedd i'w chynnal yn ystod anerchiad Cledwyn Hughes fel Llywydd y Dydd, oherwydd clowyd pob drws gyda'r heddlu'n gwarchod pob mynedfa, gyda degau eraill ohonynt oddi fewn i'r Pafiliwn. Rhyngddynt byddent oll yn gaer gadarn o amgylch yr Ysgrifennydd Gwladol. Yn wir, trwy gydol y perfformiad, eisteddai'r Prif Gwnstabl ei hun yn un o seddau'r beirniaid, mewn man breintiedig.

Protestio Eisteddfodol

Yn y cyfamser bu rhai o aelodau'r Gymdeithas yn hel enwau ar ddeiseb frys a ystyriai 'fod carcharu Geraint Jones yn weithred hollol anghyfiawn ac anfoesol a'i fod yng ngharchar am fod yn Gymro Cymraeg cydwybodol, ac oblegid hynny galwn am ei ryddhau'. Torrwyd dros 800 o enwau arni a'i hanfon i'r Swyddfa Gymreig yng Nghaerdydd drannoeth, ynghyd â chopi'r un i'r ddau Aelod Seneddol, Gwynfor Evans a Goronwy Roberts. Clywais enwi'n ddiweddarach nifer o Gymry 'gwladgar', amlwg, a wrthododd lofnodi'r ddeiseb hon ar faes yr Eisteddfod.

Mae'n amlwg bod Cledwyn Hughes wedi neidio ar y cyfle i geisio ennill cydymdeimlad a chefnogaeth 'y Cymry pur i'w pau' trwy eu hannog i warchod yr iaith a'r Eisteddfod. Unodd yn yr ysbryd hefyd â John Morris i geisio asio'r Cymry Cymraeg a'r di-Gymraeg i fod yn un genedl heddychlon. Nod anrhydeddus arall, wrth gwrs, oedd rhoi peltan i genedlaetholwyr Cymreig. Traddododd ei anerchiad fel Llywydd y Dydd, yn syth ar ôl cinio, i gynulleidfa o ryw 4-5000 (y mwyafrif ohonynt yno, nid i wrando ar Cledwyn,

ond i fachu sedd ar gyfer y Cadeirio oedd i ddilyn) a llond
gwlad o blismyn. Roedd y gwarchod yn ddwys yn ystod yr
anerchiad.

[Y mae] yr Eisteddfod yn Ŵyl i bob Cymro ym mhob man
– ac nid i'r Cymry Cymraeg yn unig... ofnaf weithiau i'r
gagendor rhwng y Cymry Cymraeg a'r Cymry di-Gymraeg
fynd yn rhy fawr i'w gau, a thrwy hynny ddinistrio'r genedl.
Y mae angen mawr am ddealltwriaeth a goddefgarwch. Y
mae'n rhaid i ni, y Cymry Cymraeg, ennill cydymdeimlad y
rhai di-Gymraeg. Wnawn ni mo hynny wrth wthio'r rheol
Gymraeg i lawr eu gyddfau, ond trwy ddehongli ei hystyr
iddynt... Yr ydym fel Cymry yn rhai da iawn am brotestio.
Does dim o'i le yn hynny os yw'r brotest yn un adeiladol.
Ond gadewch i ni chwilio am ffyrdd ymarferol i hybu achos
sy'n annwyl inni. [YC, 11 Awst 1966]

Anerchiad wadin a ffadin, disylwedd ac arwynebol,
diogel, ffuantus a llawn ystrydebau. Arhosodd yn y Pafiliwn
i fwynhau seremoni cadeirio Dic Jones. Eisteddodd yno'n
gollwng ochneidiau o lawenydd ei fod yn dal yn ddifwled, a
chafodd wên gysurlawn gan y Twrnai Cyffredinol a eisteddai
nid nepell oddi wrtho. [EP, 5 Awst 1966] Ei stop nesaf oedd
pabell *TWW* lle ceid cyfweliad â'r bardd cadeiriol, pabell oedd
rhyw ddau can llath o'r Pafiliwn. Crynhodd ei warchodwyr
ato'n astalch amddiffynnol cadarn

Yn disgwyl Cledwyn wrth ddrws cefn y Pafiliwn roedd un
o aelodau eiddgar Pwyllgor Cymdeithas yr Iaith, Gwyneth
Wiliam, a garcharwyd lai na deufis ynghynt. Ei chwestiwn
cyntaf iddo oedd, 'A wnewch chi ryddhau Geraint Jones?'

Fe'i hanwybyddwyd yn llwyr. Gofynnodd hithau eilwaith,
gan godi rhyw fymryn ar ei llais, 'Mr. Hughes, a allwch chi
ddweud wrthyf pam na allwch ei ryddhau?' Meddai Cledwyn:
'Nid oes gan wleidydd yr hawl i ymyrryd â'r gyfraith, ac fel
athrawes, dylech wybod hynny.' Aeth Gwyneth rhagddi i ofyn
cwestiwn arall, ond torrodd Cledwyn ar ei thraws. 'Dyna fy

ngair olaf â chwi.' A chyda'i osgordd warcheidiol, ymaith ag ef ar frys am babell *TWW*.

Erbyn hyn roedd ugeiniau lawer wedi cyrraedd yr ymdaro. Fu 'rioed y fath floeddio, gyda'r dyrfa fawr bellach yn peri cryn drafferth i'r Ysgrifennydd Gwladol. Clywyd y gair 'Bradwr' yn ei amryfal beuau yn atseinio ar draws y Maes gyda sloganau o bob math yn cael eu dangos dan drwyn y gŵr a erlidid, a'r orymdaith yn cynyddu pob llath yn ei niferoedd a'i sŵn. Erbyn iddynt gyrraedd pabell grand *TWW*, roedd y dyrfa danllyd bellach yn rhifo'n gannoedd lawer – '*many hundreds.*' [EP, 5 Awst 1966] Yn herfeiddiol, tynnwyd baner las y cwmni teledu i lawr i hanner-mast. A thra bu'r Ysgrifennydd Gwladol yno, mwy na thebyg yn cribo i lawes Rhisiart Brifardd a chyfryngis, bu'r dyrfa fawr hithau y tu allan yn bloeddio ac yn canu bob yn ail, a hynny'n ddi-daw. Ysgydwyd Cledwyn i'w sodlau, a thra bu i mewn yn y babell hon bu wyth o blismyn yn gwarchod ei mynedfa.

Ymhen rhyw hanner awr ymddangosodd Cledwyn drachefn, ac fe'i herlidiwyd unwaith yn rhagor gan y cannoedd. Cafodd yr un driniaeth lafar â chynt, yr holl ffordd i Swyddfa'r Eisteddfod, yng nghwmni ditectyddion cuchiog, lle cafodd ei ddandwn a'i warchod gan gynffonwyr a swyddogion Eisteddfodol.

Dyna pryd y penderfynodd y protestwyr fod Ysgrifennydd Gwladol Cymru erbyn hynny wedi cael y neges, er nad oedd cynnwys y neges honno yn mennu fawr arno. Gŵr pengaled oedd Cledwyn Hughes, pengaled fel mul. Fesul tipyn, gwasgarodd y dyrfa, ac aeth pawb i'w ffordd ei hun i geisio mwynhau rhywfaint o ddiwylliant wedi'r storom.

Bu rhai ohonynt yn siarad â gwŷr y Wasg, gan ychwanegu ambell i beth at gynnwys adroddiadau aneisteddfodol y rheini. Doedd yr un ohonynt wedi gweld dim byd o'r fath erioed o'r blaen ar faes Eisteddfod Genedlaethol Cymru. Yn wir, hon oedd protest dorfol (a thra swnllyd hefyd) gyntaf erioed Cymdeithas yr Iaith ar y Maes. Roedd y cyfan yn ddychryn braidd i'r llywodraeth Lafur yn Llundain, a chyfeddyf hyd yn oed sgeptig mawr gohebwyr Cymru, Gwilym Owen, fod hyn oll yn 'embaras i Wilson... fod ei Ysgrifennydd Gwladol yng Nghymru wedi cael ei erlid ar draws maes Eisteddfod Aberafan yn 1966.' [Gwilym Owen, *Crych dros dro*, *Cyfres y Cewri 27*, tt. 116-7]

Cwbl wahanol ei natur a'i safon i anerchiad Cledwyn Hughes oedd y llythyr a ysgrifennwyd ac a gyflwynwyd iddo ar faes yr Eisteddfod gan Emyr Llywelyn, hynny ar ran Cymdeithas yr Iaith. Dyma ail ran y llythyr hwnnw sy'n tynnu ei sylw 'at anghyfiawnderau amlwg y gellwch eu dileu ar unwaith':

1. Rhan o'r rheswm y carcharwyd Mr. Geraint Jones y ddwy waith oedd na dderbyniodd wŷs yn Gymraeg. Credai ynadon Abertawe na fyddai'r cyfryw wŷs yn gyfreithlon. Atgoffwn chwi fod gwysiau Cymraeg wedi eu cyhoeddi gan nifer o feinciau ynadon ers rhai blynyddoedd. Gellwch ddatgan ar unwaith nad oes rhwystr cyfreithiol rhag cyhoeddi gwysiau Cymraeg.
2. Gellwch ryddhau Mr. Geraint Jones o garchar Abertawe, trwy dalu'r ddirwy a osodwyd arno.
3. Gallwch drefnu tynnu'n ôl y cyhuddiadau cyffelyb yn erbyn aelodau eraill o'r Gymdeithas...
Yr eiddoch ar ran y Pwyllgor,
Emyr Ll. Jones

Wedi hynt a helynt Maes yr Eisteddfod, cafodd gohebydd un papur newydd air gan Cledwyn Hughes. 'Nid yw'r bobl hyn ond cyfran fechan na all edrych yn wrthrychol ar bethau. Ni phryderais rhyw lawer ynglŷn â'u hymddygiad.' [WM, 5 Awst 1966] Tybed?

Y nos Iau honno roedd Cledwyn a'i wraig mewn digwyddiad cymdeithasol preifat yn yr Afan Lido gerllaw, ac roedd fanno eto'n drybola o blismyn yn symud nôl a blaen o fewn y gwahanol weithgareddau a gynhelid yno. Gwelwyd rhai o swyddogion yr Eisteddfod yno hefyd. Yno y buon nhw tan yr adeg i'r Ysgrifennydd a'i briod noswylio tua deg o'r gloch, y ddau wedi chwysu chwartiau a blino'n lân – ond yn dal yn un darn. 'Noson gynnar heno, 'rhen Jean.'

'Unwaith Eto 'Nghymru annwyl'

Trannoeth y drin, dydd Gwener, 5 Awst, cododd Cledwyn a Jean Hughes yn blygeiniol a chyrraedd yn gynnar i'r Eisteddfod. Eu bwriad oedd mwynhau anerchiad Llywydd y Dydd, John Morris, yr Aelod Seneddol (Llafur) lleol, ac wedyn y seremoni flynyddol o groesawu'r Cymry ar Wasgar. Eisteddai'r gynulleidfa joli o seithmil a hanner yn ddisgwylgar; llenwai'r Pafiliwn Mawr i'w ymylon. Croesawyd y Cymry ar Wasgar. Bellach roedd y seddau, a osodwyd yn rhesi taclus ar y llwyfan, yn llawn o ddychweledigion blynyddol y *diaspora* Cymreig, a'r awyrgylch yn llawn gobaith y byddai mynd mawr ar y dagrau, ac ar ganu 'Unwaith Eto 'Nghymru Annwyl'.

Rhyw awr neu ddwy ynghynt, roedd Menna Dafydd, merch bengoch glên, ddwy ar hugain oed, o Landaf, aelod bybyr o Gymdeithas yr Iaith ac un o brotestwyr Pont Trefechan, newydd fod yn talu pumswllt am aelodaeth o Gymdeithas y Cymry ar Wasgar, trwy ddweud celwydd mai Cymraes alltud o Seland Newydd ydoedd, un Menna Paynter. Bwriadau cudd oedd ganddi, bwriadau protest feiddgar. Yn ôl papur myfyrwyr Coleg Aberystwyth, mynd fel jôc oedd ei bwriad cyntaf. 'Ond yna sylweddolodd gymaint o sylw y medrai ei dynnu at garchariad' ymgyrchydd iaith. [LL, 5 Hydref 1966] Fe'i derbyniwyd yn llawen i gorlan glyd y defaid crwydrol, a chafodd fathodyn a roddai'r hawl iddi gael sedd ar lwyfan yr helfa fawr a dynnai ddagrau anneirif o lygaid miloedd hygoelus y Pafiliwn a'r teledu. Yn gwmni iddi, roedd ei modryb, Carmen Paynter, alltudreg ddilys o Auckland, Seland Newydd, a wyddai am gynllun beiddgar ei nith.

Cynrychiolid 19 o wledydd ar y llwyfan, a phan alwyd, yn eu tro, ar gynrychiolwyr Seland Newydd i sefyll, cafodd y gynulleidfa sioc ddiangof wrth sylweddoli fod cyw gog yn y nyth, a hynny ar ffurf merch 'dwyllodrus' o'n prifddinas. Yn fuan gwelwyd pam ei bod hi yno. Rhoddodd Menna ysgytwad anfarwol i'r seithmil, ac i filoedd ar y teledu. Agorodd boster mawr hôm-mêd, a'i ddal yn uchel uwch ei phen fel y gallai pawb (a Chledwyn) ei weld a'i ddarllen – 'Rhyddhewch Geraint Jones'. Ugain mlynedd a rhagor yn ddiweddarach, gallai Menna gofio'r achlysur fel petai ddoe:

> Teimlais rhyw gyffro'n cerdded trwy'r Pafiliwn, ond ymlaen yr aeth y garafán. Deng munud yn ddiweddarach ar y Maes, cefais ymateb hollol wahanol. Mynegwyd diddordeb, cefnogaeth, a gwrthwynebiad hefyd. Do, fe roddais i bwt o gyhoeddusrwydd pellach i'r ymgyrch, ond roedd yn rhaid i eraill ymgyrchu dipyn yn galetach cyn ennill y frwydr arbennig honno. [WTC, t. 44]

Cafodd protest 'wahanol' Menna, bendith arni, sylw enfawr yn y wasg ledled Cymru a thu hwnt, heb sôn am gael ei darlledu'n fyw i'r miloedd ar radio a theledu. Disgrifiwyd Menna, yn lled ddirmygus, gan y gwahanol bapurau Saesneg fel *'Gate-Crasher'* a *'False Exile'*, ond gan y Cymry call a thwymgalon, yn hyfryd briodol, fel 'Arwres', a chennyf innau fel 'Buddug ein hoes'.

Y Cymro

Bu cefnogaeth *Y Cymro*, rhaid cyfaddef, yn wahanol iawn i'w arfer. Bu ymwneud y papur â digwyddiadau Eisteddfod Aberafan yn ddirgelwch llwyr. Wyddoch chi mai'r unig sôn am yr helyntion yn Eisteddfod Aberafan oedd un llythyr digon diniwed am 'Ffurflen dros dro' oddi wrth Anwen Wiliam, [4 Awst 1966] cynnwys anerchiad Cledwyn Hughes, [11 Awst 1966] a llun hapus odiaeth o Sali Davies gyda Neil ap Siencyn. [ibid.]

A beth am y carchariadau cyntaf? Rhoddwyd

cyhoeddusrwydd eithriadol o fanwl a chefnogol i'm carchariad i yn Ebrill 1966 a'r holl brotestio a fu. Yr un modd yn achos Gwyneth Wiliam ym Mehefin. Ond rŵan, yn Awst 1966, ni cheir sôn o gwbl am fy ail garchariad, ac yn arbennig y protestiadau yn yr Eisteddfod, gan gynnwys hanes rhyfeddol Menna Dafydd â'i phoster. Mae'n anodd gwybod beth oedd y rheswm am y fath fudandod.

Erbyn rhifyn olaf mis Awst daeth *Y Cymro*, o'r diwedd, at ei goed. Diflannodd y swildod. Cyhoeddwyd llythyr ysgubol gan Gareth Miles yn y rhifyn hwn oedd yn crybwyll y carchariadau a fu, ond llythyr oedd, yn bennaf, yn ymosod ar wladgarwch honedig Goronwy Roberts, A.S. Synnai Gareth

> fod gŵr a ymffrostiai gymaint yn ei Gymreictod yn medru parhau i wasanaethu'n ddirwgnach mewn llywodraeth a ddengys cyn lleied o wir serch at y Gymraeg â'r llywodraeth bresennol, er gwaethaf ei haddewidion gwych. A pham na roir pen ar yr erlyn a'r carcharu a'r sarhau sy'n dod i ran pobl... y dyddiau hyn, dim ond am iddynt feiddio sefyll dros eu hawliau sylfaenol fel Cymry Cymraeg? Daeth y Blaid Lafur i rym yng Nghymru pan ddaeth hi, oherwydd mai hi, ar y pryd, oedd plaid y gorthrymedig. Heddiw, rhai o aelodau blaenaf y blaid hon yw prif orthrymwyr y Cymry. [YC, 25 Awst 1966]

Dirgelion

Ar gyfer y dydd Gwener hwnnw, 5 Awst, roedd y Gymdeithas wedi trefnu protest y tu allan i furiau carchar Abertawe, protest gyffelyb i'r un gafwyd yno fis Mai. Yn ogystal gwnaed trefniadau i ddarlledu trwy'r dydd o Abertawe ar y radio anghyfreithlon yn mynegi gwrthwynebiad llwyr i garchariadau'r gorffennol, y presennol a'r dyfodol yn enw'r iaith Gymraeg. Roedd y gweithgareddau yma'n cynnig eu hunain yn berffaith ar gyfer wythnos yr Eisteddfod, gan fod Abertawe mor agos i Aberafan, ac yn arbennig gan fod cannoedd wedi mynychu digwyddiadau'r diwrnod blaenorol.

303

Ond cafwyd siom enbyd. Canslwyd y brotest o flaen y carchar a hynny am reswm cwbl afresymol, os nad afreal. Yn ôl un adroddiad yn y Wasg cafwyd datganiad, nid gan Swyddog Cyhoeddusrwydd y Gymdeithas, Gareth Miles, ond gan Swyddogion (dienw) y Gymdeithas, yn hysbysu fod y brotest wedi ei chanslo, a hynny am y rheswm anhygoel fod protest dydd Iau wedi bod mor effeithiol! Dyma'r geiriad:

> Officials of the Welsh Language Society said yesterday that they felt their previous day's demonstration at the Eisteddfod had been so effective that they had decided to call off a planned demonstration outside Swansea Prison today for the release of their secretary... [WM, 6 Awst 1966]

Onid rheswm da **DROS** ei chynnal fyddai 'llwyddiant' honedig unrhyw brotest arall? Yr un modd yn union gyda'r darllediad anghyfreithlon. Ac onid oes awgrym fod rhywbeth o'i le pan ddwedir fod amryw o'r aelodau (*'several members'*) yn bwriadu bod yn achosion Gwyneth a Neil ym Mhontypridd ar 10 Awst. Awgryma'r gair *'several'* mai rhai ohonynt yn unig, nid pawb, fyddai yno. Yn wir, felly y bu.

Cofiwn fod y Pwyllgor Canolog ar 24 Gorffennaf wedi penderfynu cynnal protest fawr ar strydoedd Caerdydd, ac yn y Swyddfa Gymreig, ar ddydd Gwener,19 Awst. Fe'i canslwyd. Ebe'r *Western Mail* eto:*'Officials would not disclose details of this.'* Dyna beth rhyfedd, ac yn atgoffa rhywun o ethos y tair blynedd cyntaf yn hanes y Gymdeithas. A phwy oedd yr *'officials'* hyn tybed? Nid oedd Neil ap Siencyn yn un ohonynt yn sicr, oherwydd fe aeth o i lawr i'r brotest yn y brifddinas a chanfod nad oedd yr un copa walltog arall yno. Bu raid iddo yrru'n wyllt 150 milltir o'r gogledd, ac yna dychwelyd drachefn yn syth er mwyn bod mewn priodas ym Mhrestatyn drannoeth, 20 Awst, priodas Gwilym Tudur a Megan Davies. Roedd hi'n amlwg fod Neil druan yn gynddeiriog gyda'r fath anghwrteisi o beidio â'i hysbysu fod y brotest hon hefyd wedi ei chanslo. A pham y'i canslwyd tybed? Cafwyd pennawd bras iawn yn y We*stern Mail* fore dydd Sadwrn 20 Awst: *'All alone at a mass protest,'* a llun o'r protestiwr penisel, yr unig un oedd yno.

Nid oedd Neil, Trysorydd Cymdeithas yr Iaith, yn rhan o'r penderfyniad i ganslo, a doedd neb arall o'r swyddogion wedi trafferthu dweud wrtho am y penderfyniad! Cafodd y *Western Mail* wybod yn ddiweddarach fod y brotest wedi ei chanslo oherwydd rheitiach ym marn rhywun neu rywrai o swyddogion y Gymdeithas – yr un hen gân ddiog, a gwaeth – oedd anfon dirprwyaeth i gael sgwrs â Chledwyn Hughes yng Nghaerdydd. A ddigwyddodd hynny p'un bynnag? Ymddengys mai celwydd haerllug ydoedd. Ni allaf ganfod unrhyw dystiolaeth i neb fod yn ei weld.

Ynglŷn â'r modd y cafodd Neil ei drin, cafwyd yr hen esgus ffyddlon gan *'a spokesman for the Society'* bod cylchlythyru wedi digwydd, *'but somewhere there must have been a mix-up...'* [WM, 20 Awst 1966] A chofier, wedi'r cyfan, mai Neil, nid y *spokesman*, fyddai yn y carchar y mis dilynol. Roedd Neil i'r diwedd un yn grediniol fod y *'mix-up'* honedig yma yn un hollol fwriadol – i'w erbyn. Ymddengys fod pawb wedi penderfynu ymguddio tu ôl i'r teitl *'spokesman'*, a bodloni i weld cyhoeddi llun Neil yn gyff gwawd i Gymru gyfan, heb sôn am fethu â gweld rheswm o fath yn y byd dros ganslo'r brotest. Af i ddim ar ôl fy nheimladau personol i, tu ôl i ddrws carchar, am y fath gastiau mul dirmygus a chreulon.

Ceisiodd y Gymdeithas gadw wyneb o ryw fath am ei methiant cywilyddus trwy ddarlledu 'protest' ar radio anghyfreithlon yn Abertawe ar y nos Fercher ddilynol, 24 Awst. Darllediad byr o chwarter awr ydoedd yn syth ar ôl i raglenni *BBC TV* orffen yn hwyr yn y nos. Daeth carfan o Bwyllgor y Gymdeithas ynghyd ar aelwyd 'gyfrinachol' yn Abertawe a darlledu'r 'brotest' hon yn ddwyieithog. Faint o bobl a'i clywodd, tybed? Llond het, beryg, os hynny. A gynhaliwyd y cyfryw brotest mewn gwirionedd? [WM, 25 Awst 1966]

Yn ddiweddar (2024) holais Dafydd Iwan, yr Ysgrifennydd dros dro ar y pryd, ynglŷn â'r protestiadau pwysig a arfaethwyd ond a ganslwyd. Yn rhyfedd iawn, ni all gofio unrhyw beth amdanyn nhw na chynnig atebion. Nid ydyw ychwaith yn cofio am unrhyw ddarllediad anghyfreithlon o Abertawe. Felly – dyna ni. Caead ar biser.

Bob Davies a'i fedalau

Yn ystod wythnos olaf fy ngharchariad cafwyd protest bur annisgwyl ac anghyffredin, ac aberthol hefyd, gan ŵr 58 oed o Lanberis oedd yn dad i wyth o blant. Hwn oedd Robert (Bob) Rowland Davies, brodor o Gwm-y-glo yn Arfon, cyn-ringyll yn y Gwarchodlu Cymreig, ac a enillodd bum medal anrhydedd yn ystod ei yrfa filwrol, sef Medal Heddlu Palesteina, Medal Gwasanaeth Cyffredinol (1939-45), Medal Amddiffyn (1939-45), Seren yr Eidal a Seren Affrica.

Yr hyn a wnaeth oedd eu dychwelyd i Balas Bycingham i'w trosglwyddo i'r Weinyddiaeth Amddiffyn, 'mewn protest yn erbyn carchariad un o aelodau Cymdeithas yr Iaith'. Gŵr bregus ei iechyd oedd Bob Davies, a dewisodd y ffordd hon o brotestio am mai 'hon oedd yr unig ffordd y medrwn ddangos fy ochr. Doedd gen i ddim arian i'w cynnig i hyrwyddo'r achos.' [YC, 29 Medi 1966] Roedd ei weithred loyw yn un hynod o fawrfrydig, a dywedodd y byddai'n gwneud yr un peth drachefn i gefnogi safiad Neil pe medrai. Dyma un gŵr cyffredin, bregus a thlawd, oedd yn fodlon aberthu ei drysorau personol er mwyn achos yr iaith Gymraeg – gwers i amryw.

Gwilym R.

Rhoir y gair olaf yma i ffyddlon olygydd hen bapur radical a chenedlaetholgar *Y Faner*, Gwilym R. Jones (1903-93), oedd â'i galon ar ei lawes, a'i gydwybod yn llefaru mor ddiffuant ar dudalennau'i erthyglau golygyddol, gydag adleisiau amlwg yma o areithiau Emyr Llywelyn ym mhrotestiadau'r ddau garchariad cyntaf yn Abertawe a Phontypridd:

> Cydwybodau Euog. Y mae carchariad dyn ifanc... am ei fod yn meiddio sefyll dros rywbeth a ddylai fod yn annwyl iawn i bawb ohonom ni'r Cymry Cymraeg – ein hiaith – yn gollfarn arnom ni y mae ein traed yn rhydd.
>
> Y mae'n gollfarn arnom am nad ydym yn ein dydd a'n cenhedlaeth wedi ymorol am statws teilwng i iaith ein tadau yng ngwlad ein tadau ac am ein bod wedi derbyn uchafiaeth swyddogol yr iaith Saesneg yn ddi-gwestiwn, neu, o leiaf, heb symud yn drefnus a phenderfynol i ddileu'r anghyfiawnder.
>
> Y mae'n gollfarn arnom am nad ydym ninnau hefyd yn sefyll yr un mor ddigymrodedd – hyd at ddioddef – dros ein hiaith. [YF, 25 Awst 1966]

Roedd safiad Gwilym R. a'i *Faner* bob amser yn ddigymrodedd. Diolch amdano.

307

PENNOD 27

Hywel ap Dafydd

BU'N ORCHWYL A NODD iawn canfod tystiolaeth am achosion a charchariadau Hywel ap Dafydd. Er fod gennyf nifer o achosion fy hun roeddwn, fel Ysgrifennydd Cymdeithas yr Iaith, yn awyddus dros ben i hyrwyddo pob achos bach a mawr, a rhoi'r cyhoeddusrwydd mwyaf iddynt os oedd modd. Eto i gyd roedd Hywel yn gyndyn o roi gwybod am ei achosion. Saif un peth yn amlwg am y brwydrau iaith hyn. Os nad oedd cyhoeddusrwydd iddynt, doedd yna fawr o werth eu cyflawni.

Roedd achos llys Hywel yng Nghaerfyrddin ynglŷn â gwrthod cofrestru genedigaeth ei fab yn enghraifft o hyn. Yr hyn a wnaeth Hywel oedd ceisio cefnogaeth John Davies, un nad oedd yn or-barod ei gefnogaeth i achosion llys; hynny, yn hytrach na cheisio cefnogaeth y Gymdeithas yn genedlaethol. Teimlid fod yma ymdrech i gadw'r achos braidd yn breifat. Ymddangosai nad oedd y wybodaeth am yr achosion yn cael dod yn gyhoeddus. Teimlwyd hefyd fod yma achos o rywun fel petai'n dewis dilyn ei gydwybod trwy beidio â thalu'r ddirwy er ei bod yn amlwg nad oedd ei amgylchiadau'n caniatáu iddo wneud hynny. Deallai pawb ohonom sefyllfa ffermwr bychan, cyfyng iawn ei adnoddau ariannol, ac a oedd hefyd yn dad a phriod.

Gwladfa Gymraeg

Gŵr i'w edmygu oedd Hywel ap Dafydd. Roedd wedi gweithio'n galed, a mentro'n arw, i wireddu'i weledigaeth wreiddiol o sefydlu 'gwladfa Gymraeg' yng nghalon y Fro Gymraeg. Dyma fachgen o waelodion Cwm Rhondda ddiwydiannol aeth yn was ffarm i Fryneglwys yn hen gwmwd Iâl am gyfnod paratoawl cymharol fyr, ei unig brofiad hyd y gwn o fyd amaeth.

Pan oeddwn fyfyriwr cofiaf fod yn ei briodas ag Almut – Almaenes – yng nghapel yr Undodiaid, Bwlch-y-fadfa ger Talgarreg yn ne Ceredigion. Ac yn y pentref hwnnw, oedd gyda'r Cymreiciaf bryd hynny, y sefydlwyd y fenter arloesol, yn wir, unigryw, a daeth Cynog a Llinos Dafis yn bartneriaid â Hywel ac Almut, gyda'r Dafisiaid yn byw yng Nghrug-yr-eryr Uchaf a'r ap Dafyddiaid ym Mhledrog gerllaw. Cystal â dim yw'r disgrifiad a gafwyd ym mhapur misol Plaid Cymru o amcanion yr antur:

> Beth wyt ti fyfyriwr doeth am ei wneud ar ôl cael dy radd anrhydeddus…? Nid llawer ohonom mae'n siŵr sydd am wisgo clogs a chrys gwlanen i weithio yn y dom a'r stecs ar fferm yng nghefn gwlad Cymru. Ond dyna wna dau gyn-fyfyriwr o Aber. Dau fyfyriwr anghyffredin meddech chi. Ie siŵr, a fferm anghyffredin hefyd.
>
> Eu hamcan yw ceisio sefydlu gwladfa Gymraeg. Pryderant oherwydd i gefn gwlad Cymru gael ei disbyddu'n llwyr o'i doniau gan y Gyfundrefn Addysg a'r diweithdra. Gwyddom yn dda hefyd fel y mae llawer o'r bobl ieuanc heddiw yn casáu bro eu mebyd; mae'r lle yn farw iddynt, ac ni wyddant ddim am ei hanes a'i thraddodiadau. Cred y ddau lanc y gellir, trwy fod yn esiampl, gael y bobl ifainc i barchu'r gymdeithas y codwyd hwy ynddi.
>
> *Pwrpas y wladfa yw helpu gosod sail dadeni cenedl y Cymry, trwy greu uned gymdeithasol drwyadl Gymraeg ym mhob agwedd o'i bywyd, ac felly ddylanwadu'n gryf ar y gymdogaeth a'r wlad yn gyffredinol.* [DG, Gorffennaf 1963;

ceir erthygl faith a dyfnach gan Cynog Dafis yn RH, rhifyn 5, Haf 1963]

Roedd gan Hywel ei gylchgrawn ei hun a gyhoeddid yn achlysurol, ar y dechrau'n fisol, ond wedyn yn llai aml, a hynny o 47 Berw Road, Tonypandy, Y Rhondda, ac yn ddiweddarach yn enw'r Wladfa yn Nhalgarreg. Ei enw oedd *Rhyddid*, ac fe'i disgrifid fel Cylchgrawn Cenedlaethol gyda'i arwyddair 'Cymru-Cenedl-Cydweithrediad', a'i bris yn dair hen geiniog. Hywel, bryd hynny, a sgwennai'r rhan fwyaf o'r cylchgrawn. fel y dengys y rhifyn cyntaf ym Mehefin 1961. Wrth gwrs, bu Hywel a Chynog yn ddau o bileri'r achos yn hanes cynnar y Gymdeithas. Mewn gwirionedd, daeth *Rhyddid*, a'r *Crochan* (Coleg Aberystwyth), ac i raddau llai, *Cymru ein Gwlad* (Cynwyd) i bob pwrpas yn gylchgronau answyddogol Cymdeithas yr Iaith Gymraeg ym mlynyddoedd ei babandod.

Cafodd un erthygl ardderchog ynddo ddylanwad mawr ar rai ohonom. Gwaith Gareth Miles oedd hi, ac fe'i gwelwyd yn Rhifyn 4, Gwanwyn 1962, pan geid sŵn ym mrig y morwydd, a sôn am sefydlu mudiad iaith milwriaethus (a ddaeth i fod ym Mhontarddulais o fewn ychydig wythnosau). Teitl yr erthygl arbennig hon oedd 'Tir, Iaith a Hunan Lywodraeth'. Tryweryn yw prif destun y llith, a methiant trychinebus Plaid Cymru i amddiffyn y cwm a'i gymdeithas Gymraeg. Rhoddwyd cig ar asgwrn teimladau'r cyfnod ymhlith nifer ohonom. Mae'n werth i gynulleidfa ein Cymru swrth ni ddarllen paragraff ola'r erthygl a chael rhyw fymryn o flas teimladau cenedlaetholwyr mil naw chwe dau, adeg sefydlu Cymdeithas yr Iaith Gymraeg:

Mae'n fywyd braf arnom ni'r dosbarth canol Cymreig; mae'n braf arnom ni yn ein colegau a'n hysgolion, yn ein capeli ac yn stiwdios ein cwmnïoedd teledu. Ac anwyled y bywyd hwn i ni, anwylach o lawer na'r diwylliant a'r iaith y dywedwn ein bod yn poeni cymaint o'u plegid. Cydnabyddwn hynny a pheidiwn â'n gresynu dagreuol oherwydd 'materoliaeth' y werin a'i difrawder ynglŷn â'r pethe. Peidiwn chwaith â'i meiddio galw'n 'ddi-asgwrn-cefn' ac yn llwfr. Nid amgen ninnau. Esiampl yn unig a enilla'r dydd. Pan fyddwn ni sy'n honni caru Cymru wedi aberthu trosti – ein henw da, ein rhyddid, ie, ein bywydau os bydd gofyn, yna fe'n credir. Ac os nad eiddom y cyfryw gariad a'r cyfryw lewder, yna, mae tynged ein gwlad wedi ei selio eisoes. [RH, Gwanwyn 1962]

Yr achosion

Bu Hywel ap Dafydd ger bron ynadon mewn o leiaf bedwar lle gwahanol, gyda'r cyntaf yng Nghaerfyrddin ym mis Mawrth 1965 am wrthod cofrestru genedigaeth ei faban cyntafanedig, Iwan. Gwrthod gwysion a ffurflenni treth car Saesneg fu asgwrn y gynnen yn y tri achos arall, a hynny ym 1966.

Y cyntaf o'r rhain oedd yn llys ynadon Aberaeron ym Mehefin 1966. Gwrthododd dderbyn gwŷs Saesneg ac fe'i dychwelodd at glarc yr ustusiaid. Yn wir, derbyniodd wŷs Gymraeg, ond ni chafodd ffurflenni cais am dreth car yn Gymraeg o unman. 'Ges i'n reporto am barco a threth, a ces i dair punt, a mis i dalu, yn Aberaeron dydd Llun dwetha (cwbl Gymraeg) a bydda i mlaen yn Llandysul dydd Llun nesa.' [Hywel ap Dafydd at Gareth Miles, tua chanol Mehefin 1966] Daeth ger bron y llys am wrthod talu'r ddirwy a osodwyd arno, a pharhau i wrthod. Roedd cadeirydd y fainc yn stowt ac meddai: 'Mae'r llys wedi eich helpu gymaint ag y gallai', a rhoi dedfryd annynol o bythefnos o garchar yn Abertawe iddo. [DG, Tachwedd 1967]

Ychydig o sylw a gafodd yr achos a doeddwn innau, fel Ysgrifennydd y Gymdeithas, ddim yn cael unrhyw wybodaeth am yr hyn oedd yn digwydd, ddim hyd yn oed fod achos yn cael ei gynnal! Rhyfedd yn wir. Petawn i'n gwybod am yr achos a'r dyfarniad, byddai protest gyhoeddus wedi ei chynnal yn sicr, yn y llys ac wedyn. Faint dreuliodd Hywel

311

yn y carchar, wn i ddim. Os cofiaf yn iawn, talodd rhywun ei ddirwy.

Ymddangosodd yn llys ynadon Llandysul fis Gorffennaf 1966 i ateb i'r cyhuddiad o beidio â thalu dirwy o £6. Unwaith eto, beth a ddigwyddodd wedyn, wn i ddim.

Yna, bu ger bron mainc ynadon Defynnog yn Sir Frycheiniog ar y 12fed o Awst 1966. Cafodd amser annifyr yno. [WM, 13 Awst 1966] Hynny am wrthod talu dirwy o £4 a gafodd am fod heb dreth car. Er i Hywel dderbyn gwŷs Gymraeg, pwysleisiodd cadeirydd y fainc, a hynny ag awdurdod a dirmyg ustus, *'English is the language of this court and the fortunes of the Welsh language is not our concern.'* Rhoddwyd saith diwrnod iddo dalu'r £4. Pe na thalai, byddid yn ei garcharu am saith diwrnod.

Mae hynt a helynt yr achosion hyn yn niwlog iawn a rhygnodd rhai ohonynt ymlaen gyda'r dirwyon yn cynyddu. Erbyn canol mis Hydref 1966 cydnabuwyd o'r diwedd nad oedd Hywel, fel gŵr a rhiant, ac fel ffarmwr digon cyfyng ei adnoddau ariannol, mewn sefyllfa i wynebu carchar. Anfonodd Cynog lythyr brys at wahanol bobl yn gofyn am help. 'Mae gan Hywel gyfanswm o £37 yn ei wynebu o ddirwyon am droseddau treth hewl. Dyw e ddim mewn sefyllfa i allu mynd i garchar o gwbl nawr, heb sôn am gyfnod cyfatebol â'r fath swm ag yna, ac felly cynigiais sgrifennu at nifer o ffrindiau yn gofyn am help i glirio'r baich yma... pe bai'n mynd yn fater o *'distress'* gallai golli stoc.' [Cynog Dafis, llythyr, 25 Hydref 1966]

Y gwir amdani oedd fod sefyllfa Hywel erbyn hyn yn bur argyfyngus, gan y byddai carchar am beidio talu £37 yn garchar am o leiaf dri mis, a barnu'n ôl y dirwyon a roddid ar eraill. Ni ddylai Hywel druan fod wedi ei roi ei hun yn y fath gongl yn y lle cyntaf. Beth bynnag, gwn i Cynog dalu'r swm yn syth cyn i fwmbeili neu blismon gyrraedd Pledrog, ac fe gafwyd yr arian wedyn mewn rhoddion gan gyfeillion ac aelodau o'r Pwyllgor Canolog ac eraill, ynghyd â siec o goffrau'r Gymdeithas ei hun. 'Felly mae'r baich wedi ysgafnhau.' [Cynog Dafis at Gareth Miles, diddyddiad]

Cofiaf ddarllen am brotest ynglŷn ag achos Hywel yn cael ei chynnal yn ardal Llanbedr Pont Steffan, a hynny ar 14 Medi 1966. Mewn adroddiad yn *Y Cymro* y clywodd Ysgrifennydd y Gymdeithas amdani am y tro cyntaf. A doedd yna ond tri mis ers yr holl halibalŵ a godwyd gan yr union 'brotestwyr' ynglŷn â rhai ohonom yn trefnu protest gyhoeddus genedlaethol adeg carcharu Gwyneth Wiliam! A beth am y brotest honno ganol Medi 1966?

RADIO'R IAITH. Neithiwr, nos Fercher, [14 Medi] gwnaed ymgais i wneud darllediad protest anghyfreithlon gan aelodau o Gymdeithas yr Iaith Gymraeg ar BBC Cymru. Gwnaed y darllediad i brotestio yn erbyn carchariad Hywel ap Dafydd, amaethwr yn ardal Talgarreg, 'am ei fod yn awyddus i gael trwydded cerbyd Gymraeg yn ôl Mr. Cynog Davies, sy'n aelod o Gymdeithas yr Iaith Gymraeg.'

Deallwyd mai rhywle yng nghyffiniau Llanbedr Pont Steffan y ceisiwyd gwneud y darllediad. Ceisiwyd apelio ar Gymry Cymraeg Sir Aberteifi i gefnogi'r Gymdeithas yn y frwydr dros roi statws swyddogol i'r Gymraeg. 'Pan dderbyniwch ffurflen Saesneg, uniaith, danfonwch hi'n ôl a'r gair CYMRAEG ar ei thraws', oedd yr anogaeth.
[YC, 15 Medi 1966]

Carcharu Neil ap Siencyn

ERBYN MISOEDD OLAF 1965 roedd y tri aelod o Gangen Blaenau Morgannwg o Gymdeithas yr Iaith Gymraeg, Neil ap Siencyn, Gwyneth Wiliam a minnau, yn gyrru moduron di-dreth a di-ddisg. Cafwyd adroddiad llawn o'r amgylchiad yn y Wasg, sef fod treth car Mr. Neil ap Siencyn (28), athro yn Ysgol Gynradd Merthyr Vale, wedi dod i ben ddiwedd mis Medi, a'i fod yn gwrthod adnewyddu'r dreth honno oni bai ei fod yn cael ffurflenni cais yn Gymraeg neu'n ddwyieithog. Roedd Neil eisoes wedi hysbysu Prif Gwnstabl Bwrdeistref Merthyr, T.K. Griffiths, fod ei gar 'ar yr hewl ac yn ddi-dreth', ond y byddai'n talu ei ddyledion unwaith y câi ffurflen gais Gymraeg. Roedd eisoes wedi cael ei stopio gan yr heddlu ddwywaith (30 Hydref 1965), ond hyd yma heb dderbyn gŵys. Fe'i rhybuddiwyd y gallai wynebu dirwy o £50 neu chwe mis o garchar. [WM, 30 Hydref 1965]

Mae'n werth nodi bod Neil, pan dalodd y dreth car yn Chwefror 1965, wedi teipio'r Gymraeg gyda'r cwestiynau Saesneg ar y ffurflen gais. Derbyniwyd hynny gan yr Awdurdod. Bûm yn dadlau â Neil nad hyn oedd y peth cywir i'w wneud. Dyletswydd yr awdurdodau a'r wladwriaeth oedd rhoi statws swyddogol i'r iaith, nid ni fel gwirfoddolwyr ufudd. Cytunodd Neil, a bellach nid oedd yn fodlon ailadrodd y broses honno gan nad oedd hynny'n rhoi statws swyddogol o unrhyw fath i'r Gymraeg.

Rhywbryd yn ystod Mawrth 1965, ar ran Cangen Blaenau Morgannwg, cymerais yr hyfdra o anfon cylchlythyr at rai cannoedd o bobl 'gwladgar' ledled Cymru yn eu gwahodd i ymuno â'r frwydr. Rhannodd Gwyneth, Neil a minnau draul y cludiant.

> ... Sgrifennaf atoch chwi am fy mod yn credu eich bod chwi
> o ddifrif ynghylch brwydr yr iaith... ac am y gwn y byddwch
> yn barod i roi cefnogaeth ymarferol i'r ymgyrch bwysig
> hon... Bydd Jim Griffiths a Gron Roberts yn cael gwybod fod
> yr ymgyrch ar droed... po fwyaf fydd yn barod i ymuno yn yr
> ymgyrch, gorau oll; fe fydd buddugoliaeth yn sicrach...
> [Geraint Jones, cylchlythyr, Mawrth 1965]

Torcalonnus iawn fu'r ymateb i'r llythyr – yn cynnwys aelodau Cymdeithas yr Iaith! Ond dal ati oedd raid.

Diwedd y gân, wrth gwrs, oedd y wŷs Saesneg anorfod a ddaeth i Neil ar 19 Tachwedd 1965, yn ei orchymyn i ymddangos ger bron llys ynadon Merthyr Tudful ar 30 Tachwedd ar ddau gyhuddiad o fod heb dreth car. Dychwelodd y wŷs Saesneg gan hawlio un Gymraeg, ac ychwanegu 'y disgwyliai y gwrandewid yr achos yn Gymraeg'. [YC, 2 Rhagfyr 1965] Ar y pryd roedd saith o'r pymtheg ynad ym Merthyr yn gallu siarad Cymraeg. A choeliwch chi byth – cafodd wŷs Gymraeg ynghyd â llythyr Cymraeg oddi wrth Glyn Williams, y dirprwy glarc, yn dweud wrtho fod dyddiad yr achos llys wedi ei symud i 7 Rhagfyr 1965, gan 'na fedrai'r ynadon dwyieithog sydd ar y Fainc fod yn bresennol ar y diwrnod hwnnw' ddiwedd Tachwedd.

Roedd hi'n hen bryd bellach ei dweud hi fel y dylid yn y Wasg, a dechreuodd Neil y dwrdio roedd mor hyfedr arno. 'Mae'n beth gwaradwyddus i erlyn Cymro am y rheswm syml ei fod yn gofyn am ffurflen yn ei iaith ei hun – neu un ddwyieithog. Yn y llys bwriadaf bledio'n ddieuog.' [ibid.] Roeddwn innau, fel Ysgrifennydd Cymdeithas yr Iaith, eisoes wedi cysylltu â'r Wasg i'w hysbysu ein bod fel Cymdeithas wedi ysgrifennu at Ysgrifennydd a Gweinidog Gwladol Cymru, ynglŷn â mater trethu ceir yn Gymraeg, ond nad oeddem wedi derbyn unrhyw ymateb. Ychwanegais nad oedd gan y gwleidyddion hyn a'u tebyg unrhyw ddiddordeb mewn hybu a gwarchod yr iaith. [WM, 20 Tachwedd 1965]

Yr achos

Pan ymddangosodd Neil o flaen yr ynadon ym Merthyr ar 7 Rhagfyr 1965, ni chafodd wrandawiad teg o gwbl. Daliai fod ganddo, dan ddarpariaethau Deddf Llysoedd Cymru, 1942, yr hawl i siarad Cymraeg, gan yr ystyriai ei hun dan anfantais pan ddefnyddid Saesneg. Deallai Saesneg. Ond 'ei iaith naturiol arferol oedd y Gymraeg'. [YC, 16 Rhagfyr 1965] Er i gadeirydd y Fainc siarad â Neil yn Gymraeg fwy nag unwaith yn ystod y gwrandawiad, credai nad oedd y diffynnydd o dan anfantais o'r fath. Pwysleisiodd fod tystiolaeth ddigonol fod Neil yn dysgu trwy gyfrwng y Saesneg yn Ysgol Merthyr Vale am tua thri chwarter yr amser, a hefyd bod yr heddlu'n gallu tystio ei fod droeon wedi siarad yn Saesneg â hwythau a hynny'n hollol ddidrafferth.

Pan aeth Neil ati i'w amddiffyn ei hun yn y llys yn Gymraeg, fe'i hataliwyd! Do, caniatawyd iddo gymryd llw yn Gymraeg, ar Feibl Cymraeg – y fath ras – ond gomeddwyd iddo gyfieithiad Cymraeg o'r cyhuddiadau a thystiolaethau'r plismyn. Ond daliodd Neil ei dir yn gadarn a chwbl ddigymrodedd, gan fynnu siarad Cymraeg, a Chymraeg yn unig, hyd ddiwedd y gwrandawiad. Fodd bynnag, fe anwybyddwyd pob gair a lefarodd gan y cadeirydd a'r llys cwbl bengaled. Roedd yn enghraifft berffaith o ddirmyg a gwrth-Gymreigrwydd llys barn yng Nghymru 1965, ac fel y teflid ein hiaith fel clwt ar domen. Mewn gair, cosbwyd Neil heb wrandawiad o unrhyw fath.

Cododd gohebydd *Y Cymro* gwestiwn pwysig, yn wir, allweddol, yng ngoleuni'r ffaith amlwg nad oedd y Gymraeg yn iaith ddewis cyffredinol dan Ddeddf 1942 yn y llysoedd yng Nghymru. A'r cwestiwn oedd hwn. Pwy, mewn gwirionedd, sydd i benderfynu p'un a yw rhywun dan anfantais oni chaiff siarad Cymraeg? Ai'r cyhuddedig ei hun? Ai cadeirydd y Fainc? Ai'r clarc a'r swyddogion?

Dirwywyd Neil £10. Yn dilyn yr achos, ysgrifennodd Neil at glerc ynadon Merthyr Tudful, W.R. Watkins, yn Gymraeg, yn cwyno am y driniaeth a gafodd, ac i'w hysbysu na fwriadai dalu'r dirwyon. Aeth hwnnw ati i dynnu blewyn arall o drwyn y Cymro anafus trwy ei ateb yn Saesneg, a hyd yn oed dweud pam wrtho. 'Er fy mod yn barod i helpu unrhyw Gymro sydd angen cynorthwy, yn wyneb y dystiolaeth ger bron y llys ddydd Mawrth diwethaf, pan ddywedwyd fod eich ymddiddanion â dau heddwas yn Saesneg, a'ch bod yn dysgu Saesneg a phynciau eraill trwy gyfrwng y Saesneg, ni theimlaf fod y rhwymedigaeth arnaf i ohebu ymhellach â chwi yn Gymraeg. Dylai pob gohebiaeth bellach â fi, gan hynny, fod yn Saesneg.'

Yn ddiweddarach, bu cyhuddiadau eraill yn erbyn Neil ger bron ynadon Merthyr, a chafodd dair dirwy arall o £5 yr un am fod heb dreth car. Ychwanegwyd hefyd ddirwy o £2 am ryw drosedd bitw o gynorthwyo un Glyndwr Watkins, dysgwr dreifio, i beidio ag arddangos platiau-L. Roedd cyfanswm ei 'ddyledion' bellach yn £27.

Nid aeth Neil ar gyfyl y llys y tro hwn, gan ddewis yn hytrach anfon llythyr cadarn at yr ynadon yn eu gwastrodi am wrthod caniatáu defnyddio'r Gymraeg yn y llys. Pwysleisiodd cadeirydd y fainc, C.W. Bridges, fod yr ynadon wedi gwneud popeth yn eu gallu i gynorthwyo 'Jenkins'. Ychwanegodd un cymal diffuant, sef nad oedd y llys yn wrth-Gymreig. Gwn i sicrwydd na chytunai Neil â hynny.

Daeth pethau i fwcwl ar 10 Mai 1966, pan arestiwyd Neil, dan warant, am beidio â thalu'r swm o £27 i'r llys. Ni pharhaodd y gwrandawiad ond am chwarter awr yn unig oherwydd, unwaith yn rhagor, nacawyd yr hawl iddo roi tystiolaeth yn Gymraeg. Rhoddodd y cadeirydd, T.J. Griffiths, orchymyn o'i fainc i Neil siarad yn Saesneg, ond fe'i hatebwyd yn eon ac yn siarp: 'Does gen i mo'r bwriad i yngan gair o Saesneg yn y llys hwn. Cymraeg yw fy iaith gyntaf a rhaid felly i mi ei harddel, a'i harddel hi yn unig.' Disgrifiwyd Neil gan y Prif Arolygydd J. Bryant fel gŵr o gymeriad dilychwin.

Wrth draddodi'r ddedfryd, rhoddodd y cadeirydd bythefnos iddo i dalu, gan ofyn: 'Ydach chi'n deall? Buom yn ceisio'ch helpu bob rhyw ffordd.' Atebodd Neil yn solat: 'Ydwyf, rwy'n deall, ond gallasech fod wedi bod yn fwy o help trwy ddarparu ffurflenni Cymraeg ar fy nghyfer.'

Roeddwn i yng ngharchar ar y pryd a chefais wybod gan Neil i'r ynadon roi dedfryd o fis o garchar (gohiriedig) arno, ond bod ganddo'r hawl i fynd ymlaen yn awr â'i apêl (a ganiatawyd yn Rhagfyr 1965). Dywedodd ei fod am fynd i weld Victor Hampson Jones, ei gyfreithiwr, drannoeth (24 Mai) i geisio'i berswadio i dynnu'r apêl yn ôl. [Neil ap Siencyn at Geraint Jones, 23 Mai 1966] Bûm yn ceisio'i oleuo mai achos o gyfaddawdu fyddai mynd i apêl, ac na ddylid gwneud hynny. Beth bynnag fyddai'r gosb ar y cenedlaetholwr, byddai'n rhaid derbyn a dioddef hynny'n ddi-gŵyn. Credwn fod hynny'n un o hanfodion y dull di-drais. I mi, roedd gormod o debygrwydd rhwng apêl am 'gyfiawnder' ac apêl am 'bardwn'.

Methwyd â stopio'r apêl rhag mynd rhagddi, a daeth ger bron neb llai na'r Arglwydd Hubert Lister Parker, *Baron Parker of Waddington, Lord Chief Justice of England*, a rhoi iddo'i enw a'i deitlau'n llawn, yn y Llys Rhanbarthol. Gwrthod yr apêl wnaeth Parker, a hynny'n swta mewn geiriau cwbl ddigydymdeimlad. Fe'i dyfynnaf yn y Saesneg gwreiddiol:

When one realises that he spends seventy-five per cent of school time teaching general subjects in English, it is not surprising that the magistrates took the view that this was not a genuine assertion of disadvantage. [Regina v. Justices for the Petty Sessional Division of Merthyr Tydfil, ex parte Jenkins. The Times, 10th November 1966, p. 8.]

Roedd y dyfarniad hwn, mewn gwirionedd, yn gwrthddweud geiriau Deddf Llysoedd Cymru 1942: '*... that the Welsh language may be used in any court in Wales by any party or witness* **who considers that he would otherwise be at any disadvantage...**' h.y. '*who considers*' yn yr achos yma'n golygu Neil ei hun. Fo, a neb arall, oedd i benderfynu. Gwyrdrowyd y Ddeddf gan neb llai na'r *Lord Chief Justice* ei hun a ddywedodd, mwy neu lai, mai'r llys sydd i benderfynu.

Fodd bynnag, anfonasid cylchlythyr o'r Swyddfa Gartref yn Whitehall, Llundain, ym 1943, oddi wrth F.A. Newsam, yr Is-Ysgrifennydd Gwladol, at holl glarcod ynadon Cymru (a Mynwy), yn dweud wrthynt mai ystyr y cymal uchod yn Neddf 1942 oedd mai'r sawl oedd yn teimlo'i hun dan anfantais yn gorfod defyddio Saesneg yn y llys oedd i benderfynu, ac nid y llys ei hun na neb arall. Cyfeiria at '*absolute right... and that the Court has no discretion in the matter.*' Anfonwyd y llythyr hwn ar 30 Medi, 1943, a'r Ddeddf yn dal yn ei babandod! Y fath gamwri a wnaeth prif farnwr Lloegr, a llawer o lysoedd Cymru hefyd. A mwyach nid oedd ond talu'r ddirwy, neu fynd i garchar, yn wynebu Neil.

Gwrthododd gydymffurfio â holl orchmynion Saesneg y llysoedd, na thalu'r dirwyon chwaith, a'r diwedd fu iddo gael ei wysio, yn Saesneg, i ymddangos, ar 14 Medi 1966, ger bron mainc ynadon Pontypridd i roi cyfrif am y dyledion oll. Roedd y rhain yn cynnwys y ddirwy ddiweddaraf a osodwyd arno ar 10 Awst ym Mhontypridd.

Gwrthododd y wŷs, a'r diwrnod cyn y llys penodedig fe ddywedwyd wrtho gan yr awdurdodau nad oedd angen iddo ymddangos gan eu bod hwythau'n paratoi gwŷs Gymraeg ar ei gyfer. Wythnos yn ddiweddarach, heb rybudd yn y byd, fe'i restiwyd gan y plismyn ym Merthyr, ei gadw yn swyddfa'r heddlu dros nos, a'i orfodi i ymddangos ger bron Llys Ynadon Pontypridd fore trannoeth. [YF, 29 Medi 1966]

Yn y llys daliodd ei dir â'i ddewrder arferol, a gwrthododd ymateb i'r un gair yn Saesneg. Cafwyd cyfieithydd – o fath – a phrotestiodd Neil, heb oedi, na chafodd ei wysio yn Gymraeg. 'Cymro ydwyf, Cymraeg yw fy mamiaith, a disgwyliaf barch i'r Gymraeg yng nghartref anthem genedlaethol fy ngwlad.' [ibid.] Heb os, roedd dweud pethau o'r fath yn codi gwrychyn yr ynadon, yn arbennig felly'r cadeirydd, Tudor Jeremy. Aeth hwnnw ati'n syth i geisio baglu Neil, er mwyn profi y gallai ddeall Saesneg. Ni wadodd Neil hynny, ond dywedodd yn syml wrth y fainc ei fod yn gallu siarad sawl iaith, ond nad oedd hynny'n ymyrryd o gwbl â'r ffaith mai'r Gymraeg oedd ei iaith gyntaf.

Gogwyddodd y cadeirydd ei ben i gael sgwrs â chlarc y llys. Nid oedd ganddo'r syniad lleiaf sut i ddelio â sefyllfa o'r fath. Doedd ond un ffordd o'r picil. Cododd ei ben, ac yn ymddangosiadol ddidaro, dedfrydodd y cyhuddiedig i ddau fis o garchar.

Ar amrantiad dechreuodd Neil chwifio dyrnaid o bapurau ac annerch y llys, trwy ofyn unwaith yn rhagor pam y gwaherddid gwŷs Gymraeg iddo, a'r awdurdodau bellach wedi cydnabod yr egwyddor honno. Chafodd o fawr o gyfle i ddweud rhagor oherwydd cydiodd un o'r plismyn ynddo a'i hebrwng, yn dal i brotestio, o'r llys.

A dyna pryd y cafwyd protest o'r oriel gyhoeddus, lle roedd nifer o aelodau Cymdeithas yr Iaith yn eistedd. Cododd Gwyneth Morgan ar ei thraed gan weiddi ar y cadeirydd: 'Gadewch iddo siarad, a rhowch iddo hawl gyfiawn Cymro yn ei wlad ei hun.' A chyn i'r plismyn ei llusgo hithau o'r llys, gwaeddodd drachefn: 'Dylai fod arnoch chi ynadon gywilydd arddel yr enw o fod yn Gymry, a chwithau'n gwrthod i'r Cymro hwn ei hawl i'w iaith ei hun yn ei wlad ei hun.' Dan brotest gref, bu'n rhaid i'r criw bychan o aelodau'r Gymdeithas, a gynullwyd yno ar fyr rybudd, adael y llys. Yn y cyfamser, cartiwyd Neil yn ddiymdroi i dreulio'i ddeufis mewn cell.

Protestio

Er 14 Medi 1966, roedd Neil wedi ei gloi yng ngharchar Caerdydd am gyfnod o ddau fis am beidio â thalu £27. Y pnawn Sul yn dilyn y carchariad, 18 Medi, cynhaliwyd cyfarfod o Bwyllgor Canolog Cymdeithas yr Iaith yn Aberystwyth, ac yno, yn bennaf peth, mynnais fod trefnu protest deilwng yng Nghaerdydd yn cael blaenoriaeth ar bopeth arall. Doedd neb o'r aelodau yn gwrthwynebu cynnal protest *per se*, ond gellid synhwyro nad oedd pob aelod yn frwdfrydig.

Roeddwn i a'r mwyafrif, fodd bynnag, yn benderfynol fod hon yn mynd i fod yn brotest fawr, urddasol ac effeithiol, a fyddai'n rhoi neges ddiamwys i'r Swyddfa Gymreig a phobl Cymru bod y frwydr yn parhau, a Chymdeithas yr Iaith yn cerdded ymlaen yn hyderus. Ac er bod Hywel ap Dafydd wedi ei ryddhau ar ôl treulio noson yn unig dan glo, roedd hon yn brotest yn erbyn y carchariad hwnnw hefyd, yn ogystal ag achos pensiwn Sali Davies. I roi digon o amser i wneud y trefniadau angenrheidiol, trefnu bysiau, deisebau a chyhoeddusrwydd, ddigon ymlaen llaw, pennwyd 8 Hydref fel dyddiad yr orymdaith a'r brotest. [YC, 22 Medi 1966]

Bellach, a gwaetha'r modd, fel y cynyddai'r protestiadau a'r carchariadau, roedd y cyhoeddusrwydd yn lleihau yn raddol. Cafwyd gan Dafydd Iwan gân yn nodi'r peth i'r dim.

'*So what?*' medd riportar y BBC,
'dyw aberth ddim yn stori,' medd HTV;
'pan aeth yr un cynta i mewn dros yr iaith,
roedd hynny'n newyddion, 'sdim gwadu'r ffaith.
Ond pan aeth un arall, ac un arall, i'r jêl,
y stori wedyn aeth braidd yn stêl.'

[Dafydd Iwan, *Cant o Ganeuon*, cân rhif 57]

Euthum ati'n ddiymdroi, fel Ysgrifennydd y Gymdeithas, i lunio llythyr i'r Wasg yn condemnio'r driniaeth gafodd Neil. Fe'i lluniwyd fel 'Llythyr Agored at Cledwyn Hughes'. Ynddo cafwyd pedwar pwnc ac un rhybudd.

1. Datgan i'r byd nad oes rwystr cyfreithiol rhag cyhoeddi gwysion Cymraeg.
2. Cyhoeddi ffurflenni cais am dreth ffordd a disgiau treth yn Gymraeg... ac y byddant ar gael dan yr un amodau â'r ffurflenni Saesneg presennol. Y mae eich polisi presennol o ohirio yn un digywilydd o grintachlyd a dweud y lleiaf.
3. Gallwch ryddhau Mr. Neil Jenkins drwy wneud cais arbennig i'r Swyddfa Gartref Seisnig, neu fe allwch dalu'r ddirwy a osodwyd arno.
4. Gallwch drefnu i dynnu'n ôl y cyhuddiadau cyffelyb yn erbyn aelodau eraill o'r Gymdeithas.

Os na sylweddolir y pedwar pwynt uchod cyn diwedd y mis hwn (Medi 1966), fe fydd aelodau Cymdeithas yr Iaith Gymraeg yn gorfod defnyddio dulliau mwy pendant a milwriaethus i sicrhau hawliau elfennol cenedl wâr.

Geraint Jones (Ysgrifennydd) [YF, 29 Medi 1966]

Yn y cyfamser, ddau ddiwrnod yn unig cyn y brotest, cafwyd, yn y Wasg, ddatganiad bwriadol a anelai'n amlwg at dynnu'r gwynt o hwyliau Neil a Chymdeithas yr Iaith. Dyma fo:

Ffurflen Gymraeg ar gael yfory [dydd Gwener, 7 Hydref 1966] Bydd ffurflen Gymraeg ar gyfer gwneud cais am adnewyddu trwydded modur ar gael yn y Swyddfeydd Trethu a'r Llythyrdai yfory. Cyhoeddwyd hyn gan yr Ysgrifennydd Gwladol, y Gwir Anrhydeddus Cledwyn Hughes, a'r Gweinidog Trafnidiaeth, y Gwir Anrhydeddus Barbara Castle, ar ôl ymgynghoriad â'r Postfeistr Cyffredinol... [YC, 6 Hydref 1966]

Neidiodd George Thomas, y Gweinidog Gwladol, i ben y domen i glochdar ei glod i lywodraeth y dydd, gan achub ar y cyfle i bwysleisio nad oherwydd unrhyw bwys gan neb dyn na dynes nac anifail o'r tu allan i gastell y Cochion y cafwyd y fath fanna nefol, ond trwy ras yn unig, gras y duw Llafur. Yr wythnos ddilynol roedd un o golofnwyr *Y Cymro* wedi bachu ar eiriau celwyddog yr hen fraddug anghynnes. Meddai Sbardun, dan ei bennawd 'Pobol Ifanc':

> ... prin y credai neb eiriau George Thomas y dydd o'r blaen pan ddwedai i'r ffurflen drwydded ddwyieithog ddod yn ffaith heb i neb ei phrocio. Pam y bu i'r ffurflen hon ymddangos yn gyntaf ynte, ac nid rhyw ffurflen arall? Na, pan fyddwch chi a minnau (a George Thomas) yn arwyddo'r ffurflen drwydded modur Gymraeg, cofiwn fod oglau llaith Plasau ei mawrhydi arni. [YC, 13 Hydref 1966]

Gwnaeth Gareth Miles ei waith cartref yn syth bin, a chael y llythyr canlynol i'r un rhifyn o'r *Cymro* â'r datganiad, ac wedi hen gael y blaen ar y Siorsyn a'r Sionyn:

> Dyma un o weinidogion Cymreig y Goron, Mr. John Morris... yn taflu dyrnaid o friwsion inni a'i alw'n wledd... Enghraifft nodweddiadol arall o grintachrwydd y Llywodraeth tuag at y Gymraeg yw penderfyniad diweddar y Weinyddiaeth Drafnidiaeth ynglŷn â chyhoeddi ffurflenni treth cerbyd dwyieithog. Ni fydd y ffurflenni hyn ar gael yn llythyrdai Cymru, megis y ffurflenni uniaith Saesneg. Rhaid i'r neb a ddeisyfa ffurflen ddwyieithog wneud cais arbennig amdani i'w swyddfa drethu leol.

Yn yr un llythyr pwysleisiai Gareth, a hynny'n gwbl deg a chywir, na all pawb fynd i lys a charchar, 'Mae llawer o Gymry a hoffai wneud yr un safiad â Neil Jenkins, Geraint Jones a Hywel ap Dafydd, ond sy'n methu oherwydd llyffetheiriau swydd, dyletswyddau teuluol a chyfrifoldebau cyffelyb.

Hyderwn y dônt hwy'n llu i Gaerdydd ar yr 8fed o Hydref, i ddangos eu cydymdeimlad llwyr ag achos y gwŷr ieuainc hyn.' Gareth Miles (Swyddog Cyhoeddusrwydd Cymdeithas yr Iaith Gymraeg).

Protest fawr Caerdydd

Y bwriad yng Nghaerdydd oedd rhoi tair ffurf i'r brotest – gorymdaith fanerog trwy'r ddinas, cyfarfod ac areithiau ger porth y carchar, a chyfarfod ac areithiau wrth ddrysau'r Swyddfa Gymreig, pryd y cyflwynid deiseb i'r Ysgrifennydd Gwladol neu ei gynrychiolydd.

Rhoddais innau fy neng ewin ar waith i sicrhau y byddai cefnogaeth deilwng i'r brotest, ac nad oedd y carcharor diweddaraf hwn dros y Gymraeg yn dioddef y diffyg cefnogaeth a oedd wedi nodweddu rhai o arweinwyr y Gymdeithas cyhyd. Rhaid fyddai iddi fod yn rali fawr, fyddai'n dangos i'r awdurdodau fod y chwyldro yn cerdded, a bod Cymdeithas yr Iaith o ddifrif ynglŷn â'i chenhadaeth.

Cafwyd un cyhoeddiad arall, eironig braidd, ar ddiwedd y cylchlythyr a anfonais: 'Ar ôl y protestiadau cynhelir cyfarfod cyffredinol y Gymdeithas, pan gaiff materion pwysig eu trafod. Cyhoeddir y man cyfarfod yn ystod y prynhawn.' Cymerodd y gweithgareddau dro annisgwyl yn ystod y pnawn hwnnw, a chyfarfod pur wahanol ei natur o'r Pwyllgor a gynhaliwyd fel diweddglo i'r cyfan.

Llanwodd y myfyrwyr un bws o Fangor, a chafwyd yn ogystal lond Moto Coch (am bunt y pen) yn gadael Maes Caernarfon am 6.30 y bore, gan godi cefnogwyr yn Nhrefor, Pwllheli, Cricieth, Porthmadog a Phenrhyndeudraeth. Mor hyfryd oedd gweld bod rhagor na phum cant o brotestwyr (*'more than 500 language rebels'* yn ôl y *Western Mail*) [WM, 10 Hydref 1966] wedi dod ynghyd o bob cwr o Gymru y Sadwrn hwnnw, a chrynhoi'n orymdaith gref erbyn 2.30 y prynhawn ger yr Orsaf Gyffredinol 'a'r olygfa yn un wir wefreiddiol'. [Moreen Evans, YD, Tachwedd 1966]

A dyna i chi olygfa! Gorymdaith urddasol a hydrefn, gyda'r cawr addfwyn o Fryncir, Rhys ap Rhisiart, ar y blaen, yn cario clamp o faner y Ddraig Goch ar drostan ffyrf, a'r trostan hwnnw'n gadarn a diogel mewn gwain ledr yn sownd wrth ei wregys. Cadfridog o flaen cad. Gwelwyd ugeiniau o faneri a phlacardiau yn dwyn sloganau megis *Neil Carcharor Cledwyn*, *Y Gymraeg o Ddifrif!*, *Gorchfygwn y Cwislingiaid* a *Cyfiawnder Cyfystyr Carchar*.

'Gwyliwr', gohebydd *Barn*, sy'n adrodd yr hanes:

> Gorymdaith dawel, barchus, barchus, a chan fod cymaint o bobl ifainc yno, gorymdaith ddigon tebyg i fartsio plant yr Ysgol Sul i'r te blynyddol. Haid o blismyn i'n gwarchod rhag y traffig, a Chaerdydd yn orlawn o siopwyr pnawn-Sadwrn. Syndod mawr yn llygaid llond bws o siopwyr yn dod mewn o Fryste. Nid oes dim byd fel hyn i'w gael ym Mryste. ['Anadl y Ddraig', B, Tachwedd 1966]

Cyrraedd pyrth y carchar a gadwai Neil yn gaeth, a gwrando ar ddwy araith weddol fer, y naill gan Trefor Morgan a'r llall gennyf innau. 'O flaen y carchar Fictoraidd, du, cawsom ganu gwan ac areithio cryf. Meddwl am y carcharor tu fewn yn ddigon i oeri'r gwaed.' [ibid.] Cyn y cyfarfod anelais am ddrws y carchar a gofyn am gael gweld Neil. Fe'm gwrthodwyd yn gwrtais. [WM, 10 Hydref 1966]

Siôn Daniel lywyddai'r cyfarfod, gyda'r siaradwyr yn sefyll ar gefn trelar a fenthycwyd o rywle, ac yn wynebu pyrth bygythiol y carchar. Fi roddwyd yn gyntaf i annerch. Yr unig beth alla i ei gofio o'm hanerchiad o flaen y carchar yw fy mod wedi ail-ddatgan peth o sylwedd y datganiad a wneuthum rhyw bythefnos ynghynt i bapur newydd:

> Y brotest hon heddiw yw ymateb Cymdeithas yr Iaith Gymraeg i'r ddedfryd farbaraidd o ddau fis o garchar a osodwyd ar Neil Jenkins... am iddo fynnu ffurflen gais Gymraeg... i garchariad Hywel ap Dafydd gan

325

ynadon Aberaeron a Defynnog am wneud yr un safiad,
ac i wrthodiad ystyfnig yr awdurdodau i wneud dim i
amddiffyn Cymry o'r fath rhag erlyniaeth deddfau anfoesol
ac ynadon gwrth-Gymreig... hefyd y ffaith waradwyddus
fod Miss Sali Davies, Llanbedr Pont Steffan, wedi gorfod
mynd heb ei phensiwn am dros flwyddyn, oherwydd
amharodrwydd yr awdurdodau i gyhoeddi'r ffurflenni-
cais priodol yn Gymraeg... er gwaethaf y dwrdio a glywir
o du Gweinidogion Cymreig y Goron a'u cynffonwyr – y
'Cymry da' a'r 'Eisteddfodwyr selog' bondigrybwyll – fe
â Cymdeithas yr Iaith Gymraeg rhagddi'n ddibetrus â'i
rhaglen o ymgyrchoedd a phrotestiadau yn ystod tymhorau'r
hydref a'r gaeaf, gan ddefnyddio pob dull, cyfreithlon ac
anghyfreithlon, sy'n ei harfogaeth. Y brotest [hon] yng
Nghaerdydd, yn erbyn yr anghyfiawnder a wnaed â Neil
Jenkins a Hywel ap Dafydd a Sali Davies, fydd yr ergyd
gyntaf yn y bennod hon o'r frwydr. [YC, 20 Hydref 1966; YF,
20 Hydref 1966]

Yna, i orffen, ychwanegais y dylai aelodau'r Gymdeithas
ddilyn esiampl loyw Neil ap Siencyn, ac ymladd 'hyd eithaf
eu gallu dros yr hyn sydd iawn i Gymru', [WM, 10 Hydref
1966] gan gloi ag un o'm hoff ddyfyniadau: 'Os dihengi di
o'r anawsterau hyn, yr wyt tithau yn sicr o deimlo ymhen
blynyddoedd dy fod ti wedi bradychu dy gyfrifoldeb a'th
enedigaeth fraint.' [Saunders Lewis, *Gwaed yr Uchelwyr*,
1922 (drama)]

Yr ail siaradwr oedd Trefor Morgan, fy nghyflogwr
caredig hyd at ddiwedd Mai 1966 (cefais fy nghyflog yn
llawn tra oeddwn yn y carchar yn Abertawe fis Mai). Bu ef,
a Gwyneth ei wraig, yn gefnogwyr hynod o driw i holl waith
Cymdeithas yr Iaith, heb sôn am fod yn goleg gwleidyddol
gwych i gynifer ohonom. Nid heb reswm y gelwais innau fy
mab yn Morgan bum mlynedd yn ddiweddarach.

Yn ei farn ef nid protest oedd yng Nghaerdydd, ond
dathliad o fethiant Deddf Uno 1536, meddai. Ar amrantiad

clywyd bloedd 'A-men' yn drybowndian ar furiau'r carchar yn nyfnlais cludydd y lluman, Rhys ap Rhisiart. Gwenodd Trefor, a nodio'i ben, gan ailadrodd y gosodiad. 'Roedd Cymru wedi bod o dan reolaeth estron am bedwar can mlynedd, ac eto heb golli ei hiaith na'i thraddodiadau. Ni fyddai inni lwyddiant o ddwyieithogrwydd. Cymraeg fel iaith swyddogol, ac unig iaith Cymru, oedd y nod i anelu ato. Fe gymerodd Israel fel enghraifft o genedl yn ailgodi o'r llwch, fel petai, gan bwysleisio mai nid iaith unrhyw Goncwerwr a gymerwyd fel iaith swyddogol yn y fan honno, ond hen iaith y genedl ei hun – Hebraeg.' [Moreen Evans, D, Tachwedd 1966]

Siaradodd Trefor yn gryf yn erbyn dwyieithogrwydd, rhywbeth oedd yn dân ar groen gymaint ohonom. 'Nid llywodraeth lle goddefir yr iaith ochr yn ochr â iaith arall a fynnwn, eithr llywodraeth wir Gymreig, lle bydd ein hiaith yn swyddogol ac yn sefyll yn unig ar y blaen. Cyfaddawd yw sefyllfa ddwyieithog, ac arwydd fod pobl yn ofni sefyll ar eu traed eu hunain.' [YC, 13 Hydref 1966]

Canwyd yr Anthem Genedlaethol, er i rywun ei tharo mewn c'weirnod rhy isel, ac ailffurfiwyd y rhengoedd yn daclus ar gyfer y daith fer a'n dygai at ail gyfarfod y brotest.

Ar risiau'r Swyddfa Gymreig

Gorymdaith sydêt, a sobr... o'r Carchar i'r Swyddfa Gymreig yn y *Crown Buildings*. Grisiau mawr yn arwain i fyny at y drysau pres. Feniau gleision yr heddlu ym mhob cornel o'r sgwâr, a rhes o blismyn yn chwysu yng ngwres haul y pnawn yn gwarchod y drws, a phawb o gwmpas yn meddwl eu bod wedi protestio'n llwyddiannus o barchus. Ar ôl tipyn o areithio, a siarad hoenus a sionc, dyma ymgais i estyn petisiwn mewn i'r Swyddfa, papurau â phum mil o enwau arnynt, yn protestio yn erbyn y carcharu. ['Anadl y Ddraig', B, Tachwedd 1966]

Deiseb oedd hon yn galw ar yr Ysgrifennydd Gwladol, Cledwyn Hughes, i ryddhau Neil o garchar. Ni ellir honni bod y ddeiseb 'fawr' ei hun yn llwyddiant. Piso dryw bach yn y môr oedd pum mil o enwau; a ph'un bynnag, fi fy hun oedd wedi casglu dros ddwy fil ohonyn nhw. Ar y cyfan, diymadferth a diog iawn fu'r aelodau ynglŷn â hi, a chyndyn iawn i drafferthu hel enwau. Y siom fwyaf unwaith yn rhagor oedd ymateb rhai o aelodau'r Pwyllgor Canolog. Bu'n fatal roial hefo ambell un ohonynt, a go brin y'u dychwelir bellach at Ysgrifennydd Cymdeithas yr Iaith. Gwn, fodd bynnag, lle mae'r dair tudalen felen a anfonwyd at un o gyn-swyddogion y Gymdeithas. Wedi bron i drigain mlynedd, maent yn dal yn wag, ac yn y cyflwr hwnnw y byddant bellach, hyd ddiwedd amser, yn gorwedd ar wastad eu cefnau'n gelain yn un o lu bocseidiau papurau'r gŵr ei hun yng nghrombil y Llyfrgell Genedlaethol yn Aberystwyth. [John Davies, 8/20/c, ch, d]

Emyr Llywelyn, Cadeirydd y Gymdeithas, oedd y cyntaf i siarad oddi ar y grisiau. Pwysleisiodd fod y ffurflenni cais newydd ar gyfer trethu moduron yn israddol a sarhaus oherwydd roeddent ar gael yn y swyddfeydd post trwy ofyn amdanynt yn unig. 'Mae'r Gymdeithas hon yn hawlio statws gyfartal llwyr i'r iaith Gymraeg. Rydych chwithau, Mr Cledwyn Hughes, wedi addo gweithredu argymhellion Adroddiad Hughes Parry, ond heb wneud hynny. Gwyddom beth yw eich bwriad – gohirio a gohirio a gohirio, gyda'r gobaith y bydd y protestwyr yn blino ac wedyn yn ildio.'

Cyflwyniad dramatig o'r ddeiseb oedd y nod i geisio hyrwyddo cyhoeddusrwydd. Ond trodd y cyfan yn fwy 'dramatig' nag a ragwelwyd. Ychydig ddyddiau ynghynt roeddwn wedi sgwennu at Cledwyn Hughes ei hun yn gofyn iddo ein cyfarfod bnawn Sadwrn, 8 Hydref, i dderbyn y ddeiseb. Ni chafwyd ateb oddi wrtho. Cawn y teimlad na fyddai neb yno i'n derbyn. Cerddais i fyny grisiau'r Swyddfa Gymreig, a'r ddeiseb dan fy nghesail, yn bwyllog ac urddasol – er hyrwyddo cyhoeddusrwydd gweledol cymeradwy i'n hachos – gyda Rhys ap Rhisiart yn sefyll hanner y ffordd i fyny'r grisiau gyda'r Ddraig Goch anferth yn cyhwfan yn heriol ar ei pholyn. Curais yn gadarn ar ddrws y lle, ac fel yr oeddwn yn ei ofni, nis agorwyd.

Rhaid oedd ceisio'n daerach, a gelwais ar Rhys i dynnu polyn y ddraig o'r wain, a defnyddio'i fôn i dwlcio'r drws yn ysgafn, gweithred ddramatig ond digon heddychlon. Ond dyna lle gwelodd yr heddlu eu cyfle i ymosod arnom. Rhuthrodd rhyw hanner dwsin neu ragor ohonynt i fyny'r grisiau, gan anelu'n syth at wron y faner a chythru am y polyn. Erbyn hyn roedd rhan fawr o'r dyrfa wedi closio'n nes a daeth rhagor o blismyn i ymuno â'r cythrwfl, gan dynnu gwalltiau, a chicio gwrywod a menywod yn ddiwahân.

Yna gwelwyd dau blismon ffyrnig a rheglyd iawn yn ymgiprys â Rhys, gan geisio dwyn y faner oddi arno. Daliodd yntau ei dir, gan afael yn dynn ym maner ei wlad i'w gwarchod yn ffyddlon, fel y dylai pob gwiw wladgarwr ei wneud. Methodd y ddau blismon ffôl â sylweddoli pa mor gryf yn gorfforol oedd Rhys, a bod ei afael ar y polyn yn gwbl ddiollwng. Roedd dau blismon arall wedi cyrraedd atyn nhw erbyn hyn, ac yn halio'r polyn, os nad hongian arno. Ond daliodd Rhys ei dir yn ddisyfl, ac yna'n sydyn, fel taran o'r cymylau, clywyd clec anferth. Roedd y polyn wedi torri'n ei ganol, o ganlyniad i ffolineb seithug y ddau blismon, ac wedi taro un ohonynt yn ei ben.

Digwyddodd y cyfan mor sydyn. Y peth nesaf a welwyd oedd Rhys a dau arall, Eifion Thomas a John Hywel Thomas yn cael eu hyrddio i lawr y grisiau i'w harestio. Yr hyn a gynddeiriogodd Rhys ac eraill ohonom a welodd dorri'r polyn, oedd gweld y faner ar lawr, ac un o'r plismyn yn ei sathru, ac yn poeri arni, gan regi a chwerthin wrth wneud hynny. Trodd yr heddlu'n giaidd, gan gam-drin y protestwyr hefyd yn ffiaidd, a cheisio malu eu baneri a'u posteri. Roedd eu hymddygiad yn wrthun, a cheisiodd llawer ohonom warchod rhai o'r merched, rhai ohonynt ar lawr, rhag cael eu niweidio. Teyrnasodd trybestod am ennyd, a bu'n rhaid cael chwech o blismyn i gario Rhys i'r Fari Ddu, oedd wedi cyrraedd erbyn hyn. Rhedais innau a dau aelod arall at y Fari Ddu gan brotestio'n groch. Gafaelodd y plismyn yn hegar yn y tri ohonom, a'n lluchio i gefn y cerbyd du. Yno gwelais Rhys, a rhyw olwg ofidus a chlwyfus arno, yn amlwg mewn poen enbyd. Hawliais sylw diymdroi iddo mewn ysbyty. Gwên yn unig a gefais gan yr heddlu digydymdeimlad.

Pan luchiwyd y tri aelod o'r Gymdeithas i'r Fari Ddu ym Mharc Cathays, caeodd un o'r plismyn temprus ddrws cefn y cerbyd gyda chlec, a hynny ar fawd Rhys ap Rhisiart. Rhoddodd Rhys floedd annaearol yn y boen, a chwarddodd yr heddwas. Hyd fedd credai Rhys fod y 'ddamwain' yn gwbl fwriadol, ond roedd hi'n amhosib profi hynny. Erbyn cyrraedd Swyddfa'r Heddlu, sodrwyd y ddau garcharor dianaf, Eifion a John Hywel yn y celloedd, ond gwelwyd fod bawd Rhys yn gwaedu ac wedi chwyddo'n ddrwg, yr asgwrn yn amlwg wedi ei dorri. Aed ag ef, mewn gwayw dybryd, i'r ysbyty, lle cafodd y driniaeth briodol, yn rhyfedd iawn gan feddyg ifanc fu'n gyd-ddisgybl ag ef yn Ysgol Dyffryn Nantlle.

Roeddwn innau, fel 'Trefnydd y Brotest', yn parhau â'm cwyno ond yn cael dim sylw o fath yn y byd. Yna daeth swyddog pwysig atom a'n gorchymyn i'w gwadnu hi'n ein holau at yr 'idiots' eraill oedd ger y Swyddfa Gymreig. 'Bugger off Jones!'

Tra oeddwn i lawr yn Swyddfa'r Heddlu, roedd Emyr wedi cael gafael ar feicroffon, a galw, oddi ar ben y grisiau, ar y dorf i ymdawelu. Ymhen y rhawg, cafwyd gosteg a threfn. Chlywais i mo'i anerchiad byr o gwbl, a'r unig adroddiad a feddaf ohoni yw eiddo'r fyfyrwraig o Fangor, Moreen Evans, yn rhifyn Tachwedd o'r Dyfodol.

Dywedodd fod llawer – rhai yn perthyn i'r Gymdeithas hyd yn oed – heb wybod yn iawn beth oedd hanfodion ei chred, a'i bod yn bwysig iawn i bawb wybod yn union ar ba seiliau y gosodwyd y frwydr. Er mwyn y rheini nad oeddynt yn sicr o'r ffordd iawn i ymddwyn fe gymerodd enghreifftiau – Geraint Jones, Gwyneth Wiliam, Hywel ap Dafydd, Sali Davies... yr oedd y rhain wedi llwyddo i fwrw allan ofn a dysgu aberthu ym mhob cylch o fywyd. Aeth ymlaen i ddweud fod brwydr yr iaith yn cael ei hymladd ar ddwy lefel a bod yn rhaid i bawb wynebu dau fath o elyn – y rhai allanol, megis y Swyddfa Gymreig, y llywodraeth ac awdurdodau lleol; a'r rhai mewnol – y frwydr yn erbyn ofn, rhagrith a chasineb. Nid oedd y Gymdeithas hyd yma wedi peri ofn i'r awdurdodau, a hyd nes y byddai ei gweithgareddau yn dân ar groen pobl ni fyddai yn llwyddo. Hawl naturiol y Cymry oedd cael ffurflen ddwyieithog, a'r Gymraeg uwchben y Saesneg heb ystyried pris na gofyn.

> Un o'r bechgyn a ryddhawyd yn weddol fuan o afael yr heddlu oedd Mr. Geraint Jones, a phan ddychwelodd at y dyrfa o flaen y Swyddfa Gymreig yr oedd y plismyn yn aros yno'n rhes a'r protestwyr yn canu: 'O bydded i'r heniaith barhau'. Dywedodd fod Rhys ap Rhisiart o Gaernarfon, cludydd y faner, wedi gorfod mynd i'r ysbyty am driniaeth i'r llaw a fu'n dal mor ofalus a thyn yn y Ddraig Goch.
>
> [YC, 13 Hydref 1966]

Cyn gwasgaru, roedd yna un newydd da i'w gyflwyno i'r dorf. Roedd Gwyneth Wiliam wedi derbyn y neges oddi wrth Neil mewn llythyr, ond wedi ymatal rhag ei chyhoeddi tan ddiwedd y brotest. [WM, 11 Hydref 1966] Roedd i gael ei ollwng o garchar ymhen chwe diwrnod, sef y dydd Gwener dilynol, 14 Hydref, nid fel ffafr na phardwn, na chwaith fel dymuniad Cledwyn Hughes, ond oherwydd fod yr awdurdodau wedi cymryd yr arian, rhywsut, oddi ar Neil i dalu gweddill y dirwyon, sef £2.3.2. Roedd wedi treulio dros dair wythnos yn y lle. Derbyniwyd y newydd yn aflawen gan y dorf, oherwydd gwyddai pawb oedd yno nad dyna fuasai dymuniad Neil. Pwysleisiais innau nad oedd dimai wedi ei thalu'n wirfoddol gan Neil ei hun. Enillodd hefyd, trwy ymddygiad da, gwtogiad o draean o'r ddedfryd wreiddiol. [WM, 12 Hydref 1966]

Pwyllgor brys

Ni chynhaliwyd y Cyfarfod Cyffredinol arfaethedig wedi'r brotest. Yn ei le, galwyd cyfarfod brys o'r Pwyllgor Canolog am bump o'r gloch yn y fan a'r lle ym Mharc Cathays, Caerdydd. Daeth saith ohonom ynghyd – Emyr Llywelyn (Cadeirydd), Siôn Daniel (cofnodion), Gareth Miles, Gwyneth Wiliam, Robat Gruffudd, Dafydd Iwan a minnau. Dyma gofnod rhif 3: '

> Trafodwyd y gwrthdaro a fu yn ystod y cwrdd rhwng yr heddlu a rhai o aelodau'r Gymdeithas. Penderfynwyd estyn yr egwyddor na ddylai aelodau'r Gymdeithas daro'n ôl os ymosodir arnynt fel a ganlyn: Nid yw aelodau'r Gymdeithas i rwystro'r heddlu yn gorfforol yn eu gwaith os byddant yn arestio aelodau; ac y mae aelodau'r Gymdeithas i ymatal rhag dyfod i wrthdrawiad corfforol â'r heddlu. Yr oedd 4 aelod o'r PC dros y penderfyniad hwn, a 2 yn ei erbyn. [CPC, 8 Hydref 1966]

A olygai hyn fod un o'r aelodau heb bleidleisio? Roedd hi'n amlwg sut roedd pethau'n dechrau cael eu gwyrdroi yn barod, a hynny, beryg, yn fwriadol. Roedd agwedd rhai o aelodau'r pwyllgor yn fileinig. Penderfynais nad oeddwn am aros yn y cyfarfod hwn, gan deimlo fod llawer mwy o reidrwydd arnaf fynd i lawr am Swyddfa'r Heddlu i weld beth oedd hynt a helynt yr aelodau a arestiwyd, a beth oedd y diweddaraf am anaf Rhys. Aeth y pwyllgor rhagddo wedyn, yn ôl y cofnodion, i lunio datganiad i'r Wasg, yn cynnwys y pwyntiau canlynol:

(a)   fod y Gymdeithas yn cydnabod dulliau di-drais yn unig;

(b)   ei bod yn gresynu am y terfysg a fu yn ystod y cwrdd cyhoeddus;

(c)   ei bod hi o'r farn bod yr heddlu wedi gweithredu mewn modd annheg;

(d)   [sic] y byddai'r Gymdeithas yn gofalu fod y 3 aelod a gyhuddwyd yn cael eu hamddiffyn yn addas.

Perai rhan olaf y penderfyniad gryn syndod. Cofnodais mewn ysgrif ugain mlynedd yn ddiweddarach: 'Popeth yn dda. Teyrnasodd gras. Do, ond rhagor amlhaodd y rhagrith arferol.' [Geraint Jones, Y Llywiawdwyr Cynnar, 1987] Ni symudodd y Gymdeithas, yn swyddogol, fodfedd i wireddu'r addewid hwn, yn ariannol nac fel arall. Doedd fawr neb am sefyll yn y bwlch. Ac er bod penderfyniad wedi ei wneud y dylid cynnal protestiadau i mewn yn y llysoedd, cafwyd gwrthwynebiad i wneud hynny yn yr achos yma. Yng ngeiriau swta Cynog Dafis, 'Dim ond gair i ddatgan fy mod yn erbyn cynnal protest yn y llys yng Ngaerdydd ddydd Gwener yn enw Cymdeithas yr Iaith Gymraeg.' [Cynog Dafis at Geraint Jones, 15-19 Hydref 1966]

Ymddengys i'r Pwyllgor, ar ôl i mi ymadael, gyfethol Hywel ap Dafydd yn aelod. [CPC, 8 Hydref 1966, cofnod 3] Cefais wybod am hyn yn ddiweddarach, ac yn unol â'm dyletswydd fel Ysgrifennydd, anfonais air ato i'w hysbysu o hyn a'i wahodd i ddod yn aelod cyfetholedig. Am ryw reswm, ni chydnabu nac ateb fy llythyr, a bu'n rhaid i Gynog, yn y cyfarfod nesaf o'r Pwyllgor [CPC, 22 Hydref 1966, Cofnod 4] gyflwyno'r genadwri bod Hywel yn gwrthod y cynnig. Gallai fod yn ddyn oriog a chroes ar brydiau.

Euthum innau rŵan yn syth draw i Swyddfa'r Heddlu i weld beth oedd hynt a helynt carcharorion yr iaith. 'Mhen hir a hwyr, dychwelwyd â Rhys druan o'r ysbyty. Ar ei ddychweliad i'r rheinws, roedd yn welw iawn ei wedd, ac yn dioddef poen enbyd yn ei fawd. Rhoddwyd ei fraich mewn gwregys. Hawliais yn syth am gael gweld rhywun 'uwch' fel y Prif Arolygydd, ond dwedwyd wrthyf mai nos Sadwrn ydoedd ac nad oedd neb ar gael. Byddai'r tri yn cael eu gollwng dan feichafon i ymddangos yn llys ynadon y ddinas fore dydd Llun, 10 Hydref. Hynny a fu.

Cyhoeddusrwydd cymysg

Cafodd gwŷr y Wasg sgŵp annisgwyl y pnawn Sadwrn hwnnw, ac fe fanteisiwyd ar hynny gydag adroddiadau lliwgar, a braidd yn ddychmygus a charlamus a dweud y lleiaf. Digwyddodd y cyfan mor sydyn rhywsut fel na welodd y rhan fwyaf o'r bobl oedd yno beth, mewn gwirionedd, a ddigwyddodd. Fi, mae'n debyg, oedd yn y man gorau i weld y cwbl, gan fy mod yn sefyll ar ben y grisiau uwchlaw'r cyfan ac yn agos at Rhys â'i faner. Dyma rai o'r disgrifiadau gafwyd yn y Wasg:

> Ac yna, yn gwbl annisgwyl a digyswllt, dyma'r ychydig ymladd yn dechrau. Yr oedd fel petae'n perthyn i ryw brotest arall. Gwaedd a chri, a bloedd o anghymeradwyaeth oddi wrth y dorf enfawr, a'r plismyn wrth y drws yn ymgodymu'n ffyrnig â'r baneri mawr coch-ddreigiog. Darnau o faneri papur, hetiau plismyn a phrotestwyr parchus, mentyll gleision yr heddlu, a gwahanol ddarnau o ddillad, yn hedfan trwy'r awyr. Heddgeidwaid yn raddol yn disgyn y grisiau – eco yn rhywle o risiau Odessa yn y ffilm *Battleship Potemkin* – yn clirio'r dorf, ac yn gwthio un neu ddau o lanciau stranclyd i'r Fari Ddu gerllaw. Mwy o gamerâu'r newyddiadurwyr i'w gweld nag o brotestwyr. Swyddogion Cymdeithas yr Iaith yn bloeddio yn yr hwteri, ac yn cael tawelwch. Anodd credu mai mater o bum munud neu fwy oedd y terfysg, allan o oriau hir o orymdeithio parchus. Dyma oedd *'Rebels Clash with Police'* trannoeth. ['Anadl y Ddraig', B, Tachwedd 1966]

334

A'r pennawd Saesneg dramatig yna wynebai ddarllenwyr y *Western Mail* fore dydd Llun, a'r adroddiad yn agor â'r geiriau eithafol:

> *Police officers fought with members of the Welsh language society outside the Welsh Office in Cardiff at the weekend when more than 500 language rebels found they were unable to hand in a protest petition... As Mr. Jones banged on the locked door the crowds pushed forward. As police tried to drag away one banner-waving youth, angry demonstrators surged around him and scuffled with officers... society members charged police vans demanding the release of the arrested men while Society chairman, Mr. Emyr Llewelyn Jones, made an appeal over a microphone for calm... During the fighting society banners were broken, police coats ripped off, women were knocked to the ground, and attempts were made to stop photographers from taking pictures.* [WM, 10 Hydref 1966]

Nid oedd y *Western Mail* yn or-hoff o Gymdeithas yr Iaith, mae'n rhaid dweud, a gwelwyd hynny yn rhifyn trannoeth o'r papur gyda'r pennawd cwbl gelwyddog '*Man broke pole on PC's head, court told... One of them poked a police constable in the chest with a pole and then hit him on the head with such violence that the pole broke... It took five policemen to put him into a police van. Eifion Thomas then struck a police constable with a pole.*' [WM, 11 Hydref 1966] Rhys ap Rhisiart oedd y '*man*' hwn.

Daw *Y Cymro*, er y pennawd gormodol, yn nes ati rhyw fymryn, ond gwelir ymdrech yma eto i 'greu' newyddion:

> Protest Dawel a Drodd yn Gyflafan: Dechreuodd y plismyn a warchodai'r pyrth droi i wthio'r ymwelwyr oddi ar garreg y drws, rhwygwyd eu baner, ac yr oedd y dorf a fu mor dawel yn llawn cynnwrf. Ac yn sŵn rhegfeydd a bygythion gwelwyd llusgo nifer i fodur du'r Maria a'u cludo ymaith... curwyd wrth y drws hwnnw... eithr ni ddaeth neb at y drws ond

335

plismyn, a rhagor o blismyn. Cydiodd un ohonynt am goes
baner y ddraig goch a'i bwrw dan draed. Roedd sŵn y pren
yn torri fel ergyd o ddryll, ac roedd y terfysg a ganlynodd
yn debycach i fyddin Glyndŵr yn ymosod. Clywais lwon
Cymraeg ym mhob tafodiaith o Sir Fôn i... [YC, 13 Hydref
1966]

Defnyddiodd rhai o aelodau'r Pwyllgor Canolog rai
o adroddiadau blodeuog y Wasg i gyhuddo un 'elfen'
o fewn y Gymdeithas o fod yn eithafol, yn ddireol, ac yn
dreisgar. Pennaf ladmeryddion yr honiadau hyn oedd y
cyn-gadeiryddion Siôn a Chynog. Ail law ac unochrog oedd
y cyfan i Gynog, wrth gwrs, oherwydd doedd o ddim yng
Nghaerdydd y dwthwn hwnnw. Ac ni ellid rhoi'r bai ar Neil
oherwydd ei fod dan glo, a does dim gwobr i neb ddyfalu
pwy, unwaith yn rhagor, ddaeth yn brif gocyn hitio'r ddadl
afreal ac anonest hon.

A phan gafwyd adroddiadau'r Wasg o'r achosion ddygwyd
yn erbyn y tri a arestiwyd, fe'u defnyddiwyd yn helaeth i
bardduo rhai o aelodau'r Pwyllgor Canolog. Hyn oedd
craidd yr hen ddadl dros ac yn erbyn gweithredu torcyfraith,
a lurguniwyd bellach i fod yn ddadl o drais yn erbyn di-
drais, rhywbeth hollol gamarweiniol ond cyfrwys. Ffordd
dwyllodrus o geisio cael Wil druan i'w wely.

Wrth bwyso a mesur y brotest yng Nghaerdydd, a'r
gwahanol ymatebion iddi, credaf mai'r dehongliad cywiraf
o ddigon oedd un y Gwyliwr yn y cylchgrawn misol *Barn*.
Pwy oedd Gwyliwr, tybed?

Protest lwyddiannus neu ofer? Roedd wynebau'r protestwyr
pan welsant hwy'r ddau lencyn yn strancio â'r plismyn,
yn awgrymu mai ofer ydoedd. Roedd ymgais i ennill
cydymdeimlad ac ewyllys da pobl y brifddinas yn cael
ei chwythu i'r pedwar gwynt. Ni all Cymdeithas yr Iaith
ddisgwyl i bawb a phobun brotestio'n agored os oes yna
unrhyw siawns i bethau droi'n boeth a ffyrnig, fel ar Hydref

8fed. Yn wir, i'r gwyliwr, gwnaeth arweinwyr ifainc y Gymdeithas bob ymdrech bosib i gadw pethau'n fwyn a diderfysg. Rhaid cadw'r teirw ifainc mewn cae ar wahân – dyna wnaeth protestwyr y C.N.D. yn llwyddiannus. Gallasai *'Rebels' Clash'* golli ewyllys da o'r math a welwyd ymhlith y llaweroedd o'n prifddinasyddion di-Gymraeg a dderbyniodd bamffledi'r pnawn hwnnw: o leiaf, dyna oedd ofn y gorymdeithwyr.

Ond tybed a oedd mor ofer? Wrth sefyll ar y cyrrau, yr oedd y gwyliwr bron yn teimlo mai'r strancwyr a gododd y brotest i ryw lefel arwrol a thrawiadol. Nid wyf yn credu y byddai'r brotest wedi cael y cyhoeddusrwydd a gafwyd i'r carcharor druan oni bai am y terfysgwyr *amharchus*. Os mai cyhoeddusrwydd oedd yr angen a'r nod, wel, yr oedd cymaint o le i'r terfysgwyr annisgwyl hyn ag oedd i'r gorymdeithio bwriadol o barchus. Ac nid oedd adwaith y Wasg ddi-Gymraeg (Gwasg y mwyafrif) i hyn yn elynol. Wrth inni, orymdeithwyr tawel, parchus, ymrannu ac ymwasgaru, teimlad y Gwyliwr oedd fod lle i'r ddwy brotest. Yr ydym oll yn gytûn fod lle i'r gorymdeithio urddasol – ond tybed nad oes yna le hefyd i lid a dicter cyfiawn y bobl ifainc? ['Anadl y Ddraig', B, Tachwedd 1966]

Achos Caerdydd

Yn ôl adref i Wynedd nos Sadwrn, a'i chychwyn hi drachefn am Gaerdydd a'i llys ynadon cyn codi cŵn Caer fore dydd Llun, 10 Hydref 1966. Hon oedd sefyllfa'r tri gŵr ieuanc.

Cyhuddwyd John Hywel Thomas (25), Caerdydd, o rwystro'r Rhingyll Cedric Freer rhag cyflawni'i ddyletswyddau.

Cyhuddwyd Eifion Thomas (20), Aberystwyth, o ymosod ar yr Heddwas Ronald Lake pan oedd yn cyflawni'i ddyletswyddau.

Cyhuddwyd Rhys ap Rhisiart (22), Caernarfon, o ymosod ar yr Heddwas James Duke pan oedd yn cyflawni'i ddyletswyddau.

Yn erlyn roedd D.A. Roberts Thomas, a ddywedodd mai da o beth fyddai cynnal y tri achos gyda'i gilydd mewn un gwrandawiad. Gofynnodd, felly, am gael gohirio'r cyfan, a chynnal llys arbennig, oherwydd rhagwelai y byddai angen diwrnod cyfan. Yn cynrychioli John Hywel Thomas roedd Ithel Davies, gydag Emyr Currie-Jones yn cynrychioli Eifion a Rhys. Y dyddiad a roddwyd ar gyfer yr achos oedd 21 Hydref 1966, ac fe'u rhyddhawyd ar feichafon o £20. Roedd tua 30 o aelodau'r Gymdeithas yn y llys, ond ni chynhaliwyd unrhyw wrthdystiad am y tro.

Yna, fel Ysgrifennydd Cymdeithas yr Iaith, arweiniais y criw bychan yma a'r tri aelod a gyhuddid, yn orymdaith dawel o'r llys i'r Swyddfa Gymreig nid nepell oddi yno. Roeddwn wedi trefnu i gael swyddog i'n cyfarfod i dderbyn yn swyddogol ddwy ddeiseb, y naill yn ddeiseb o ardal Pontypridd gyda dros 500 o enwau arni, a'r llall yn ddeiseb o dros 5,000 o enwau, sef y ddeiseb yr oeddem wedi gobeithio cael ei chyflwyno ddeuddydd ynghynt, ddiwrnod y brotest fawr. Gelwid ynddynt am ryddhau Neil ap Siencyn o garchar.

Yno'n ein disgwyl roedd Goronwy Daniel, brodor o Ystradgynlais ac un o wŷr mawr y sefydliad Cymreig. Cafodd y swydd o Is-Ysgrifennydd Parhaol pan sefydlwyd y Swyddfa Gymreig ym 1964, ac ym 1969 olynodd Thomas Parry fel Prifathro Coleg Prifysgol Cymru, Aberystwyth. Felly, o fewn deuddydd roedd y Swyddfa Gymreig, o'r diwedd, wedi gweld yn dda i roi rhywun o bwys i'n derbyn, yn ddirprwyaeth o bump.

Atgoffais ef ein bod wedi hysbysu'r Swyddfa Gymreig o'n bwriadau ar gyfer cyflwyno'r ddeiseb bnawn Sadwrn. Cwynais yn ddybryd wrtho am y modd cywilyddus y'n hanwybyddwyd, ac am yr helyntion a achoswyd oherwydd hynny. Gofynnais iddo hefyd ddweud wrth Cledwyn Hughes am ryddhau Neil, a oedd am fynnu defnyddio ei iaith ei hun yn ei wlad ei hun. Addawodd y byddai'n cyflwyno'r deisebau

338

iddo. Ychwanegais cyn ymadael: 'Os na roir i'r iaith Gymraeg y statws a haeddai, yna byddwn yn cymryd camau, fydd hyd yn oed yn fwy milwriaethus, i wireddu ein amcanion.' [WM, 11 Hydref 1966]

Fel y gellid disgwyl, roedd yn rhaid i George Thomas roi ei big i mewn. Meddai, gyda'i hynawsedd arferol, ac yn ei Saesneg coethaf: 'Ni chawsant erioed cystal ffrindiau â'r rhai sydd ganddynt heddiw yn y Swyddfa Gymreig. Mae Mr. Cledwyn Hughes gystal Cymro â'r un ohonyn nhw.' [ibid.]

Ac fel yn hanes pob llythyr a deiseb a anfonid at y Swyddfa Gymreig, syrthiodd y cyfan ar glustiau hollol fyddar. Ond ni allent anwybyddu gweithredoedd.

Y bore Sadwrn dilynol, 15 Hydref 1966, rhyddhawyd Neil o garchar Caerdydd, ac fe'i croesawyd gan rhyw hanner cant o aelodau brwd a gwerthfawrogol y Gymdeithas. Bu dan glo am gyfnod o dros bedair wythnos. [YF, 15 Rhagfyr 1966] Cafwyd datganiad byr ganddo yn cefnogi'r tri aelod fyddai ger bron ynadon y ddinas ymhen chwe niwrnod. Apeliodd ar i bawb ddod yno i roi cefnogaeth foesol i'r tri gwron, Rhys ap Rhisiart, Eifion Thomas a John Hywel Thomas. [WM, 15 Hydref 1966]

Achos y tri yng Nghaerdydd

Er i'r Pwyllgor Canolog benderfynu'n swyddogol ar ddiwrnod y brotest yng Nghaerdydd gefnogi'r tri a gyhuddid, ac ymorol am amddiffyniad 'addas' ar eu cyfer, amheuwn yn fawr a fyddai'n glynu at ei addewid. Caed sail gadarn i'm hamheuaeth, ac felly euthum ati, ar fy liwt bach fy hun, i drefnu ar gyfer y gwrandawiad yng Nghaerdydd ar 21 Hydref.

Y cam cyntaf oedd cylchlythyru holl aelodau'r Gymdeithas, gan ofyn am eu presenoldeb yn y llys i gefnogi'r tri aelod, a hynny oherwydd

... fel y gwyddom, wrth gwrs, mae'r tri yn gwbl ddieuog o'r cyhuddiadau hyn, a'u bod wedi eu cyhuddo ar gam. Y cyfan a wnaethant oedd amddiffyn eu hunain rhag ymosodiadau ciaidd ar ran yr heddlu, ac amddiffyn eraill a oedd ar lawr ac yn cael eu cicio (gan gynnwys merched)... mor bwysig yw i ni oll... ddangos cefnogaeth lawn i wŷr y Gymdeithas. Rhaid rhoi pob cefnogaeth ymarferol i bawb a weithredo er mwyn y Gymraeg. [Geraint Jones, Cylchlythyr at yr holl aelodau, Hydref 1966]

Gofynnais hefyd am enwau rhai fyddai'n fodlon rhoi tystiolaeth yn y llys, 'gan egluro mor giaidd oedd yr heddlu ac i brofi mai hwy, ac nid aelodau C.Y.I.G., a ddechreuodd yr ymladd.' Gofynnwyd hefyd am roddion tuag at y gost o dalu am gyfreithwyr. Gwridaf wrth gofio fel y bu i'r Pwyllgor Canolog, yn gwbl groes i'w haddewid swyddogol, wrthod cyfrannu'r un sentan at y draul. [WTC, t. 41]

Daeth criw da ynghyd i'r achos llys yng Nghaerdydd erbyn hanner awr wedi deg fore Gwener, 21 Hydref 1966, dyddiad a fydd byw byth yng nghof ein cenedl. Nid am yr achos llys hwn, ond am un o drychinebau mwyaf enbydus ein gwlad. Roedd Rhys a minnau wedi ei chychwyn hi'n llawer rhy gynnar ac wedi cyrraedd toc wedi naw. Roeddan ni eisoes wedi trefnu clamp o brotest i mewn yn y llys, gan gofio fod Pwyllgor Canolog y Gymdeithas wedi argymell ein bod i gario'n protestiadau o hyn ymlaen i mewn i'r llysoedd.

Fodd bynnag, rhyw chwarter awr cyn i'r llys agor, daeth y newyddion am y trychineb annaele ym mhentref Aber-fan rhyw awr ynghynt. Syfrdanwyd pawb. Amharodd hyn yn ddirfawr arnom oll gyda'r canlyniad anorfod nad oedd unrhyw awydd ar yr un ohonom i brotestio. Yn wyneb yr hyn a ddigwyddodd yn Aber-fan, roedd ein protest ni bellach yn ymddangos braidd yn ddibwys a diddim, er y gellid dadlau bod yr un gwraidd imperialaidd i'r ddau ddigwyddiad. Digon nodi yma na fu protest y bore hwnnw yn llys ynadon Caerdydd.

Pan agorwyd yr achos roedd hi'n bur amlwg bod rhyw newid wedi digwydd yn agwedd yr erlynwyr. O gofio bod diwrnod cyfan wedi ei neilltuo ar gyfer y gwrandawiad, a phwyslais wedi ei roi ar ddifrifoldeb y cyhuddiadau yn erbyn y tri, sylweddolwyd yn syth bod rhyw lastwreiddio wedi bod yn y cyfamser ar y 'difrifoldeb' hwnnw. O edrych yn ôl, credaf fod trafod wedi bod mewn uchel leoedd ar ddigwyddiadau'r 8fed o Hydref a'r tebygolrwydd y byddai'r frwydr iaith yn cynyddu'n ffrwydrol pe cosbid yn drwm fel yr arfaethwyd. Yn fwy na hynny, ac yn bwysicach, roeddent yn gwybod yn iawn bod eu cyhuddiadau yn ffals.

Ar un wedd, roedd dyfarniadau'r llys yn rhai digon rhyfedd – ac anghyson hefyd. Roedd y tri wedi pledio'n ddieuog. Roeddwn innau wedi tystio ar eu rhan yn y llys, oherwydd fi oedd yn sefyll wrth ochr Rhys ar y grisiau, ac yn union uwchben y ddau arall, pan ymosododd y plismyn.

Gollyngwyd y cyhuddiad yn erbyn John Howell Thomas, a hynny ar sail y dystiolaeth a gyflwynwyd, sef ei fod yn gwbl heddychlon yn ystod yr holl firi, ac na wrthwynebodd mewn unrhyw fodd gael ei arestio, heb sôn am rwystro'r heddlu.

Cafwyd Eifion Thomas, fodd bynnag, yn 'euog', ond nid oedd y fainc am ei gosbi. Yn hytrach fe'i rhyddhawyd yn amodol a'i fod i dalu £5 o gostau.

Cafwyd Rhys ap Rhisiart yntau'n 'euog' hefyd, ac fe'i rhyddhawyd yntau'n ddi-gosb, ond ei fod i dalu £25 o gostau. Roedd yr achos, mewn rhyw ffordd, yn fuddugoliaeth i ni, ac yn rhoi Pwyllgor Canolog y Gymdeithas mewn cyfyng gyngor. [WM, 22 Hydref 1966]

Safiad Rhys ap Rhisiart

Hyd y gwn i, talodd Eifion y bumpunt, ond gwrthod wnaeth Rhys. Nid oedd ganddo'r un bwriad i dalu na dirwy na chostau na dim byd arall, a hynny oherwydd mynnai ei fod yn ddieuog. Dywedodd hynny'n blwmp ac yn blaen wrth y llys pan oedd yn rhoi ei dystiolaeth, yn union fel y dywedais innau wrthynt. Bu cystal â'i air.

Bu Rhys farw ar 24 Ionawr 2024, wedi rhai blynyddoedd o afiechyd blin a chreulon. Gallai ddweud, bron i drigain mlynedd yn ddiweddarach, na thalodd yr un ffadan beni o'r 'ddyled' gyfreithiol hon. Os y'i talwyd o gwbl yn y cyfamser, does wybod pwy wnaeth hynny.

Ar yr un diwrnod, 21 Hydref, roeddwn innau i ymddangos yn llys ynadon Pontardawe, ar y cyhuddiad hwnnw o fod heb dreth car yng Nghwm-gors yn ôl yn Ebrill 1966. Ond fel Ysgrifennydd y Gymdeithas, fy nyletswydd i, heb os, oedd bod gyda'r tri aelod yng Nghaerdydd i achub eu cam ar y diwrnod annisgwyl o brudd hwnnw.

Ar y pryd ym 1966, cadwai Rhys siop sglodion 'Y Deryn Melyn' yn 41 Y Bont Bridd, Caernarfon, mewn partneriaeth â Dafydd Tomos, Pen-y-groes. Roedd bellach yn 'droseddwr' swyddogol â nod 'dyn peryglus' ar ei dalcen, ac yn methu'n lân â chael swydd fyddai'n gweddu i'w alluoedd meddyliol nodedig, a'i gymwysterau fel gwyddonydd. Bellach, nodwyd ar ei record, yn gelwyddog, ei fod yn euog o ymosod yn gorfforol ar heddwas – cloffrwym fyddai'n para am weddill ei oes.

Hwn oedd yr achos cyntaf yn hanes y Gymdeithas o gyhuddo aelod, ar gam, o ymosod ar yr heddlu. Doedd o mo'r tro diwethaf. Aeth y llys yng Nghaerdydd ati i'w blagio a'i fygwth am y £25 oedd ddyledus er 21 Hydref, gyda'r mis a roddwyd iddo i'w talu bellach wedi hen fynd heibio. Anwybyddodd yntau bob cais a bygythiad. Diwedd y gân oedd iddo dderbyn gwŷs Gymraeg i ymddangos ger bron ynadon Caernarfon, ddydd Llun, 23 Ionawr 1967. Erbyn hynny, roeddwn i wedi peidio â bod yn Ysgrifennydd Cymdeithas yr Iaith ac i bob pwrpas yn *persona non grata* gan y rhan fwyaf o aelodau'r Pwyllgor Canolog, serch fy mod yn dal i frwydro'n ddygn dros y Gymraeg.

Fel *small band of supporters* y'n disgrifwyd yn y Wasg

[CDH, 27 Ionawr 1967; WM, 24 Ionawr 1967], ond eto i gyd gwnaeth ein gorymdaith fechan argraff dda ar y bobl oedd yn rhodio hyd y Maes, i lawr at y llys gyferbyn â'r castell yng Nghaernarfon. Hynny, yn bennaf, siŵr o fod, oherwydd Rhys ei hun. Yn dal ac urddasol efo'i locsyn siapus, a chenhinen Bedr fawr yn llabed ei gôt, cariai, unwaith yn rhagor, glamp o Ddraig Goch, y tro hwn ar hanner y polyn a ddarniwyd gan blismon blin yng Nghaerdydd. Fo oedd ar flaen ein byddin heriol o ryw ddwsin, oedd yn cynnwys un ferch. Buom yn parêdio nôl a blaen ger drws ffrynt y llys cyn cerdded i mewn yn daclus a distaw. Gorfu i ni adael y Ddraig Goch yn y cyntedd.

Eisteddodd tri ynad trwm eu hamgyffred ar y fainc dan gadeiryddiaeth yr Athro Huw Morris Jones, a chododd clarc yr ynadon, Emyr Thomas, ar ei draed gan ofyn i Rhys pam nad oedd wedi talu'r £25 erbyn 21 Tachwedd.

Rhys: Am nad wyf yn bwriadu talu. Rydw i wedi deud wrthach chi ganwaith, gyfaill. A ph'un bynnag, roedd dyfarniad y llys yng Nghaerdydd yn anghyfiawn.

Clarc: A ydych yn gweithio ar hyn o bryd?

Rhys: Ydwyf – yn fy sglodfa.

Clarc: Faint o arian rydach chi'n ei ennill?

Rhys: Fy musnes i 'di hynny… mae'n hollol amherthnasol i'r achos.

Yn dilyn ochenaid fechan, rhoddodd cadeirydd y Fainc rŵan ei big i mewn i'r drafodaeth.

Cadeirydd: Does a wnelon ni'r un dim â chyfiawnder neu anghyfiawnder unrhyw ddyfarniad. Y cwbl sy'n berthnasol i ni yma ydi, a oes gennych chi fodd i dalu.

Rhys: Fe'i d'wedaf drachefn, dydw i ddim yn bwriadu talu.

Ar ôl ymgynghori â'i gyd-ynadon a'r clarc, dywedodd y cadeirydd fod yn rhaid i Rhys dalu'r arian o fewn tri mis. Pe na thalai, byddid yn ei garcharu.

Rhys: Dydw i ddim yn bwriadu talu – BYTH BYTHOEDD – AMEN!

Codasom fel un gŵr, troi ein cefnau ar y fainc, a'i 'nelu hi am allan. Cyn diflannu o'u gŵydd, trois innau i wynebu'r ynadon a bloeddio: 'Rhad arnoch chi! Bradwyr ym Mhwllheli! Bradwyr yn fa'ma!' ['Pwllheli' – cyfeiriad at f'achos fy hun ym Mhwllheli cyn y Nadolig]

Cafodd Rhys sgwrs fer â'r Wasg, gan ddatgan yn groyw y byddai'n dal i wrthod talu hyd yn oed pe golygai hynny garchar iddo. Ailgodwyd y Ddraig Goch a gorymdeithiodd y fyddin fechan yn llawn hyder ar draws y Maes, i lawr y Bont Bridd ac i sglodfa'r Deryn Melyn, i fwynhau, mewn llawenydd, gwmni'n gilydd ger bron byrddau wedi'u harlwyo'n hael â chwip o wledd 'datysawl a physawl a physgodawl' chwedl Rhys – a honno'n rhad ac am ddim!

Amryw o Achosion

Gareth Miles

Un o'r rhai cyntaf i ymuno o ddifrif â'r ymgyrch treth car oedd Gareth Miles. Cafodd ei fwcio bedair gwaith yn ystod Mai a Mehefin 1966, un o'r dirwyon (£2.9.2) am fod heb drwydded ar y 7fed o Fai, diwrnod protest Abertawe. Fe'i gwysiwyd, yn Saesneg, i lys Wrecsam ar gyfer y cyntaf o Awst, i ateb y cyhuddiadau i'w erbyn. Gwrthododd gydnabod y wŷs, ac adroddodd yr Arolygydd W.A. Roberts nad oedd wedi ei derbyn o gwbl – yn llythrennol felly – oherwydd pendantrwydd ei wrthodiad.

Fe'i ceryddwyd am ei ffolineb gan Brif Gwnstabl Sir Ddinbych a ddywedodd 'fod gweithrediadau sydd yn cynnwys troseddau o'r gyfraith yn debyg o leihau y swm o gydymdeimlad a allasech ddisgwyl ennill trwy ddefnyddio mesuriadau [sic] mwy cyfansoddiadol.' [Y Prif Gwnstabl at Gareth Miles, 21 Ebrill 1966]

Unig ymateb cadeirydd y fainc, H.J. Bennett, oedd diflastod llwyr. 'Y mae achosion fel hyn wedi bod ger bron y llys hwn o'r blaen.' [YF, 25 Awst 1966] 'Gan... nad oedd yn ei chydnabod [y wŷs] am ei bod yn yr iaith Saesneg' penderfynodd y llys ohirio'r achos tan y 5ed o Fedi. Roedd Gareth, p'un bynnag, erbyn hynny ar ei wyliau rhywle yn Ewrop. [YC, 22 Medi 1966] Ond roedd y gwynt fel petai'n troi o'r dwyrain – 'Deëllir yn awr y bydd Mr. Miles yn derbyn gwŷs Gymraeg a fydd yn gorchymyn iddo ymddangos ger bron y Llys ar Hydref 17.' [ibid.] Rhaid nodi hefyd bod llys Pontypridd yn hawlio £2 na thalwyd yn ddirwy a osodwyd

13 Gorffennaf 1966. [D. Leonard Davies at Gareth Miles, 24 Awst 1966]

Pan ddaeth ei achos ger bron y fainc yn Wrecsam ar 7 Tachwedd, cytunodd yr ynadon i wrando'r achos yn Gymraeg – 'fel gweithred rasol'. [Wrexham Leader; YF, 17 Tachwedd 1966; YC, 10 Tachwedd 1966] Gras? O! y fath beraidd sain! Dilynodd Gareth y drefn arferol trwy bledio'n ddieuog, a datgan yn eglur ei fod yn barod i ddioddef carchar dros yr iaith, a'i fod yn gwrthod talu'r £12 punt a hawlid oddi arno. Fe'i dedfrydwyd i fis o garchar. Aethpwyd ag ef i garchar Amwythig 'ond ni fu yno fawr o dro cyn i neges deleffon ddweud bod rhywun wedi talu ei ddirwy a rhyddhawyd ef.' [YC, 10 Tachwedd 1966] Mor amlwg oedd ei siom a'i rwystredigaeth pan siaradai â'r Wasg yn ddiweddarach.

'Rwy'n deall y bwriad caredig sydd y tu ôl i'r weithred [o dalu] yn iawn, ond teimlaf yn siomedig yr un pryd fod rhywun wedi gweithredu fel hyn. Mae hyn yn tynnu'r colyn o'm safiad i. Does arnaf ddim eisiau mynd i garchar, ond mae'r weithred yma'n tynnu sylw oddi ar ymddygiad mainc ynadon Wrecsam.' [ibid.] Beirniadodd y Fainc yn hallt am eu gwrth-Gymreigrwydd. 'Yr oeddwn wedi talu am y drwydded pan gyhoeddwyd y ffurflenni Cymraeg... rwy'n hyderu na fydd unrhyw Gymro yn camgymryd ei ddyletswydd drwy dalu dirwyon aelodau Cymdeithas yr Iaith Gymraeg yn y dyfodol.'

Beirniadodd Golygydd *Y Faner* benderfyniad gwarthus mainc Wrecsam a galw am i'n 'haelodau Seneddol godi awel o helynt ynghylch y ddedfryd hon'. Yn wir, roedd Saunders Lewis ei hun wedi datgan ar y cyntaf o Dachwedd, mewn cyfweliad â William Ricketts yn y *Daily Post*, 'fod y dedfrydau a osodwyd ar aelodau o Gymdeithas yr Iaith Gymraeg... yn rhai mor llym fel y dylent fod yn fater i ymchwiliad Seneddol.' [YF, 17 Tachwedd 1966] Am Gareth a'i debyg dywed, 'Cânt fy nghymeradwyaeth lwyr a'm cydymdeimlad.'

Trefor Beasley

O ddechrau'r ymgyrch treth car, bu ymladd am gael y ddisgen ffenestr flaen yn rhan annatod o ofyniad y protestwyr. Amlygwyd hyn fwyfwy wedi i'r awdurdodau ildio ar fater y ffurflenni cais. Gwrthodwyd yn lân â chaniatáu disg Gymraeg/ ddwyieithog i'w harddangos ar ffenestr flaen y cerbyd. Aeth yr heddlu ati mewn llawer man i erlyn y rhai styfnig hynny a wrthodai arddangos y ddisgen Saesneg.

Un ohonynt oedd Trefor Beasley, 48 oed, cyd-arwr papur y dreth yn Llangennech y pumdegau, oedd bellach yn byw ym Mhant-gwyn, Llanharan. Bu yn y llys fwy nag unwaith am nad oedd wedi adnewyddu'i dreth car fis Mai 1966. Yn fuan fe'i cafodd ei hun ger bron llys ynadon yr Eglwys-wen [sic], Caerdydd. Derbyniasai wŷs Gymraeg, a bu'n siarad Cymraeg â T.W. Thomas, cadeirydd y fainc, trwy gydol, yr achos. Fe'i dirwywyd i £2 a thalodd.

Yn y cyfamser, cyhoeddodd y Barnwr Widgery o'r Uchel Lys y dyfarniad gwaradwyddus hwnnw yn achos Neil ap Siencyn: *'It is quite clear that the proper language for court proceedings in Wales is English.'*

Yn fuan wedyn, gwrthododd Trefor ymddangos ger bron Llys Pontypridd oherwydd bod y wŷs yn Saesneg. Yno, roedd yr ynadon wedi penderfynu cyhoeddi gwysiau Cymraeg pan oedd galw amdanynt. Pan glywsant am ddyfarniad yr Uchel Lys yn achos Neil ap Siencyn, fodd bynnag, newidiasant eu meddyliau, a gwrthodwyd cais Trefor Beasley am wŷs Gymraeg. Cafwyd Trefor yn euog yn ei absenoldeb a rhoddwyd dirwy o £7 arno. 'Onid yw'ch gwaed yn berwi … wrth glywed am y fath anghyfiawnder yn cael ei gyflawni yn erbyn Cymro gwladgar yn ei wlad ei hun – a'ch gwlad chitha?' [Gareth Miles, YC 8 Rhagfyr 1966] Cyhoeddwyd gwarant i'w arestio ond talodd rhyw ffrind y ddirwy.

Yna, yn Ionawr 1967, cafodd wŷs Saesneg i ymddangos ger bron llys ynadon Port Talbot am fod heb dreth car a disg yn ystod Eisteddfod Aberafan yn Awst 1966. Gwrthododd gydnabod y wŷs Saesneg, ond fe gafodd, yn ddiweddarach, gopi Cymraeg ohoni 'as a matter of courtesy'. Pan ddaeth i'r llys ar 22 Chwefror 1967, gwrthodwyd iddo'r hawl i gael yr achos yn Gymraeg oherwydd ei fod yn gallu siarad Saesneg. Safodd yn ddi-syfl. Ni chymerodd ran yn y gwrandawiad o gwbl, ac fe'i dirwywyd £5, neu gael ei daflu i garchar am 7 niwrnod. Gwrthododd yntau dalu.

Edrydd Trefor hanes yr achos hwn ac amdano'i hun yn dod wyneb yn wyneb ag ynad yn y llys oedd yn ffrind agos iddo ac yn ŵr a barchai'n fawr. Mor anodd oedd sefyllfa o'r fath.

> Roeddwn yn y llys (1967) am yrru car heb drwydded, ac yn eistedd ar y fainc roedd Bert Griffiths, un a oedd i mi yn halen y ddaear, aelod o'r Blaid Lafur, ac yn undebwr. Roeddwn wedi ymwneud cryn dipyn ag ef yn rhinwedd ei swydd. Roedd yn Gymro Cymraeg, ond yn gwrthod ymdrin â'r achos yn y Gymraeg, felly bu'n rhaid i mi droi fy nghefn arno. Bu'n ymhŵedd arnaf i gymryd rhan yn yr achos, ond fe ysgydwais fy mhen a gwrthod. Roedd brifo teimladau un o'r goreuon y bûm i'n ymwneud â nhw yng ngwaith yr undeb yn peri loes i mi. Sylweddolais fod ffordd bell gyda ni i ddileu ysbryd Prydeindod yng Nghymru. [WTC, t. 50]

Y diwedd fu iddo gael 7 niwrnod o garchar. Aethpwyd ag ef i garchar Abertawe. [Elidyr Beasley at Gareth Miles, 23 Chwefror 1967] Cafwyd dwy brotest tra bu yno. Cynhaliwyd y gyntaf 'yn ystod oriau mân fore Sul gan rai o fyfyrwyr Prif-ysgol Cymru wedi iddynt adael yr Eisteddfod Ryng-golegol'. [YC, 2 Mawrth 1967] Mwy o dwrw nag o daro, ys dywedir, oedd y brotest hon, beryg.

Roedd yr ail brotest, fodd bynnag, yn bur wahanol ac yn fwy difrifol. Dywedir y caed yma 'ymgais i ruthro at ddrws carchar Abertawe' [ibid.] gan aelodau o Gymdeithas yr Iaith nos Lun, 27 Chwefror 1967. Meddai gohebydd Y Cymro:

Arweiniwyd yr ymosodiad ar ddrws y carchar gan Mrs. Beasley, gwraig y carcharor. "Yr oeddwn am ofyn i awdurdodau'r carchar a allaswn weld fy ngŵr, eithr fe gaewyd y drws yn fy wyneb." Rhuthrwyd at y drws gan ryw hanner dwsin o aelodau'r Gymdeithas pan agorwyd ef i adael un o'r gwarchodwyr allan. Gyda Mrs. Beasley, sy'n 45 oed, roedd ei mab Elidir [Elidyr], a'i merch 12 oed Delwith [Delyth]. Ynghanol y glaw a arllwysai i lawr dywedodd Mrs. Beasley ei bod yn cefnogi ei gŵr i'r carn yn ei safiad dros yr iaith... "Nid ydym ond deiliaid ail-ddosbarth yn ein gwlad ein hunain. Mae'r plant hefyd yn cefnogi yr hyn a wneir gan eu tad". [ibid.]

Rhyddhawyd Trefor fore dydd Mawrth (trannoeth) wedi saith niwrnod yn y carchar.

Fred M. Jones

Adnabyddid y Parchedig Fred M. Jones, rheithor Llanbedrog, fel un o'r hen do o genedlaetholwyr yng ngwlad Llŷn, yn ŵr nad oedd arno ofn sefyll yn ei rych. Eisoes, yn Llys Trwyddedu Pwllheli yng ngwanwyn 1965, mynnodd roi ei dystiolaeth yn Gymraeg, gan ennyn dig Andrew Rankin, y bargyfreithiwr enwog o Lerpwl, yr hwn a ystyriai ymddygiad y rheithor 'yn anghwrtais iawn'. Cafodd hwnnw, fodd bynnag, 'ei sodro'n fendigedig o effeithiol gan W.R.P. George mewn datganiadau di-flewyn-ar-dafod'. [T, Mai 1965]

Flwyddyn yn ddiweddarach, roedd yn ei chanol hi eto, y tro hwn yn gwrthod talu ei dreth car. Yn Ebrill 1966, anfonodd gais, yn Gymraeg, am drwydded, a hynny ar ffurflen gais a gyfieithodd ei hun. 'Na!' oedd ymateb R.W. Jones, Swyddog Trethiant Lleol Cyngor Sir Gaernarfon. Ymateb F.M. Jones oedd riportio'i hun i'r Prif Gwnstabl am yrru car heb ei drethu'n briodol.

Ddiwedd mis Mai daeth plismon ato i gael y manylion, a'r mis dilynol cafodd rybudd swyddogol gan y Swyddog Trethiant. Parhaodd i wrthod talu tan yr 8fed o Hydref, pryd y cafodd ffurflen Gymraeg. Fe'i llanwodd, gan wneud cais am drwydded o 1 Hydref 1966, a'i dychwelyd gyda siec am £17.10.0. Pan dderbyniodd y drwydded, gwelodd ei bod wedi ei dyddio o'r cyntaf o Fai, a hynny oherwydd ei fod wedi cyfaddef bryd hynny nad oedd ganddo drwydded. Aeth ar y ffôn yn syth â'i fanc, ac atal y taliad. Anfonodd siec arall at y Swyddog Trethiant, siec am £10.4.2, sef y tâl am y cyfnod o 1 Hydref 1966 hyd 30 Ebrill 1967. Cafodd y siec ei gwrthod, ond cadwodd y rheithor y drwydded. Diwedd y gân oedd gorfod ildio'r drwydded. [YC, 27 Hydref 1966]

Anwen Wiliam

Gyrrai Anwen Mair Wiliam gar heb drwydded arno, ac ar 26 Mai 1966, ymddangosodd yn Llys Ynadon Penrhyndeudraeth, rai llathenni'n unig o'i chartref yn 2 Banc Place. Yno, yn wahanol i Bontypridd ac Abertawe, gwrandawyd yr achos yn Gymraeg, gyda'r Clarc, H. Evans-Jones, yn darllen y cyhuddiadau yn Gymraeg, a'r Cwnstabl D. Lloyd Hughes yn rhoi ei dystiolaeth yn Gymraeg.

Pan blediodd Anwen yn ddieuog, cymerodd cadeirydd y fainc, Mrs. I.D. Harry, ati braidd, gan rybuddio'r cyhuddedig â'r dôn gron oesol honno mai 'ein dyletswydd ni yw gweinyddu'r gyfraith a rhaid inni gymryd golwg difrifol ar y troseddau hyn'. [YF, 2 Mehefin 1966] Hen, hen gân hunanesgusodol ynadon ein gwlad.

Fe'i hatebwyd ar ei ben: 'Nid wyf yn teimlo fy mod yn torri'r gyfraith. Rhaid galw sylw at yr iaith Gymraeg. Talaf am y drwydded yn syth ar ôl cael ffurflen Gymraeg.' [ibid.] Ychwanegodd ei bod eisoes wedi anfon at Gyngor Sir Meirionnydd ers misoedd, a derbyn cynnig gan drysorydd y sir, A.A. Hemphill, y derbynnid ffurflen Gymraeg 'pe carai hi gyflwyno un yn Gymraeg yn cynnwys y manylion angenrheidiol'.

'Os felly,' gofynna Gwynsul yn ei lythyr i'r Wasg, 'pam na ddarperir ffurflenni Cymraeg gan y Cyngor Sir? Onid yw datganiad Mr. Hemphill wedi gosod y cyfrifoldeb am garcharu Mr. Geraint Jones, a dirwyo Miss Anwen Wiliam, ar ysgwyddau ein cynghorau sir?' [YC, 2 Mehefin 1966] A chafodd Anwen awgrym gwreiddiol dros ben gan James Griffiths, cyn-Ysgrifennydd Gwladol Cymru, sef ei bod i lenwi'r ffurflen Saesneg! Fe'i dirwywyd i £4.

Tegwyn Jones

Bore dydd Mercher, 29 Mehefin 1966, cafodd Tegwyn Jones, Clarach, ddirwy o bunt gan ynadon Aberystwyth am beidio ag arddangos disg treth uniaith Saesneg ar ei gar. Rhoddwyd saith niwrnod iddo dalu ond gwrthododd wneud hynny. Datganodd yn groyw ger bron y fainc: 'Nid oes gennyf hawl i ddewis rhwng fy iaith fy hun ac iaith arall yn fy ngwlad fy hun, ac yn erbyn yr egwyddor honno y protestiaf yn y modd cymharol ddiniwed hwn.' [YF, 7 Gorffennaf 1966]

Naw mis yn ddiweddarach, ddydd Gŵyl Ddewi 1967, ymddangosodd ger bron yr un fainc, a chafodd ddirwy pellach o ddwybunt. Roedd y llys dan ei sang o gefnogwyr yr iaith, dros gant ohonynt, a bu'n rhaid taflu pedwar ohonynt o'r llys am iddynt anufuddhau i'r gorchymyn Saesneg arferol i sefyll ar *grand entry* yr ynadon pwysigfawr i'w mainc ddyrchafedig. Cadwyd y tyst a'r gynulleidfa i aros tan yr eitem olaf un yn y gobaith y byddai'r cefnogwyr wedi laru â disgwyl, ac wedi gadael y llys cyn y gwrandawiad. Arhosodd pob copa walltog yno er mawr siom i'r erlynwyr.

Daeth yn amser i'r cyhuddedig roi ei dystiolaeth, ond canfu nad oedd yno Feibl Cymraeg i dyngu'r llw arno. Gofynnodd yn gwrtais am Feibl Cymraeg, ac aeth rhyw swyddog bach ufudd i chwilio am un. Yn y cyfamser, mynnodd clarc yr ynadon, Humphrey Roberts, hyfedr hanesydd hunandybiedig, roi tipyn o addysg ddiwinyddol i'r cyhuddedig anwybodus trwy ei atgoffa – o ryfedd ddysgeidiaeth mewn 'brawddeg bwysig' – 'mai mewn Aramaeg yr ysgrifennwyd y Beibl i ddechrau'.

Ymhlith y cefnogwyr yn y llys roedd y tanbaid W.J.

Edwards, Bow Street, ac ni allai ymatal rhag anfon llythyr chwyrn a deifiol i'r Wasg yn edliw tras y clarc, gan ei gywiro a'i gystwyo am ei dwpdra.

> Rhyfeddais at yr anwybodaeth affwysol yn enwedig o gofio bod y clerc yn flaenor ers deugain mlynedd a'i fod yn fab i weinidog amlwg. Adroddodd y clerc ei frawddeg bwysig deirgwaith cyn i Mr. Jones gael Beibl Cymraeg… gwyddai'r clerc a'r ynadon mai mewn Cymraeg y dymunai i'w achos gael ei drafod. Pam felly nad oedd Beibl Cymraeg ar gael… [a hefyd] ym mhob llys yng Nghymru a hynny bob amser? Onid yw'n drist… A fu llafur William Salesbury, William Morgan a Thomas Charles yn ofer? Y llysoedd a'r gyfraith sydd i ateb. [YC, 6 Ebrill 1967]

Roedd y fainc a'r clarc wedi dathlu pedwar canmlwyddiant Testament Salesbury mewn ffordd anghydnaws dros ben.

Rhoddwyd wythnos i Tegwyn i dalu ei 'ddyledion' ac atebodd yntau'n gadarn fwy nag unwaith nad oedd ganddo'r bwriad lleiaf i dalu. Wythnos yn ddiweddarach, safai ger bron mainc Aberystwyth drachefn, a hynny am nad oedd wedi talu'r un ddimai iddynt. Cwynodd yn syth mai dim ond 'neithiwr' y cafodd o'r wŷs i ymddangos yn y llys, gyda'r canlyniad mai un cefnogwr yn unig oedd yno fore'r achos. Tric dan-din amlwg. Rhoddwyd yr achos ger bron fel achos cynta'r bore y tro hwn, rhag ofn i gefnogwyr y Gymraeg gyrraedd o rywle.

Llefarodd y clarc, O awdurdodol oracl, ar ran yr ynadon: 'Bydd y gyfraith yn awr yn dilyn ei chwrs.' Cafodd Tegwyn ddedfryd o garchar am un diwrnod, a hynny trwy ei gadw yn rheinws yr heddlu am naw awr. Fe'i 'carcharwyd' yn ei gell ddiflas tan 8 p.m. [YC, 6 Ebrill 1967] Ond ni chafodd y Sheilociaid, na'u diwinydd goleuedig, yr un owns o'u pwys o gnawd!

Chris Rees

Gŵr ifanc 35 oed oedd Chris Rees yng nghanol haf 1966, wedi mabwysiadu'r Gymraeg fel ei iaith gyntaf ac iaith ei aelwyd, ac yn athro yn Ysgol Heol Clydach, Bryn-mawr, Sir Frycheiniog.

Ganol Mehefin 1966 fe'i dirwywyd gan lys ynadon ei dref enedigol, Abertawe, i £3 am drosedd moduro. Cafodd ei ddal gan PC John Dark gefn dydd golau fore Sadwrn 26 Mawrth pan oedd yn canfasio, wedi parcio ei fen Mini yn Nhreforys, gan rwystro bysiau rhag troi. Gwrthododd dderbyn gwŷs Saesneg arferol Arthur Uren a'i griw, a dywedodd y buasai'n fodlon talu'r ddirwy ond cael 'y wybodaeth am y ddirwy yn Gymraeg. Os yn Saesneg y caf yr wybodaeth, nis talaf.' [YF, 23 Mehefin 1966] Noson y gwrandawiad dywedodd Arthur Uren 'mai yn Saesneg yr ysgrifennir pob gohebiaeth yno. Ni wneir eithriad o Mr. Rees. Fe'i hysbysir fod ganddo bedwar diwrnod ar ddeg i dalu'r ddirwy.' [ibid.]

Kate Bosse Griffiths

Aelod arall o Gymdeithas yr Iaith Gymraeg fu'n croesi cleddyfau go finiog ag Arthur Uren ac ynadon pengaled Abertawe, oedd Dr. Kate Bosse Griffiths, yr archeolegydd a'r awdures adnabyddus oedd yn byw yn Abertawe. Roedd yn fam i ddau o ymgyrchwyr blaenllaw y Gymdeithas, Robat a Heini Gruffudd.

Ar 24 Awst 1966, fe'i cosbwyd gan y llys am drosedd parcio ddinod, a'i dirwyo un bunt. Roedd wedi anfon tri llythyr Cymraeg at yr ynadon yn gofyn am y wŷs a phob gohebiaeth yn Gymraeg neu'n ddwyieithog, ond ni dderbyniodd ond y dirmyg arferol oddi ar law Arthur Uren, clarc yr ynadon, sef dim atebiad o gwbl.

Ailadroddwyd y miri arferol pan welodd hi nad oedd yno Feibl Cymraeg i dyngu'r llw arno. Aeth yn ffrae hwyliog rhyngddi a chadeirydd y fainc, W.J. Thomas, gyda hwnnw'n dweud wrthi, yn Gymraeg, 'mai mater iaith oedd hyn, nid mater o drosedd'. Mynnodd hithau fod cysylltiad 'rhwng y trosedd a mater iaith'. [YC, 25 Awst 1966] Gwrthododd dalu'r ddirwy, a bu'n rhaid gohirio'r achos am wythnos arall.

Wythnos yn ddiweddarach 'cafodd ei chipio gan yr heddlu yn Abertawe oherwydd iddi wrthod talu.' Ymddangosodd yn y llys gan ddweud y byddai'n 'hollol fodlon talu'r ddirwy pe bai'r cais yn Gymraeg, ond ei bod yn fodlon hefyd i dderbyn unrhyw ganlyniad i'w safiad.' [YF, 15 Medi 1966] Penderfynodd y fainc lwfr roi gorchymyn bwmbeili i 'gymryd gwerth punt o eiddo... o'i chartref.' [ibid.] Yn ystod yr achos, pwysleisiodd Arthur Uren, pan ddywedwyd wrtho gan y diffynnydd 'fod y Swyddfa Gartref wedi hysbysu ynadon Aberystwyth ei fod yn gyfreithiol [sic] i lysoedd gyhoeddi gwysiau Cymraeg... mai'r Senedd, ac nid y Swyddfa Gartref, oedd yn rheoli'r wlad... daliai nad oedd hawl ganddo i roi cais yn Gymraeg.'

Ychwanegodd Golygydd *Y Faner* yntau'i bwt. 'Mae'r modd y trinir cefnogwyr statws yr iaith Gymraeg yn llysoedd ein gwlad yn berwi gwaed dyn. Prin y gellid dychmygu am beth fel hyn yn digwydd mewn unrhyw wlad wareiddiedig... am ba hyd y goddefwn y math hwn o sarhad ar Gymry diwylliedig?' Cafodd yr ynadon a'u clarc bwniad bach arall yn y man pan dd'wedodd Dr. Kate wrthynt y byddai'n 'cynnig i'r bwmbeili lyfrau Cymraeg yn lle talu'r ddirwy.'

Ond cafwyd peth gwrthdaro unwaith yn rhagor yn yr achos rhyfedd hwn. Pan fynnodd Dr. Kate roi ei thystiolaeth yn Gymraeg, cafwyd nad oedd cyfieithydd yn y llys. Gofynnodd Uren 'i ŵr ifanc a eisteddai yn sedd y Wasg a fyddai ef cystal â chyfieithu i'r llys. Atebodd y gŵr ifanc hwnnw yn Gymraeg... [nad] dyma ddyletswydd y Wasg na'r cyhoedd.' Y 'gŵr ifanc' hwn oedd neb llai na Heini Gruffudd, mab y diffynnydd, oedd yn gweithredu 'fel gohebydd dros dro'. Hen dric cyfiawn.

Yn dilyn yr achos y dydd Mercher hwnnw, bu'r clarc a'r ynadon yn trafod yn ddwys. Yn fuan cafodd Dr. Kate wybod y byddai'r heddlu 'yn dod â chais yn Gymraeg iddi yn hytrach na chymryd eiddo o'i chartref.' [YC, 1 Medi 1966] Cafodd ddau lythyr oddi wrth Arthur Uren y clarc, y naill yn Gymraeg a'r llall yn Saesneg. Rhuthrodd bytheiaid y Wasg am Uren i'w holi. Fo ei hun, meddai'n dalog ac elusengar, a gyfansoddodd y llythyr Cymraeg gyda chymorth geiriadur! Ni phaid rhyfeddodau! Ac fel *happy ending* gorfoleddus, terfynodd ei lythyr Cymraeg â'r geiriau cymodlon, apostolaidd bron, 'Pob bendith'. Aeth Dr. Kate hithau'n syth ato i'w swyddfa a thalu'r buntan gyda siec ddwyieithog, yn boeth o bopty Barclays, ac wedi ei llenwi'n Gymraeg yn unig.

Achos hedyn mwstard oedd hwn ar yr wyneb, ond eto yn gallu codi nifer o weddau brwydr y Gymraeg yn yr un modd ag unrhyw achos arall. Ie, 'gwnewch y pethau bychain', *à la* Dewi Sant ac Owain Owain. Bu'n wers amlwg i ymgyrchwyr. Ymladdwyd am gael gwŷs i lys yn Gymraeg, gwŷs bwmbeili yn Gymraeg, iaith y llys ei hun, llw ar Feibl Cymraeg, gohebiaeth yn Gymraeg, a hyd yn oed siec Gymraeg. A llwyddwyd i sylweddoli pa mor ffôl oedd y gwrthwynebwyr. Am bunt! Am y tro, caiff J.E. Jones o ben Tŵr yr Eryr dalu'r diolchiadau:

Diolch cynnes i'r swyddogion hynny yn Llys Ynadon Abertawe sy'n gymaint ffyliaid. Mae pawb yn chwerthin am eu pennau. [YF, 8 Medi 1966]

Protestio a Chymreigio

O ganlyniad i'r ymchwydd gafwyd yn niwedd 1965 ac wedyn, cafwyd cnwd o weithgareddau ac ymgyrchoedd personol gan bobl o bob oedran. Ymddangosai fel petai'r cyfan ar y pryd yn codi stêm, po fwya yn y byd o brotestio cyhoeddus a chanolog a geid. Dyma ambell i enghraifft.

Llanelli

Ym 1966, peidiodd Cyngor Tref Llanelli â defnyddio'r hen ffurf erchyll *Llanelly*; fe'i disodlwyd yn llwyr, unwaith ac am byth, gan y ffurf Gymraeg gywir, Llanelli. I lythyr Eurion John, y cofiaf amdano'n dda yn Ngholeg Aberystwyth, y rhoir y clod am y newid. Ceir yr hanes am sut y cafodd Eurion hen Wil y sosban i'w wely yn *Wyt Ti'n Cofio* (Gwilym Tudur). [WTC, Gwilym Tudur, t. 42]

Caernarfon

Cais cyffelyb a gafwyd yng Nghaernarfon, lle bu Eric Jones, a oedd bellach yn cadw hen siop lyfrau Cymraeg enwog J.R. Morris yn y Bont Bridd, wrthi'n ddygn yn taer lythyru â chyngor y dref, gan erfyn arnynt i gael gwared â'r hen lythyren 'V am Victoria' oedd yn enw'r lle. Caernarfon, nid *Caernarvon*, os gwelwch yn dda! Arferai'r Cyngor Tref gael y gair o fod yn Dorïaidd a brenhinol ei feddylfryd, a wir i chi, fe wrthodwyd cais Eric Jones. Ond nid dyn i roi'r ffidil yn y to oedd Eric, ac aeth ati, gyda chymorth eraill, i lythyru'n drwm yn gofyn unwaith yn rhagor iddynt newid y sillafiad anghynnes, a gwneud hynny trwy benderfyniad swyddogol ar lawr y Cyngor.

Fe'i trafodwyd ar y cyntaf o Chwefror 1966, ond methodd hyd yn oed y cynghorydd dylanwadol, Ifor Bowen Griffith, â'u perswadio i gallio. Peidio â newid y sillafiad oedd y penderfyniad, oherwydd 'nad oedd yna deimlad lleol cryf o blaid unrhyw newid'. [YC, 3 Chwefror 1966] Ie, yr hen ofn a'r taeogrwydd cynhenid Cymreig hwnnw'n trechu unwaith yn rhagor.

Ffromodd Eric Jones a'i gyfeillion yn aruthr, a dyma fynd ati'n syth i greu'r 'teimlad lleol' y gofynnwyd amdano trwy lunio a llenwi deiseb chwyrn yn hawlio'r sillafiad cywir, gan fod Eric yn gwbl argyhoeddedig 'mai lle'r Cyngor yw arwain y farn gyhoeddus, nid ei dilyn'. [ibid.] Ymhen y rhawg, fe gaed y maen i'r wal.

Pen-bre

Yn ystod yr un misoedd penderfynodd J.R. Davies, o Ben-bre, Sir Gaerfyrddin, disgybl trydydd dosbarth yn Ysgol Ramadeg y Bechgyn, Llanelli, anfon llythyr at Gwmni Bysiau De Cymru yn gofyn iddynt gyhoeddi amserlenni Cymraeg, ynghyd â rhoi enwau Cymraeg cywir a chynhenid i'r llefydd a ddangosid ar flaen eu bysiau e.e. Pen-bre nid *Pembrey*, Cydweli nid *Kidwelly*. Cafodd atebiad lled-gadarnhaol, ond eto digon rhyfedd, oddi wrth E.C. Hill, Rheolwr Trafnidiaeth y Cwmni yn Abertawe, 'fod y Cwmni am barchu dymuniadau y Cymry, ac fe fyddai'r Cwmni yn gwneud y newidiadau pan na olygant gostau ychwanegol'. [YF, 17 Chwefror 1966; Y Cymro, 3 Chwefror 1966]

Porth Tywyn

Gerllaw, ym Mhorth Tywyn, cafwyd newid calonogol, yn enwedig o gofio am frwydr chwerw Trefor ac Eileen Beasley, nid nepell oddi yno, ddeng mlynedd ynghynt. 'Am y tro cyntaf yn hanes y dref, cyhoeddodd Cyngor Dinesig Burry Port [sic]... ffurflenni y dreth gyffredinol a'r dreth ddŵr yn Gymraeg...' [YC, 28 Ebrill 1966]

Trefor

Ymddangosai fel petai hen geyrydd y Saesneg a Seisnigrwydd yn dechrau gwegian mewn aml i faes, ac yn fy mhentref fy hun gwelwyd newid iaith draddodiadol cŵn o 'wuff-wuff' i 'bow-wow'! Meddai gohebydd *Y Cymro*:

> Bu digonedd o Gymry Cymraeg yn ymhél â rasus cŵn defaid ar hyd y blynyddoedd, ond hyd yr wythnos hon [ddechrau Mehefin 1966] ni welsom erioed raglen ras gŵn yn Gymraeg. Ond dyma un yn gweld golau ddydd o'r diwedd – gan bwyllgor Ymryson Cŵn Defaid Trefor yn Arfon. Yn eu rhaglen hwy y mae rhestr y dosbarthiadau, y rheolau,

y ffurflen gofrestru – popeth yn Gymraeg. [YC, 2 Mehefin 1966]

Dyna warog haeddiannol i ddwyieithrwydd!

Yr Wyddgrug

Draw yn yr Wyddgrug roedd yna ferch ysgol arbennig iawn yn brwydro dros y Gymraeg – ar ei phen ac o'i gwirfodd ei hun. Disgybl chweched dosbarth yn Ysgol Maes Garmon y dref oedd Eurwen Hughes, a brwydrai yn erbyn Cyngor y Dref, a hynny oherwydd fod hwnnw'n mynnu newid enw rhan o'r ffordd y trigai arni, Llwyn Eithin, i fod yn Upper Bryn Coch. Dadleuai Eurwen yn groch dros ei henwi'n Bryn Coch Uchaf, yn Gymraeg yn unig siŵr iawn, gan mai camgymeriad gramadegol oedd rhoi ansoddair Saesneg gyda dau enw Cymraeg. Synnwyr cyffredin, amlwg. Dim ond un gair yn unig – gwnewch y pethau bychain! [YC, 6 Hydref 1966]

Gwrthwynebai'r newid ar sail Adran 18 o Ddeddf Iechyd y Cyhoedd, 1925, ac aeth â'i hapêl i lys ynadon y dref. Dyna i chi beth oedd plwc – yn ddwy ar bymtheg oed. Ysywaeth, penderfynodd y Cyngor, yn ei annoethineb a'i Seisnigrwydd, lynu at ei benderfyniad. Rhaid nodi bod 'deuddeg o'r pymtheg cynghorydd yn Saeson uniaith'. [ibid.] Ond nid un i dderbyn sarhad fel hyn oedd yr 'eneth ifanc... o'r Wyddgrug'. [Sbardun, YC, 13 Hydref 1966] Penderfynodd fynd â'r Cyngor i lys barn – ar ei liwt ei hun – 'am iddo feiddio rhoi'r enw bastardaidd hanner Cymraeg, hanner Saesneg, *Upper Bryn Coch*, ar ei stryd yn hytrach na'r enw Cymraeg pur, Bryn Coch Uchaf.' Teimlai Sbardun yn *Y Cymro* fod y ferch ifanc ryfeddol hon yn haeddu sylw a chefnogaeth i'w hachos am fod 'ganddi ddigon o hunan-hyder ac o argyhoeddiad yng nghyfiawnder ei hachos i feiddio dadlau'r achos ei hunan bach ger bron yr ustusiaid...Ydi hyn ddim yn brawf diamheuol fod cenhedlaeth ifanc ddiffuant a dewr iawn ar godi yng Nghymru?'

Cynhaliwyd yr achos yn llys ynadon yr Wyddgrug ddechrau mis Hydref, ac erbyn hynny roedd Eurwen wedi llogi twrnai, un Quentin Dodd. Parodd y gwrandawiad am deirawr, a mynnodd Eurwen gymryd y llw yn Gymraeg. Ond colli'r achos wnaeth hi, er ei brwdfrydedd mawr dros y Gymraeg. [WM, 11 Hydref 1966] Ar fap stryd o'r Wyddgrug heddiw, ni allaf weld yr enw Bryn Coch Uchaf, ond mae *Upper* Bryn Coch yn dal yno.

Anghydfod Tachwedd 1966

DAETH PROTEST CAERDYDD ar 8 Hydref 1966 â'r anghydfod o fewn y Pwyllgor Canolog yn gyhoeddus, gan i rai o aelodau'r Pwyllgor weld eu cyfle i drafod, heb fod angen trafod, fater gweithredu'n ddi-drais ger bron y byd. A oedd yna unrhyw beth i'w drafod, gan fod cytundeb llwyr ymysg aelodau'r Pwyllgor mai gweithredu'n ddi-drais oedd y ffordd gywir ymlaen?

Daeth yn amlwg fod rhai o aelodau'r Pwyllgor yn teimlo'n anghysurus, ac yn amau a oedd yna rwyg mewn egwyddor fel yr honnid. I Robat Gruffudd 'y cwestiwn sylfaenol yw: a ddylai'r Gymdeithas glymu'i hun unwaith ac am byth wrth ddulliau 'abc', a'r rheini'n unig, neu a ddyliai ganiatáu a chefnogi pob dull?' [Robat Gruffudd at Geraint Jones, 14 Tachwedd 1966] Y llwybr a awgrymodd oedd cael barn ein Llywydd Anrhydeddus, Saunders Lewis, ar y mater, a'i gweithio hi o'r fan honno. 'Pe bai modd yn y byd cael datganiad byr ganddo erbyn y cyfarfod, gallai hwnna wedyn – bydd neb yn meiddio gwrthwynebu – fod yn 'faen praw' i enwebiadau i'r gwahanol swyddi. A gallai fod yn ddeddf tra pery'r Gymdeithas.' Gellid yn hawdd gweld beth oedd barn Robat ar y mater ac roedd ei awgrym yn un ymarferol. Gwaetha'r modd, ni dderbyniais ei lythyr tan y dydd Iau, ddeuddydd cyn y cyfarfod.

Roedd Neil yn grediniol mai gwrthwynebiad personol (i raddau helaeth) a geid yn yr holl beth, a gwaredai at hynny. Anfonodd lythyr at Gareth Miles yn 'gobeithio na fyddai i ragfarnau personol lywio'r cyfarfod ar y 19eg. Arwydd o anaeddfedrwydd ydyw, os na all pobl gydweithio tuag at yr un nod heb ymgecru. O.N. Rwyt ti'n camsynied os tybi fy mod yn perthyn i unrhyw "garfan" neu glymblaid. Credaf y dylai Cymdeithas yr Iaith fod mor eang ag sy'n bosib.' [Neil ap Siencyn at Gareth Miles, 1 Tachwedd 1966]

Cynhaliwyd Cyfarfod Cyffredinol i wyntyllu'r mater yng Ngwesty'r Belle Vue, Aberystwyth, bnawn Sadwrn,19 Tachwedd 1966. Daeth holl aelodau'r Pwyllgor Canolog yno ynghyd â thua 120 o aelodau'r Gymdeithas.

Y Cynnig

Cyflwynwyd cynnig maith a lofnodwyd gan Cynog Dafis, Gareth Miles a Siôn Daniel. Mewn rhagymadrodd camarweiniol dywedwyd fod rhai o aelodau'r Pwyllgor yn credu 'y dylai'r Gymdeithas roi'r hawl i'w haelodau i daro'n ôl os ymosodir arnynt dan amgylchiadau neilltuol'. Anwiredd oedd gwneud y fath honiad. Doedd neb yn sôn, nac wedi sôn, am 'daro'n ôl'. Nhw oedd wedi dyfeisio'r term 'taro'n ôl'. Pwysleisiodd y tri eu cred bendant fod 'ein nerth yn ein parodrwydd i ddatgelu gormes trwy ei ddioddef yn hytrach nag yn ein dyrnau a'n traed.' Cytunem oll yn llwyr â hwynt yn hynny o beth. Dyna pam y bu i rai ohonom weithredu hynny. Beth, felly, mewn gwirionedd, oedd yna i'w drafod?

Roedd y Cynnig ei hun yn hirfaith, ac yn dyrchafu'r dull di-drais fel prif egwyddor gweithredu Cymdeithas yr Iaith. Unwaith yn rhagor, roeddem oll yn cytuno. Yna aethpwyd i fanylu, a hynny mewn modd digon anaeddfed ac unbeniaethol e.e.

- Ni chaniateir i aelod o'r Gymdeithas a fo'n gweithredu yn enw'r Gymdeithas anharddu neu niweidio neu ymosod mewn unrhyw fodd ar eiddo materol, oni...

(a) fod y Pwyllgor Canolog neu Gyfarfod Cyffredinol wedi penderfynu trin yr eiddo hwnnw yn y modd hwnnw;

(b) fod y Pwyllgor Canolog wedi caniatáu i'r aelod hwnnw, fel unigolyn, drin yr eiddo hwnnw yn y modd hwnnw.

- Cyfrifir bod aelod yn gweithredu yn enw'r Gymdeithas yn unig pan fo'n cymryd rhan mewn protest neu ymgyrch a drefnwyd neu a gefnogwyd gan y Pwyllgor Canolog neu gan y Cyfarfod Cyffredinol.
- Os digwydd i aelod o'r Gymdeithas weithredu yn groes i'r rheolau uchod, yna

(a) bydd yn agored i'w ddiarddel o'r Gymdeithas trwy benderfyniad mwyafrif syml o aelodau'r Pwyllgor Canolog ... Bydd gan yr aelod yr hawl i glywed y cyhuddiad yn ei erbyn ac i alw tystion i'w achos.

(b) Os gosodir yr aelod ar ei brawf mewn llys barn oherwydd ei weithred, ni bydd dim gorfodaeth ar y Pwyllgor Canolog i ddarparu amddiffyniad cyfreithiol iddo...

- Os yw person nad yw'n aelod o'r Gymdeithas yn gweithredu yn groes i'r rheolau uchod, bydd gan y Pwyllgor Canolog yr hawl i'w wahardd rhag cymryd rhan pellach ym mhrotestiadau neu ymgyrchoedd y Gymdeithas, a'r hawl i wrthod caniatáu iddo ymaelodi yn y Gymdeithas os ceisia hynny byth.

Dyna chi! Diardddeliad mewn gwarth am efallai lynu sticer 'CYMRAEG' 4" x 1"! Dyna reolau fyddai'n tynnu dŵr o ddannedd unrhyw *Politburo*!

Gwrthwynebu'r Cynnig

I wrthwynebu'r cynnig hwn, lluniodd Neil ap Siencyn a minnau ddatganiad cymharol fyr, yn dilyn rhagymadrodd cyffredinol, a bwysleisiai fod aelodaeth yng Nghymdeithas yr Iaith yn agored i bawb oedd 'yn fodlon rhoi Cymru a'r

Gymraeg yn gyntaf'. Pwysleisiwyd nad oedd 'amddiffyn ein cyd-aelodau (yn enwedig merched a phobl mewn oed) rhag ymosodiadau ar ran yr heddlu a'r cyhoedd yn gyfystyr â "lledaenu a dwysáu pob ymladd a allai ddigwydd". Credwn ni y dylai arweinyddion arwain yn gadarn ac ar y blaen; a fo ben bid bont.'

Deliwyd hefyd ag awgrym y cynigwyr fod rhai o aelodau'r Gymdeithas yn defnyddio eu 'dyrnau a'u traed' i amddiffyn eu hunain. 'Ar ba sail y gwneir y cyhuddiad hwn? Daliwn ni fod llunwyr y cynnig yn defnyddio y fath eiriau yn fwriadol i geisio rhoi'r argraff fod carfan anghyfrifol yn perthyn i'r Gymdeithas... Ymhellach, yr ydym ninnau yn credu'n ddiffuant fod "nerth ein parodrwydd i ddatgelu gormes drwy ei ddioddef." Dyna paham yr aethom i garchar: a dyna paham yr ydym yn fodlon mynd yno eto er gwaethaf diffyg cefnogaeth ymarferol rhai o aelodau'r Pwyllgor.'

Yna troesom at y Cynnig ei hun gan osod y mater yn ei wir gyd-destun, gan osgoi unrhyw awydd am gael 'rheoli'r' Gymdeithas.

1. Credwn, dan amgylchiadau arbennig, fod gan aelodau o'r Gymdeithas hon yr hawl i amddiffyn ein hunain yn gorfforol. Os ymosodir arnynt yn ddireswm ac yn giaidd gan yr Heddlu Seisnig neu aelodau gelyniaethus o'r cyhoedd, yna mae cyfiawnhad ar ran yr aelodau i ddefnyddio y gradd hwnnw o rym corfforol sy'n angenrheidiol i amddiffyn eu hunain, ac amddiffyn merched a phobl mewn oed yn arbennig, rhag eu niweidio.

2. Y mae y Cynnig yn drewi o dotalitariaeth... ni chaiff unrhyw aelod, mewn unrhyw ffordd, boed ddeiseb neu brotest torcyfraith neu lythyr i'r Wasg leol, weithredu dros y Gymraeg, heb yn gyntaf ofyn am ganiatâd a bendith yr hollalluog Bwyllgor. Dyma fygu rhyddid barn a rhyddid cydwybod aelodau'r Gymdeithas; dyma hefyd arwydd pendant o ddiffyg ffydd o'r radd waethaf

yn noethineb barn pob aelod o'r mudiad. Ymddengys i rai o'r Pwyllgor gael eu hethol drwy Ddwyfol Ordinhad ... Mae hyn, yn ôl pob golwg, yn ganmil pwysicach na sefyll yn ddigyfaddawd o flaen llysoedd barn Lloegr. Y mae y Cynnig yn beryglus drwyddo draw.

Dywedwn ni fod rhyddid cydwybod i aelodau'r Gymdeithas a fo'n cymryd rhan mewn protestiadau ac mewn ymgyrchoedd o bob math sy'n dod o dan adain C.Y.I.G.; os ydych chi, yn gydwybodol, yn credu mewn amddiffyniad corfforol pan fo'r sefyllfa yn galw am hynny, yna ni ddylid eich rhwystro. Ar y llaw arall, os credwch yn gydwybodol na ddylech ymyrryd yn gorfforol, yna mae pob hawl gennych ymatal. Ni ddylai cynnig mor unbeniaethol a pheryglus â hwn gael ei basio, oherwydd mae'n golygu nad oes croeso i neb sy'n credu'n wahanol i awgrymiadau'r Cynnig, faint bynnag yw maint ei gariad a'i angerdd tuag at Gymru a'r Gymraeg. Rhaid wrth fudiad a fydd yn fodlon mynd â'r maen i'r wal, beth bynnag fyddo'r gost.

Rhyw awgrymu'n unig yn ein datganiad a wnaethom ynglŷn â'r gwir gymhellion oedd y tu ôl i'r Cynnig. A chofier mai yr ochr arall, nid ni, oedd wedi mynnu galw'r Cyfarfod Cyffredinol ar 19 Tachwedd.

Siôn Daniel osododd y Cynnig ger bron y cyfarfod, gan honni fod y Cynnig 'yn caniatáu amddiffyniad nad oedd yn ymosodol' [beth bynnag oedd ystyr hynny]. Eiliwyd y Cynnig gan Gareth Miles, ac ychwanegodd nodyn bach blacmelaidd; 'pe gwrthodid y Cynnig, ni alla i barhau yn aelod o'r Pwyllgor Canolog.' Cyn diwedd y pnawn, fe wrthodwyd y Cynnig. Ond nid ymddiswyddodd Gareth oddi ar y Pwyllgor. [CCC, 19 Tachwedd 1966]

Siaredais innau wedyn yn erbyn y Cynnig, gan ddod â gwir ystyr a chymhellion yr holl gyfymliw ger bron y cyfarfod. Yn ôl y cofnodion dywedais 'fod y fath beth â therfysg disgybledig i'w gael, sef ymdrech i gael eich arestio. Nid oedd cefnogwyr y Cynnig yn fodlon cael eu harestio. Mewn gwirionedd, yr oedd y rhwyg ar y Pwyllgor Canolog rhwng y rhai a fynnent fynd â'r maen i'r wal a'r rhai na fynnent hynny. Dyfynnodd o gofnodion cyfarfodydd y Pwyllgor Canolog ac o ddatganiadau gwahanol swyddogion i'r Wasg er mwyn cadarnhau ei ddadl... Yr oedd y rhwyg rhwng y rhai a oedd o **blaid** protestiadau a'r rhai **nad** oeddent...' [ibid.]

Roedd teimlad y cyfarfod yn amlwg yn erbyn y Cynnig o'r cychwyn cyntaf, a dywedodd y Cynghorydd O.T.L. Huws o Fôn yn blwmp ac yn blaen 'fod y cynnig yn blentynnaidd, yn anghyfrifol, ac yn niweidiol. Yr oedd y Gymdeithas wedi gafael yn nychymyg pobl ifainc o bob cefndir, ond ni ymunent fyth â hi dan amodau mor gaeth ag eiddo'r Cynnig.' [ibid.]

Yna cododd Trefor Morgan ar ei draed, yn amlwg wedi ei gynhyrfu, gan hawlio fod y Cynnig yn cael ei adael ar y bwrdd. Cytunodd y cyfarfod â hynny gyda mwyafrif sylweddol o dros ddeuparth y bleidlais.

Yn dilyn, gofynnodd Emyr Llywelyn i mi gymryd y Gadair, gan ei fod yn dymuno siarad. Cawsom anerchiad llawn angerdd ganddo ar yr egwyddor o weithredu'n ddidrais, egwyddor yr oeddem oll yn cytuno'n llwyr â hi wrth gwrs. 'Yr oedd hi'n rheidrwydd moesol ar y Gymdeithas i ddefnyddio dulliau di-drais yn unig oherwydd ei hamcanion aruchel. Yr oedd y cyfryw ddulliau yn gofyn purdeb calon.' Roeddem oll yn cytuno ag ef.

Mae'n deg gofyn a oedd cyflwynwyr y cynnig yn llawn sylweddoli beth oedd yn digwydd. Fel hyn y gesyd Gareth Miles y mater yn Ebrill 1973:

Emyr Llywelyn oedd y cyntaf i ddyrchafu'r dacteg i dir egwyddor. Gwnaeth hynny... yn Aberystwyth ddiwedd 1966. Ef oedd yr unig un. Dadlau ynglŷn â phriodoldeb tactegol gwahardd neu ganiatáu i aelodau daro'n ôl mewn protestiadau wnaeth pawb arall [nage'n wir!], ac y mae'r ffaith i'r mwyafrif sylweddol a bleidleisiodd dros y dull di-drais ail-ethol Geraint Jones, y gŵr a ddadleuodd gryfaf yn ei erbyn, yn Ysgrifennydd Cyffredinol, yn profi fod y mwyafrif hwnnw'n ystyried mai dadlau ynglŷn ag egwyddorion sylfaenol yr oedd y ddwy garfan wrthwynebus. [YF, 6 Ebrill 1973]

Ar y gorau, mae'r hyn a honna Gareth yn amwys, ac mae'n dal i fynnu defnyddio'r hen eiriau twyllodrus yna – 'taro'n ôl'.

Yna cyflwynodd Siôn Daniel gynnig newydd ger bron y cyfarfod: 'fod Cymdeithas yr Iaith Gymraeg yn datgan unwaith eto mai dulliau di-drais ar bersonau yw'r unig rai a arddelir ganddi, a'i bod yn dehongli "di-drais ar bersonau" fel na chaniateir i aelod o'r Gymdeithas fyth daro'n ôl mewn ymgyrch neu brotest a drefnwyd gan y Gymdeithas.' [ibid.]

Fodd bynnag, cynigiodd Neil ap Siencyn y gwelliant hwn: 'fod ychwanegu… y geiriau "oddieithr mewn amgylchiadau lle teimla aelod fod angen defnyddio'r gradd hwnnw o rym er mwyn amddiffyn aelod neu aelodau eraill sy'n cael eu camdrin yn gorfforol".' Nid 'taro'n ôl' oedd ystyr 'defnyddio'r gradd hwnnw o rym'. Ystryw cyfrwys a chwbl annheg ac anonest oedd defnyddio'r ymadrodd 'taro'n ôl'.

Ni chafwyd unfrydedd o bell ffordd, oherwydd gwyddai'r aelodau bellach beth oedd gwir ystyr a chymhelliad yr holl wrthdaro. Gwrthodwyd gwelliant Neil a derbyniwyd cynnig newydd Siôn. Roedd pleidlais y mwyafrif wedi cario a chymerwyd bod pawb rŵan yn fodlon.

Yr Ysgrifenyddiaeth

Dim peryg! Roedd yna un mater pwysig, os nad pwysicach (gan rai), eto i'w setlo, sef cael gwared o'r Ysgrifennydd. Mae'n ddoniol a thrist sylweddoli fel y bu cynllwynio ymlaen llaw rhwng y tri chynigydd i geisio gweld gwireddu hyn. Roeddent wedi rhagdybio na fyddai eu cynnig yn twyllo aelodau'r Gymdeithas, oherwydd sylweddolai llawer ymlaen llaw beth oedd y gwir gymhellion.

Bu Cynog yn trafod mater y Cyfarfod Cyffredinol a'r

Ysgrifenyddiaeth ar y ffôn â Siôn Daniel. 'Bues i'n trafod dy amheuon ynglŷn â'r CC gyda Sionyn ar y ffôn, ac mae'n anodd credu y bydd i'r Gymdeithas dderbyn ein cynnig, ac yna'n ail ethol Twm yn Ysgrifennydd. Bydd rhaid gosod y dewis yn glir ger bron yr aelodau yn y cwrdd. Mae Sionyn yn fodlon derbyn yr ysgrifenyddiaeth...' [Cynog Dafis at Gareth Miles, diddyddiad] Honna hefyd iddo ganfod rhyw dyllau enfawr yn natganiad Neil a minnau, a hynny oherwydd bod y rhesymu ynddo yn 'anghredadwy' a'n bod yn 'mynd i'r wal yn llwyr yn ei [eu h]ymdrechion i ddadlau ar dir cyfansoddiadol'. Rhagwêl y 'bydd angen mynd drwy'r datganiad yna fesul paragraff a'i dynnu'n ddarnau yn y Cyfarfod Cyffredinol, ei ddinoethi fel y math o resymu coeglyd, rhagfarnllyd sy'n dryllio trafodaeth adeiladol yn y pwyllgor.'

Fodd bynnag, mae'n poeni'n arw na fydd yn ennill y ddadl. 'Os enillan nhw bydd y cyfan yn yfflon cyn pen blwyddyn; os enillwn ni, a allwn ni adeiladu'r Gymdeithas eto yn rym, heb ei charcharorion, trwy gael ychwaneg o garchariadau a thrwy ddatblygu patrwm o weithgareddau torcyfraith a chyfreithlon cyson? Ar hyn o bryd, dw i ddim mewn sefyllfa i allu cyfrannu'n sylweddol... Pwy ddaw i'r pwyllgor yn eu lle?' [Cynog Dafis at Gareth Miles, ddiddyddiad]

Dyna ddweud y cyfan, ac i mi mae'r llythyr yn dalp o dristwch. Nid yw Siôn ei hun ychwaith yn teimlo'n rhy ffyddiog am ei gynlluniau yn y dyfodol, ac o fewn chwe mis mae'n cynnig ei ymddiswyddiad fel aelod o'r Pwyllgor. Yn gyntaf oherwydd ei fod yn ystyried gyrfa wahanol, ond hefyd, yng nghyd-destun gweithgareddau'r Gymdeithas, oherwydd ei fod 'yn teimlo diffyg brwdfrydedd am y cynlluniau pellach, beth bynnag oedd y rhai hynny...' [Siôn Daniel at Gareth Miles, 5 Mehefin 1967]

Dychwelwn i'r cyfarfod yng Ngwesty'r Belle Vue lle y cafwyd sioc arall. Dywedodd Emyr ei fod yn ymddiswyddo o'r gadair ar ôl ei lenwi ond am dri mis yn unig. Y rheswm oedd fod ei ferch fach deufis oed yn wael ar y pryd. Byddai

367

colli Emyr yn gwneud y sefyllfa'n anos i rai ohonom. Etholwyd Gareth Miles yn Gadeirydd yn ei le.

Daeth yn fater o ethol Ysgrifennydd, a rhoddwyd enw Siôn Daniel ymlaen i'm gwrthwynebu. Er mawr siom i'r garfan arall, enillais yr etholiad gyda tua thri chwarter y bleidlais. Ond doeddan nhw ddim am eiliad am gydnabod iddynt golli, a gofynnwyd imi, fel petawn ger bron llys barn, a oeddwn yn derbyn yr hyn a basiwyd ar fater y polisi di-drais.

Bellach, roedd fy ngwrychyn wedi codi peth, ac mewn diawledigrwydd o ryw fath, dywedais fy mod yn cytuno mewn egwyddor, ond na allwn, fel meidrolyn pechadurus, roi 100% sicrwydd y byddwn yn gallu cydymffurfio'n llwyr â'r holl ofynion caeth. Aeth y gwrthwynebwyr rŵan yn benwan, yn llwyr dros ben llestri, gan alw am ail bleidlais am yr ysgrifenyddiaeth. 'Ar bob cyfrif,' cytunais innau'n llawen. A dyna gafwyd, gyda'r un canlyniad, ond y tro hwn cefais fwy fyth o fwyafrif!

Roedd y cyfarfod wedi cael hen lond bol ar eu stranciau direswm ac anghyfrifol, a'r holl beth bellach yn ffârs noeth ac yn warth ar enw'r Gymdeithas. Da iddynt ar y pryd fod y Wasg a'r cyfryngau wedi eu gwahardd o'r cyfarfod, neu fe fyddai'r Gymdeithas yn gyff gwawd Cymru gyfan. Ar y pryd roeddwn yn wynebu trydydd cyfnod yng ngharchar. Roedd ymateb rhai o aelodau'r Pwyllgor yn oerach a mileinach nag erioed.

Un peth a wn – cefais ymddiriedaeth mwyafrif llethol aelodau Cymdeithas yr Iaith, a hynny, yn ôl Gareth Miles ei hun yn ddiweddarach, 'oherwydd parch at ei safiadau a'i garchariadau'. [WTC, t. 46] Ond gwyddai pawb fod rhagor na hynny i'w cefnogaeth.

Etholwyd Neil yn Drysorydd, ynghyd â chwe aelod i'r Pwyllgor, Emyr Llywelyn, Siôn Daniel, Gwyneth Wiliam, Robat Gruffudd, Dafydd Iwan a Huw Ceredig. Daeth y cyfarfod i ben am 6.30 pm wedi pedair awr o 'drafod'.

Mae'n bwysig cofio un peth. Nid ein hochr ni i bethau a fynnodd roi cyhoeddusrwydd i unrhyw wrthdaro. Gwelem ni'r mater am yr hyn ydoedd, sef gwrthdaro rhwng y rhai oedd yn awyddus i weithredu a'r rhai nad oeddent mor awyddus.

Darluniodd R. Tudur Jones y sefyllfa fel hyn:

> Rhowch bedwar Cymro gyda'i gilydd ar ynys, a chyn pen chwe mis bydd gennych yno ddwy blaid a phedwar enwad. Dyna ein gogoniant a dyna ein trychineb. A oedd rhaid i selogion Mudiad yr Iaith Gymraeg ffraeo â'i gilydd? Ac os oedd rhaid iddynt a oedd yn rhaid iddynt ei gwneud yn ffrae gyhoeddus? Bu clywed am yr anghydweld yn fêl ar fysedd cannoedd. Yn union pan oedd camau breision yn digwydd yn y frwydr a pharch cynyddol i'w deimlo tuag at y bobl a safodd mor gadarn tros urddas yr iaith, dyma'r ymgecru'n dechrau... Gorau po gyntaf i gau'r rhengoedd... Ergyd eironig i'r eithaf fyddai i'r ymgyrch a ddylai ein huno dyfu'n foddion i'n rhannu'n ddwy garfan chwerw. [YG, Gaeaf 1966-67]

Dyna grynhoi'n daclus fy nheimladau innau ar yr holl firi. Ymddengys fod cynnig Gareth, Cynog a Siôn wedi tynnu i'w ben nyth cacwn cwbl ddiangenrhaid, ac un y gellid yn hawdd fod wedi ei osgoi. Dyma sut y cyfeiria Cynog ei hun, saith mlynedd yn ddiweddarach, at y cynigwyr a'u cynnig:

> *Their failure to secure anything more than a restatement of acceptance of the non-violent method sprang from an uncomfortable fact. With one or two exceptions, they were compromised by their own weakness in action; those less convinced of the central importance of non-violence had proved themselves superior in commitment and self-sacrifice; and the Society's members knew it.* [Cynog Dafis, 'Cymdeithas yr Iaith Gymraeg', *The Welsh Language Today*, Meic Stephens (Editor), Gomer, 1973, tt. 248-63]

Ar gyfeiliorn

Ddiwedd blynyddau'r wythdegau, yn *Wyt Ti'n Cofio?* (Gwilym Tudur gol.), ceisiodd Gareth Miles ddisgrifio'r sefyllfa fel hyn:

> Roedd hollt yn yr arweinyddiaeth erbyn canol 1966, hollt ddifrifol. Yr 'eithafwyr' [disgrifiad anghywir, awgrymog, llwythog] ar y naill law, Twm, Neil, [Emyr], Dai Bonner [Bonar] a Gwyneth Wiliam, a'r 'rhyddfrydwyr' [disgrifiad anghywir arall] ar y llaw arall, Cynog, Sionyn Daniel, Bwlch-llan, Rhiannon Price a Gareth Miles. Nid yr un yn hollol oedd safbwynt y ddau olaf a enwyd â'r tri cyntaf. Credaf fod Rhiannon a minnau yn gryfach o blaid torri'r gyfraith na hwy ond yn gwrthwynebu traisgarwch y garfan wrthwynebus a'u hawydd i gael cysylltiadau clos gyda'r *FWA* ac yn y blaen. [WTC, t. 46]

Mae rhan gynta'r frawddeg olaf hon yn ddigon teg. Ond am y 'traisgarwch', mae'n gwbl gyfeiliornus. Ni fu unrhyw beth o'r fath yn agos at ein gweithgareddau na'n siarad na'n dyheadau. Buom ar Bont Trefechan, mewn llysoedd barn, ar ympryd pum niwrnod, yn gorymdeithio, yn meddiannu Swyddfeydd Post, yn gwerthu stampiau anghyfreithlon, yn llythyru a deisebu, yng ngharchar, do. Ond bobol bach, ai 'traisgarwch' – h.y. caru trais – oedd hynny?

Syndod yn wir oedd gweld yr un camsyniad yn ymddangos yn hunangofiant Cynog. Sonia am '[deimlad] cymedrolion a phragmatwyr y Pwyllgor Canol bod elfen o ddymuno trais ymhlith rhai o'r lleill'. [MP, s20] Mae yma fwy nag awgrym fod y rhai nad oeddynt 'gymhedrol' a 'phragmataidd' (yn ei olwg ef, wrth gwrs) yn 'dymuno trais'. Lol wirion.

Y gwir yw na welwyd Gwyneth, Emyr, Neil na minnau erioed yn codi bys bach yn gorfforol yn erbyn neb yng ngweithgareddau Cymdeithas yr Iaith, dim ond dioddef i'r eithaf dan y drefn ddi-drais, a gwneud hynny'n falch a di-gŵyn.

Dychwelwn at ysgrif Gareth. Mae rŵan yn ymdrechu i glensio'i honiadau rhyfeddol a chwbl anghywir, sef fod gennym rhyw 'awydd i gael cysylltiadau clós gyda'r *FWA*', trwy ychwanegu'n slei bach y geiriau 'ac yn y blaen' heb roddi unrhyw esboniad o'r hyn a olygai. Fu gen i erioed gysylltiad â'r *FWA* ychwaith, nac unrhyw awydd i ymgysylltu â'r 'fyddin' ffantasïol a digrif honno a'i gweithgareddau plentynnaidd.

Nid breuddwyd na ffantasi oedd ein brwydr ni. Nid wrth ddadlau nac athronyddu y'i gwireddid chwaith, ond â'n gweithredoedd, ac nid er mwyn sylw, balchder nac elw, ond yn ein cariad diamod at Gymru a'r Gymraeg a gwerthoedd anrhydeddus y frwydr. Y sawl a fu a ŵyr y fan. Cael cyfri'n hunain ymysg 'cyfeiliorn gad breuddwydwyr tlawd y byd'. Does dim byd sy'n anrhydeddusach i Gymry na hynny.

Byddai bod mewn cyfarfod o Bwyllgor Canolog Cymdeithas yr Iaith y misoedd hynny ym 1966 yn gallu bod yn brofiad llethol o drist a digon annymunol. Clywais Gwyneth Wiliam druan yn dweud fwy nag unwaith y byddai'n teimlo'n ddigalon iawn, ac yn ei dagrau ambell dro, oherwydd y diffyg parch a ddangosid tuag at rai aelodau, yn arbennig at y rhai hynny oedd yn fwy 'gweithredol', neu'n wynebu carchar, gan gynnwys Emyr a ddioddefodd wyth mis dan glo am ei arwriaeth yn Nhryweryn.

Dadlennu

Dros y blynyddoedd, daeth y gwirionedd am yr 'anghydfod/argyfwng' hwn i'r golwg. O dipyn i beth dadlenwyd gwir gymhellion a rhesymau rhai o ladmeryddion y 'Cynnig' bondigrybwyll – beth mewn gwirionedd oedd y tu ôl i'r anghydweld ar y Pwyllgor, yr elyniaeth annifyr tuag at rai ohonom ni'r 'gweithredwyr', a thros ohirio ac osgoi protestiadau torfol a thorcyfraith gymaint ag oedd bosib.

Dyna pam, yn y cyswllt hwn, y parchaf Cynog yn fawr. Cyfeddyf nad y polisi di-drais oedd asgwrn y gynnen go iawn, ond yn hytrach gweithredu torcyfraith a phrotestiadau torfol. Datganodd hyn fwy nag unwaith, ac ar achlysuron gwahanol. Mae'n ddigon onest i hanner cyfaddef fel hyn mewn ysgrif ym 1989. 'Wrth edrych nôl mae'n bosib gweld bod tyndra rhwng yr elfennau petrusgar, gofalus, 'cymedrol', a'r rhai mwy beiddgar-radicalaidd a oedd am finiogi a lluosogi'r gweithgareddau torcyfraith. Yn anffodus, cymysgwyd yr anghytundeb yna â'r ddadl bwysicach ynglŷn â'r dull di-drais o weithredu.' [WTC, t. 36] Ysywaeth, y caswir yw i'r 'cymysgu' hwn fod yn gymysgu bwriadol ar brydiau, gan achosi loes sylweddol i rai ohonom.

Gair personol rŵan. Er yr holl wrthdaro a fu rhwng dwy garfan o'r Pwyllgor Canolog yn ystod 1965-66, mae gen i'n bersonol barch aruthrol at y bobl 'betrusgar, gofalus, cymedrol' fel y geilw Cynog hwynt, Siôn Daniel, Gareth Miles, a Chynog ei hun wrth gwrs. I mi'n bersonol, roedd cwlwm y cyd-filwr yn gwlwm tynnach nag unrhyw wrthdaro a fu, ac yn fy nghalon deil felly.

Weithiau ceir rhyw onestrwydd cignoeth yn hunangofiant Cynog:

> Roeddwn i yn erbyn protestiadau dirybudd, yn rhannol am yr un rheswm â Sionyn a'r mwyafrif, ond hefyd am ddau reswm llai anrhydeddus o lawer. Yn gyntaf, roedd yn gas gen i wrthdaro corfforol, o lwfrdra yn gymaint ag egwyddor, er 'mod i ar yr un pryd yn chwennych merthyrdod y carchar.
>
> Yn ail, roedd amgylchiadau teuluol yn gosod cloffrwym tyn rhag i fi weithredu fel ag i beri gwrthdaro o ddifrif â'r awdurdodau, ac yn enwedig garchariad. Nid yn unig yr oeddwn i, yn wahanol i'r arweinyddion eraill, yn briod ac yn dad, ond hefyd yn treial rhedeg ffarm fach yn ogystal â dysgu, ac mewn sefyllfa ariannol anodd iawn. Mewn gair doeddwn i ddim yn arweinydd addas o gwbl i fudiad a oedd i fod i weithredu "dulliau chwyldro" yr oedd yn rhaid wrthyn nhw, yn ôl Saunders Lewis, i achub y Gymraeg. Gwaethygu a

fyddai'r tyndra yn ystod yr ymgyrchoedd a oedd i ddod. [MP, t. 118]

Creodd hyn oll anesmwythyd mawr i Gynog, a hynny'n gwbl ddiangen. Methai'n lân â dygymod â'r 'cloffrwym' a'i cadwai rhag gweithredu torcyfraith. Yn ôl a ddeallaf, roedd hyn yn wir am Siôn Daniel hefyd, a sonia Cynog wrthyf am gyfaddefiad y ddau ohonynt. 'Yr hyn a ddywedodd Sionyn wrthyf-i oedd bod clywed dy enw yn codi euogrwydd arno... rwyf innau wrth gwrs yn teimlo'n union yr un fath, ac roedd y cyd-euogrwydd yn rhywbeth o gyfrinach rhwng Sionyn a finnau. Rwyf wedi treial cofnodi'r cyfnod yn deg ac yn lled onest-gyffesol yn yr hunangofiant...' [Cynog Dafis at Geraint Jones, 12 Hydref 2005]

Mae'r 'cyffesion' hyn o'i eiddo yn rhyfeddol, a dweud y gwir. Alla i ond credu eu bod yn onest a chwbl ddiffuant, a rhyfeddu fod gŵr mor adnabyddus a chyhoeddus ag ef yn fodlon agor ei galon fel hyn. Wedi'r cyfan, rydan ni'n sôn am un a fu'n Aelod Seneddol, ac sy'n dal yn ŵr amlwg yn genedlaethol, yn un y cymerir sylw o'i air.

Er fod Sionyn yn byw ym Mangor, mae'n anodd credu na chroesodd ein llwybrau unwaith yn ystod y blynyddoedd 1966-2005 (blwyddyn ei farw). Bûm yn rhannu fflat ag ef a'i frawd Huw yn Aberystwyth am ddwy flynedd, gan gyd-fyw yn gytûn dros ben.

Yn dilyn ei farwolaeth yn 2005, lluniais goffâd edmygus a chynnes iddo, a'i gyhoeddi yn *Y Cymro* dan y teitl *Lloer ddwys Gorffennaf*. Fe'i hail gyhoeddais yn fy nghyfrol o ysgrifau, *Epil Gwiberod yr Iwnion Jac*, yn 2009. Roedd derbyn gair o glod oddi wrth Cynog am y deyrnged yn galondid mawr i mi.

Gareth Miles

Cyfarfûm â Gareth Miles droeon cyn iddo ddod yn fyfyriwr ymarfer dysgu yng Ngholeg Aberystwyth am flwyddyn ym

1961. Pan laniodd i'n plith bryd hynny, deuthum i'w adnabod yn well, ei barchu, a cheisio ei ddeall. Fel creadur gwleidyddol roedd yn enigma, nid oherwydd ei gefndir gwahanol, ond oherwydd ei holl olygwedd ar gwrs y byd a phethau nad oedd llawer ohonom, rhaid cyfaddef, wedi rhyw fawr feddwl amdanynt erioed. Wedi cystudd blin, bu farw Gareth ar 6 Medi 2023.

Bu'n ffyddlon i'w gred a'i egwyddorion i'r diwedd un. Mae'n werth mawrygu hynny. Yn ôl Angharad Tomos, hon oedd ei wers fwya i'n Cymru a'n byd, sef 'bod yn gyson, a chadw at ddaliadau, yn wyneb bob her. Gwelais bobl yn newid eu côt, yn colli gobaith, yn suro, yn colli gafael ar ddelfryd. Ond nid Gareth Miles. Safodd yn gadarn, fel cloc wyth niwrnod, yn dal i ganu'r gloch, yn dal i gredu.' [T, Gaeaf 2023]

Rai dyddiau wedi ei farwolaeth, anfonais innau air at ei deulu i fynegi fy nheimladau. Croesais gleddyfau â Gareth, do, ac yn eitha hegar ar brydiau. Ond ni phylodd hynny fy mharch mawr tuag ato, na'm hedmygedd a'm gwerthfawrogiad ohono, na'm diolch am ei ymdrechion ffyddlon a diffuant dros y gwerthoedd gorau. Da was. Dyma'r hyn a anfonais at Gina'i weddw a'r teulu.

Collwyd o'n plith un o'n mawrion, yn fawr mewn mwy nag un maes. Gallaf mor hawdd ei gofio'n glanio i'n canol yng Ngholeg Aberystwyth tua 1961 i dreulio blwyddyn gofiadwy a phwysig iawn yn hanes ein gwlad a'n hiaith, a'r rhan amlwg ac allweddol a gymerodd i sefydlu Cymdeithas yr Iaith Gymraeg. Fe'n tywysodd drwy syniadau gwleidyddol a dadleuon rif y gwlith ar amrywiol bynciau, yntau yn ei chanol hi wrth ei fodd, fel eraill ohonom, yn athronyddu a morthwylio, yn dadlau ac ymdaro.

Ond roedd mwy, llawer mwy, iddi na hynny, siŵr iawn. Meddai ar gariad eirias tuag at Gymru a'r Gymraeg, ac angerdd y cariad hwnnw'n ei orfodi i fod yn un o brif arweinwyr yr ymchwydd protestiol ieithyddol a gafwyd yng Nghymru o flynyddoedd y chwedegau ymlaen. Wedi'r cyfan, onid ei benderfyniad o i ddefnyddio 'trosedd' feiciol anfwriadol er mynd â'r maen i'r wal fu dechreuad ymarferol yr holl gonjî?

Bu'n graff ym mhob symudiad, yn lew ym mhob gwrthdaro, yn ffraeth ei ymwneud â phob dwl blismona, yn fowldiwr syniadau heb ei ail, yn ddi-flewyn-ar-dafod greddfol ei ymateb i elynion y Gymraeg, ac yn ddigyfaddawd ei safiad. Ac yn wahanol i gymaint o'r 'protestwyr' tân eithin gafwyd dros y blynyddoedd, cadwodd Gareth yn driw i'w gred a'i weledigaeth i'r diwedd un; gwrthododd â rhoi'r ffidil yn y to.

Bydd lle anrhydeddus ynghadw i Gareth ym mhantheon Cymry pwysica'r ugeinfed ganrif fel gwleidydd, llenor a dyngarwr. Er anghydweld ag ef ar brydiau – yn bur ffyrnig ambell dro – daliodd fy march i'n bersonol at Gareth yn gadarn, a mawrygaf, yn ddiysgog, ei gyfraniad gwiw i fywyd ein cenedl a'n hiaith. [Geraint Jones at Gina Miles a'r teulu, 15 Medi 2023]

Pontardawe
a Phwllheli, 1966

DRIDIAU CYN Y carcharwyd fi yn Abertawe yn Ebrill 1966, euthum i weld Emyr Llywelyn, oedd bryd hynny'n athro mewn ysgol gyfun Gatholig ym Mhort Talbot ac yn byw yng Nghwm-gors ym mlaenau Cwm Tawe. Gyda'r nos, 25 Ebrill, oedd hi, a pharciais fy fen 2196ED ddi-dreth ar fin y ffordd fawr nid nepell o'i gartref. Tra oedd Emyr a minnau'n cynllunio ar gyfer yr hyn a'm wynebai yr wythnos honno yn Abertawe, roedd un o weision ufudd Joseph Hewlett, Arolygydd yr Heddlu yn Nhre-gŵyr, yn brysur yng Nghwm-gors yn codi'r manylion am fy nhorcyfraith, gan lenwi ei lyfr-bach ag ystadegau tyngedfennol. Nododd ei bod hi'n bum munud i saith.

Dri mis a rhagor yn ddiweddarach, ar 29 Gorffennaf, a minnau yng ngharchar am yr eildro, anfonwyd gwŷs Saesneg ataf i'm cartref yn Nhrefor yn dweud fod dyddiad y gwrandawiad wedi ei newid unwaith yn rhagor, y tro hwn i 16 Medi. Ddechrau'r mis hwnnw, a minnau bellach a'm traed yn rhydd, dychwelwyd y wŷs gan hawlio un Gymraeg. Choeliwch chi byth, daeth gwŷs arall yn fy hysbysu fod dyddiad y gwrandawiad wedi ei newid, y tro hwn i 21 Hydref

1966. Oedd yn wir, roedd y wŷs hon yn Gymraeg, ac wedi ei dyddio 30 Medi. Poits glân.

Pontardawe

Wedi holl firi protest Caerdydd ar 8 Hydref, adeg carchariad Neil, roedd yn ofynnol i mi fod yn y llys yno ar 21 Hydref. Anfonais air at ynadon Pontardawe yn diolch iddynt am y wŷs Gymraeg, ond yn ymddiheuro na fyddwn yn dod i'r llys ar y dyddiad hwnnw. Ni chefais ateb, a chynhaliwyd yr achos yn f'absenoldeb.

Anfonwyd ataf yn syth bin, a hynny yn Gymraeg:

Rhanbarth Sesiwn Bach, Pontardawe, at Geraint Jones, Bryn, Trefor, Caernarfon. Ar yr unfed ar hugain o Hydref, 1966, fe'ch barnwyd yn euog gan Lys Ynadon Pontardawe ac fe'ch gorchmynnwyd i dalu Deuddeg punt tri swllt a saith geiniog a'r swm i'w dalu ar neu cyn dydd Gwener y deunawfed o Dachwedd, 1966.

Y cyfan mewn Cymraeg croyw a chywir.

Diolchais iddynt am eu parch tuag at yr iaith, ac ychwanegais fy mod yn gobeithio y byddent yn parhau i Gymreigio eu gweithdrefnau. Ond gorfu arnaf eu hysbysu nad oeddwn am dalu'r arian a hawlient, oherwydd mai protest ynglŷn ag iaith ffurflenni treth car, nid gwŷs, oedd fy mhrotest i.

Felly, ni fu i mi erioed sefyll ger bron mainc Pontardawe. Gwn un peth, sef y byddent, bryd hynny, wedi gomedd imi siarad Cymraeg yn eu cysegr-le, gan i'r Cymro pybyr hwnnw, Cen Puw o Frynaman, gael helynt digon ffiaidd yno rhyw bum mis yn ddiweddarach. 'Pan ddechreuodd Kenneth Pugh siarad yn Gymraeg ar alw ei enw, torrwyd ar ei draws gan Gadeirydd y Fainc a'r Clerc yn gweiddi deirgwaith: *"English is the language of this court"*.' [YC, 11 Mai 1967]

Pwllheli

Gwyddwn beth oedd i'w ddisgwyl nesaf – ac fe ddaeth. Trosglwyddwyd y budrwaith o gasglu'r 'ddyled' i ofal llys ynadon Pwllheli. Gwŷs oedd hon dan y teitl 'Cyfieithiad o'r Saesneg i'r Gymraeg o'r Wŷs', yn fy ngorchymyn 'i ymddangos ger bron yr Ynadlys a eistedd ym Mhwllheli ar ddydd Mercher Rhagfyr 14eg 1966 am chwarter i unarddeg o'r gloch y borau.'

Bellach, roedd maes y frwydr wedi ei symud i'm cynefin, i'r fro Gymraeg, lle ceid Cyngor Dosbarth lleol oedd eisoes wedi profi'i hun yn dra gwladgar yn y materion hyn. Byddai'n sefyllfa ddiddorol a dweud y lleiaf. Un cwestiwn a ofynnid gan bawb oedd – a fyddwn i'n gorfod treulio'r Nadolig dan glo, cwestiwn allai fod yn un emosiynol dros ben, heb sôn am fod yn bropaganda ffrwydrol.

Ers diwedd Tachwedd roeddwn wedi ymddeol o fod yn Ysgrifennydd Cymdeithas yr Iaith Gymraeg. Huw Ceredig ddaliai'r swydd erbyn hyn. Er fy mod yn dal yn aelod o'r Gymdeithas, ni chymerwyd unrhyw sylw o'm hachos. O ystyried popeth oedd wedi digwydd yn ystod y flwyddyn, roedd peth felly yn brifo, ond ni fennodd 'run iot ar fy mhenderfyniad.

Cynhaliwyd yr achos yn llys ynadon Pwllheli, ddydd Mercher 14 Rhagfyr 1966, gydag Emyr Roberts, Plas Bodwrdda, Aberdaron, un o amaethwyr mwyaf gwlad Llŷn, yn y gadair. Gwrandawiad cyfan gwbl Gymraeg ydoedd, er y bu'n rhaid imi, nid am y tro cyntaf, wrthod tyngu llw ar Destament Saesneg. A chofiwch nad gŵr oedd â'i gariad yn eirias at y Gymraeg oedd W.O. Robyns yntau, clarc yr ynadon.

Clarc: A ydych mewn gwaith, a beth yw eich enillion?

Geraint: Mae'r ddau gwestiwn yn gwbl amherthnasol, gan nad oes gen i'r bwriad lleiaf o dalu'r ddirwy na'r costau.

Cadeirydd: Gwrandwch frawd. Beth bynnag yw eich rhesymau dros beidio â thalu, does a wnelom ni yma ddim â hwynt. Llys barn ydi'r llys hwn, ac rydym yma i gasglu'r arian ar ran llys Pontardawe.

Geraint: Rydw i yma heddiw'n sefyll yn enw, a thros, yr iaith Gymraeg. Dyma fy ngenedigaeth fraint, iaith genedlaethol Cymru, iaith pentra Trefor 'cw – a chofiwch hyn, iaith Aberdaron hefyd!

Cadeirydd: Byddwch ofalus, frawd. Os na fyddwch chi'n talu, bydd yn rhaid i chi dderbyn y canlyniadau.

Clarc: Mae gennych wythnos i dalu.

Geraint: Bûm yng ngharchar o'r blaen fwy nag unwaith, ac os bwriwch fi yno drachefn – hyd yn oed am bum mlynedd – ni thalaf byth! Ymddengys eich bod â'ch bryd ar fy nhaflu i garchar dros y Nadolig. Dydw i'n ildio'r un fodfedd na'r un geiniog. Gwnewch fel y mynnoch.

Cadeirydd: Clywsom ddigon. Bydd raid i chi dalu yn ôl £1 yr wythnos. Os na wnewch chi hynny, byddwch yn cael eich carcharu am un mis.

Gwenais arno, a dweud mai fy mraint i fyddai gwrthod talu a diodde'r canlyniadau. Yn sydyn, clywyd bloeddio o gefn y llys. Cododd 'gŵr ifanc barfog'. [CDH, 16 Rhagfyr 1966] Y ffyddlon Rhys ap Rhisiart oedd hwnnw, yn bwrw gwaeau ar y cadeirydd, 'Bradwr! Gwarth! Cywilydd!' Cododd Emyr Roberts a'i gyd-ustusiaid yn dra sydyn, a diflannu o'r llys fel cŵn lladd defaid, ond nid cyn iddynt deimlo min tafod Rhys ymhellach. 'Bradwr Bodwrdda! Dos at dy ginio! Tagwch arno'r tacla! Cywilydd arnoch eich bod yn ynadon mewn llys Seisnig!'

Erbyn hyn, bloeddiai'r holl gefnogwyr oedd yn y llys eu protest yn erbyn dyfarniad gwarthus y fainc. O fewn dim, roedd yr adeilad yn wag, gan i'r heddlu dywys y protestwyr oddi yno – y cyfan yn heddychlon, ond nid yn dawel.

Cyngor Gwledig Llŷn

Drannoeth, dydd Iau, roedd Cyngor Dosbarth Gwledig Llŷn yn cyfarfod ym Mhwllheli, ac fe godwyd y mater yno.

Yn aelodau o'r cyngor ceid tri gŵr gwladgar iawn a alwem ni bryd hynny 'y tri Bob', sef y Parchedig Robert Williams, Rheithor Llangwnnadl, Robyn Lewis y twrnai o Nefyn, a Robert Humphreys, Garndolbenmaen, awdur llyfrau *Siaco'r Mwnci*.

Erbyn diwedd cyfarfod y Cyngor roedd y tri ohonynt wedi llunio cynnig. Siaradwyd yn gryf arno gan y Rheithor o Lŷn, a'i gario'n unfrydol yn y fan a'r lle. Mae'n werth ei gofnodi ar gyfer yr oes a ddêl, ac yn arbennig efallai ar gyfer cynghorwyr ofnus a llipa'r oes bresennol yn yr ardaloedd hyn, a thrwy Gymru o ran hynny.

Y mae'r Cyngor hwn... trwy bleidlais unfrydol yn gresynu'n arw o glywed am waith Llys Ynadon Pwllheli yn dedfrydu Geraint Jones i fis o garchar os na thelir ganddo £12... a hynny am y rhesymau canlynol:

1. Y mae... eisoes wedi dioddef trwy ei fwrw i garchar ddwy waith eleni am iddo wrthod talu dirwyon a osodwyd arno gan Lysoedd Barn, y troseddau yn codi allan o un rheswm gwreiddiol, sef gan nad oedd ffurflen Cais am Drwydded Cerbyd i'w chael yn... Gymraeg, bu iddo yrru cerbyd heb drwydded arno.

2. gŵyr pawb yng Nghymru bellach mai ar dir egwyddor y troseddodd, ac nid trwy fwriad drwg.

3. Mai gweithred Geraint Jones fu'r symbyliad mwyaf hyd yma i'r Llywodraeth gyhoeddi'r fersiwn Gymraeg o'r Ffurflen Trwyddedu Ceir. Gan hynny, ni ddylid cosbi... ymhellach am y weithred a gyflawnodd yn Ebrill eleni, cyn cyhoeddi'r ffurflen hon. Gan na welodd Ynadon Pwllheli yn dda i'w ddedfrydu i garchar am un diwrnod yn unig (a fuasai wedi sicrhau iddo gael ei ryddhau bron ar unwaith) gelwir yn awr ar y Llywodraeth, fel gweithred weinyddol, i gywiro'r cam a wnaed ganddynt, neu bydd erlyn yn troi'n erlid. [YF, 22 Rhagfyr 1966]

Yn ogystal, anfonodd y Cyngor at yr ynadon yn gofyn

iddynt ymarfer doethineb, a pheidio â'm hanfon i garchar o gwbwl, Nadolig neu beidio. Cafwyd pennawd anarferol iawn i'r hanes yn *Y Cymro* – 'Awdurdod lleol yn cystwyo'r Fainc'. Roedd yr hyn a wnaeth Cyngor Dosbarth Llŷn yn wir yn rhywbeth na feiddiai cynghorau ei wneud ac roedd yn gofyn am dipyn o blwc. Roedd yn sicr ar flaen y gad yng Nghymru'r chwedegau. [YC, 22 Rhagfyr 1966]

Anfonodd Cyngor Llŷn y cynnig rŵan at neb llai na'r Prif Weinidog ei hun, Harold Wilson, yn ogystal â Chledwyn Hughes a Goronwy Roberts, yn dweud wrthynt am roi'r gorau iddi i erlyn pobl oedd â'u bryd ar ddefnyddio'r iaith Gymraeg yn llawn. [YF, 22 Rhagfyr 1966]

Yn y Senedd yn Llundain, cafwyd 'protest' hefyd gan ddau Aelod Seneddol, Gwynfor Evans ac Elystan Morgan. Anfonasant at yr Arglwydd Ganghellor yn pwysleisio mai 'arwain mudiad dros ennill y safle a haedda i'r iaith hynaf yn yr Ynysoedd Prydeinig yr oedd Mr. Jones, a bod hwn y trydydd tro iddo gael ei ddedfrydu i garchar oherwydd ei argyhoeddiad a'i flaengarwch'. Pwysleisiwyd yn ogystal fod y dyfarniad 'yn groes i'r Mesur y bwriada'r Llywodraeth ei hyrwyddo i'r amcan o ddileu'r drefn o anfon person i garchar am wrthod talu dirwy'. Dywedodd y ddau A.S. wrth yr Arglwydd Ganghellor hefyd eu bod yn sicr mai oherwydd ymdrechion Mr. Jones a Chymdeithas yr Iaith Gymraeg yr oedd y llywodraeth bellach yn cydnabod yr egwyddor o ddilysrwydd cyfartal y Gymraeg a'r Saesneg. [YF, 29 Rhagfyr 1966]

Daeth ateb buan oddi wrth yr Arglwydd Ganghellor ddydd Sadwrn cyn y Nadolig yn dweud ei fod o'r farn mai mater ydoedd i'r Ysgrifennydd Gwladol (Roy Jenkins). Gyda'r materion hyn yn cael rhywfaint o sylw yn esielonau uchaf llywodraeth San Steffan, mae'n drist iawn cofnodi nad oedd gan Bwyllgor Canolog Cymdeithas yr Iaith y diddordeb lleiaf yn yr achos. Ni chysylltwyd â mi o gwbl yn y cyfnod anodd hwn, ar drothwy Nadolig 1966. Roedd yr achos bellach yn rhyw fath o gur pen i nifer o bobl yng Nghymru a Lloegr.

Ond nid oedd yn rhaid i na llywodraeth na neb arall boeni mwyach; fe'u hachubwyd o'u brad a'u hembaras a'u cyfyng gyngor. Derbyniais lythyr – yn Saesneg – oddi wrth W.O. Robyns, clarc ynadon Pwllheli, yn dweud wrthyf fod rhywun wedi talu deuddeg punt o'm 'dyled' yn ddienw, ond bod tri swllt a saith geiniog yn aros. Atebais ef gyda'r troad yn ei hysbysu nad oedd gennyf y bwriad lleiaf o dalu'r gweddill hwn.

Meddwn wrth ohebydd *Y Cymro* ddydd Mawrth cyn y Nadolig: 'Ni wn pwy a dalodd y £12, ond, os mai'r sawl a amheuaf a wnaeth hynny, mae'n fuddugoliaeth i ni. Os mai rhai o'n ffrindiau – mae'n arwydd o frad.' [YC, 22 Rhagfyr 1966]

Ceisiodd W.O. Robyns ei amddiffyn ei hun a'i lythyr Saesneg trwy egluro mai 'yn Saesneg y byddaf yn anfon llawer o lythyrau. Mae'r rhan fwyaf o lythyrau yn mynd oddi yma yn Saesneg.' [ibid.] Bythol resymeg taeogion.

Mae'n bur sicr bellach mai un o ynadon mainc Pwllheli a dalodd y deuddeg punt, er nad oedd yn eistedd ar y fainc honno yn ystod f'achos i. Roedd hi'n byw yn Nhrefor ac yn adnabod fy nheulu'n dda. Talodd, nid er fy mwyn i, ond er mwyn osgoi'r cywilydd a'r embaras o weld un o'i chyd-bentrefwyr yn gorfod treulio'i Nadolig yng ngharchar. A chyn i neb ofyn – naddo! Ni thelais y triswllt a saith hyd y dwthwn hwn. Deil, am a wn i, ar y llechen yn rhywle. Mae llys Pwllheli a'i ynadon wedi peidio â bod ers blynyddoedd, a myrdd o ffarmwrs Llŷn wedi hen fynd i ffordd yr holl ddaear yn 'cydio'n dynn/ yn ein celc, heb un cilcyn/ o ddaear, heb le i ddianc...' [Gerallt Lloyd Owen, 'Tryweryn']

I ble'r awn ninnau, tybed?

Quo vadis?

Epilog

CHWEDL SISIFFOS

Sisiffos oedd Sylfaenydd Corinth a'i Brenin llawruddiog. Fe'i cosbwyd gan y duwiau am iddo lwyddo i osgoi marwolaeth ddwywaith. Fe'i gorfodwyd i wthio maen enfawr i fyny rhyw fryn serth. Ond rowlia'r maen i lawr yn ei ôl bob tro y mae'n agosáu at ben y bryn. Gwnaed hyn hyd dragwyddoldeb.

Ond yma ym mro'r cysgodion y mae hil
Gondemniwyd i boen Sisiffos yn y byd,
I wthio o oes i oes drwy flynyddoedd fil
Genedl garreg i ben bryn Rhyddid, a'r pryd –
O linach chwerw Cunedda –
Y gwelir copa'r bryn, drwy frad neu drais
Teflir y graig i'r pant a methu'r cais,
A chwardd Adar y Pwll ar eu hing diwedda'.
[Saunders Lewis o 'Marwnad Syr John Edward Lloyd'.]

Fe fuon ni'n gwthio'r hen garreg fawr yna yn hir. Fe gymrodd arian ac oriau ac aberth i symud yr hen garreg fawr yna ryw ychydig yn nes at gopa'r bryn. A ninnau wedi gweld y garreg y buon ni trwy chwys ac aberth yn ei gwthio cyhyd wedi ei hyrddio o'n gafael yn ôl i'r pwll ar waelod y bryn, beth wnawn ni'n awr? O ble cawn ni'r nerth i ddechrau ail-wthio'r hen garreg fawr yna? A pha lwybr a gymrwn ni?

Emyr Llywelyn, 1971

A ddarlleno, ystyried:

'Yr ydym mewn cyfyng-gyngor, ond nid yn ddiobaith.' (2 Corinthiaid 4:8)

'Cyfiawnder a ddyrchafa genedl.' (Diarhebion 14:34)

Holwch am bris argraffu!
www.ylolfa.com